Knaur

Von Alexandra David-Néel sind außerdem erschienen:

Im Banne der Mysterien
Mein Indien
Mein Weg zum heiligsten Berg Chinas
Mönche und Strauchritter
Ralopa
Unsterblichkeit und Wiedergeburt

Über die Autorin:

1868 in St. Mandé bei Paris geboren, studierte Alexandra David-Néel als eine der ersten Frauen an der Sorbonne und am Institut für orientalische Sprachen. Ab 1888 verbrachte sie – unterbrochen von Lehraufträgen in Paris und Vortragsreisen in Europa – ihr Leben in Asien. Mit ihrem Adoptivsohn Lama Yongden reiste sie durch Indien, Sikkim, Nepal, die Wüste Gobi, China. In Tibet lebte sie über ein Jahr in einer selbstgebauten Hütte auf über viertausend Meter Höhe, studierte bei einem buddhistischen Lama und wurde schließlich als einzige Europäerin in den Stand eines Lama erhoben. Ihr Weg zu Fuß nach Lhasa, der verbotenen Stadt, bildete 1924 den Höhepunkt ihrer Asienreisen. Alexandra David-Néel ließ sich nach ihrer Rückkehr aus Tibet mit ihrem Adoptivsohn in Südfrankreich nieder. Im Alter von hundert Jahren ließ sie sich ihren Reisepaß verlängern, weil sie in die Sowjetunion reisen wollte. Sie starb im Alter von 101 Jahren im September 1969.

ALEXANDRA DAVID-NÉEL

Mein Leben auf dem Dach der Welt

REISETAGEBUCH 1918–1940

Aus dem Französischen von Dagmar Türck-Wagner

Knaur

Die französische Originalausgabe erschien unter dem Titel »Journal de voyage. Lettres à son mari (14 janvier 1918–31 décembre 1940)«

Den geographischen Bezeichnungen im Text folgen zur besseren Nachvollziehbarkeit bei Ersterwähnung eines Begriffes heute gebräuchliche chinesische bzw. tibetische Benennungen in Klammern, Alexandra David-Néel hat bei einigen Städten in Klammern die Provinz mit angegeben.

Dank an Dr. Jampa L. Panglung Rinpoche und Bruno Baumann für die kritische Durchsicht der aufgeführten Begriffe.

Vollständige Taschenbuchausgabe 2001
Droemersche Verlagsanstalt Th. Knaur Nachf., München

Umschlaggestaltung: ZERO Werbeagentur, München
Umschlagabbildung: Fondation Alexandra David-Neél, Digne-les-Bains
Umbruch: Ventura Publisher im Verlag
Druck und Bindung: Clausen & Bosse, Leck
Printed in Germany
ISBN 3-426-77493-3

4 5 3

»Ja, Asien, das Asien
der gewaltigen Berge und der weiten Steppen,
ist ein gelobtes Land.«

Beijing, 14. Januar 1918

(...) Liebster, gerade ist der Lama-Beamte gekommen, um mir mitzuteilen, daß die Abreise unwiderruflich auf den 23. Januar festgesetzt worden ist und daß ich jetzt meine Koffer packen muß. Ich war auf diese Abreise innerlich vorbereitet, doch hat mich eine außergewöhnliche Erregung erfaßt, wie ich sie zuvor nur zweimal in meinem Leben verspürt habe, und das anläßlich von Unternehmungen, die mir zunächst völlig unwichtig erschienen und die dann ganz im Gegenteil von entscheidender Bedeutung waren. Eine erfahrene Reisende wie mich kann es nicht schrecken, sich auf die Reise zum Kuku Nor zu machen, vor allem in Begleitung von reichen, anerkannt ehrenwerten Leuten, die eine offizielle Stellung bekleiden. Auf Betreiben unserer Gesandtschaft hat man mich mit einem Schreiben ausgestattet, das in sehr dringlichem Ton allen Lamas und Klostervorstehern anbefiehlt, mich freundlich zu empfangen, mir zu helfen, mich gut zu behandeln etc. Derjenige, mit dem ich auf die Reise gehe, hat dieses offizielle Schriftstück gesehen, das für die Mongolei und für den gesamten Bereich von Tibet gültig ist, in dem die Autorität Beijings noch anerkannt wird; also muß er sich wohl oder übel als liebenswürdiger Gastgeber erweisen. (...) Nein, ich bin nicht besorgt; meine Erregung hat Gründe, die mir selbst nicht ganz faßbar sind. Tibet ist ein Land, das mit keinem anderen zu vergleichen ist. Über den Weg der Gipfel und des Schnees habe ich es betreten und wieder verlassen, und nun kehre ich über den der Steppen, der Changthang, wie man dort sagt, der Wüsten und der großen Seen wieder zurück. Was wird es mir sagen, dieses nördliche Tibet des Kuku Nor? Ich glaube, daß ich es ebenso und, wer weiß, vielleicht mehr noch als den Süden lieben werde, der nunmehr unter die Knechtschaft von England geraten ist und von furchtsamen Leuten bewohnt wird, die zum einen vor

dem »Pontifex« von Lhasa und zum anderen vor dem »Sahib« von Gyangze erzittern, der in der Tat der Gouverneur der südlichen Provinz von Tibet ist. Ich werde dort auch sehr viel freier sein, mich sehr viel ungezwungener bewegen können, denn den Chinesen ist es nicht wichtig zu wissen, was ich mache oder wohin ich gehe. Die republikanische Regierung hält sie an, sich in jeder Weise korrekt zu verhalten, den Leuten die gleiche Bewegungsfreiheit zu lassen, die sie selbst in Europa oder in Amerika haben. Ich werde nach Lust und Laune Bücher durcharbeiten und Klöster besuchen können und mir ebenso viele Kenntnisse wie in Lhasa aneignen, ohne dafür auf mein Wohlbefinden verzichten zu müssen. Was für mich nicht dagegen spricht, eines Tages, später einmal, vielleicht doch die Wanderung zu unternehmen, von der ich Dir in einem meiner Briefe berichtet habe. Ich sehe schon jetzt, daß die Sache sehr viel einfacher sein wird, als ich sie mir vorgestellt habe, wenn ich mich einmal dazu entschließe.
Überdies bietet mir meine Abreise die Lösung für eine Situation, die kritisch zu werden drohte. Mit meinen augenblicklichen Mitteln, den Wechselkursen und den Haushaltungskosten war es mir unmöglich, in Beijing oder in irgendeiner anderen internationalen Stadt in China zu verweilen. Andererseits wußte ich nicht, wohin ich mich wenden sollte. Ich hatte es mit Japan und mit Korea versucht, wo die Schwierigkeiten fast die gleichen waren. Was also blieb mir übrig? Ich konnte nicht daran denken, nach Indien zurückzukehren. Was sollte ich dort? Und wie sollte ich die Reisekosten aufbringen? Ich bilde mir nicht ein, daß am Kuku Nor alles umsonst sein wird, aber man kann dort mit ein wenig Kleingeld auf den Markt gehen, denn die einheimischen Produkte kosten wenig. Und sollte es geschehen, daß ich mich ohne Mittel wiederfinde, dann ziehe ich die Einöde jedem anderen Platz vor. Auf einem Berg

oder in der Steppe kann man in Frieden verhungern. Ein Lama hat zu mir einmal von einer solchen Möglichkeit gesprochen: »Man setzt sich nieder und meditiert«, sagte er, »einen Tag, zwei Tage, drei Tage. Und sobald man sich schwach fühlt, den Kopf nicht mehr aufrecht halten kann, der Körper in sich zusammensinkt, dann legt man sich hin und denkt nach und blickt um sich. Und so vergehen noch einige Tage, man rührt sich nicht mehr, man schläft ein ...« Ich habe oft an seine Worte gedacht. Letztlich ist ein solches Ende sehr annehmbar. Sich hingegen in einer Stadt am Ende seiner Mittel zu befinden, Leuten ausgesetzt zu sein, die einem die Rechnung für die Miete präsentieren, Dienstboten, die Geld für die Einkäufe wollen, mißtrauischen Blicken, puh! Wie entsetzlich!
(...) In Tibet wird Aphur in seiner Heimat sein. Der Verkauf meines bescheidenen Gepäcks würde ihm die nötigen Mittel verschaffen, um in einem Kloster leben zu können. Ich habe aufgehört, mich allzusehr um mich selbst zu sorgen. Ich habe, das darfst Du mir glauben, die Möglichkeit ins Auge gefaßt, daß Du es eines Tages leid sein könntest, aus der Ferne für meinen Unterhalt zu sorgen, und daß dieser Tag das Ende für mich wäre. Ich fürchte es nicht in der Einsamkeit.
Du findest vielleicht, daß ich mich übertrieben verantwortlich für meinen Diener fühle. Ich werde nicht mehr darauf zurückkommen, doch sollte ich sterben, wünsche ich mir, daß Du Dich daran erinnerst und dementsprechend handelst.
Auf meiner letzten Reise nach Tibet – ich war von Shigatse zurückgekehrt, auf dem Weg zu den Bergen von Trinkye und befand mich nahe der Grenze – holten mich eines Morgens aufgeregte Männer aus Lachen ein und überbrachten mir einen Brief des englischen Gouverneurs in Sikkim, der mir befahl, auf der Stelle dorthin zurückzukehren. Die Bauern fügten hinzu, daß ihnen eine Strafe von zweihundert Rupien auferlegt

worden sei, daß man sie aufs schlimmste bedroht hätte und daß die Diener, die mich begleiteten, exemplarisch bestraft werden würden. In aller Ruhe erklärte ich ihnen, sie sollten umkehren. Später würde ich zurückkommen, für den Augenblick gedächte ich jedoch meine Reise fortzusetzen. Ich befand mich ganz allein inmitten dieser Horde. Sie wußten, daß sie sich auf tibetischem Boden befanden, aber ihnen war auch bekannt, daß der Gouverneur einen langen Arm hat, selbst außerhalb seines Territoriums. Zweifellos hatte man ihnen lediglich befohlen, daß sie versuchen sollten, mich mit meinem vollen Einverständnis zurückzubringen. Sie hätten jedoch Gewalt angewendet, und der Gouverneur, der von mir überlistet worden war und das nicht verwinden konnte, hätte die Augen davor verschlossen. Aphur ist nicht mutig von Natur aus, er hat Mutter, Brüder und Landbesitz in seinem Dorf. Sikkim ist ein gesetzloses Land mit einer despotischen Obrigkeit, und seine Bewohner sind in Wirklichkeit Sklaven. Was würde seiner Familie und ihm selbst widerfahren? ... Er befürchtete das Schlimmste. Doch als er sah, daß ich entschlossen war, nicht nachzugeben, stellte er sich dem Ungewitter, sprach mit den einen, sprach mit den anderen, sagte ihnen, sie sollten ja nicht glauben, daß der Gouverneur in den Krieg gegen mich ziehen würde. Wir hätten lediglich eine kleine Meinungsverschiedenheit, aber die Weißen würden sich schließlich immer wieder aussöhnen, und am Ende würden nur sie selbst, wenn sie mir Ungelegenheiten bereiteten, dafür büßen müssen. Das wirkte. Er beruhigte meine beiden anderen Diener, schickte die Leute nach Lachen zurück und machte sich mit mir auf die Reise nach Trinkye. Da der Treiber der Yaks, die das Gepäck trugen, davongerannt war, übernahm Aphur sechs Tage lang die Führung.

Ich mache es kurz: Bei meiner Rückkehr fand ich mein Haus

geplündert. Der Gouverneur bombardierte mich weiterhin mit Drohbriefen. Alle Welt prophezeite Aphur die schlimmsten Dinge, falls er mich nicht verließ. Er tat nichts dergleichen, organisierte den Umzug, die Verpackung der Kisten, und begleitete mich. Als wir in Gangtok angekommen waren, bat er mich, sich von seiner Mutter verabschieden zu dürfen. Ich gab ihm zwanzig Rupien für sie – Du darfst nicht vergessen, daß der Junge keinen Lohn bezieht. Nach allem, was er für mich getan hatte, war das ein dürftiges Geschenk. Zu Hause baten ihn alle unter Tränen, bei ihnen zu bleiben. Sein älterer Bruder bot ihm an, ein Haus für ihn zu bauen und eine Frau für ihn zu finden, mit der er sich in ihrer Nähe auf dem gemeinsamen Land niederlassen könnte. Aphur wußte, daß er dem Brauch gemäß auf seinen Anteil am Erbe seines Vaters verzichtete, wenn er ging. Zudem liebt er seine Mutter, und sie weinte ... Trotz alledem ließ er, von Furcht und Fieber geschüttelt, all dies hinter sich zurück. Es war Regenzeit, Wasserfluten strömten die Berge hinab. Zweifellos, um sich Mut zu machen, hatte er sich auf seine Weise schön gemacht, trug meine Weste aus rotem und schwarzem Samt, die sich unter der Sintflut auflöste, und kehrte in der Nacht zu mir zurück. Ich sah sehr wohl, in welchem Zustand er sich befand, aber ich sagte nur: »Zieh dich um und trink einen heißen Tee.« Doch dieser kleine Wilde, der vor Angst fast verging und den Helden spielte, rührte mich. Ich war tief betrübt, Tibet verlassen zu müssen, und dieser Junge, mit dem ich die Sprache der Höhen sprechen konnte, war alles, was mir geblieben war.
Danach gab es keine weiteren Dramen mehr, aber Aphur erwies sich als ein ergebener Diener. Was hätte ich ohne ihn in dieser Notlage gemacht?
Wie auch immer! Ich glaube nicht, daß man mich übertriebener Sentimentalität bezichtigen kann, wenn ich am Schicksal

dieses kleinen Gelbhäutigen Anteil nehme und mich in seiner Schuld glaube. Du, mein großer Freund, wenn Du auch nur ein wenig Zuneigung zu mir verspürst, dann lasse diesen Jungen nicht im Stich, wenn ich sterbe.

Beijing, 21. Januar 1918

Als ich heute zur Post gegangen bin, habe ich Deinen Brief vorgefunden, den mir M. Suzuki nachgeschickt hat. Er enthielt die Nachricht, daß meine Mutter vor einem Jahr gestorben ist. Diese Nachricht, die kurz vor meiner Abreise zum Kuku Nor eingetroffen ist, hat mich tief bewegt. Ja, wie Du sehr richtig sagst, bin ich jetzt ganz allein, ich habe nur noch Dich, Du großer Freund ... Das ist das Leben, nicht wahr, die Unbeständigkeit allen Seins, Universalgesetz!

Ich reise am 23. morgens ab, in einem Zug vollgestopft mit Desinfektionsmitteln. Man wird uns antiseptische Masken bringen, und in den Waggons werden sich diensthabende Ärzte befinden! Die Lungenpest hat in einer einzigen Stadt in wenigen Tagen fünftausend Opfer gefordert. Nun, schließlich führt mich meine Reise aus der verseuchten Region heraus, aber zuvor muß ein Stück davon durchquert werden! Pah! Ich habe das schon in Benares erlebt und ohne so viele Vorsichtsmaßregeln. Vielleicht sind allzu viele Vorsichtsmaßregeln sogar gefährlich, weil sie Angst erzeugen. Das ändert nichts daran, daß mir von der hiesigen Verwaltung fast auferlegt worden ist, morgen früh den Arzt des französischen Krankenhauses aufzusuchen, um seine Ratschläge, Medikamente, Masken etc. entgegenzunehmen.

Deinem Brief entnehme ich, daß Du mir Geld nach Tianjin geschickt hast. Ich habe keinerlei Benachrichtigung erhalten, aber ich werde morgen früh dorthin telefonieren lassen. Falls die Bank von Indochina Geld erhalten hat, wird sie es an ihre

Niederlassung in Beijing überweisen. Es tut mir sehr leid, daß ich Dir telegrafiert habe, um Dich um Geld zu bitten, aber meine Situation war kritisch, da ich auf eine weite Reise gehe.
Ich hoffe sehr, daß dies nun vorüber ist. Was meine Angelegenheiten in Brüssel angeht, so kann man im Augenblick nichts unternehmen. Sobald der Krieg zu Ende ist, werde ich eine Vollmacht ausstellen lassen, dann kannst Du nach Brüssel fahren und bis zu meiner Rückkehr alles regeln.
(...) Da meine Mutter nun nicht mehr lebt, hat sich mein Vermögen in Belgien vergrößert. Abgesehen von den nachfolgend aufgeführten Legaten, die ich Dir ans Herz lege, gehört alles Dir. (...) Ich wünsche, daß mein Diener Aphur Yongden dreitausend Rupien erhält. Dem normalen Wechselkurs zufolge, der nach dem Krieg wieder gültig sein wird, sind das etwas weniger als fünftausendfünfhundert Franc. Ich wünsche zudem, daß der Oberlama Kunzang Rinchen Gomchen von Lachen (Sikkim) zweitausend Franc bekommt. Man müßte sich zuvor vergewissern, ob der Lama noch am Leben ist. Es handelt sich um eine heilige Schuld, da ich dieses Geld vom Maharadscha von Nepal zur Aufbewahrung für den Lama bekommen habe.
Sollten unter meinen Büchern, die sich mit Orientalistik befassen, solche sein, die Du nicht willst, könntest Du sie der Buddhistischen Gesellschaft von Großbritannien und Irland zum Geschenk machen, die ihren Sitz in 43 Penywern Road, Earl's Court, London S.W. hat.
Professor Edmund Mills, 64 Twyford Avenue, West Acton, London W., schulde ich fünf Pfund Sterling.
Fünfhundert Rupien Sir Holmwood, c/o Parr's Bank Ltd, Earl's Court Branch, Earl's Court Road, London S.W.
Und um die tausendeinhundert oder tausendzweihundert Rupien Sir John Woodroffe, Richter am Hohen Gerichtshof von

Kalkutta in Pension. (...) Diese drei Schulden sind das Geld, das man mir zu Anfang des Krieges geliehen hat.

Mianchi, 28. Januar 1918
Ich habe Beijing am 24. verlassen. Der Lama wurde von etwa fünfzig hohen Persönlichkeiten an den Bahnhof begleitet. Es regnete Abschiedsgeschenke, und die Wünsche für eine glückliche Reise und die Verabschiedungen nahmen kein Ende mehr. Und so ging der Held des Ganzen schließlich, ohne ihn zu sehen, an einem Salonwagen mit Schlafabteilen, Bädern etc. vorbei, den die Eisenbahngesellschaft für ihn an den Zug angehängt hatte. Da bei der Abfahrt noch niemand darin Platz genommen hatte, dachte sich der Bahnhofsvorsteher, daß der, für den er bestimmt war, nicht gekommen sei, und ließ ihn abhängen. Wir erfuhren erst unterwegs durch einen Kontrolleur davon, der verblüfft war, den Lama in dem normalen Erster-Klasse-Wagen vorzufinden. Dieser Salonwagen sollte uns bis zum Ende des Schienenweges begleiten und es uns ersparen, in chinesischen Herbergen zu nächtigen. Dennoch ist die Reise am Ende bequem verlaufen. (...)
Ich habe einen Ausflug nach Longmen gemacht, um mir die Skulpturen an den Felsen anzusehen, die hervorragendste Hindukunst sind und der ersten buddhistischen Epoche in China angehören. Außerdem habe ich einen anderen sehr langen Ausflug in einer Sänfte zu einem Kloster von historischer Bedeutung in den Bergen gemacht. (...)
28. Februar 1918
Die Abenteuer begannen früher, als man hoffen oder befürchten konnte (Du darfst Dir das Verb selbst aussuchen). Der in China anhaltend grassierende Bürgerkrieg hat genau in dem Augenblick auf Shaanxi übergegriffen, als wir diese Provinz durchqueren wollten. Wir wurden unmittelbar an der Grenze

von Henan in einem armseligen Weiler aufgehalten, wo wir elender als Hunde in einer Art Scheune untergebracht sind, die man in Räume unterteilt hat. Der Lama, sein Sohn und drei der Leute seines Gefolges leben zusammengepfercht in einer dieser Behausungen. Ich habe das Privileg, in der größten der Kammern untergebracht zu sein, die etwa 7 × 2,70 Meter mißt. An einem Ende hat Aphur mir mit Hilfe von Tüchern eine Art Alkoven hergerichtet, die Mitte dient als Küche, und am anderen Ende schläft der Junge. Dieser baufällige Schuppen ist aus Schlamm und Häcksel erbaut, einer Art grobem Strohlehm, und der Fußboden besteht aus gestampftem Lehm. Unsere mit Kisten beladenen Wagen im Hof (es sind sechs) wirken dort wie gestrandet. Die Maultiere (es sind fünfzehn) trotten herum und beschmutzen die ganze Einfriedung mit ihrem Mist, der nur einmal täglich fortgeräumt wird. Kurzum, nach zwanzig Tagen Aufenthalt beginne ich diese primitive Unterkunft als bedrückend zu empfinden.

(...) Keinerlei Informationen über diesen Krieg. Gestern ist ein Unterpräfekt der Militärverwaltung hier vorbeigekommen, mit allem Pomp, wie ein von Liktoren umgebener Prokonsul ... Wir haben unsere Karten ausgetauscht. Der Lama hatte ihn aufgesucht, und so hat uns diese Persönlichkeit einen Gegenbesuch in unserem Stall abgestattet. Er hat uns geraten, in eine kleine Stadt ganz in der Nähe umzuziehen, wo er uns ein angemessenes Haus verschaffen würde. Aber siehe da, die Stadt ist voller Soldaten, und wie es heißt, haben sie mehrere Geschäfte geplündert – nur so zum Zeitvertreib – und einigen Fuhrleuten die Pferde fortgenommen. Als sich einer von ihnen dagegen wehrte, haben sie ihn bewußtlos geschlagen und halbtot zurückgelassen. Unsere Männer haben wenig Lust, ein ähnliches Abenteuer zu riskieren, und weigern sich, von hier fortzugehen. Ich meinerseits halte es für unvorsichtig, uns

samt Gepäck an einen Ort zu begeben, wo von einem Tag zum anderen gekämpft werden kann. Vorsichtshalber, und weil das in China so Brauch ist, habe ich mir aus drei Stücken Baumwollstoff eine französische Fahne genäht. Sollte ich mich plötzlich im Kampfgetümmel befinden, werde ich dieses Häuschen beflaggen und den Ereignissen ihren Lauf lassen. Im übrigen sind Ausländer besser beraten, wenn sie die Hände in den Schoß legen und das Handeln ihrem Gesandten überlassen. Doch die Reisegefährten des Lamas befinden sich in einer ganz anderen Lage. Es sind sehr wunderliche Kreaturen, und es bereitet mir ein echtes Vergnügen, sie bei ihren Tätigkeiten zu beobachten. Sie sind jung, alle unter dreißig Jahren; groß, gut gebaut, kräftig. Sie reisen auf den Gepäckkarren, thronen mit dem Gewehr in der Hand hoch auf den aufgetürmten Kisten. Am Abend, bei der Ankunft am Etappenziel, haben sie sich samt Gesicht und Kleidung in erdige Massen gelben Staubes verwandelt. Sie rufen die Erinnerung an vergangene Zeitalter wach, an die Horden des Dschingis Khan, deren Nachfahren sie sind, an eine barbarische und starke Epoche, die sehr verschieden von der unseren war.
Die Geschehnisse auf der Reise haben ebenfalls einen archaischen Beigeschmack. Am Ende unserer ersten Wegstrecke nähert sich mir einer der Barbaren, nachdem er sich, so gut er kann, den Staub, der ihn bedeckt, abgeklopft hat, und fragt mich: »Haben Euer Ehrwürden (das ist der Titel, mit dem sie mich ansprechen) die abgeschnittenen Köpfe gesehen, die an einem Baum neben der Straße hingen?« »Ehrwürden« hat nichts gesehen, muß jedoch nicht mehr lange darauf warten. Gestern verkündet mir Aphur, als ich erwache: »Frau des Herrn (er ist bei der hinduistischen Anrede geblieben), gegenüber der Tür hängen drei abgeschnittene Köpfe.« Sobald ich angekleidet bin, schaue ich nach. Tatsächlich sind da drei Köp-

fe an den Haaren an der Wand aufgehängt. Die Geschichte ist die folgende: Ungefähr fünf Meilen von hier entfernt hat eine bewaffnete Bande mehrere Dörfer angegriffen, hat alles geplündert und mehrere Bauern getötet. Jemand, dem es gelungen ist zu entfliehen, ist hierhergerannt und hat die Soldaten benachrichtigt, die in dem Weiler untergebracht sind, in dem ich mich befinde. Die haben sich aufs Pferd geschwungen und auf den Weg zu den Plünderern gemacht, die sich verteidigt haben. Vier von ihnen wurden gefaßt, und ein Soldat wurde verletzt. Daraufhin Schnelljustiz, drei Köpfe an die Mauer. Der Besitzer des vierten wurde für das Verhör zurückgehalten – das bedeutet Folter, obwohl sie offiziell abgeschafft ist –, und man wird ihn morgen früh ebenfalls köpfen.

Um auf die Gefährten des Lama zurückzukommen: Das sind stramme Burschen, die sich vor gar nichts fürchten, ihr maßloser Mut, der von keinerlei Überlegung erhellt wird, kann jedoch hinderlich werden. Für den Augenblick benutzen sie ihre Patronen, um Nägel einzuschlagen, aber sie würden sie mit Begeisterung auf andere Weise verwenden.

(…) Wann werden wir uns wohl endlich von hier fortbewegen können?

Und ich, die ich niemals krank bin, mußte mir ausgerechnet dieses Loch aussuchen, um mir hier ich weiß nicht was zuzuziehen, was mich seit fünf Tagen ans Bett fesselt.

Wen-li-chen, 9. März 1918

(…) Der Lama beginnt die Geduld zu verlieren, und da er reich ist und Geld für ihn keine Rolle spielt, spricht er davon, sich nach Shanghai zu begeben. Er würde seinen Sohn mitnehmen und zwei der Männer seines Gefolges, während einer von ihnen hierbleiben und auf sein Gepäck aufpassen würde. Es wäre nicht besonders lustig für mich, allein in diesem Loch zu bleiben. Der Lama leistet mir Gesellschaft; er kommt – zwar nicht jeden Tag, aber fast – und setzt sich zu mir in die Kammer, um zu plaudern. Er ist gebildet, er spricht über Bücher, über Autoren, die ich kenne und mit denen er sich eingehender beschäftigt hat als ich; das ist interessant für mich. Zudem helfen uns auch die Barbaren in seinem Gefolge, unsere wenig angenehme Situation zu ertragen. Einige von ihnen radebrechen ein wenig Chinesisch und dienen uns als Dolmetscher. Einer von ihnen nimmt Englischunterricht bei Aphur. Ein Kontrast, der mich amüsiert, ist der zwischen den überaus ungehobelten, banausenhaften Manieren dieser Leute und ihrer Sprache von blumiger orientalischer Höflichkeit, die voll ist von übertriebenen poetischen Ausdrücken, die ein wenig drollig anmuten. Oh! Wie hübsch sie reden! Da sie alle ein wenig Bildung genossen haben, verstehen sie, sich der Schriftsprache und der Sprache der Höflichkeit zu bedienen (die Hochsprache unterscheidet sich im Tibetischen sehr stark von der Umgangssprache). Das ist ein unerschöpflicher Quell der Komik. So sagen sie würdevoll und mit einer Verbeugung: »Reisen Sie wohl! Gute Heimreise!« *(kale nang la dschib gyur nang)*, was respektvoll ausgedrückt soviel wie »Treten Sie ein« bedeutet, und viele andere Dinge dieser Art.

(...) Nun, ich komme jetzt zum Ende, lieber Mouchy. Ich finde es überaus lieb von Dir, mir diesen Weg der Reisen und der Studien zu erleichtern, der der einzige ist, den ich mir je gewünscht habe. Ich hatte große Pläne bezüglich der Bücher, die ich nach dem Krieg veröffentlichen wollte, und einige sind bereits fertig. Doch angesichts der Wendung, die die Dinge jetzt nehmen, frage ich mich, ob irgend jemand von denen, die so lange von der von den Boches* entfesselten Woge der Bestia-

* Boches: abfällige Bezeichnung der Franzosen für die Deutschen (Anm. d. Übers.)

lität überrollt worden sind, sich noch für geistige Dinge interessiert. Ich sehe eine sehr düstere, sehr brutale und sehr abgestumpfte Welt aus diesen Wirren hervorgehen. Ich frage mich, ob Elie und jene, die seinen Glauben teilen, nach dem Krieg noch immer die Ankunft des Reiches Gottes erwarten. Mögen sie sich in dieser Illusion wiegen. Ich meinerseits sehe vielmehr die Ankunft des Reichs der Bestien. Der Bestien, zu denen wir nach diesem Kampf alle geworden sein werden. Das ist eine schreckliche, sehr schreckliche Perspektive, nicht wahr? Aber ist es nicht ebenso wahr, daß wir, so »intellektuell« wir auch sein mögen oder so weit entfernt vom Kriegsschauplatz wir uns auch befinden, diese Realität in uns selbst verspüren? Jene, die es gewohnt sind, sich selbst zu analysieren, die »Kopflastigen« meiner Art, um Deinen Ausdruck zu gebrauchen, sind manchmal erstaunt und fast erschrocken, daß sie den alten, atavistischen Drang nach Rache und Mord in sich aufsteigen fühlen. Als eine wenn auch nur sehr bescheidene und kümmerliche Schülerin Buddhas würde ich mich zweifellos weigern, jedweden Straßenräuber zu töten, der mich unterwegs überfallen würde. Doch würde ich Aphur verteidigen, das ist gewiß, und ich würde auf seine Angreifer zielen, wenn er sich in Gefahr befände. Dieser Junge hängt an seinem Leben, er ist mein Diener, und ich schulde ihm Schutz. Doch wenn es um mich allein ginge, wäre die Grausamkeit einer so barbarischen Handlung unter meiner Würde. Lieber sterben, als sich auf die Ebene von Tieren herabzubegeben, die allein ihren Trieben folgen und deren blinder, beherrschender Drang der Wunsch nach Leben ist. Nun gut, ich gestehe es, trotz all dieser Philosophie: Wenn die Alliierten in Deutschland einfallen und systematisch alle Boches massakrieren, so würde ich nicht protestieren, sondern ihnen vielmehr zustimmen. Und wenn ich selbst an diesem Punkt angelangt bin, die ich meine Gedanken unter Kontrolle habe und nicht der Spielball meiner Triebe bin, dann frage ich mich, wo sich die anderen befinden, die Nicht-Philosophen, all die einfachen Gemüter ... Wer kann das wissen! Und außerdem, was bedeutet das schon, alles ist nur ein Traum, nichts weiter. Zum Glück gibt es in unserem Zeitalter noch das eine oder andere einsame Fleckchen, wo man allein sein und andere Träume träumen kann als die Alpträume der sogenannten zivilisierten Welt. (...)

Tungzhou (Dali), 24. März 1918

Ich befinde mich im Augenblick bei dem Pastor, der mich eingeladen hat, und ich bereue es beinahe (soweit ich der Reue fähig bin). Zuerst einmal habe ich noch an dem gleichen Abend, an dem sie mir die Wagen geschickt haben, um mich abzuholen, erfahren, daß die Straße wieder frei ist. Der Lama verzichtet somit darauf, sich nach Shanghai zu begeben. Es hätte mir sehr leid getan, diese Wagen zurückschicken zu müssen. Ich mußte sie bezahlen, eine ärgerliche und unnötige Ausgabe! Deshalb habe ich beschlossen, nach Tungzhou zu fahren, das näher bei Xian liegt als das Dorf, in dem ich mich befand, so daß die Transportkosten geringer sein werden, wenn ich nach Xian weiterreise. Der Lama schickte mir einen Boten, um mir mitzuteilen, daß er bereits unterwegs sei und daß wir uns in Xian wiedertreffen werden. Wunderbar.

Doch ausgerechnet an diesem Morgen kam es vor Tagesanbruch zu einer heftigen Schießerei. Die Rebellen versuchten, die Stadt einzunehmen. Wie es scheint, hatten sie ganz überraschend bereits die Festungsmauern erklettert. Die Soldaten der Garnison postierten sich auf den benachbarten Dächern und vertrieben sie. Anschließend schossen sie von der Höhe der Schutzwälle herab, und das dauerte bis etwa neun Uhr (rund vier Stunden). Die Kugeln pfiffen über die Höfe des Hauses hinweg und prallten gegen die Mauern. Als ich zur Toilette ging, die sich in einem kleinen Hof befindet, hörte ich sie allenthalben um mich herumfliegen, aber es versteht sich, daß ich in solchen Augenblicken automatisch in die gleiche Haut schlüpfe wie an dem Tag meiner Begegnung mit dem Tiger in den Dschungeln von Nepal. Ich habe deshalb meinen Schritt nicht beschleunigt; wer weiß, aus instinktiver geistiger Koketterie, um mit den Sinnen ein Quentchen ungewohnter Erregung zu kosten, habe ich ihn vielleicht sogar verlangsamt, wenngleich es im höchsten Grade grotesk und lächerlich gewesen wäre, von einer jemand anderem zugedachten Kugel und an einen so unpassenden Ort, den ich ja ansteuerte, getötet zu werden.

Kurz und gut, die Rebellen sind geflüchtet, verfolgt von der lokalen Kavallerie. Werden sie zurückkehren? Wer kann das wissen? (...)

25. März 1918

Das schwedische Ehepaar (die Frau ist Dänin) hat mich auf die denkbar herzlichste Weise empfangen und mir ein sehr schönes Zimmer gegeben. Sie sind religiöse Schwärmer, die – vor allem der Mann – unablässig Daniel, Jesaja und die Apokalypse im Munde führen. Dieser große Teufel von Albino spricht von dem Tier aus dem Abgrund, von den Siegeln, von den Rädern, von was weiß ich! Und sieht die unglaublichsten Dinge darin. Ich habe sie im übrigen nicht im unklaren gelassen: Schon bevor sie mich einluden, wußten sie, daß ich Buddhistin bin. Diese Nebensächlichkeit hat ihren Missionseifer auf wunderbare Weise angestachelt. Du kannst Dir vorstellen, wie wenig Erfolg ihrer Beredsamkeit beschert ist! Ich wünschte mir, sie schwiegen oder würden von etwas anderem sprechen. Ich selbst verspüre nicht die geringste Lust, ihnen meine philosophischen Überzeugungen zu offenbaren, doch befiehlt es mir die Höflichkeit, meinen liebenswürdigen Gastgebern zu antworten. Der Krieg im Kleinformat, der hier ausgetragen worden ist, und die Gefahr, der wir entronnen sind (ausgerechnet am Sonntag), wurde zum Gegenstand von Gesprächen und von besonders entfesselten Harmoniekundgebungen in Form von Hymnen aller Art. Und dieser große Naivling glaubte tatsächlich, die drohende Gefahr habe mich in Aufregung versetzt. Bei Tagesanbruch klopfte er an meine Tür, um mir mitzuteilen, was vor sich ging – das hatte ich bereits seit einer Stunde sehr wohl vernommen. Er sagt: »Ich hoffe, daß für Sie alles gutgeht *(I hope you will be all right).*« Durch die Tür antworte ich: »Das hoffe ich auch *(I hope so),* aber wenn es anders kommen sollte, kann ich nichts daran ändern *(but if it is not right I cannot help it).*« Und daraufhin steige ich in meine Badewanne und nehme mein allmorgendliches Bad ein wenig früher als gewohnt, weil ich mir denke: »Sollten die Rebellen die Stadt einnehmen, werden sie nach allen Seiten ausschwärmen, sie werden auch hierherkommen, und in diesem Fall müßte ich auf mein tägliches Bad verzichten, was mir sehr unangenehm wäre.« Ich gestehe, das ist kein sehr erhabener Gedanke, doch diese ruhige Grundstimmung hat ihren Reiz und beschert mir angenehme Stunden frei von Erregung.

Das Ehepaar, die Knaben ihrer Schule und ihre Erzieher rutschten auf den Knien in der Kapelle herum. Aphur, der kein Held ist, aber von der Religion, zu der er sich dem Namen nach bekennt, eine Portion gesunden Menschenverstand mitbekommen hat, war baß erstaunt. Er fragte mich: »Dieses Gepfeife, sind das Kugeln?« »Ja, es ist besser, du kommst ins Zimmer.« »Was werden sie tun, wenn sie die Stadt stürmen?« »Zweifellos werden sie plündern und Geld von uns fordern. Sie werden sich bestimmt nicht meine Bücher und Kleider nehmen, damit können sie nichts anfangen, aber wenn sie vierzig oder fünfzig Dollar fordern oder den Inhalt meines Verstecks finden und noch mehr davontragen, dann könnte ich dir keine neuen Kleider kaufen, und wir müßten mehrere Monate lang sehr ärmlich leben – da kann man nichts machen!« Worauf der Junge sich darangibt, mein Bett zu machen. Wir sprechen von etwas anderem und hören weiter die Kugeln pfeifen ...

Die Angreifer hatten auch vorsintflutliche Kanonen mitgebracht, die in langen Abständen bumm! bumm! machten, und ließen irgendwo eine prähistorische Granate explodieren. Die militärischen und zivilen Machthaber der Stadt wußten nicht so recht, ob sie auf die Treue der Garnison vertrauen konnten, und außerdem hatten sie sie nicht vollständig zur Verteidigung aufgerufen. Woraufhin alle Beamten, der Gouverneur an der Spitze, auf die Befestigungsmauern gestiegen sind und selbst geschossen haben. Sie scheinen bemerkenswerten Mut an den Tag gelegt zu haben, und ich bedaure sehr, daß ich diesen Söhnen des Reiches der Mitte in ihren schönen blauen oder goldbraunen Roben nicht beim Schießen zusehen konnte.

(...) Nachdem alles vorbei war, erging man sich in geräuschvollen Danksagungen, und der skandinavische Albino sagte zu mir: »Wie sollte man nicht voller Ehrfurcht für die wunderbare und väterliche Güte des Allmächtigen sein, der uns gerettet hat?«

Ich konnte es mir nicht verbeißen, ihm darauf zu antworten: »Glauben Sie wirklich, daß Gott es war, der die Aufständischen daran gehindert hat, in die Stadt einzudringen?«

»Und wer sonst hätte es sein können? Er war es, Er allein, in seiner unendlichen Güte.«

»Wenn er sie an diesem Morgen um neun Uhr aufgehalten hat, konnte er sie dann nicht ein bißchen eher aufhalten und daran hindern, die Stadt anzugreifen? Dann wäre nicht nur beiden Seiten eine Anzahl von Toten und Verletzten erspart geblieben, sondern es wären auch am Kampf Unbeteiligte verschont worden, wie dieser kleine Junge, der eine Kugel ins Bein bekommen hat, weil er sich auf der Straße befand.« Ich bekomme keine Antwort darauf, statt dessen werden in mächtigem Redefluß Daniel, die Psalmen, der heilige Paulus und tutti quanti zitiert. (...)

Tungzhou (Provinz Shaanxi), 2. April 1918
Neulich nachts waren wir gegen Mitternacht einem erneuten Angriff ausgesetzt. Wie es scheint, hat man auf beiden Seiten mit Munition gespart, denn die Knallerei war nicht besonders heftig. Ich kann nicht genau sagen, wie lange sie gedauert hat, denn ich bin noch vor Ende eingeschlafen. Wir leben hier in einer sehr sonderbar mittelalterlichen Atmosphäre, und sie läßt mich an all diese alten Schlachtengemälde denken, die ich im Brüsseler Museum gesehen habe. Unsere Belagerer haben einen Trupp von »Leiterträgern«. Diese stützen ihre Geräte gegen die Mauern, und die Soldaten klettern hinauf, während man von oben auf sie schießt und sie überdies mit Steinen bewirft, die man vorab auf den Verteidigungswällen aufgehäuft hat. Das ist nicht der moderne Krieg! Die Tore der Stadt bleiben verschlossen, der Militärgouverneur hat nur die Frauen vom umliegenden Land als Flüchtlinge zugelassen. Sie sind in einem Tempel untergebracht und erhalten täglich eine Ration Brot, während die Männer in ihre Dörfer zurückkehren mußten. Sie sind allesamt von den Aufständischen überfallen und ausgeplündert worden. Gestern hieß es, daß jetzt Zwietracht zwischen ihnen herrsche; es fehlte nicht viel, und sie hätten sich gegenseitig erschossen. Am Ende haben sie sich in zwei Banden aufgespalten, von denen eine sich im Norden der Provinz mit den Gruppen, die man »die mit der dicken Haut« nennt, zusammenschließen wird. Die mit der »dicken Haut«

sind, wie es scheint, Banditen, die sich abhärten, indem sie sich – nackt – gegenseitig mit Ziegelsteinen bewerfen. Sie haben keine Feuerwaffen, sondern nur lange Säbel. Sollte man da tatsächlich glauben, daß man im zwanzigsten Jahrhundert lebt! (…)
Diese Reise, die nicht weitergeht, ist eine ermüdende Angelegenheit. Es ist unmöglich vorauszusehen, was sich ereignen wird. Wir erfahren hier rein gar nichts mehr, nur noch von der Zerstörung der umliegenden Dörfer, denen Geld abgepreßt wird, die geplündert und in Brand gesteckt werden. Man steht so schrecklich dumm da, wenn man die Landessprache nicht versteht. Pah! Irgendwann wird sich alles einrenken.
Ließe sich unser großer Krieg ebenso einfach erledigen, dann wäre alles gut, aber wo wird es wohl mit uns hingehen? (…)
Für die Buddhas mag es richtig sein, sich den Tigern zum Fraß vorzuwerfen. Das ist eine Handlung, die das Verständnis und die Möglichkeiten der Masse übersteigt. Die Masse glaubt an die Realität des »Ich« und der Welt, sie jagt ihren Begierden nach, sie ist besessen von Lebensdurst, deshalb muß sie vor allem darum kämpfen, ihr »Ich« zu retten. Und das tun und taten sehr logischerweise die Deutschen, die zwar Barbaren, aber keine Dummköpfe sind. Mag das »Ich« eines französischen Proletariers auch geschunden sein, so doch weit weniger, wenn Frankreich Frankreich bleibt, als wenn ein Wilhelm sich dort zum Herrscher macht. Unsere Sozialisten haben das begriffen. Andere Länder, denen diese simple Einsicht versagt geblieben ist, werden ihren Irrtum teuer bezahlen. Der Frieden ist allein denen vorbehalten, die verzichten, die ihre Hände öffnen und sich alles entgleiten lassen, was ihnen gehört … Denen allein, die sich von allem freigemacht haben und mit einem Herzen voranschreiten, das frei ist von Wünschen, von Bindungen, von Liebe und von Haß. Vor den anderen liegt der

Kampf, der ewige Kampf. Das muß man sich vorbehaltlos klarmachen. Die Pazifisten und andere Schönredner gleichen einem Arzt, der nach dem Mittel sucht, die Cholera zu einer angenehmen Sache zu machen. Das Dasein ist seinem Wesen nach Kampf und Leiden, es ist die Unbeständigkeit selbst, und was kann Unbeständigkeit, die unablässige Kette der fortwährenden Zerstörungen, anderes sein als Leiden für die großen und kleinen »Ichs«, die der kleinsten Lebewesen oder die der Nationen, die sich unablässig auf den Tod zubewegen? Nein, kein Arzt wird die Cholera zu einer angenehmen Krankheit machen, und kein Politiker oder Soziologe wird den Krieg und das Leid aus der Welt verbannen. Wenn einem das Kranksein zuwider ist, muß man sich der Krankheit entledigen; wenn man des Kampfes und der Schmerzen müde ist, muß man in seinem Geist darüber hinausgehen, über die materielle Existenz hinaus, wie wir sie in unserer beschränkten Unwissenheit wahrnehmen. Einige Verrückte töten sich selbst, doch die klarer Blickenden töten den quälenden Traum von der Welt, pfeifen auf das Wunder, wachen auf ...

3. April 1918

Wie ich sehe, habe ich mich gestern abend zum Philosophieren hinreißen lassen. Du hast das nicht gern, deshalb verzeih mir, aber Du weißt, daß ich nie zu etwas anderem gut gewesen bin.

Ich war darauf vorbereitet, durch die große Kälte zu reisen, doch sofern ich mich noch weiter verspäte, laufe ich Gefahr, in der Hitze zu reisen, was noch unangenehmer wäre. Auf jeden Fall ist es Frühling geworden, der Garten hier ist voll blühendem Flieder, und man muß die fellgefütterten Houppelanden* beiseite räumen. Aphur fertigt eine Kiste, um sie zu verpacken, und morgen kommt der Schneider, um mir eine Art chinesi-

* Houppelanden: gemeint sind die weiten tibetischen Übermäntel.

scher Bluse zu nähen, die ich während der weiteren Reise über den alten Röcken tragen werde. Was auch ein wenig bequemer sein wird als meine langen tibetischen Ärmel. Diese tibetischen Gewänder werden seit Jahrhunderten nach alter chinesischer Mode geschneidert. In den Dörfern staunen manchmal die Bauern, die noch niemals Eingeborene aus dem »Land des Schnees« gesehen haben, wenn sie uns, meinen Diener und mich, wie Konfuzius oder die taoistischen Götter auf den Bildern gekleidet sehen. Ich werde meinen Brief zur Post bringen lassen. Er soll Dir meine zärtlichen Gedanken bringen, Du großer Lieber. Wie sehr Du Dich doch von all diesen durchaus vorzüglichen Ehemännern unterscheidest, die ich in den Familien kennenlerne, mit denen ich im Laufe meiner Reisen in Kontakt komme. Wieviel intelligenter Du bist! Und deshalb auch besser als sie alle. Mein Papier ist knapp bemessen, und deshalb führe ich dieses Thema nicht weiter aus, doch wenn Du wüßtest, wie oft ich darüber nachdenke und wie dankbar ich Dir bin ... Alexandra.

Xian, Hauptstadt der Provinz Shaanxi China, 11. April 1918
Vor sechs Tagen habe ich Dir einen Brief aus Tungzhou geschickt. Das war der zweite, den ich aus dieser Stadt geschrieben habe, und Du hast in allen beiden von den Ereignissen während der Belagerung und den beiden neuerlichen Angriffen auf diese kleine befestigte Stadt gelesen. Ich wollte meinen Brief nicht mit der Nachricht beschließen, daß ich das Abenteuer wagen wollte, aus der belagerten Stadt zu fliehen, denn ich hätte Dir natürlich nicht den Ausgang schildern können, und Du hättest Dir Sorgen um mich gemacht. Hier die Geschehnisse: Ich habe eine Botschaft vom Lama erhalten, in der er mir mitteilte, daß er am 5. nach Xian abreisen und von dort aus seinen Weg zum Kuku Nor fortsetzen würde. Der Brief

traf am 4. bei mir ein. Ich beschloß, auf der Stelle aufzubrechen, da ich andernfalls Gefahr lief, daß der Lama seinen Weg ohne mich fortsetzen würde. Aber Du mußt Dir die Situation vorstellen. Der direkte Weg war völlig von den Belagerern versperrt, und ein Umweg bot nur eine sehr begrenzte Sicherheit. Es war sehr unwahrscheinlich, daß irgendein Fuhrwerksbesitzer es riskieren würde, mir seine Wagen zu leihen, da er in keiner Weise sicher sein konnte, daß diese nicht den Rebellen in die Hände fallen würden. Doch nach zahlreichen Verhandlungen erhielt ich drei kleine Fuhrwerke (ein großer Gepäckwagen wurde mir verweigert, da er zuviel Aufmerksamkeit auf sich ziehen und zu langsam vorankommen würde), die jeweils von zwei Maultieren gezogen wurden. Die Militärverwaltung erteilte, wenn auch sehr widerwillig, die notwendige Zustimmung zu meiner Abreise. Obwohl alles bereits am Vortag vereinbart worden war, wurde noch etwa zwei Stunden lang darüber palavert, während ich vor einem der Stadttore wartete. Endlich erschien einer der Beamten im blauseidenen Gewand, grüßte mich mit dem Lächeln dessen, der sagen will: »Gott sei Ihnen gnädig!« – Er dachte sich wohl das konfuzianische Äquivalent für diesen Ausspruch – und ließ, eskortiert von Soldaten, die großen Tore der weiteren Befestigungsmauern von den Barrikaden befreien. Endlich grüßte und lächelte er wieder, und während man die Tore hinter uns schloß, fuhren wir ins Land hinein. Es ist verlassen, menschenleer. Kein einziger Bauer auf den Feldern, kein Reisender auf der Straße. Alle sind geflohen oder halten sich versteckt aus Angst vor einem plötzlichen Überfall der Rebellen, die sich, wie es heißt, wie echte Straßenräuber verhalten. Meine Fuhrleute stehen, wie mir scheint, sehr stark unter Angst. Sie peitschen auf ihre Maultiere ein, die laufen, so schnell sie können. Über den Verhandlungen vor der Abfahrt, der Warterei vor dem Stadttor, ist es fast Mittag geworden. Der Weg ist weit, und bevor wir uns einigermaßen in Sicherheit befinden, müssen wir noch zwei Flüsse überqueren. Ein Unwetter droht, es regnet, die tief hängenden dunklen Wolken bilden einen dramatischen Hintergrund für unsere wildromantische Flucht durch die Felder, die von zahlreichen Gräbern übersät sind. Kurz gesagt: Wir erreichen den zweiten Fluß bei Einbruch der Nacht. Wir müssen ihn auf einem großen, grob zusammengefügten Floß überqueren, das mit den Händen fortbewegt wird. Die Strömung ist sehr stark, und der Wind rüttelt mit beängstigender Heftigkeit an den Wagen, die dicht an dicht auf diesem vorsintflutlichen Nachen plaziert sind. Wir brauchen eine gute halbe Stunde, bevor wir das andere Ufer erreicht haben, und bis man erneut die Maultiere angespannt hat, ist es stockfinster. Wir finden eine Unterkunft in einer kleinen Herberge – Unterkunft bedeutet in solchen Fällen stets nur vier Lehmwände und ein Strohdach. Wir breiten unsere Decken aus, und Aphur und ich schlafen eingerollt in unsere Schaffellmäntel jeder in einer Ecke dessen, was ich nicht Zimmer zu nennen wage. Wecken vor Morgengrauen und Aufbruch, sobald der erste Schein von Dämmerung es erlaubt, denn wir müssen die Zeit wieder einholen, die wir am Vortag verloren haben, und eine lange Wegstrecke hinter uns bringen. Unterwegs begegnen uns Regimenter, die ausgerückt sind, um Tungzhou Hilfe zu bringen. Am nächsten Tag treffen wir wieder auf Soldaten und begegnen dem Militärgouverneur von Shaanxi, der höchstpersönlich in den Kampf gegen die Rebellen zieht. Er wirkt ganz wie ein Gentleman, umgeben von seinem Führungsstab, aber nach Gewohnheit der meisten höheren chinesischen Offiziere trägt er Zivilkleidung. Die nächste Nacht verbringen wir in einer Herberge, die geplündert worden ist. (...)

Die große Überraschung ereignet sich, als wir bei unserer Ankunft in Xian genau am Stadttor einem großen Wagen begegnen. Hoch oben auf einem wahren Berg von Kisten thront ein Mann, der in strahlendes Gelb gekleidet ist. Das ist keine in China übliche Farbe, und ich begreife auf der Stelle, daß diese Gestalt einer der Mongolen unserer Reisegesellschaft sein muß. Ich rufe ihm zu, und er wendet sich um und stößt ein paar Schreie aus, die freudige Überraschung ausdrücken sollen: Es ist tatsächlich einer unserer jungen Mongolen. Da der Zufall die Dinge so gut ins Lot gebracht hat, erspart er mir die Sorge, mich auf die Suche nach dem Lama machen zu müssen. Wir brauchen nur noch hinterherzufahren und folgen der langen Kolonne, die sich langsam durch die Stadt bewegt. Allerdings ist der Lama schon vor einigen Stunden eingetroffen. Der Gouverneur hat ihn und die wichtigsten Personen seines Gefolges, von Soldaten eskortiert, mit Sänften abholen lassen. All diese Hoheiten sind in einer Herberge gelandet, die eine der besten der Stadt sein muß, jedoch keineswegs mehr Komfort bietet als die in den Dörfern. Die gleichen Mauern aus getrocknetem Lehm; der einzige Unterschied ist eine Zimmerdecke aus Papier unter dem Dach. Und das Ganze ziemlich schmutzig.

Heute war ich wegen eines Tibeters, dem es sehr schlecht geht, im Krankenhaus der baptistischen Mission. Es handelt sich um einen jungen Mann von achtundzwanzig Jahren. Bestimmt wird er sein Land nicht wiedersehen. Unser allzu langer Aufenthalt in Wen-li-chen hat ihn dem Tode geweiht. Wäre er früher in Behandlung gekommen, so sagt mir die Ärztin, hätte eine Operation ihn retten können. So schwach wie er jetzt ist, kann man sie nicht mehr wagen. Der Lama ist bekümmert, denn im Grunde ist er ein anständiger Mensch, aber so ist das nun einmal, das Leben ist stärker. Wir bedeuten nur sehr wenig für die anderen, selbst für unsere Freunde oder unsere Allernächsten. Die Gefährten dieses Jungen lachen und scherzen wie gewohnt; sie denken nicht einmal darüber nach, daß der Lärm, den sie veranstalten, den Kranken stören oder betrüben könnte. Wie wenig wir wiegen, wie wenig Platz wir einnehmen! Wir sind schnell vergessen und leicht zu ersetzen ... Ein alter Lama hatte dem »Wiedergeborenen der neun Täler« vorgeschlagen, eine Versammlung zusammenzurufen, um die rituellen Texte zu rezitieren, wie es in solchen Fällen üblich ist. Aber er ist ungläubig und hat es mir erklärt, indem er sagte: »Ich glaube nicht, daß diese Rezitation von Texten irgendeine Wirkung hat; ich glaube an gar nichts, weder an unsere noch an andere Religionen ... wozu sollte das gut sein ...« Interessant, dieses Geständnis von einem religiösen Führer zu hören, der geistliche und weltliche Macht über mehr als hundert Klöster hat. (...)

Xian (Shaanxi, China, 18. April 1918

Seit neun Tagen bin ich nun hier. Ich habe Dir gleich nach meiner Ankunft geschrieben, habe Dir von meiner Flucht aus dem belagerten Tungzhou erzählt und von meiner Reise durch ein von Rebellen verwüstetes Land. Der Weg nach Norden, den ich einschlagen muß, wird, wie es heißt, stärker denn je von Aufständischen und von Räuberbanden verunsichert. Trotzdem werde ich das Risiko eingehen, mag geschehen, was will. Von hier nach Pingliang sind es fünf Tagereisen, und sobald ich es einmal erreicht habe, werde ich allem Anschein nach wieder die in China normalen Sicherheitsbedingungen vorfinden. Die Hitze naht und damit auch die Fliegen, und der Aufenthalt in den chinesischen Herbergen wird bald mehr als unerfreulich sein: nämlich gefährlich für die Gesundheit. Ich kann es kaum erwarten, in die Berge, an die frische Luft zu kommen. Es ist keineswegs so, daß es mir hier in Xian an Plätzen mangelte, an denen ich bleiben könnte. Aber ich habe genug davon. Ich sehne mich nach Ruhe, nach Frieden, nach frischer Milch und der Stille der Steppe.

Der Protestantismus, der in China grassiert, scheint sich von dem unseren sehr stark zu unterscheiden, oder vielmehr hat sich der unsere seit dem Krieg stark verändert. Die »Wiederkehr Christi« war ein klassisches Thema, das man in vorsichtigem Abstand hielt, aber hier behaupten einige Leute allen Ernstes, daß mir vielleicht keine Zeit mehr bleibt, den Kuku Nor vor dem Jüngsten Gericht, dem *dies irae,* dem *dies illa* der berühmten lateinischen Hymne, zu erreichen. Und selbst wenn dieses Ereignis sich noch hinauszögern sollte, können wir bis dahin auf keinen Frieden mehr hoffen, alles wird sich nur noch weiter verschlimmern. Die »Bestie« wird ihre Herrschaft errichten, die Welt erobern, die Kinder an der Mutterbrust verschlingen, sich in Seen von Blut baden ... Ich kann Dir sagen, mir klingen die Ohren davon. Es ist schon soviel Grauen über uns hinweggegangen, und da ergötzen sich diese Leute daran, noch Furchtbareres auszumalen. Das erscheint wie Sadismus und grenzt an Wahnsinn, aber ich frage mich sowieso, wie ich Dir neulich schon geschrieben habe, weshalb ihr in Europa nicht bereits alle verrückt geworden seid während dieser vier Jahre, in denen eure Nerven zum Zerreißen gespannt waren, immer unter der Belastung, handeln oder diesem blutigen Chaos zusehen zu müssen. Buddha, so erzählt uns die Geschichte, erlebte, wie seine Sippschaft hingemordet und das Reich seines Vaters zerstört wurde. Er sah in den Straßen der Hauptstadt das Blut seiner Landsleute in Strömen fließen, und da setzte er sich eines Abends auf den Rand eines Brunnens, in den der Feind die sterblichen Überreste seiner Nächsten geworfen harte. Ein Buddha kann dem zweifellos ruhig zusehen, aber die anderen? ... Deshalb begreife ich auch die panische

Angst, von der die Leute ergriffen werden, und ihre apokalyptischen Hirngespinste. Tatsächlich übersteigt das, was vor sich geht, die Widerstandskraft normaler Gehirne. Von all denen, die den »Barmherzigen Vater« anrufen und hoffen, daß er alle Tränen trocknen wird, fragt sich nicht ein einziger, warum er sie heute fließen läßt und in welcher Weise er seine Liebe für die Menschheit zum Ausdruck bringt. Und das Schlimmste ist, daß, diesen Predigern zufolge, dem glücklichen Zeitalter so unermeßliche Greuel vorangehen werden, daß die von den Deutschen begangenen im Vergleich als ein Kinderspiel erscheinen. Da wird dieser Feuersee sein, der alle Ungläubigen verschlingen wird, das heißt die allergrößte Mehrheit der Hindus, Buddhisten, Juden, Mohammedaner, Freidenker und tutti quanti. Ganz zu schweigen davon, daß die Katholiken auch die Protestanten hineinstürzen werden und die Protestanten die Katholiken. Der Mensch ist ganz entschieden eine bösartige Bestie. Diese Leute sind empört, wenn ich ein paar Worte zu der inneren Heiterkeit und Toleranz der indischen Weisen anzubringen wage, die um die Nichtigkeit aller vom menschlichen Geist erfundenen Systeme wissen und nicht versuchen, jedem die gleiche Meinung aufzuzwingen, da sie überzeugt sind, daß das weder notwendig noch möglich ist. Was mich aus der Fassung bringt, ist die Anmaßung dieser Leute. Ohne zuvor irgendeine vergleichende Untersuchung angestellt zu haben, ohne andere Lehren zu kennen, haben sie bei sich zu Hause beschlossen, daß die ihre die einzig wahre ist, und sich unter diesem Vorwand an die Eroberung der »heidnischen Welt« gemacht, wie sie es so höflich ausdrücken. Man sollte nur sehen, mit welcher Geringschätzung sie in China von den Gebildeten aufgenommen werden; mit geringfügigen Ausnahmen gehören die von ihnen Bekehrten den niedrigsten sozialen Klassen an. Nicht anders ist es in Indien. (...)

Pingliang (Gansu), China, 17. Mai 1918

Neun Tage sind es nun, seit ich Xian verlassen habe und jeden Tag zwölf bis dreizehn Stunden in meinem ungefederten Wagen, von dem Kutscher in flottem Tempo gelenkt, über Wege gereist bin, die nichts als große Schlammlöcher sind. Die Landschaft ist hübsch, gebirgig. Wir haben mehrere Bergketten über Pässe überquert, die um die sechshundert bis achthundert Meter hoch sind. Die Unterkünfte in den Dörfern, durch die wir fahren, werden von Mal zu Mal armseliger und schmutziger ... Wir finden uns damit ab, wir müssen es wohl oder übel. Man ißt, was man findet, und man findet sehr wenig. Ich ernähre mich vor allem von einer Art Lasagne, einem Teigwarengericht, das die Chinesen sehr gut zubereiten und über das ich Dosenmilch gieße.

Vor meiner Abreise aus Xian hat der Gouverneur mich in seinen privaten Wohnsitz eingeladen, den er mit einem seiner Freunde teilt, der Mitglied seines Rates ist. Ein ganz kleines Haus, das in einem sehr vernachlässigten Garten gelegen ist und nur einen Winkel der ausgedehnten offiziellen Residenz einnimmt. Man wäre versucht zu sagen: »Das Haus des Weisen«, von dem die alten griechischen Philosophen sprechen. Tatsächlich ist der Freund des Gouverneurs zwar kein Weiser, doch ein sehr nachdenklicher Mann, der nach Weisheit strebt. Der Gouverneur selbst ist Soldat, aber in den wirren Zeiten, die er durchlebt, weiß er das Haus des Weisen zu schätzen, das im Fall eines Angriffs leichter zu verteidigen ist als der Palast selbst. Der Tee veranschaulichte auf überaus pittoreske Weise die Unsicherheit, die augenblicklich in China herrscht. Statt von Kammerzofen mit Schürzchen und bestickten Häubchen wurden Tassen und Kuchen von Soldaten aufgetragen, die bis an den Rand vollgestopfte Patronengürtel trugen und den Revolver an der Seite oder das Gewehr über der Schulter. Einer von ihnen trug sogar eine Waffe, zweifellos der letzte Schrei, die ich nicht einmal zu benennen wüßte. Natürlich unterstrich eine prächtige Quaste die Schönheit dieses Mordwerkzeugs, und dazu fügte sich noch ein Tuch aus roter Seide. Ich kann Dir versichern, daß dieses Gerät einem Mann mit Teetassen in der Hand erst den wahren Stil verleiht. Doch Scherz beiseite: Man rüstet sich für den Kriegsfall, und die Soldaten schlafen mit dem Gewehr an der Seite. Beim Tee habe ich die Zuhörer meiner kleinen Vorträge wiedergetroffen, zu denen sich einige andere Herren gesellt hatten, darunter der Chef des Oberkommandos. Du darfst Dir keine Versammlung von Leuten in glitzernden Gewändern, in vielfarbigen Roben, reich betreßten Uniformen vorstellen. All das ist das alte China, das heute nicht mehr existiert. Die Chinesen, Leute von Welt, kleiden sich einheitlich in mattgraue Gewänder und kurze schwarze Westen. Die Offiziere müssen irgendwo in einem Koffer eine Uniform haben, aber sie ziehen sie nicht an und tragen selbst an der Spitze ihrer Truppen Zivil. Die gleichen grauen Anzüge, die gleichen schwarzen Westen und das gleiche reservierte, ruhige Verhalten, das bestimmt wird durch das Fehlen jeglicher Gestik und eine emotionslose Stimme, die sich niemals erhebt. Es gab hübsche Blumen im »Haus des Weisen«, die Wände waren mit einfarbig weißem Papier tapeziert, die Portieren waren aus makellos weißem Kaliko, und ein ganz leichter Duft von Räucherwerk hing in der Luft. Alle Gäste, einschließlich der Soldaten, waren gebildete Männer. Sie zitierten auswendig Passagen aus den »Klassikern«, die von Gelassenheit und einem heiteren, nachsichtigen Skeptizismus zeugten; wir befanden uns fern von Europa und fern von Indien, dafür sehr real in China. Ich habe dies als ein sehr köstliches Vergnügen genossen, habe mich einem Augenblick überfeinerter Sinnlichkeit überlassen. Ach! Wie wunderbar und andersartig Asien doch ist! Wir können die Asiaten noch so sehr erobern, betrügen, berauben, sie verweilen in einer Welt der Schönheit und der Größe, zu der dem Okzident die Türen verschlossen bleiben. (…)

Lanzhou (Gansu), China, 26. Mai 1918

Seit gestern bin ich hier in Lanzhou, der Hauptstadt der Provinz Gansu. Ich habe nur siebzehn Tage gebraucht, um von Xian hierherzugelangen, das ist weit weniger, als ich dachte. Wir haben uns in einem beachtlichen Tempo voranbewegt, auf Pisten, die aus nichts als großen Schlammlöchern bestanden. Mal sind wir durch Flußbette gefahren, in denen das Wasser zu dieser Jahreszeit sehr niedrig ist, mal sind wir zwischen Felsblöcken hindurch bergab gerast, wobei wir auf nur einem Rad das Gleichgewicht halten mußten. Andere Male sind wir auch bis über die Radnaben im Schlamm versunken, haben mit anderen Worten eine wenig monotone, »sehr abwechslungsreiche« Strecke zurückgelegt. Die Knochen sind bei diesem täglich zwischen zwölf bis dreizehn Stunden andauernden Training auf eine etwas harte Probe gestellt worden. Als ich heute morgen mein Bad nahm, fand ich mich von blauen, schwarzen und grünen Flecken übersät, die von den Stößen herrühren, die ich trotz der Kissen und Decken abbekommen habe, mit denen ich mein rustikales Gefährt ausgepolstert hatte. Abgesehen davon geht es mir gut, und ich befinde mich in »high spirit«, wie die Engländer sagen. Der Boden hier muß wirklich sehr karg, ganz und gar unfruchtbar sein, bevor die Chinesen darauf verzichten, ihn zu nutzen. O ja! Trotz ihrer unterentwickelten Ackerbaukunde sind diese Söhne der Mitte »verdammt gewitzte« Bauern, und ihr Land erbringt prächtige Ernten. Als wir uns Lanzhou näherten, erklommen wir Berge von blendendem, kreidigem Weiß, wo außer einem kurzen, seltenen Gras absolut nichts anderes wuchs. Aphur sagte zu mir: »Jetzt kehren wir nach Tibet zurück!« Nicht so ganz. Der intensiv blaue Himmel, die Bergformationen, der dunkle Klang der Glöckchen der mit Waren beladenen Eselskarawanen, denen wir unterwegs begegneten – all das erinnerte tatsächlich an Tibet, aber in abgemilderter Form, aufgelöst in einer Atmosphäre, die lieblicher ist als die des herben südlichen Tibet. Doch das wenige, das uns von diesem Zauberland umschwebte, in dessen Bann ich mich befinde, reichte aus, mir die langen Stunden im Wagen, von Staubwolken umwirbelt, zu verschönern und auch die kurzen, wenig erholsamen Nächte in Unterkünften, die eher heruntergekommenen Ställen als menschlichen Behausungen ähneln. Von den Mahlzeiten ganz zu schweigen. Auch wenn dies noch nicht die »große Reise« ist, wie ich sie liebe, so ist es doch der Auftakt dazu, und die körperliche und geistige Malaria, die in Japan an mir gezehrt und mich niedergeworfen hat, ist spurlos verschwunden.

Lanzhou (auf französisch würde man es Lan-Tchou schreiben, auf meinen englischen Karten steht Lanchow) ist eine große Stadt, wenn auch von geringerer Bedeutung als Xian, aber die chinesischen Städte sind – vom Ausmaß her – alle ähnlich. Bekannte von mir hatten den Oberpostdirektor der Provinz Gansu (deren Hauptstadt Lanzhou ist) gebeten, sich um mich zu kümmern. Daraufhin hat mich dieser Beamte besucht, sobald er von meiner Ankunft erfahren hatte, und mir zuvorkommend seine Dienste als Reisebegleiter und Dolmetscher angeboten. Für jemanden, der die Landessprache nicht spricht, ist ein Führer absolut unerläßlich. Ich mache nur wenige Besuche, aber da ich mich in Gansu und der benachbarten tibetischen Provinz aufhalten werde, empfahl es sich, den Gouverneur aufzusuchen. Ein Beamter, der ein Freund von ihm ist, hatte mir im übrigen ein Empfehlungsschreiben für ihn mitgegeben.

So habe ich also diesen bedeutenden Mann besucht, der Militär- und Zivilgouverneur zugleich ist und damit tatsächlich ein fast absoluter Herrscher in seiner Provinz. Er ist schon älter, etwa sechzig, wie mir scheint, sehr groß, sehr korpulent und überaus liebenswürdig. Es hat sich herausgestellt, daß er anders als die meisten gebildeten Chinesen kein Konfuzianer ist, sondern Buddhist, genau wie sein Freund, der ihm meinetwegen geschrieben hat. Sicher hatte der überaus freundschaftliche Empfang, den er mir bereitet hat, damit zu tun. Er hat mich in die Privatgemächer seines Palastes und zu seiner Frau geführt, hat mir seine Kinder und Enkel vorgestellt, hat mir die Kunstwerke gezeigt, die die verschiedenen Pavillons seiner sehr ausgedehnten Residenz schmücken, und er hat mich für einen der nächsten Tage zum Abendessen eingeladen. Er wird mir Briefe für die ihm untergeordneten Beamten in den Regionen mitgeben, in die ich reisen werde, und hat mir versprochen, mir meinen Aufenthalt und meine Recherchen nach Möglichkeit zu erleichtern. (…)

Nienpai (Ledu, Gansu), China, 21. Juni 1918

Heute sind es sieben Tage, seitdem ich Lanzhou verlassen habe, von wo aus ich Dir zwei Briefe geschrieben habe. Wie üblich hatte ich eine gute Reise, wenn auch in einem Wagen, der schlechter war als die vorherigen. Doch bin ich schon sehr gewöhnt an diese übermäßige Rumpelei, die man auf chinesischen Straßen erdulden muß, und es gelingt mir, in aller Ruhe zu schlafen, während mein Gefährt auf gefährliche und halsbrecherische Weise zwischen Wasserlöchern und Felsen hindurchschlingert. Wie es hier ebenfalls der Brauch ist, verschönern sich einige Dummköpfe von Fuhrleuten die Stunden, indem sie in aller Gemächlichkeit durch eine Landschaft dahinzockeln, die ganz entschieden immer einsamer und majestätischer wird. Diese Maultiertreiber, die keineswegs bösartig sind, aber dickköpfig und eigenwillig, glauben zu Anfang gerne, daß sie sich die Sache leichtmachen können, weil sie eine Frau zu fahren haben. Man muß ihnen ihren Irrtum klarmachen, und im Orient muß diese Beweisführung schlagkräftig sein, damit sie richtig verstanden wird, vor allem, wenn man die Landessprache nicht spricht ... Ich meine dies im wahrsten Sinne des Wortes. Uns, denen man seit der Kindheit das Hirn mit Theorien zur Menschenwürde vollgestopft hat, gefällt es in keiner Weise, Leute zu schlagen, aber wohl oder übel gelangt man bei allem Widerwillen dahin, sich den örtlichen Bräuchen zu fügen. Und ich übertreibe dies in keiner Weise. Aber hättest Du Dich an einem gewissen Morgen auf dem Weg von Xian nach Lanzhou befunden, hättest Du mich aufrecht vorne auf meinem Wagen mit der Peitsche des Kutschers in der Hand stehen und sehen können, wie ich ebendiesem eine Tracht verabreichte, die ihn in den Staub beförderte. Das war im übrigen ein Kerl größer als Du, sehr breitschultrig und von einer Kraft, die dieser Züchtigung durchaus gewachsen war. Er war unverschämt gewesen, und nachdem diese Lektion ihm gezeigt hatte, daß diese kleine Person, die er fuhr, keineswegs eingeschüchtert war, wurde er willig, respektvoll und hilfsbereit.

Gestern hat es in der Nacht furchtbar geregnet, wir fanden die Flüsse stark angeschwollen. Wir haben einen Fluß durch Wasser überquert, das bis über die Naben unserer hohen Räder ging, und die Pferde konnten nur mit Mühe der schnellen Strömung standhalten, die gegen ihre Bäuche anschlug. Über den anderen, tieferen Fluß, den man mit der Fähre überquert, konnten wir nicht übersetzen. Der Fährmann wagte das Risiko nicht einzugehen. Wir kehrten um und landeten in einer moslemischen Herberge, die zugleich als Standquartier für eine Schar von Soldaten dient. Kaum war ich angekommen, mußte ich die Runde machen und Frauen verarzten, deren Ehemänner mich aufgesucht hatten. Das ist der Orient, es bleibt einem nichts anders übrig, als Medikationen vorzunehmen. Stell Dir vor, ich, die ich kein Chinesisch spreche und immer fürchte, daß die Leute Medizinen schlucken, die zur äußeren Anwendung gedacht sind, und sich mit den Arzneitränken einreiben. Und außerdem befindet sich mein wesentlicher Medikamentenvorrat in einer vernagelten Kiste, die ich unterwegs nicht öffnen kann. Am Ende habe ich Frauen besucht, von denen eine eine Art Enteritis zu haben scheint ... Was kann ich tun, in den wenigen Stunden, die ich hier verbringe?

Ich habe die dringenden Bitten abgelehnt, noch weitere bettlägerige Patienten zu besuchen, aber ich konnte mich nicht weigern, die Männer anzuhören, die zu mir kamen. Magenbeschwerden, Rheumatismus, Augenleiden und Störungen der Harnwege, die häufig die Syphilis zur Ursache haben – das bewegt sich fast immer unweigerlich in diesem Umkreis, und Aphur, der die Pülverchen, Pillen etc. aushändigt, weiß schon auswendig, was er zur Anwendung erklären muß. Du lachst gewiß, wenn Du Dir vorstellst, wie ich Pulse abfühle, mir Zungen zeigen lasse oder mir gar Bäuche ansehe, die ihre Besitzer mich zu untersuchen gebeten haben. Auf Vermittlung eines französischen Arztes von der Gesundheitsbehörde werde ich wahrscheinlich einen Vorrat der verschiedensten Medikamente auf Kosten der chinesischen Regierung zugesandt bekommen. Es ist mir absolut unmöglich, die Ausgaben für ein Ambulatorium zu bestreiten, und da ich bereits gesehen habe, wie viele Tibeter zu dem Lama gekommen sind, bin ich sicher, daß die Bittsteller auch am Kuku Nor zahlreich sein werden.

(...) Es geht mir weiterhin gut. Nun, da wir durch wenig bevölkerte Regionen reisen, habe ich begonnen, wieder zu Fuß zu gehen, und »fresse die Kilometer« in ziemlich schnellem Tempo, um mit den Wagen Schritt zu halten. Mein Essen ist armselig, entschieden wenig nahrhaft, und mancherorts können wir gar nichts kaufen. Man knabbert ein wenig Brot, das man in Tee getaucht hat, ein paar Kekse, manchmal beschafft man sich ein paar Eier ... Und nachts schläft man auf einem Feldbett aus Brettern oder auf dem Lehmfußboden. Mit achtzehn hätte ich diese Diät nicht ertragen, jetzt scheint sie mir gut zu bekommen. Ich bin von der Sonne verbrannt, da ich im chinesischen Gewand reise und deshalb ohne Hut, der hier nicht zur weiblichen Kleidung gehört ... Ich betrachte mich mit Neugierde und frage mich, wie lange ich noch so weitermachen werde ... Wo sind sie, die großen Verkünder der weiblichen Zerbrechlichkeit, der »ewig verwundeten«, des guten Herrn Michelet ... Welch dummes Geschwätz! Als hinge die Gesundheit vom Geschlecht ab. Hat man nicht gar behauptet, eine Frau könne wegen ihrer Monatsregel nicht Abgeordnete werden ... Schau, trotz Zola und Konsorten glaube ich, daß eine Frau, die keine Kinder bekommen hat, sich eine Widerstandsfähigkeit bewahrt, die den meisten anderen fehlt.

Die Mutterschaft ist ein natürlicher Vorgang, sie dürfte deshalb logischerweise keine Krankheiten oder Komplikationen mit sich bringen, aber die Erfahrung zeigt, daß dem nicht so ist und daß die Schwangerschaften die Frauen zugrunde richten. Wie sehr ich mich doch für meine Vernunft beglückwünsche! Manchmal betrachte ich mir Aphur, der neben mir hergeht, und denke mir: Er ist sechsundzwanzig Jahre alt, statt dieses Jungen, der für mich halb anhängliches Hündchen, halb nützlicher Begleiter ist, könnte ich tatsächlich einen Sohn in diesem Alter haben. Er wäre im Krieg, vielleicht wäre er tot. Und in jedem Fall würde ich nicht China durchwandern. Er wäre vielleicht auf Reisen, und ich, die gute alte Mama, könnte in meinem Eckchen vor dem Feuer die Berichte lesen, die er mir schreiben würde, ich hätte kein Eigenleben, ich wäre nichts als ein Schatten, der ein lebendiges Wesen zur Welt gebracht hat ... Auch Du, mein großer Lieber, sag selbst, daß Dir das erspart geblieben ist, was den armen Monsieur Reboul umgebracht hat, das, was so viele französische Väter zur Verzweiflung getrieben hat – der Tod ihrer Söhne. Die Welt ist nicht so schön, daß man sich wünschen könnte, Wesen zu gebären, um sie dort hineinzusetzen. Wir haben mit Bedacht manch einem Schmerz erspart und zugleich auch uns selbst, und alles, was diese Rhetoren auch sagen mögen, nützt gar nichts: Wir befinden uns im Recht. (...)

4. Juli 1918

In China schleppen sich die Dinge unendlich dahin. Ich dachte, ich könne nach Austausch der Höflichkeitsbesuche mit den örtlichen Honoratioren einfach weiterreisen, aber weit gefehlt! Der General, der der Allgewaltige in dieser Region ist, wollte mir einen Brief in drei Sprachen mitgeben: Chinesisch, Mongolisch, Tibetisch, um mich den Lamas zu empfehlen, und seine Schreiber haben Tage gebraucht, um ihn zu verfassen. Im übrigen bringen diese offiziellen Empfehlungsschreiben bei den meisten Lamas nichts ein. Das Land ist hier noch mehr als anderswo in China – wenn das überhaupt möglich ist – gespalten und befindet sich im Kampf. Die Chinesen hassen die Moslems, die Tibeter hassen die Chinesen und die Moslems. Die Moslems geben das den einen wie den anderen zurück. Die Beamten können sich nur mit Unterstützung ihrer Soldaten halten, und die ist äußerst unsicher, weil die Söldner zu dem halten, der ihnen am meisten bezahlt. Reisen sind in diesem Augenblick in China undenkbar. Man muß sich entweder an Städte nahe der Küste halten – Beijing, Tianjin, Shanghai – oder am Rande der Wüste sein, damit man im Fall eines Umsturzes fliehen kann. Mein sehr harmloses Abenteuer in Tungzhou hat mir gezeigt, was es heißt, zwischen zwei feindliche Banden zu geraten. (...)

Kumbum, 12. Juli 1918

Mich überkommt die Lust zu sagen: Uff! Ich bin in Kumbum! Wie oft habe ich dort unten in Japan auf der Karte diesen Namen betrachtet, der in ganz kleinen Buchstaben geschrieben inmitten der dunkelfarbigen Berge kaum lesbar war. Es schien so weit entfernt von Beijing, und das ist es auch – zwischen zweitausendfünfhundert und dreitausend Kilometern. Da ich den Zustand der Straßen nicht kannte, fragte ich mich, wie ich diese Strecke wohl überwinden könnte und auf welche Weise die Leute in den Orten, die zu durchqueren waren, sich meinem Projekt womöglich in den Weg stellen würden. Aber wieder einmal komme ich zu dem Schluß, daß sich die Schwierigkeiten einer Reise in erster Linie in den Berichten der Reisenden finden und in den Befürchtungen, die der Abreise vorausgehen. Sobald man einmal unterwegs ist, vereinfacht sich alles. Man ißt nicht immer gut, man schläft nicht immer gut, muß manchmal den Staub oder die Hitze oder den Regen oder die Kälte ertragen, und den Unterkünften fehlt es an Komfort. Das ist in keiner Weise tragisch. Und die Kilometer ziehen vorbei, man läßt die Städte, die Flüsse, die Berge hinter sich, und schließlich läuft man weiterhin auf seinen zwei Beinen über den Erdboden ... Nichts leichter als das.

In Xian haben mir der belgische Priester (R. P. Schram) und die protestantischen Missionare sehr liebenswürdigerweise Bücher von Reisenden geliehen, die Teile von Tibet bereist haben. Ich wundere mich über die Prahlerei dieser Leute und ihre Art zu reisen. Zum ersten sprach nicht einer von ihnen die Sprache des Landes; sodann machten sie sich mit Dutzenden von Ka-

melen, Dutzenden von Pferden und Dutzenden von Dienern auf den Weg, die alle mit Proviant versorgt werden mußten. Und was das Schlimmste daran ist: Unbesonnen führten sie die an die mongolischen Steppen gewöhnten Kamele auf die Gletscher der tibetischen Pässe und die Moslems in das Land der Lamas. Man kann sich den Schlamassel, der sich daraus ergeben hat, leicht vorstellen, und mit der Geschichte dieses Schlamassels haben sie ihre Bücher gefüllt. Ihre Art und Weise, mit den Einheimischen umzugehen, verdient ebenfalls eine Erwähnung. Die einen versorgten sich mit Wild, indem sie auf dem Gelände von Klöstern Tiere abschossen, die dort im Freigehege lebten; ein anderer – ich bedaure, daß er Franzose ist – hat hier in Kumbum seinen Namen in den heiligen Baum eingeschnitzt. Was würde er sagen, wenn einer seiner Gäste auf den Gedanken verfiele, seinen Namen auf den Spiegel in seinem Wohnzimmer zu ritzen? ... Wieder andere nahmen den Nomaden gewaltsam Pferde weg, um die zu ersetzen, die ihnen in der Karawane gestorben waren. Mich erstaunt nur die Nachsicht der Menschen hier, die diese ungezogenen Eindringlinge nicht massakriert haben.
Aber kommen wir auf Kumbum zurück. Man hat mir hier ein hübsches Haus gegeben, das zu einem der großen Tempel des Klosters gehört, aber völlig in sich abgeschlossen ist. Das heißt, ich kann die Tür meines Innenhofs schließen, die auf den Ehrenhof des Tempels hinausgeht. Die Gebäude in Kumbum sind in chinesischem Stil erbaut und im allgemeinen stattlich und gepflegt. Meine Wohnung umfaßt einen kleinen Innenhof mit Zimmern an drei Seiten und einer mit chinesischen Fresken geschmückten vierten Seite. Der Hauptraum im Erdgeschoß ist in drei Bereiche unterteilt: Die Mitte, gegenüber der Tür, wird von zwei Seitenflächen flankiert, deren Fußboden um etwa vierzig Zentimeter erhöht ist. Im Winter entzün-

det man ein Feuer unter diesen Estraden, setzt sich auf den so erwärmten Fußboden und breitet dort seine Decken für die Nacht aus. Das ist so Brauch in ganz Nordchina und in der Mongolei. Aphur bewohnt den Raum im Erdgeschoß, der auch als Empfangszimmer für die Gäste dient. Die Wände sind mit Fresken geschmückt, die zum einen Szenen aus Tsongkhapas* Leben zeigen, an einer der Estraden verschiedene Gottheiten und an den übrigen Wänden malerische Darstellungen von Klöstern, die hoch auf unwirklich anmutenden, verschneiten Bergen am Rande wunderschöner Seen liegen. Königliche Kavalkaden traben durch diese Landschaften, und Götter, die auf purpurroten Wolken thronen, spähen auf sie hinab. Mir ist es lieber, wenn Aphur sich an diesen Kunstwerken erfreut, denn mich würden sie am Schlafen hindern. Ich bewohne den ersten Stock, dessen Zimmer sich auf einen Balkon öffnen, der rund um den Innenhof verläuft. Mein Zimmer ist in gleicher Weise geschnitten wie das von Aphur, nur hat es keine Fresken. Die Täfelungen sind gleichmäßig in Gelb gestrichen, während die Einfassungen in kräftigem Rot gehalten sind. Die grelle Wirkung der Farben habe ich ein wenig abgemildert, indem ich japanische Schilfmatten aufgehängt und den Fußboden des größten Raumes damit ausgelegt habe. Mit seinem zwanzig Zentimeter hohen Tisch, dem Kissen, um sich davorzuhocken, und dem großen Fenster, das von Papier überspannt ist, wirkt er jetzt fast wie ein japanisches Zimmer ... Japan ist weit weg ... War ich wirklich je dort? ... Manchmal frage ich mich das. Ein seltsames Land, seltsame Menschen, eine völlig andere, undurchschaubare, verwirrende, irritierende Welt. Dennoch wäre es interessant, sie kennenzulernen,

* Tsongkhapa war der Reformator des tibetischen Buddhismus und der Begründer der Sekte der Gelugpas – »die, die tugendhafte Bräuche pflegen«. Im allgemeinen werden sie »Gelbmützen« genannt.

wenn man sie erforschen könnte. Die erste Voraussetzung wäre, die Sprache zu beherrschen. Natürlich hätte ich das gesprochene Japanisch erlernen können, aber die Schriftsprache wäre mir unbekannt geblieben, und was kann man schon über ein Volk erfahren, wenn man seine Schriftsteller nicht lesen kann? Mit dem Tibetischen ist das anders, ich lese eher besser, als ich schreibe. Ich frage mich, ob ich hier wohl irgendeinen freundlichen Gelehrten finden werde, mit dem ich arbeiten kann. Ich fühle mich wohl hier, die Landschaft ringsum ist sehr schön, an Ausflugszielen mangelt es nicht, das Leben ist billig. Ich möchte hier bleiben, arbeiten, schreiben, denn die Feder juckt mir in der Hand, und ich habe eine Menge Themen im Kopf.

Nach der langen Zeit, die ich im Getöse verbracht habe, genieße ich die Ruhe, die inmitten der Tempel herrscht. Auf die verschiedenen Tempeln verteilt, gibt es in Kumbum eine auf dreitausendachthundert Lamas geschätzte Bevölkerung, doch sind all diese Gebäude, die sich an den Hängen der beiden Berge emporziehen, die ein enges Tal umschließen, in völlige Stille gehüllt. Man hört nichts als den Klang der langen tibetischen Trompeten, die zu den religiösen Übungen rufen, und aus der Ferne die Melodik der heiligen Musik, die vom Wohnsitz des Herrschers von Kumbum ausgeht, im Augenblick ein zehnjähriger Knabe. Die Herrscher von Kumbum sind wie die Dalai Lamas, die Tashi Lamas und viele andere sogenannten »Wiedergeborene«, als die man sie gemeinhin bezeichnet. Es ist dies eine sehr schlechte Übersetzung von *tulku* (…), in Sanskrit *nirmanakâya* (…) bewundere meine Bildung!!! – was soviel bedeutet wie Körper der Verwandlung oder materielle Erscheinungsform anderer Persönlichkeiten. Ich werde Dich nicht mit einer Darlegung der Theorie von den drei Körpern oder drei *kâya* langweilen. Sobald einer dieser Lamas gestorben ist, findet sein Nachfolger sich als ein Kind wieder, das kurz nach dem Tod des besagten großen Lama geboren worden ist. Das erklärt, warum der Herr von Kumbum ein kleiner Junge ist. Für den Augenblick lebt er im übrigen unter der Knute seiner Erzieher. Ich habe ihn noch nicht gesehen, aber ich werde ihn in den nächsten Tagen besuchen. Ich bin zum Zeitpunkt eines der großen jährlichen Feste angekommen; morgen und übermorgen werden die Lamas eine Art Mysterienspiel aufführen oder vielmehr gestisch und tänzerisch darstellen. Es wird auch noch andere Darbietungen geben, und es sind schon Tausende von Leuten aus der Umgebung eingetroffen, die an diesem Fest teilnehmen wollen.

14. Juli

Nationalfeiertag, ich denke daran, während ich das Datum schreibe. Ein trauriges Fest bei uns, da der Feind unser Land verwüstet!

(...) Heute morgen habe ich mir ein riesiges Bild angesehen, das langer als fünfzig Meter ist, o ja, gewiß viel länger! Und Buddha darstellt. Man hatte dieses miserable Kunstwerk auf dem Rasen eines Berghanges ausgebreitet, und eine riesige Menschenmenge drängte sich davor, um es zu bewundern. Eine überaus malerische, buntgemischte Menge, die sich aus Angehörigen verschiedener Rassen zusammensetzte. Ich hoffte, unbemerkt zu bleiben; es ist hier keineswegs wie in Tibet, wo die Frauen, die dunkle, granatfarbene Gewänder tragen, eher zahlreich sind. Das schöne Geschlecht der Gegend von Kumbum präsentiert sich in einem Aufzug, der besser einem Pferd als einem menschlichen Wesen anstünde. Tatsächlich stecken die festlich gekleideten Frauen in einer Art schwerem Ledergeschirr, überdeckt von einem mit Schmuck überladenen Tuch, das ihnen den Hals einschnürt, die Taille umschlingt und bis auf die Fersen hinabfällt. Einfach scheußlich. Andere stecken ihre in viele Zöpfe aufgeteilten Haare in enge Säckchen, auf die riesige Cabochons aus Silber und manchmal auch aus Gold aufgenäht sind. Die Farbe der Gewänder umfaßt die ganze Skala kräftiger Rot- und greller Grüntöne. Ich wirkte wie ein düsterer Vogel inmitten einer Schar von Papageien. Es hat mich sehr geärgert, daß einige Bauern, die sich herandrängten, um mich zu sehen, von meinen Leibwächtern, Lamas mit großen Händen, Ohrfeigen bekamen, die man auf beeindruckende Weise klatschen hörte. Im übrigen hatten die armen Leute keinerlei böse Absichten. Sie wollten mich sehen, das war alles.

16. Juli 1918

Zwei Tage hintereinander habe ich mir die von den Lamas getanzten und gestisch dargestellten Stücke angesehen. Vor allem am ersten Tag kam eine Riesenmenge von Zuschauern. Die Vorstellung war es wert. Die Kostüme der Darsteller waren von einer unglaublichen Kostbarkeit, aus alter, bestickter chinesischer Seide. Alles war sehr schön, tadellos, wohlorganisiert; eine solche Art von Aufführung hat wenig mit dem zu tun, was ich in Sikkim gesehen habe. Da die Schauspieler die Gottheiten des lamaistischen Pantheons darstellen, werfen sich zahlreiche Gläubige von ihrem Platz aus in ihrer Richtung nieder, anschließend erweisen sie die gleiche Huldigung dem Abt des Klosters, einem großen Lama, der mit gekreuzten Beinen auf einer Art Thron sitzt, der von einem Baldachin überdacht ist. Der naive Glauben dieser einfachen Menschen ist rührend; sie verspüren ein intensives Bedürfnis, jemanden oder etwas zu verehren. Du wirst lachen, wenn ich es Dir erzähle: Als ich von meinem Sitz aufstand und den großen Tempelhof durchquerte, um heimzugehen, haben sich die Leute auch vor mir mit der Stirn in den Staub geworfen, als ich vorüberging. Als neulich in Lanzhou die beiden Belgier, die in dieser Stadt wohnen, den Tee bei mir einnahmen, die Eingeborenen vom Kuku Nor dieses Zeremoniell zelebrierten und ich sie daraufhin würdevoll wie ein Bischof segnete, waren meine Gäste darüber ziemlich verdutzt und gestanden mir, daß eine so originelle Art zu reisen ihrer Meinung nach einen sehr humoristischen Reiz haben müsse.

18. Juli 1918

Nach Beendigung der Festlichkeiten habe ich die wichtigsten Tempel des Klosters besucht, die über die Berge verteilt sind; die meisten sind sehr prächtig und mit schönen Fresken ausgeschmückt. Der ganze Komplex ist künstlerisch bedeutender als der von Tashilunpo. Ich habe Kranke besucht, und was das beste war: Ich bin auf den Gipfel eines Berges gestiegen, der hinter mir aufragt. Die Aussicht von dort oben reicht sehr weit, sie umfaßt mehrere Bergketten und zahlreiche Täler. Keine Bäume, Grasland, so weit das Auge reicht, und Herden von Schafen, Yaks und Kühen, die an den steilen Hängen weiden. Nun, da die Festlichkeiten vorüber sind, ist das Kloster in völlige Stille getaucht. Ich habe den Oberlama besucht – nicht den jungen wiedergeborenen Lama, sondern den Klostervorsteher, der vier Jahre lang im Amt bleibt. Er wohnt auf dem Berg, der dem meinen gegenüberliegt. Ich habe für diesen Besuch wieder einmal die schöne Jacke mit den goldenen und silbernen Blumen angezogen, die mir der Tashi Lama (Panchen Lama) in Shigatse geschenkt hat. Aphur fand, daß ich überaus vornehm aussah. Demnächst werden wir uns einen Lama suchen, der in der Lage ist, gemeinsam mit uns schwierigere Texte zu lesen, und dann werden wir uns an die Arbeit machen. Man hat mich eingeladen, an den großen philosophischen Diskussionen teilzunehmen, die vom 15. (tibetisches Datum) bis zum 24. stattfinden werden, das heißt, sie werden in drei Tagen beginnen. Die Lamas begeistern sich für diese Rededuelle, die an ähnliche Wortgefechte im Mittelalter erinnern. Bei solchen Anlässen heben sich die Kenntnisreichsten hervor und solche, die rhetorisch gut geschult sind. Ich bin gespannt, was sie zu sagen haben, und beabsichtige, ein wenig boshaft, die Diskussion dann erneut mit ihnen aufzunehmen, vor allem mit den gebildetsten unter ihnen. (...)

Kumbum, 25. Juli 1918

(...) Das, was Du in bezug auf die Gefahren sagst, denen ich mich ausgesetzt habe, als ich Gegenden durchquerte, in denen die Lungenpest grassierte, ist nicht ganz richtig. Dein Vergleich mit dem nachdrücklichen Verbot, das ich Dir gegenüber ausgesprochen habe – nachdrücklich, Du hast richtig verstanden –, das Meer zu überqueren, hält nicht stand. Du darfst Dich dem nicht aussetzen; erstens bist Du der einzige Mensch, den ich habe in der Welt, und Du darfst mich nicht ganz allein lassen. Und außerdem bist Du wichtig, zumindest für einen Menschen, nämlich für mich, und daraus ergibt sich für Dich in gewisser Weise die Verantwortung eines Familienvaters. Ich bin niemandem nützlich; mein Verschwinden ist bedeutungslos. Es gibt noch einen anderen Grund: Die Philosophie, zu der ich mich bekenne, und das meditative Leben, das ich geführt habe, erlauben es mir, den Tod mit anderen Augen zu betrachten, als es die meisten Menschen tun.

Ich habe Dir erzählt, daß ich zu Beginn dieser Reise, wenige Tage, nachdem ich Beijing verlassen hatte, mehrere Stunden über einen Dorfmarkt geschlendert bin. Am Abend hatte ich Fieber, Halsschmerzen etc., die Symptome für eine Grippe oder die Lungenpest. Mir fiel wieder ein, daß in der Nähe dieses Dorfes Fälle dieser Art aufgetreten waren. Daraufhin rief ich mir ins Gedächtnis, was man mir im Krankenhaus gesagt hatte, und las den kurzen Abriß, den man mir mitgegeben hat-

te. Keinerlei Sicherheit vor dem vierten Tag. Hat man am vierten Tag Blut im Speichel, ist das die Pest. Nun denn, sagte ich mir, ich kann nur den vierten Tag abwarten. Daraufhin blies ich meine Kerze aus und schlief auf der Stelle ein. Am nächsten Tag war mein Fieber gestiegen, ich hustete, ich hatte Auswurf. Ich sagte zu Aphur: »Vielleicht habe ich mir die Pest geholt, ich werde das erst in vier Tagen wissen, Du solltest Dich nicht in meiner Nähe aufhalten.« Falls ich die Pest hatte, war ich fest entschlossen, mir eine Kugel in den Kopf zu schießen. Es gab kein Krankenhaus in der Nähe, keine Möglichkeit, mich zu isolieren, ich wollte niemand anderen anstecken. Am vierten Tag ging es mir besser. Ich sagte zu dem Jungen: »Ich habe nicht die Pest, dieses Mal wirst Du mein Gepäck noch nicht erben«, und wir brachen alle beide in ein Gelächter aus.
(…) Es gefällt mir über die Maßen hier in Kumbum, die Luft ist ausgezeichnet, leicht, mit diesem besonderen Flair, den sie in größeren Höhen hat. Kumbum liegt nicht sehr hoch (zweitausendzweihundert Meter etwa), zumindest ist es nicht hoch für mich, die ich mich auf fünftausend und sechstausend Meter Höhe in der Einsamkeit des Himalajas herumgetrieben habe und in der Einsiedelei, die sich auf dreitausendneunhundert Metern befand, aber in jedem Fall ist diese hier weitaus besser als die schwere Luft in Beijing und vor allem die feuchte in Japan. Die Berge ringsum sind leicht zugänglich, alles Weideland mit runden Kuppen; einige haben der Kleine und ich bereits bestiegen. Es ist eine echte Freude, sich außerhalb der Städte zu befinden und zu wissen, daß sich im Süden das weite Tibet erstreckt, im Osten die Einsamkeit des Kuku Nors, im Norden die unendlichen mongolischen Steppen … Auch mein kleines Haus gefällt mir sehr.

Ich beklage mich nicht über die Reise, die ich gemacht habe, aber dennoch, nachdem ich fünf Monate lang in chinesischen

Herbergen geschlafen und den spartanischen Fraß gegessen habe, das einzige, was in den Dörfern zu bekommen war, und davon oft nicht einmal satt geworden bin, ist es angenehm, ein wenig Ruhe in einem schmucken und sauberen Häuschen zu genießen.

(…) In Lussar, dem Dorf in der Nähe des Klosters, gibt es mehrere moslemische Bäcker, die ein sehr eßbares Brot zubereiten, das man jeden Tag frisch kaufen kann. Wir haben jetzt grüne Erbsen und junge Kartoffeln. Du denkst Dir sicher, daß es dafür spät im Jahr ist, aber der Grund dafür ist die Höhe von Kumbum, über zweitausend Meter. Es gibt auch ausgezeichnete Karotten, außerdem eine Art von seltsamem Gemüse, von dem man die Stiele ißt und dessen Geschmack entfernt an Schwarzwurzeln erinnert, noch ein weiteres Gemüse, das mir nicht schmeckt, und schließlich Zwiebeln. Dieses letztere Gewächs hat dem Land sogar seinen Namen gegeben. Hinter mir erhebt sich *Tsong ri* (der Berg der Zwiebeln), und der Name, unter dem der tibetische Luther bekannt ist – *Tsongkhapa* –, bedeutet ganz einfach: »Der Mann aus dem Zwiebeltal.«

Kumbum, 23. August 1918

In dem Augenblick, da ich Dir schreibe, liegt das Kloster, in dem ich an Übersetzungen arbeiten wollte und wo ich Gelehrte gefunden hätte, die fähig gewesen wären, mir zu helfen, vielleicht schon in Schutt und Asche. Die Ursache für das Eingreifen der Truppen war ein alter Streit über Grund und Boden und anderen Besitz zwischen einem Lama, der nach allem, was ich gehört habe, ein übler Mensch sein muß, und den anderen Lamas dieses Klosters. Der Kläger, der aus dem Lamakloster ausgestoßen worden ist, soll dem General zwanzigtausend Dollar gegeben haben, damit dieser ihn unterstützt. Wie man mir erzählt hat, sind die chinesischen Beamten ihrerseits entzückt, daß sie jetzt einen Vorwand haben, dieses Kloster zu plündern, das außergewöhnlich reich sein muß. Sie konnten diese Gelegenheit nicht provozieren, sind nun jedoch hocherfreut, daß sie sich ihnen darbietet. Kurzum, was an diesen Gerüchten nun stimmen mag oder nicht: Die Soldaten befinden sich in Labrang, sie haben bereits einen Tempel niedergebrannt. Die Lamas verteidigen sich mit aller Entschlossenheit, und die ganze tibetische Bevölkerung des Umlandes eilt bewaffnet herbei. Es gab schon Tote auf beiden Seiten, unter anderen ein großer Lama des Klosters und ein hochgestellter Chinese, den man als Dolmetscher und »Unterhändler« geschickt hatte.

Vorgestern war Vollmond, der Tag, der nach jahrhundertealtem Brauch als eine Art hoher buddhistischer Sonntag gefeiert wird. Um die Lamas bei ihren Andachtsübungen zu sehen, bin ich in den großen Tempel gegangen, der der Erinnerung an den berühmten Reformator Tsongkhapa geweiht ist und in dem seine Statue steht. Während die einfachen Gläubigen draußen vor der Tür bleiben müssen, treten die Leute, die Lampen anzünden wollen oder die von den Wächtern als bedeutend eingeschätzt werden, in das Heiligtum ein, ein weiträumiges, rechteckiges Gebäude mit über und über vergoldetem Dach und ausgeschmückt mit Ornamenten aus echtem Gold. Ich sah, wie Aphur etwas Kleingeld in die Hände des Mannes gleiten ließ, der für das Anzünden der Lampen zuständig ist, um keinen Anstoß bei meinen Gastgebern zu erregen, und nachdem ich mir die Beleuchtung im Erdgeschoß angesehen hatte, stieg ich in den ersten Stock hinauf. Es haben sich dort vielerlei Dinge von künstlerischem Wert angesammelt, bunt gemischt mit billigem, ganz und gar häßlichem Plunder. Aus dem Geruch der Butterlampen, der sich mit dem des Weihrauchs, des angehäuften Staubs und der alten Stoffe der Wandbehänge mischt, ergibt sich ein ganz eigenes Odeur, das in allen tibetischen Tempeln das gleiche ist. Ich breite ein Tuch auf dem Fußboden aus, begebe mich in den Lotussitz und genieße das Pittoreske, das »Andersartige«, das meiner Umgebung innewohnt. Aphur, der seine Plauderei mit dem Lampendiener beendet hat und mich vergeblich im Erdgeschoß gesucht hat, kommt mit einem Lama nach oben. Sie glauben, daß ich in Meditation versunken sei, und setzen sich in einigem Abstand von mir nieder. Ich höre, wie sie von Labrang sprechen. Wie es scheint, haben die Lamas sich den chinesischen Dolmetscher gegriffen, ihn getötet und seinen Körper in Stücke geschnitten. Nach chinesischem Brauch, dem auch die Tibeter der Grenzregion folgen, wird das Volk gewiß sein Herz aufgegessen haben. Der Bericht von diesem grauenvollen Ereignis erfolgt in ruhigem Flüsterton und dringt umwallt von den mystischen Dünsten des Heiligtums bis zu mir. In der unteren Etage bewegen sich Leute mit Lampen in der Hand in feierlichem Zug, andere werfen sich immer wieder nieder. Ein wenig entfernt liefern sich im großen Hof des benachbarten Klosters die »Meister der Lehre«, die »Rhetoriker« von Kumbum, Wortgefechte, stellen sich die kniffligsten Fragen, die westlichen Hirnen nicht einmal in den Sinn kommen würden. Es sind Hunderte, die sich in zahlreiche Gruppen aufgeteilt haben, und der Lärm, den sie veranstalten, erinnert an den Markt in einer großen Stadt. Dort unten in Labrang, auf der anderen Seite des Gelben Flusses, bringen die Leute sich gegenseitig um, essen die Herzen der getöteten Feinde, und das große Lama-Kloster steht vielleicht schon in Flammen, eine außergewöhnliche Lampe an diesem Festtag der Lamas. Eine archaische Welt ... Aber was geschieht denn bei uns? ...

Es ist im übrigen durchaus denkbar, daß die chinesischen Truppen unterliegen. In einer ähnlichen Situation haben die

Lamas von Kumbum siegreich Widerstand geleistet, und im Süden, am anderen Ende des Kuku Nors, im Land Kham, machen die Tibeter zur Zeit den Chinesen das Leben schwer, die sie allzu sehr unterdrückt, ausgebeutet und mißhandelt haben …

(…) Ich hätte sehr gern ein paar Fotos von der Gegend, in der Du diese Eisenbahnlinie baust, mit dem »Herrn Direktor und Chefingenieur« in der Landschaft. Versuche, sie mir zu schikken. Noch etwas anderes: Ich bitte Dich, umgehend zwei oder drei Dutzend illustrierte, *farbige* Postkarten oder ein hübsches Album mit *farbigen* Ansichten zu kaufen. Es können arabische Landschaften darauf zu sehen sein, Ansichten von großen Städten etc. Das Ganze ist als eingeschriebener Brief an die beigefügte Adresse zu schicken. Du brauchst nur noch die Etiketten, die ich beilege, auf die Päckchen zu kleben und sie einschreiben zu lassen. Es ist mir sehr wichtig, daß Du diese Sendung unverzüglich abschickst und daß Album und Ansichtskarten hübsch sind. Sie sind für die Mutter des großen Lama von Tashilunpho gedacht. Sie hat mir kürzlich zwei Geschenke geschickt, und hier gibt es nichts, was ich für sie kaufen könnte. Sie liebt »Bilder« und wird begeistert sein, wenn sie welche erhält. Ich füge einen Gruß bei, der dem Päckchen beizulegen ist. Sei deshalb so gut und schiebe die Sendung nicht auf. Diese Leute in Shigatse, die liebe alte Dame und ihr Sohn, der sehr große Lama, waren so gut zu mir, daß ich nicht weiß, wie ich ihnen meine dankbare Erinnerung daran und meine Ergebenheit bekunden soll. Gib mir Bescheid, wenn Du die Päckchen abgeschickt hast.

3. September 1918

Endlich habe ich einen Brief von der Bank erhalten. Sie haben noch keinerlei Mitteilung bezüglich der Gelder, die Du im letzten April eingezahlt hast. Du siehst, wie lange das dauert. (…)

Ich vermute, daß es hier einen Aufstand geben wird, daß die Leute aus Sichuan, zu deren Überwachung die Truppen aus Gansu angerückt sind, mit Gewalt die Grenze überschreiten und sich hier ausbreiten werden und daß ich weiter fort, in Richtung Kuku Nor, flüchten muß. Aphur und ich werden notgedrungen bei den Nomaden um Nahrung betteln müssen. Im nachhinein mag das vielleicht pittoresk anmuten, im Augenblick selbst wäre es jedoch wenig angenehm.
Da die Post so lange braucht, sende ich Dir besser schon jetzt meine Wünsche für 1919. Der größte von allen, der uns beiden über unsere persönlichen Wünsche hinaus zweifellos am meisten am Herzen liegt: Möge Frankreich 1919 das Ende des Krieges erleben und siegen. (...)
Ich bin hier sehr weit fort von alledem! Die Welt erscheint mir seltsam fern, ein Wirbel von Atomen ... Ich sehe sie, und ich sehe diese Form, die ich aus Gewohnheit Ich zu nennen gewohnt bin, wie sie vielleicht jene sehen, deren letzte Stunde gekommen ist. Das alles ist ohne Substanz, verschwommen, schemenhaft ... Der Frieden liegt in der Trennung von alledem. »Das Schwinden des Verlangens, des Hungers nach Leben, ist das Nirvâna«, hat Buddha gesagt. Aber weder der augenblickliche Krieg noch alle weiteren, die ihm folgen werden, noch alles Grauen und Leiden, das die Erde überschwemmt, werden den Menschen die Augen öffnen. Die Ignoranz, die Quelle allen Schmerzes, ist unvergänglich. (...)

Kumbum, 16. September 1918

(...) Zusammen mit Deinem Brief habe ich ein Paket Zeitungen erhalten, die mir die englischen Missionare aus Xian gelegentlich zuschicken. Ich lese, daß die Boches unter großen Verlusten von Männern und Munition zurückgeschlagen worden sind und daß sie fast das gesamte Land, das sie mit den Offensiven der letzten Monate erobert hatten, wieder verloren haben. Auf russischer Seite scheinen die Dinge ebenfalls ihr Gesicht zu verändern. In Sibirien herrscht völliges Durcheinander. Die Japaner machen sich – wenn auch ohne Hast – zum Eingreifen bereit, und die Chinesen schicken Truppen an die mongolische Grenze. Diese Ereignisse in Fernost sagen Euch in Europa vielleicht wenig, aber wir hier befinden uns näher an Urga als an Paris, und was sich in Transbaikalien oder in der Mongolei ereignet, kann direkte Auswirkungen auf unsere Umgebung haben. Ohne Zusammenhang mit dem großen Krieg bekämpfen sich in Sichuan, an der Grenze zu Kham, Tibeter und Chinesen, wobei die letzteren sich im Nachteil befinden. Die Truppen aus Lhasa haben mehrere Städte eingenommen, die zuvor chinesische Garnisonen waren. Raubüberfälle sind in ganz China an der Tagesordnung, und auf Reisen zu Lande muß man unterwegs im Norden wie im Süden ständig auf unliebsame Überraschungen gefaßt sein – zweifellos hat das seinen Abenteuerreiz, aber auf die Dauer ist es nervenaufreibend. Bei uns hier ist es im Augenblick ruhig, obwohl jeder, wie ich Dir schon geschrieben habe, mit einer geladenen Waffe in Reichweite schläft. Auf Aphurs Bitten hin und um mich auf die Situation einzustellen, lege ich nun abends meinen Revolver neben die Kerze am Kopfende des Bettes. Die Lamas des Tempels, in dem ich wohne, haben einen neuen, sehr schönen Wachhund angeschafft – sie hatten schon eine ganze Reihe. Als ihm am Tag seiner Ankunft von seinen Artgenossen ein feindseliger Empfang bereitet wurde, lief er ein wenig verloren über die Flachdächer und fand sich auf meiner Veranda in der ersten Etage wieder. Ich rief ihn, und er kam, leckte mir die Hand und sah mich dann an, als wollte er sagen: »Ist das gut so?« Ich mag diese riesigen Tiere, und ich denke oft an die wilde Hündin, die mir in meiner tibetischen Eremitage eine so gute Gefährtin war und die ich im Himalaja gelassen habe …

Eremitage … Das Wort gibt die Sache nur unzureichend wieder. Ich bin keine Eremitin, ich bin Bewohnerin einer anderen Welt, und ich betrachte die Eure, in der Ihr Euch alle so aufgeregt zu schaffen macht, mit dem gelassenen Interesse eines Kinobesuchers. Ich spreche vom Krieg, weil das Dinge sind, die Dich angehen und weil die Europäer hier in der Gegend sich dafür interessieren und mich zuvorkommenderweise, als gute Aliierte, die sie sind, über die diversen Ereignisse auf dem laufenden halten … Ich habe mich hier wieder in die Übersetzung von Werken über buddhistische Philosophie versenkt, und von hier aus kommt mir Euer großartiger Krieg wie die Begegnung von Ameisenheeren vor, die sich den Besitz von zwanzig Quadratzentimetern Boden streitig machen. Was bedeutet einc solche Episode schon in der Geschichte von Welten, die entstehen und wieder untergehen? Ist in der Unendlichkeit des Raumes, der von zahllosen Erden und Sonnen bevölkert ist, die Existenz unseres Planeten denn etwa von wesentlicher Bedeutung? Betrachte Dir nur eines Abends das Funkeln der Sterne, die man unmöglich zählen kann, denke an die unendlichen Fernen, aus denen dieses kleine schwankende Licht zu uns dringt, das wir von einem jeden von ihnen wahrnehmen. Betrachte die Milchstraße, Staub von Welten, wie es scheint, denke an die Ewigkeiten über Ewigkeiten, die Unendlichkeiten über Unendlichkeiten, in denen alles untergeht, und überlege Dir dann, was im Vergleich das Leben eines Menschen, das Leben eines Volkes bedeutet … Wärest Du nicht dort, würde ich nie mehr einen Fuß nach Europa setzen. Mein asiatisches »Ich« fühlt sich dort nicht wohl. Ich habe Asien immer als sehr angenehm empfunden, als ein ruhiges Land, das von allen oberflächlichen Erregungen, denen man begegnen kann, nie zutiefst erschüttert wird. Indien hat Dinge erdacht, die Menschen des Abendlands zweifellos niemals begreifen werden und die von den einfachsten, den ungebildetesten seiner einheimischen oder adoptierten Kinder erspürt, wenn vielleicht auch nicht genau verstanden werden.

Vorgestern schlenderte ich nach dem Besuch bei einem alten Lama durch die Galerien, die den Ehrenhof der großen Versammlungshalle umgeben. Die Wände sind mit großen Malereien geschmückt, auf denen die fünfunddreißig Bekenntnisbuddhas dargestellt sind. Der Maler war ein bemerkenswerter Künstler, denn die Gemälde sind echte Meisterwerke. Alle Buddhas befinden sich im Lotussitz, aber die Haltungen der Arme und der Hände sind unterschiedlich und auch die Gesichter. Obwohl sie sich auf den ersten Blick sehr ähneln, haben sie alle einen anderen Ausdruck. Ich wurde es nicht müde, diese Ansammlung von Porträts symbolischer Wesen zu betrachten, die sich an endlosen Gängen entlangzieht. Bei Malern, die einer anderen Schule angehörten und von einer anderen Weltanschauung ausgingen, würde man sich am Ende wie von allen diesen Augen betrachtet fühlen, an denen man vorübergeht. Hier nicht. Die Buddhas blicken nicht nach »außen«, ihre glänzenden, halb geschlossenen Augen sehen »innen« Dinge, die uns entgehen, uns, die wir von der Illusion verblendet sind, von der Täuschung, die Bilder gebiert. Der Maler hat dies auf wunderbare Weise in dieser Bilderfolge zum Ausdruck gebracht, und das war es, was ich bewundert habe. Buddha, vor allem der der Anhänger des Mahâyana, empfängt weder mit offenen Armen, noch stößt er zurück. Man wendet sich an ihn mit Worten der Beleidigung oder mit Gedanken der Verehrung – beides Produkte der Ignoranz –, seine Augen erheben sich nicht. In seiner Nähe ist kein Platz für Frömmelei, für diese emotionale Gläubigkeit, die nach allem, was ich gehört habe, Europa ergriffen hat, seit Angst und Schmerz die Nerven überstrapaziert haben. Ich sah mich selbst durch die Wandelgänge dieses Tempels gehen, eine kleine Gestalt im zeremoniellen Lamagewand – wegen des Besuches, den ich abgestattet hatte –, dunkler, granatfarbener Rock, Mieder aus goldfarbenem Stoff mit eingewebten Mustern und darüber ein dunkler Schal, der alles überdeckte. Ich fühlte mich allein, sehr viel anders als die Gläubigen, die sich an das azurblaue Gewand irgendeines Vaters im Himmel klammern, allein inmitten dieser Buddhas, die mich nicht ansahen und zu sagen schienen: »Wohlmeinende Seelen mögen sich darin gefallen, als Schüler zu unseren Füßen zu sitzen. Das ist ein Mißverständnis, das ist Torheit. Wir haben niemals jemanden mit den Worten zu uns gerufen: ›Kommt zu uns, wir werden euch erlösen.‹ Wir haben gesagt: ›Was wir getan haben, tut ihr es auch, was wir sind, werdet ihr es auch.‹ Nur der hat die Lehre begriffen, der denkt: ›Ich bin selbst ein Buddha, und ich habe den Mut, es zu sein.‹« Genug mit der Philosophie. Ich weiß sehr wohl, daß man über diese Dinge ebenso in der Rue de Rivoli wie in Kumbum nachdenken kann, aber hier ist das Umfeld sehr angenehm. Die einfachen Männer, die zu mir kommen und mich um Arzneien bitten, die Schwarzhändler aus den Steppen der Gobi, die Tibeter aus Kham mit ihren sanftmütigen Yakaugen, ihren breiten, athletischen Schultern und ihrem kindlichen Lächeln wundern sich nicht, wenn sie in einem Augenblick ankommen, in dem meine Tür verschlossen ist und meine Diener ihnen sagen: »Die ehrwürdige Dame meditiert.« Sie verneigen sich respektvoll, und jeder von ihnen macht sich auf seine Weise eine sehr vereinfachte und überaus eigenwillige Vorstellung von dem, wie meine »Meditationen« wohl aussehen mögen. Aber wiederhole diesen gleichen Satz einem Hausmeister in der Rue de Rivoli, dem guten Mann würde es die Sprache verschlagen. Daß seine Mieterin ein wenig geistesverwirrt ist, wäre wohl noch das Freundlichste, was er sich denken könnte. Ja, Asien, das Asien der gewaltigen Berge und der weiten Steppen, ist ein gelobtes Land für all jene, die genug von dem Fieber haben, das Euch arme »Zivilisierte« erregt, von Eurem kleinen, engen und armseligen Leben.

Ich habe mir bis zum Schluß aufgehoben, was mir als das Wichtigste erscheint. Ich habe es Dir gesagt: Ich bin bei bester Gesundheit, doch der Gedanke an den Tod ist immer präsent, begleitet mich mit gleichbleibender Beharrlichkeit. Das muß mich nicht hindern, die achtzig zu erreichen oder auch älter zu werden, wie meine Eltern, aber wer weiß? ... Ich möchte deshalb unsere Geldangelegenheiten regeln, da der Tod meiner Mutter meine Situation verändert hat. Du mußt eine Abschrift unseres Ehevertrages haben und solltest sie einem sehr kompetenten Anwalt oder Notar zu lesen geben und ihn bitten, ein Testamentsformular für mich aufzusetzen, das ich abschreiben kann. Unnötig, ihm irgendeine Summe anzugeben, das geht ihn nichts an und ist für die Beratung, die wir von ihm wollen, nicht notwendig. Die Hälfte meines derzeitigen Vermögens ist jetzt frei, da meine Eltern, die laut Code civil meine Pflichtteilserben gewesen wären, beide tot sind. Ich möchte natürlich, daß Du diese Hälfte ebenso bekommst wie die andere Hälfte, die in unserem Vertrag festgelegt ist. Das heißt, daß Du mein einziger Erbe sein sollst, abgesehen von dem Geld, das ich, wie Du weißt, meinem Diener hinterlassen will, und dem Vermächtnis der Bücher an die Buddhistische Gesellschaft in London ... Ich benötige Deinen Rat auch in einem anderen Punkt: Ich möchte, daß Du mich beerbst, doch will ich auf gar keinen Fall, daß nach meinem Tod und wenn Du nach mir stirbst, das Geld, das ich von meinen Eltern bekommen habe, an Deine Familie geht, die ich kaum kenne und die es nicht braucht. Ich selbst habe keinerlei Bindungen und möchte, daß dieses Geld an wissenschaftliche Gesellschaften zur Förderung orientalistischer Studien geht. Wie kann man das regeln? (…)

Kumbum, 5. Oktober 1918

Ich habe gestern einen bezaubernden Ausflug gemacht. Gestern morgen habe ich mich mit Aphur ein wenig auf gut Glück auf den Weg über die Berge gemacht und mit dem Kompaß ausgestattet versucht, eine westlich von Kumbum gelegene Einsiedelei zu finden, von der man mir erzählt hatte. Wir haben sechs Pässe überschritten, sind über Weiden voller Yaks und Schafe gewandert, haben verlassene Steppen überquert. All dies hat uns an das Ufer eines klaren Flusses geführt, an die Ausläufe hoher Berge, deren Gipfel schon von Schnee bedeckt sind – eine Szenerie, die mich lebhaft an das nördliche Tibet und meine eigene Einsiedelei erinnert hat: Dechen Ashram, eine unvergeßliche Erinnerung. Nachdem wir etwa fünf Stunden tüchtig marschiert waren, fanden wir die Einsiedelei der Eremiten, an einem sanften Hang gelegen und umgeben von Pappeln, deren Blätter der Herbst schon gelb gefärbt hatte, und von Sträuchern, die in leuchtendem Rot standen. Die Landschaft hätte jeden Maler in Versuchung gebracht. Ringsum völlige Einsamkeit und diese Atmosphäre majestätischer Ruhe, die den hohen Bergen eigen ist. Ah! Wie wunderbar ich mich dort gefühlt habe, tausendmal besser als in dem doch so stillen Lama-Kloster von Kumbum, und wie gut ich die verstehen kann, die sich dorthin zurückgezogen haben! … Man muß wie ich dieses abgeschiedene Leben in einer großartigen Landschaft geführt haben, um zu begreifen, wie abscheulich die Städte mit ihrem ohrenbetäubenden Lärm sind, die vulgären Menschenmassen, die sich dort drängen, und all diese Scheußlichkeiten, von den Leuchtreklamen, die die Schönheit der

Nächte stören, über die Züge, die die Landschaft durchrattern und mit ihrem Rauch verschmutzen, bis hin zu den Hotels, die versnobte und dümmliche Touristen beherbergen ... Und endlich bis hin zu all dem, was die große Masse der Sterblichen mit dem pompösen Namen Zivilisation schmückt.

Wir begegnen einer Karawane, auf dem Weg wer weiß wohin, etwa fünfzig mit Lasten beladene Yaks und drei Männer zu Pferde, das Gewehr über der Schulter. Wir versuchen es mit der klassischen Frage: »Khyö tsho gapar dogi yin?« (Wo geht ihr hin?) Sie verstehen unser klassisches Tibetisch aus Lhasa nicht, oder sie tun so, als würden sie es nicht verstehen, und ziehen schweigend vorbei. Wie schön er ist in der Dämmerung, die schnell herabfällt, und inmitten der einsamen Berge, dieser langsame Zug von Yaks und von stummen Männern mit rätselhaften Gesichtern, die auf dem Weg zu geheimnisvollen Höhen sind. Obwohl ich solche Dinge schon tausendmal gesehen habe, lassen sie mich nicht gleichgültig und werden es niemals tun. Ich verspüre das gleiche Erschauern wie damals, als ich die Beschreibung von ähnlichen Szenen las. Die Sinnlichkeit erlebt jeder seinem Temperament entsprechend, und die meine ist die der Einsamkeit, der Stille, der unberührten Landschaften, die von keiner Kultur verschandelt worden sind, der großen Weiten und des urwüchsigen Lebens im Zelt der Nomaden Zentralasiens. Dem überlasse ich mich, daran erfreue ich mich, zweifellos mehr, als die Vernunft es mir empfehlen würde ... Und ist das letztlich so töricht? ... Die Einöde spricht mit anderen Stimmen als die Pariser Boulevards, und hat nicht jeder das Recht, die Musik zu bevorzugen, die ihm am besten gefällt? (...)

Kumbum, 3. November 1918

Nun wird es hier immer winterlicher, die wenigen Pappeln, die als einzige unsere grasbewachsenen Höhen in kargen Baumgruppen schmücken, haben ihre letzten goldenen Blätter abgeworfen. Es hat mehrfach heftig geschneit. Unter ihrer weißen Decke erschien die Landschaft ringsum seltsam verwandelt, erinnerte in mancher Hinsicht an die andere Seite des Himalajas in der Nähe der hohen Gipfel. Das ließ mich an jene abenteuerlichen Zeltlager denken, wo einem die Kälte durch Mark und Bein ging, und an ein Land, das unauslöschlich in mein Gedächtnis eingeprägt ist: die Steppen von Khampa und Trinkye Dzong. Aber in dem überaus trockenen Klima der Region, in der ich mich befinde, bleibt der Schnee nicht lange liegen. Die Sonne kommt wieder heraus, sie steht klar, heiß und blendend an einem blauen Himmel, der dem afrikanischen in nichts nachsteht, und es überkommt einen das Verlangen, über die Berge zu wandern.

Wir hatten eines der vier großen alljährlichen Feste, das letzte im Jahr; ich hatte schon das vorherige erlebt, gleich bei meiner Ankunft hier. Das ist eine Mischung aus mittelalterlichen und orientalischen Elementen, die etwas durchaus Pittoreskes hat. (…) So habe ich wieder einmal den *shamthab* angezogen, den Rock aus granatrotem Serge, die Bluse aus goldgelber Seide, die Jacke aus goldfarbenem Tuch und die gelbe Stola, eine spitze Haube aus brochiertem gelben Satin, gefüttert mit gelbgefärbtem Schafsleder und eingefaßt mit Goldstoff. Das ist das klassische Gewand der oberen Lamas der Gelbmützen-Sekte. Die Stola kann granatfarben oder gelb sein. Alle haben das Recht, sich in Granatrot zu kleiden, und ich trage es täglich. Das Gelb zeigt an, daß derjenige, der es trägt (Mann oder Frau), ein *ri-tö-pa* ist, das bedeutet »er hat mehrere Jahre an einem einsamen Ort gelebt« und, in einem allgemeineren Sinn, »wohnt in der Abgeschiedenheit«. Nach meinem Eremitenleben in den Höhen des Himalajas habe ich volles Anrecht auf

die gelbe Stola. (…) Und so ging ich nun von Tempel zu Tempel (Kumbum ist eine richtige Stadt) und sah mir an, wie diese buntgemischte, malerische Menge von Menschen einer Unzahl der verschiedenartigsten Gegenstände gewissenhaft ihre Verehrung darbrachte. Sieht man von der Kleidung einmal ab, erinnert das an die Pilger, die man in Rom antrifft. (…)
Die Menschen aus Amdo und vom Kuku Nor befinden sich in einem Zustand intensiver Frömmigkeit. Ich erfahre das hier auf eine etwas anstrengende Weise, da ich sicher gut hundert Leute beiderlei Geschlechts segnen muß, die sich mir im Vorübergehen entgegenstürzen. Im Gedränge stoßen sie mit ihren gebeugten Köpfen gegeneinander, was mich an eine Herde verirrter Schafe denken läßt. Der Papst und die Bischöfe der römisch-katholischen Kirche haben es verstanden, sich die Dinge auf eine ihnen genehme Weise zu gestalten. Eine Handbewegung von ihnen reicht aus, um mehrere tausend Gläubige zufriedenzustellen. Aber hier in Tibet kann davon keine Rede sein, denn jeder möchte seinen persönlichen Segen. Es gibt kein Entrinnen, der Kopf des Gläubigen muß von irgend etwas berührt werden: von den Händen des Lama oder von seinem Rosenkranz oder von seinem *dorje* (einer Art Zepter). Ich erinnere mich, in den Chroniken jener Zeit einen Ausspruch gelesen zu haben, der Madame Du Barry zugeschrieben wird. Mit Hilfe von Intrigen war es ihr endlich gelungen, offiziell am Hofe ihres königlichen Liebhabers eingeführt zu werden, und als sie aus der Karosse stieg, die sie vom Schloß von Versailles nach Hause zurückgebracht hatte, soll sie gesagt haben: »Ich hätte gerne an einem Fenster gestanden, um mich vorüberfahren zu sehen.« Dieser Ausspruch der Favoritin mag der Wahrheit entsprechen oder nicht, jedenfalls kommt er mir immer in den Sinn, wenn ich meine zahllosen Segnungen austeile. Auch ich möchte gern an irgendeinem Fenster stehen und mir bei

dieser Tätigkeit zusehen: Ich glaube, das würde mich in maßlose Heiterkeit versetzen, und ich würde mich bis ans Ende meiner Tage aufs köstlichste darüber amüsieren.
Du darfst mich deshalb jedoch nicht etwa für eine boshafte Skeptikerin halten. Ich mache mich über diese braven Leute keineswegs lustig. Sie sind in die Vorstellungen ihrer Rasse und ihres Landes eingebunden, sie sind nicht dümmer als wir und häufig sogar weit weniger. Was sie sich vom Auflegen der Hand erhoffen und warum sie es sich erhoffen, das weiß ich, und tatsächlich ist es weit weniger absurd, als man denken könnte. Sie glauben an die geistige Ansteckung, wie wir an die Ansteckung durch Krankheit glauben. Ich bin jemand, der die heiligen Bücher kennt, der sie lesen kann und der sie versteht (das glauben sie, diese unschuldigen Seelen!). Ich bin jemand, der »meditiert«, bleibe tagelang eingeschlossen, ohne ein Wort zu sprechen, unsichtbar selbst für meine Diener, und deshalb dringe ich während dieser Zeit (daran zweifeln sie nicht im geringsten) in eine Welt ein, die dem Denken des normalen Menschen verschlossen ist. In eine Welt jenseits derer, in der man mal glücklich und mal unglücklich ist, in der man sich abmüht, in der man geboren wird und in der man stirbt. Sie haben sich aus den für sie zusammenhanglosen Psalmodien ihrer Lamas ein Wort herausgefiltert: *nirvâna* in den Ländern des Südens oder *tongpa nyi* (die Leerheit) im tibetischen Buddhismus. Es ist dies ein Geheimnis, zu dem sie keinen direkten Zugang suchen. Dennoch glauben sie, daß dies das einzig erstrebenswerte Ziel ist, die einzige Sache, nach der es sich zu forschen lohnt. Aus diesem Grund drängen sie sich an jene heran, die ihrer Meinung nach mit dem großen Geheimnis jenseits des Kreises der Wiedergeburten vertraut sind, an jene, die gesehen haben, was sie nicht gesehen haben, und die einen anderen Weg beschritten haben als sie selbst. Wenn sie den Segen

erbitten, murmeln sie – zweifellos sehr mechanisch, aber nicht ohne Aufrichtigkeit: »Auf daß ich klug wiedergeboren werde, fähig, die Lehre zu begreifen, und eines Tages die Erleuchtung erlange« *(tharpa thob-par shog)*. Das Wissen um dieses ihr Gefühl reicht aus, meiner Heiterkeit Einhalt zu gebieten und auch der Ironie, die ich so gerne auf mich selbst anwende. *tharpa thob-par shog!* Auf daß sie von dem bösen Traum von der Welt und vom »Ich« erlöst werden mögen ... Und auch ich! Letztlich sah Buddha das so: Es gibt keine anderen Höllen oder anderen Paradiese, keine anderen wohlmeinenden oder schrecklichen Götter außer denen, die wir uns selbst erschaffen. Diese ganze Phantasmagorie entspringt dem Geist und löst sich auch wieder in ihm auf. »Der Kreislauf der drei Welten ähnelt dem Spiegelbild des Mondes im Wasser«, heißt es im *Lalita Vistara*. Ein Trugbild, das die Törichten zu ergreifen suchen und über das sich die Weisen in aller Gelassenheit lustig machen. (...)

Kumbum, 11. November 1918
(...) Möchtest Du wissen, wie mein Tagesablauf aussieht? Morgens, kurz vor fünf Uhr, erklingen auf den Tempeldächern die Muschelhörner, die als Trompeten dienen, und fordern zum Aufstehen auf. Der Himmel ist noch voller Sterne, und ich bin schon seit langer Zeit wach. Ein Gang durch die frische Luft – oh, und wie frisch sie ist, das kann ich Dir versichern – auf meiner kleinen Terrasse bringt den Kreislauf in Gang. Eine Stunde später facht der Junge das Feuer in meinem Ofen wieder an. Der Tag ist gekommen, und mit ihm trifft unser Diener ein: Tee (auf tibetische Art zubereiteter Tee) – man bringt mir eine dampfende Tasse, dann Morgentoilette, Lektüre, ein weiterer Spaziergang auf meiner Terrasse, während meine Wohnung gekehrt wird. Um neun Uhr Frühstück – ein Frühstück

auf englische Art, das die Hauptmahlzeit bildet. Studium, Übersetzungen aus dem Tibetischen; zu Mittag mein Bad, dann erneut eine lange Sitzung an meinem Arbeitstisch. Um vier Uhr eine Mahlzeit, eine große Portion Suppe, die mir häufig schon ausreicht, Fruchtkompott ... Dann Lektüre oder wieder Ausarbeitung von Texten. Um 21 Uhr bin ich im Bett oder in dem, was in allen Wohnungen von Kumbum als Bett dient. Diese Monotonie wird von Zeit zu Zeit von Ausflugstagen unterbrochen. Ich habe in meiner Aufzählung die Stunden der täglichen Meditation ausgelassen, das interessiert Dich nicht. Mir kommt es so vor, als könnte ich auf diese Weise tausend Jahre lang weitermachen, ohne mich geistig oder körperlich anzustrengen. (...)

(...) Habe ich Dir schon erzählt, daß man hier als Zahlungsmittel ausschließlich Sapeken benutzt, die auf lange Ketten aufgezogen werden? Diese großen, schweren Geldstücke dienen für alle kleinen Transaktionen; sobald es um eine größere Summe geht, zahlt man in Silber, das gewogen werden muß. Man rechnet es in Silberunzen (die nicht unseren Apothekerunzen entsprechen). Man muß immer seine Waage zur Hand haben, und da die Maße und Gewichte in keiner Weise überprüft werden, ergeben sich beim Wiegen große Unterschiede. Das führt zu endlosen Verhandlungen über das Gewicht wie auch über die Qualität der Silberbarren, von denen eine große Zahl schrecklich mit Zinn und anderen Materialien vermischt ist. Die »Unze« ist in Dezimalteile von 10 *chos* und 100 *puns* untergliedert, das erleichtert die Rechnung. Aber eine »Unze« besteht aus 2000 *sapeks* (die Sapeke heißt *sang,* aber die Europäer nennen sie *tael* – das ist der klassische und korrekte chinesische Name). Diese 2000 *taels* bilden 4 *tompas,* das heißt 4 Ketten von jeweils 500 *sapeks*. Aber diese 500 *sapeks* werden die »großen« genannt, im Unterschied zu einem Typ, der nicht

mehr im Umlauf ist, von dem man bei den Käufen aber immer spricht. So sagt der Händler: 1000 *machers (sapeks) sho* (kleine), und Du mußt begreifen, das dies in Wirklichkeit 500 *sapeks* bedeutet. Sagt er 1000 *machers ta* (große), dann muß man ihm sehr wohl 1000 *machers* geben. Doch diese tausend sind überhaupt keine tausend. Genau gerechnet sind 100 kleine Sapeken 47 große. In den Ketten (in den besseren, denn es gibt diverse Sorten) gelten 94 als 100, aber manchmal sind nur 92 oder sogar nur 85 Sapeken statt 100 aufgefädelt. Du siehst, daß sich daraus gewisse Komplikationen ergeben können. Zu Anfang hat mich diese komplizierte Arithmetik völlig verwirrt, inzwischen bereitet sie mir keine Schwierigkeiten mehr.
(...) Mangels Transportmittel habe ich bis jetzt die Einladungen ablehnen müssen, verschiedene bedeutende Klöster und einheimische Oberhäupter zu besuchen. Im Winter werde ich mich nicht rühren, aber sobald der April kommt, muß ich mich in Bewegung setzen. Ganz abgesehen davon bietet ein Gefährt, mit dem man sich schnell fortbewegen kann, an einem Tag der Gefahr, mit dem man in einem so von Unruhen geschüttelten Land wie China immer rechnen muß, nicht nur eine Annehmlichkeit, sondern eine Möglichkeit, sich in Sicherheit zu bringen. Ich erzähle Dir diese Dinge nicht, damit Du Dir eine dramatische Vorstellung von der Situation machst. Nichts ist dramatisch, wenn man einen kühlen Kopf bewahrt. Es ist lediglich wichtig, in aller Ruhe die Maßnahmen zu ergreifen, die notwendig sind, wenn man Ärger oder Gefahr vermeiden will. Kann man es tun, wie es mir dank Deiner liebevollen Hilfe möglich ist, wäre es töricht, sich aus Gedankenlosigkeit in Gefahr zu begeben. Man muß den Ereignissen nur mit der gleichen Gelassenheit ins Auge sehen, die man an den Tag legt, wenn man sie abzuwenden versucht. Alle Komplikationen des Daseins und dieses Dasein selbst sind letztlich Din-

ge, die man auf die leichte Schulter nehmen kann, allein die Dummköpfe machen sic mit großem Getöse zu Dramen. An der Wasseroberfläche bildet sich eine Blase, und in der nächsten Minute zerplatzt sie – das Leben ist nichts weiter und hat keine größere Bedeutung. Heute löst sich ein tierischer oder menschlicher Organismus auf, morgen wird es unsere Erdkugel sein oder irgendeine gigantische Sonne, die am Ende ihrer zahllosen Tage angelangt ist ... In der Unendlichkeit besteht kein Unterschied zwischen einer Mücke und einer Welt. Es ist schön, auf der Terrasse, über die die eisige Luft fegt, diesen Dingen vor Sonnenaufgang nachzuträumen und dabei zuzusehen, wie die Sterne an dem weiten, wolkenlosen Himmel Zentralasiens verblassen.

Kumbum, 21. November 1918

Heute morgen habe ich den Brief vom 27. Juli erhalten und sein Duplikat, das einige Tage später aus Algier abgeschickt worden ist. Obgleich mir Deine Briefe unter all denen, die ich erhalte, immer die allergrößte Freude bereiten, war das heute anders. In meiner Post befanden sich zwei Karten, die von den englischen Missionaren im Abstand von zwei Tagen abgeschickt worden waren. Auf der einen hieß es: »Neue Regierung in Deutschland, großes Durcheinander, die Boches wollen einen Waffenstillstand, Österreich will Frieden um jeden Preis, die Rumänen weisen die Deutschen aus etc.« Auf der anderen stand nur die Abschrift eines Telegramms: »Kaiser abdicated fled armistice« Und darunter: »I thought you would like to see this telegram. Is it not good news!« Ob das eine gute Nachricht ist? ... Das ist keine Frage. Ich gestehe, daß mich eine jähe Rührung überkam, die mir die Tränen in die Augen trieb, so losgelöst ich heute auch von allem bin, was mit der Welt zu tun hat. Diese beiden Karten waren es, mein sehr Lie-

ber, die mir heute mehr Freude gemacht haben als Deine Briefe. Du verzeihst mir das, nicht wahr? Morgen werden wir eine große, sehr große französische Flagge anfertigen und sie auf einem Berg hissen, wo sie von den umliegenden Dörfern aus zu sehen ist. Kindisch vielleicht, aber es tut gut, allen diesen Leuten, die von den Emissären der Boches aufgehetzt worden sind, kundzutun, daß diese nun am Ende sind. Denn das ist jetzt mit Sicherheit das Ende. Es war an der Zeit! So viele Franzosen waren bewundernswert in ihrer Ausdauer, ihrer Kaltblütigkeit und Entschlossenheit. Man hielt sie für eine dekadente Rasse. Sie haben die Welt in Erstaunen versetzt und werden die Belohnung dafür erhalten. Der Sieg, das ist die Zurückeroberung von Elsaß-Lothringen, und, von Sentimentalitäten einmal abgesehen, ist das ein fetter Happen, der einige Milliarden wert ist. Ich bin überzeugt, daß man uns noch weitere Entschädigungen zugestehen wird. Alle Länder Asiens blicken auf das, was geschehen wird, und falls man die Hunnen mit Schonung behandelt, werden diese eiligst verkünden, daß sie »so sehr denn doch nicht besiegt worden« sind, daß man sie »immer fürchten und nicht allzu große Forderungen an sie stellen« sollte.
Da die Boches die Regierung gewechselt haben, als sie spürten, daß das Unwetter nahte, glaube ich, daß sie solche Ausschreitungen vermeiden werden, wie man sie sich von den Hunnen des »alten Regimes« erwarten konnte, wenn sie Belgien verlassen. Die neue Regierung wird Vergeltungsmaßnahmen fürchten und versuchen, die Alliierten für sich einzunehmen. Damit will ich sagen, daß wir mein kleines Geldvermögen wahrscheinlich unbeschadet zurückbekommen, sobald wir erneut in Kontakt mit der Bank treten können.
(...) Es wird hier immer noch eisiger, selbst im allergrößten Sonnenschein. Man nimmt es gar nicht mehr wahr, ich habe

sogar nacheinander zwei Wollwesten abgelegt, die ich beim ersten Frost unter meinem Gewand aus Schafsleder angezogen hatte. Und das Wetter ist schön! Schön! Welch wunderbares Klima! Aphur und ich haben unsere erste große Wanderung durch den Schnee und über die Berge gemacht. Glaub mir, es war wunderbar, mit den hohen roten Filzstiefeln, in denen die Füße warm bleiben, durch den schönen weißen Schnee zu laufen.

Kumbum, 3. Dezember 1918

Die Gegend hier ist von einer üblen Grippeepidemie – oder etwas Ähnlichem – betroffen. Wie es heißt, sind in Xining (dem Hauptort des Bezirks) mehrere Menschen daran gestorben. In Kumbum sind viele Leute erkrankt. In dem Tempel, in dem ich wohne, liegen sechs Lamas darnieder. Aphur ist im Bett, und ich bin es nur deshalb nicht, weil das nicht meine Art ist und weil ich mehr innere Haltung habe als der Junge, doch fühle ich mich ebenso matt wie er. Im übrigen ist es mir sehr viel lieber, selbst krank zu sein, als ihn bettlägerig zu sehen. Nimm diese Erklärung nicht als die Quintessenz der Nächstenliebe, da würdest Du Dich irren. Sieh das vielmehr als ein Gefühl von übersteigertem Egoismus. Wenn ich krank bin, begreife ich mehr oder weniger, was mir fehlt, und der Kleine folgt meinen Anweisungen und gibt mir, was ich brauche. Und außerdem: Sollte es zum Äußersten kommen, wäre es mir nicht zuwider, an einem schönen Platz in Asien inmitten der Berge zu sterben, in einer friedlichen kleinen Wohnung, ganz ruhig und allein, ohne lästige Menschen rundum, die meine letzten Grimassen belauern. Der kranke Aphur hingegen ist ein unerträgliches, stöhnendes Wrack, das gepflegt werden muß. Ich weiß nicht genau, was er hat. Gestern war ein schlimmer Tag, den ich damit verbracht habe, sein Fieber zu beobachten, das über die vierzig stieg. Schließlich gelang es mir mit Hilfe von Phenacetin und anderen Medikamenten, ihn gegen Abend tüchtig zum Schwitzen zu bringen, und das Fieber sank. Als sei das alles nicht genug, hatte unser Diener aus Lhasa seinen gewohnten Dienstplan durcheinandergebracht. Als ich mich schlafen legen wollte, fand ich in meinem Zimmer ein fast verlöschendes Feuer, und es fehlte das Wasser für die Wärmflasche, die man mir abends in mein Bett legt. Draußen waren es fünfzehn oder sechzehn Grad minus, ein hübscher Frost! Und während mich das Fieber überkam, bemühte ich mich, das Feuer wieder anzufachen und das Wasser zum Kochen zu bringen. Um Mitternacht hatte es ich es geschafft. Ich glühte und klapperte mit den Zähnen, zusammengerollt unter meinen Decken. Am Morgen hustete ich heftig und phantasierte ein wenig unter dem Einfluß des Fiebers. (...)

6. Dezember 1918

Ich mußte im Schreiben innehalten, denn das Fieber stieg und verursachte mir Schwindel. Seitdem habe ich zwei unangenehme Tage und beschwerliche, schlaflose Nächte verbracht. Heute morgen habe ich zum ersten Mal wieder mit Appetit ein paar Löffel Selleriesuppe gegessen, davor habe ich keinen einzigen Bissen heruntergebracht. Was wichtiger ist: Es geht mir besser, und ich habe kein Fieber mehr. In drei oder vier Tagen wird es völlig abgeklungen sein. Aphur ist aufgestanden, aber er schleppt sich von einer Ecke in die andere, ist leichenblaß, klagt über Magenschmerzen, seufzt und ist unerträglich. Es fehlt ihm völlig an Energie, sobald er das kleinste Wehwehchen hat. Die meisten Asiaten sind so geartet. Für unsereinen ist diese Mentalität schwer verständlich. Es mangelt ihnen ganz und gar an dieser Widerstandskraft, die für die Heilung jeder Art von Krankheit so wesentlich ist. Es ist dies für mich der große Feind bei Wanderungen. Könnte man sie mit Ge-

fährten durchführen, die so entschlossen und energisch sind wie man selbst, dann wären sie ein einziges Vergnügen. Die meisten Forscher machen ihre Reisen in Begleitung, und selbst solche wie Pelliot – jetzt als Militärattaché in Beijing –, die sich wie ich nur in Maßen als Forschungsreisende bezeichnen dürfen, haben immer mehrere Männer ihres Bildungsstandes bei sich. Nun, da ich darüber nachdenke: Vielleicht entgeht ihnen auf diese Weise der Reiz des Abenteuers, der eben darin besteht, »aus seiner Haut zu schlüpfen«, ein anderer zu werden und eine Menge neuer Emotionen zu erleben. Wenn diese Herren abends in ihrem Zelt den Kaffee einnehmen, reden sie wahrscheinlich von Paris, vom Theater, von Pferderennen, von Frauen ... Was weiß ich wovon? Jedenfalls von einer Menge von Dingen, die unvereinbar mit der Umgebung sind und die den besten Teil der Eindrücke fernhalten, die man dort sammeln kann. Oh, ich beneide sie wahrlich nicht! Niemals werden sie erfahren, wie viele Träume, wieviel Poesie man mit sich in eine schmutzige Houppelande aus Schafsfell wickeln kann dicht neben einem lodernden Feuer aus Yakfladen, eine Schale mit gebuttertem Tee vor sich, während in geringer Entfernung die Wildlinge aus der Karawane rund um ein Kohlenbecken sitzen und die Abenteuer von Gesar besingen, dem großen Eroberer an der Spitze der Männer aus dem Lande Ling ... Ja, ich weiß, mein Liebster, das sagt Dir nichts, und eben weil Dir diese Art von unverfälschtem Wohlbefinden nicht entspricht, hilfst Du mir um so mehr, sie zu genießen.
(...) Wir haben in Kumbum den Jahrestag des Todes von Tsongkhapa gefeiert. Bei den Buddhisten ist der Tod, vor allem der eines großen Mannes, kein trauriges Ereignis, ganz im Gegenteil. Deshalb hatte das Fest auch nichts Düsteres. Man hat an mehreren Abenden alle Tempel beleuchtet, während auf den Dächern die jungen Lamas die Muschelhörner bliesen

oder auf verschiedenerlei Instrumenten eine kunstvollere Musik spielten. Das war wirklich sehr hübsch – diese zahllosen Lampen, die an den Berghängen brannten. Ich selbst habe zur Beleuchtung meines Tempels beigetragen und das Öl bezahlt, das für 108 Lampen notwendig ist (die rituelle Zahl), und Aphur, der am ersten Abend noch nicht krank war, hat aus voller Lunge in ein Muschelhorn geblasen, weil er den anderen jungen Leuten beweisen wollte, daß man sich in seinem fernen Kloster weit besser auf diese Art von Leibesübung versteht als in Kumbum. Das stimmt im übrigen. Im Himalaja entlocken sie ihren Muschelhörnern erstaunliche Töne.
Ich hatte mir vorgenommen, mich für einen Monat in die Einsamkeit zurückzuziehen, um mir die Zeit zu nehmen, ein großes tibetisches Werk zu lesen, das ich binnen kurzem zurückgeben muß, doch dann hat sich dieses dumme Fieber eingestellt. Heute geht es mir entschieden besser. Ich spüre, daß es vorüber ist. (...)

Kumbum, 21. Dezember 1918
Weiteren Briefen, die ich heute erhalten habe, entnehme ich, daß der Krieg tatsächlich beendet ist und daß die Deutschen, ebenso wie ihre Verbündeten, die Türken und die Österreicher, gezwungen waren, sich bedingungslos zu ergeben. (...)
Wir fertigen eine neue Trikolore an, vielmehr eine Art langes Spruchband, auf das wir eine Inschrift setzen werden, wie sie die Tibeter gerne auf dem Gipfel von Bergen oder Pässen aufhissen und die man folgendermaßen übersetzen kann: »Sieg den Göttern! Die Dämonen sind bezwungen!« Im Tibetischen wie auch im Sanskrit bezeichnet der Begriff »Götter« (tibetisch *Iha,* im Sanskrit *déva*) nicht allein die Bewohner himmlischer Gefilde, sondern dies ist auch ein Ehrentitel mit der Bedeutung: edel, groß, sehr ehrenwert etc., den man auf Helden,

Könige oder manchmal auch ganz einfach auf Leute anwendet, deren moralischer Verdienst oder sozialen Rang man hervorheben möchte. Es widerspricht deshalb nicht dem Geist der Sprache, wenn man es gebraucht, um die Franzosen und die Alliierten ganz allgemein so zu bezeichnen, und die Beschriftung wird auf dem weißen Streifen einer Trikolore nicht fehl am Platze sein. Zumindest ist es eine ausgefallene Idee, und zweifellos wird die Fahne das einzige Exemplar dieser Art sein. Wenn mir ein Foto davon gelingt, werde ich es Dir zum Beweis und zur Erinnerung schicken. Ich brauche Dir nicht zu erklären, wie gut der zweite Teil der Inschrift »Die Dämonen sind bezwungen!« auf die Boches paßt. (...)

Ich habe mich völlig in die Abgeschiedenheit zurückgezogen, wie ich es geplant hatte. Ich sehe niemanden außer Aphur. Meine kleine Veranda ist von Vorhängen umgeben: Die Regel verlangt, daß niemand mich sehen darf, und von mir wird erwartet, daß auch ich keinen Blick nach draußen werfe. Ich liebe sie über alles, diese Zeiten der absoluten Ruhe, selbst die strengeren, in denen ich gar nicht spreche und nicht einmal Aphur sehe, der mir meine Mahlzeiten in einen Raum bringt, während ich mich in einem anderen aufhalte. Man kann so gut lesen, so gut studieren, so gut nachdenken, wenn man sich auf diese Weise von der Außenwelt abschirmt! Im Augenblick lese ich ein großes tibetisches Buch und kompiliere Auszüge davon. Ich werde meine Exerzitien sechs Wochen lang bis zum Zeitpunkt des großen Festes fortsetzen, denn dann wird mich die Neugier auf das malerische Spektakel hinaustreiben. Sobald es beendet ist, gedenke ich mich bis zum Frühling wieder einzuschließen.

Kumbum, 12. Januar 1919

(...) Was die Artikel angeht, die ich veröffentlichen werde, möchte ich Dich fragen, ob Dir daran gelegen ist, daß ich Deinen Namen dem meinen beifüge. Deiner hingebungsvollen Freundschaft verdanke ich diesen Asienaufenthalt, der es mir erlaubt, diese Beiträge zu schreiben, und wenn Du auch nur den Schatten einer Genugtuung darüber empfindest, ist es nur recht und billig, daß auch Dein Name daruntersteht. (...)

(...) Ich werde auch *Le Japon tel que je l'ai vu* (Japan aus meiner Sicht) veröffentlichen. Die Franzosen reisen wenig, es kann ihnen nicht schaden, etwas dazuzulernen.

Ich mache mir im übrigen keine Illusionen über den Geisteszustand, der durch diesen Krieg bewirkt worden ist. Wir haben alle einen Schritt zurück in Richtung Barbarei, Dummheit, Brutalität getan. Betrachte Dir doch nur diesen lächerlichen Aufstand einer Schar von Ignoranten gegen Nietzsche, und dann tu mir den Gefallen und lies erneut *Also sprach Zarathustra,* das Du unter meinen Büchern finden wirst. O ja, Nietzsche war ein Boche, und er mag alle deutschen Eigenschaften gehabt haben, aber er war ein bedeutender Denker. Man greift ihn an, weil er gesagt hat, daß der Starke den Schwachen besiegt. Hat Darwin das in seinen Schriften etwa nicht zum Ausdruck gebracht, und sehen wir nicht mit eigenen Augen, daß es tatsächlich so ist? Wir haben die Deutschen besiegt, weil wir stärker waren als sie, und nicht, weil unsere Sache gerechter war als die ihre. Mitsamt unserer gerechten Sache wären wir ohne die Engländer und die Amerikaner vernichtend geschlagen worden. Man sollte Dinge unterschiedlicher Natur nicht miteinander vermischen. Wenn man sich prügelt, ist es die Kraft der Fäuste, die zählt, und nicht etwa die Lauterkeit oder die wissenschaftlichen Kenntnisse. Und hatte Nietzsche im übrigen nicht sehr viel mehr die intellektuelle als die physische Kraft im Sinn? Ich bin so froh, heilfroh, daß wir den Sieg davongetragen haben. Ein Sieg der Boches? ... Besser der Selbstmord, als das erleben zu müssen. Trotzdem hat dieser Krieg uns sehr viel Schaden zugefügt. Wir sind dümmer, sentimentaler, emotionaler und bigotter geworden – ich sage bigotter und keineswegs religiöser oder mystischer. Welch trauriges Spektakel! (…)

Kumbum, 26. Januar 1919
(…) Mir ist letzthin ein wenig angenehmes Abenteuer widerfahren. Ein kleiner chinesischer Beamter hatte mich gebeten, seine kranke Frau zu besuchen. Zu Anfang habe ich abgelehnt, aber er kam wieder, hat mich angefleht, insistiert, so daß ich schließlich einwilligte, zumal mich auch ein wenig der Ritt von rund vierzig Kilometern verlockte, nachdem ich so lange auf keinem Pferd mehr gesessen habe. Am vereinbarten Morgen bringt man mir zwei Maultiere, eins für mich, eins für Aphur. Ein Verwandter der Kranken dient uns als Führer, und wir machen uns auf den Weg. Herrliches Wetter. Ein guter, wenig beschwerlicher Weg, abgesehen von einigen etwas steilen Abstiegen. Mein Maultier ist langsam, aber nicht übel, alles geht gut, einige interessante Szenerien unterwegs, die schöne Fotos ergeben hätten: eine Gruppe von Kamelen, malerisch um eine Tränke gelagert, etc. Wir erreichen unser Ziel, das Haus von wohlhabenden Dörflern, und sogleich wird uns eine hervorragende Mahlzeit serviert. Die Kranke, damit will ich Dich nicht langweilen, ist ein Fall für den Chirurgen, und ich habe die Familie zu überzeugen versucht, sie nach Lanzhou ins Krankenhaus zu bringen. Als man sich meine Hilfe erbat, hat man gleichzeitig auch einen Lama aufgefordert, ein Ritual zu zelebrieren. Ich finde ihn in einem verräucherten Zimmer vor seinen Berufsutensilien: ein heiterer Bursche, der gut Tibetisch spricht und der uns, trotz einer Neuralgie, die ihn plagt, mit seiner Schlagfertigkeit amüsiert.

Der Abend kommt, und nach einer weiteren Mahlzeit möchten wir gern schlafengehen. Man hat uns das schönste Zimmer überlassen, das fast vollständig von einer Estrade eingenommen wird, die durch niedrige, mit Kuchen und anderen Leckereien beladene Tischchen zweigeteilt ist. Aphur und ich brauchen uns nur noch jeder auf einer Seite niederzulegen und zu schlafen. Der Kleine fragt mich: »Möchtet Ihr, daß ich mich im Zimmer des Lamas schlafen lege?« Doch da der Raum, in dem ich mich befinde, keine Tür hat und ich zum Schlafen meinen pelzgefütterten Mantel nicht ausziehen kann, antworte ich ihm: »Nein, blieb hier. Falls ich in der Nacht etwas brauche, ist es besser, wenn Du da bist.« Wir sind so sehr gewöhnt an diese Nächte ohne jeglichen Komfort, die wir eingerollt in unsere Mäntel jeder in einer Ecke verbringen. Hier ist das Zimmer sehr ordentlich, aber in was für schmutzigen Scheunen haben wir nächtigen müssen, um von der Küste bis hierher zu gelangen! Nicht lange, nachdem ich eingeschlafen bin, wache ich wieder auf: ein merkwürdiges Gefühl, ich spüre, daß ich die Besinnung verliere, ich kann mich nicht rühren, mein Hirn erfaßt jedoch den Grund für diese Benommenheit. Mehrere frühere Erfahrungen haben es mich gelehrt: Mir wird klar, daß wir im Begriff sind zu ersticken. Ich reiße alle mir noch verbliebenen Kräfte zusammen und schreie: »Kleiner, Kleiner, schnell, steh auf, bring mich hier raus!« Aber der »Kleine« antwortet nicht. Ich bin unfähig, mich zu bewegen und zu ihm zu gehen. Ich schreie lauter, und endlich antwortet mir ein Gemurmel. Ich schreie wieder: »Schnell, schnell, steh auf, wir ersticken.« Voll erwacht, begreift er, unternimmt eine Riesenanstrengung, kommt bis zu mir und zerrt mich nach draußen. Er schleppt sich selbst nur mit Mühe, und dicht bei der Schwelle entgleite ich ihm. Wir liegen nun alle beide am Boden und speien uns das Herz aus dem Leib, unfähig, uns aus unserem

Schmutz zu erheben. Ein schöner Anblick, wir beide, da mitten in der Nacht! Es ist eine Vollmondnacht, und die Temperatur muß bei zwanzig Grad unter null liegen. Ich klapperte mit den Zähnen, bis sie mir fast in die Brüche gingen, und wagte nicht, in den Raum zurückzukehren, wo inzwischen die Chinesen die Kohle entfernten, die unter der Estrade brannte, auf der wir geschlafen hatten, und die für das ganze Unheil verantwortlich war. Nach einer Weile mußten wir jedoch wieder hineingehen, aber es gelang mir nicht, mich wieder zu erwärmen. Aphur bedeckte mich mit allem, was er finden konnte, verzichtete sogar auf seinen pelzgefütterten Mantel. Ich dachte, mein letztes Stündlein hätte geschlagen. Ich hätte ein schönes, warmes Bett gebraucht, Wärmflaschen und heißen Tee. Nichts davon! Am Morgen ging es mir jedoch ein wenig besser, und Aphur fand seine Beherztheit wieder. Wir stiegen auf unsere Maultiere, und unterwegs tat die frische Luft das übrige. Zum fünften oder sechsten Mal wäre ich fast den Erstikkungstod gestorben, man möchte meinen, ich hätte eine Vorliebe dafür. Eine häßliche und unerquickliche Sache. Paß Du nur auf und meide Kohlenbecken und andere diabolische Geräte dieser Art wie die Pest. Wäre der Junge nicht in meiner Nähe gewesen, hätte das mein Ende sein können, denn ich hatte nicht mehr die Kraft, bis zur Tür zu gelangen.

In fünf Tagen wird das chinesische Neujahr gefeiert. Es werden Ströme von Pilgern und Händlern in Kumbum eintreffen, es werden religiöse Tänze stattfinden (ähnlich den »Mysterien« des Mittelalters), vielerlei Zeremonien und ein großer Jahrmarkt. Das Kurioseste ist die alljährliche Ausstellung von Statuen aus farbiger Butter. Um zu vermeiden, daß ich ins Menschengewühl hineingerate, das sich in die Ausstellungssäle hineindrängelt, muß ich mich dort mit einigem Pomp hinbegeben. Mit Pomp bedeutet im Stil des Landes: Einige starke

Burschen im Festtagsgewand gehen mit der Peitsche oder dem Stock in der Hand als Leibwächter vor und hinter dir her, bereiten den Weg, indem sie kräftig auf das Volk einschlagen, das unter den dicken, pelzgefütterten Mänteln wohl nicht allzu viel von diesen Schlägen spürt, aber durchdrungen von Respekt für diese Geste zurückweicht. Dieser Anlaß verpflichtet mich, wieder einmal meine Feiertagsweste aus Goldstoff anzuziehen, meine leuchtendste gelbe Stola und meine farbenprächtigste Spitzhaube. (...)

An die große Reise, von der ich Dir erzählt habe, denke ich noch immer, und wenn ich nicht vorher sterbe, werde ich sie bestimmt machen, aber das wird noch nicht so bald sein. Damit sie sich wirklich interessant gestaltet, muß ich in der Gegend, in der ich mich befinde, zuvor noch gewisse Studien beenden.

(...) Ich bezweifle, daß ich außerhalb dieser tibetischen Atmosphäre leben könnte, fern der weiten Steppen und der kargen Berge, fern der *gompas,* in denen, wie in diesem Augenblick, da ich Dir schreibe, die riesigen tibetischen Trompeten mit ihrem anhaltend tiefen Bourdonton erklingen, umgeben von all dem religiösen Krimskram eines Kults, an den ich nicht glaube, der aber ich weiß nicht welche fernen atavistischen Erinnerungen in mir wachgerufen hat.

Gestern hat mir der »wiedergeborene« Lama, eine große Persönlichkeit und der Besitzer des Tempels, in dessen Bereich sich mein Haus befindet, einen Besuch abgestattet. Er ist ein hochgewachsener, schüchterner junger Mann von achtundzwanzig Jahren, der ein sehr reines Tibetisch spricht, da er in Lhasa studiert hat. In meiner Ofenecke sprachen wir von diesem und jenem, über nichts von besonderer Bedeutung. Ich betrachtete uns, ihn und mich, die wir beide in die gleichen Stoffe gekleidet waren. Verschwommene Erinnerungen, die ich nicht festhalten konnte, trieben mir durch den Sinn. Erinnerungen an ähnliche Stunden, ähnliche Gewänder in einer Vergangenheit, die ich nicht näher bestimmen konnte; Eindrücke von Dingen, die wann und wo von anderen Gehirnzellen erlebt worden sind und die sich auf okkulte Weise in die meines Hirns eingeprägt haben? Seltsam! Was würde ich nicht darum geben, wenn sich das sonderbare Geheimnis meiner Verzauberung auf eindeutige wissenschaftliche Weise erklären ließe. Die schmerzliche Krise, die ich in Japan durchlebt habe, hat mir das ganze Ausmaß dieser Verzauberung deutlich gemacht. Tibet mit seinen Landschaften, mit all seinen Dingen, hat mich dort mit einer so übermächtigen, zwingenden Eindringlichkeit verfolgt, daß ich darüber krank geworden bin. Ich glaube wirklich, ich wäre daran gestorben, falls ich dort geblieben wäre. Hier habe ich meine Ruhe und meine Gesundheit wiedergefunden. Aber ich werde alt, ich möchte Dich wiedersehen und werde deshalb zurückkommen. Danach? Das ist bedeutungslos! Eines Tages muß das Ende schließlich kommen. Dank Deiner Hilfe konnte ich meine Träume verwirklichen und mehr als meine Träume, denn niemals hatte ich daran gedacht, den Himalaja zu überschreiten und dieses Zauberland auf der anderen Seite zu durchwandern, das keinem anderen gleicht. (...)

Du kennst meine Meinung: Derjenige, der wirklich von einer religiösen, philosophischen oder sozialen Lehre besessen ist, der eine Anschauung verficht, der kann, wenn er aufrichtig ist, nur keusch sein. Nicht auf die Weise der Katholiken, die von der »fleischlichen Sünde« reden, sondern ganz einfach deswegen, weil seine Aufmerksamkeit auf anderes gerichtet ist und er nicht an das denkt, was unsere Großeltern so geziert »Die Spiele der Liebe« nannten. Niemand kann sich Jesus Christus und Buddha als Lebemänner oder gar als ehrenwerte

Familienväter vorstellen. Es gibt Dinge, die grundsätzlich miteinander unvereinbar sind. Die Pastoren, die die Bergpredigt lesen, anschließend ein mehr oder weniger erleuchtetes Gebet sprechen und dann nach Hause gehen und ihre Frau umarmen, mögen vortreffliche, rechtschaffene Leute sein, ich finde sie jedoch auch ziemlich lächerlich und fast ein wenig peinlich. Nicht jeder ist für den Mystizismus geschaffen, den der Religionen oder den der sozialen Träume. Besser ist es, sich nicht auf etwas einzulassen, dem man nicht gewachsen ist. (...)

Kumbum, 5. Februar 1919

(...) Ich habe eine kurze Meldung gelesen, daß der Senat sich entschlossen hat, über die Frage der Zulassung der Frauen zum Wahlrecht zu entscheiden. Ich hege den Verdacht, daß Frankreich womöglich fürchtet, in dieser Hinsicht hinter den großen Nationen wie England und Amerika zurückzubleiben. Ich sehe dieses Problem vor allem unter dem Gesichtspunkt der Mentalität einer Nation. Sobald die Frauen am politischen Leben teilhaben, wird man ihnen wahrscheinlich ganz allgemein mehr Achtung entgegenbringen. In Frankreich, das muß man zugeben, werden sie mit einer Geringschätzung behandelt, die an die der sogenannten primitiven, unzivilisierten Länder heranreicht. Das ist ein großes Hindernis für die Stärke einer Nation. Wir sehen doch mit eigenen Augen, wie sehr uns die Vereinigten Staaten oder England in dieser Hinsicht überlegen sind. Du, der Du immer nur unter Franzosen gelebt hat, kannst Dir natürlich nicht vorstellen, welch ein Unterschied im geistigen Klima zwischen Frankreich und den angelsächsischen Ländern besteht. Für mich, die ich nicht wenige Jahre im täglichen Kontakt mit Engländern, Amerikanern oder Skandinaviern gelebt habe, ist der Unterschied frappant und dermaßen spürbar, daß ich fast ein physisches Unbehagen fühle, wenn ich mich inmitten derer befinde, die aufgrund meiner Geburt meine Landsleute sind. Das ist, als wenn man aus frischer Bergluft in den Pestgestank eines Sumpflandes kommt. Das ist keine Frage der Tugend: Unsere großen Verbündeten sind nicht tugendhafter als wir – wenn man in diesem Zusammenhang überhaupt von Tugend sprechen kann –, das ist eine Frage des Nationalcharakters. Bei uns besteht zwischen dem männlichen und dem weiblichen Teil der Nation eine Doppelzüngigkeit, ein latenter Krieg, der keinen Waffenstillstand kennt. Von Offenheit, Freundschaft, Brüderlichkeit kann keine Rede sein. Ich glaube, daß für diesen Zustand der Katholizismus sehr stark verantwortlich ist. Er ist eine ungesunde Schule für die weiblichen Hirne, stopft sie mit einem emotionalen Mystizismus voll, der so demoralisierend wie verdummend ist. Diese Art von Gift ist dem Protestantismus fremd, dafür hält er andere auf Lager.

Leute, mit denen ich befreundet bin, schicken mir von Zeit zu Zeit Zeitungen – die einen englische Zeitungen, die anderen ein klerikales französisches Käseblatt, das in Tianjin herausgegeben wird. Der Unterschied ist frappierend. Um die Wahrheit zu sagen: Wenn dieses letztere vorgibt, höflich und gewinnend zu sein, fühle ich alte Frau, die ich nun bin, beim Lesen ein Unbehagen, wie man es verspürt, wenn man an einen schmierigen Ort geführt wird. Seltsam, diese Neigung, »verderbt im Geist« zu sein. Die Hindus sind unendlich viel sinnenfreudiger als wir, und wir sind ihnen, was das Raffinement der Sinne angeht, weit unterlegen, aber sie sind nicht »verderbt im Geist«. Die Feststellung, daß die Franzosen, auch wenn sie ein sehr ehrbares und moralisch einwandfreies Leben führen, dennoch »verderbt im Geist« sind, ist ebenso merkwürdig wie traurig. Ich klage nicht allein die Männer an, denn die Frauen sind aus dem gleichen Stoff gemacht, manchmal sind sie sogar noch schlimmer. Wären sie anders, würden sie ihre Söhne auf andere Weise erziehen. Ja, auch deshalb bin ich so froh, daß ich keine Kinder habe. Nun, das war jetzt wahrhaftig eine lange Ausführung zum weiblichen Wahlrecht. Zum guten Schluß komme ich auf meinen Gedanken zurück, daß es einen günstigen Einfluß auf unsere Sitten, auf unsere Mentalität ausüben könnte. Frauen, die zu Gleichgestellten werden, erscheinen in einem anderen Licht. Die französischen Männer würden zweifellos lernen, sie zu respektieren, und wahrscheinlich würden die Frauen auch lernen, sich selbst zu respektieren. Abgesehen davon, um es ohne Umschweife auszudrücken: All das ist mir ziemlich gleichgültig. Aller Wahrscheinlichkeit nach werde ich niemals Kandidatin oder Wählerin sein, und ich verspüre zudem nicht den geringsten Wunsch, jemals in Frankreich zu leben. (...)

Kumbum, 20. Februar 1919

Die letzte Woche war frühlingshaft. Es war, als wüchsen einem Flügel, und man verspürte den Wunsch, durch den Raum zu schweben, aber auf diesen Vorgeschmack auf den nahenden Frühling folgten Schnee und eine grimmige Kälte. Mein Kohlenvorrat ist am Ende, es ist mir nur der Staub geblieben, der mittelmäßig heizt, und während wir auf die Rückkehr des Mannes warten, den ich zum Bergwerk geschickt habe, sind wir vor Kälte leicht erstarrt.

Das große Jahresfest hat am 16. stattgefunden. Das ist eines der schönsten Ereignisse im chinesischen Stil, die ich je erlebt habe. Es gab eine Menge von wundervoll modellierten Statuen aus kolorierter Butter, die von einer verschwenderischen Fülle von Zierat umgeben waren, alles aus Butter. Einige waren in provisorischen Bauwerken untergebracht, die man mit Tausenden von Fahnen, Lampen und Laternen geschmückt hatte.

Den Rundgang durch diese Ausstellung habe ich eskortiert von Leuten gemacht, die Laternen trugen und die sehr dichte Menschenmenge beiseite drängten, und ich bin von den Organisatoren verschiedener Ausstellungen zeremoniell empfangen worden. Zwei Tage zuvor war ich zu einer musikalischen Darbietung eingeladen, die mich bezaubert hat. Man spielte dort mongolische Musik. Ich hätte mir gewünscht, Du wärest dabeigewesen. Es waren wundervolle Flötenspieler dort. Zum Schluß gab man ein Stück nur für Becken. Stell Dir sechs oder sieben Paar Kupferbecken unterschiedlicher Größe vor, die so aufeinander abgestimmt sind, daß sich musikalische Intervalle ergeben. Jeder einem anderen Rhythmus folgend, schlagen die Künstler sie gegeneinander, und aus dem Zusammenklang ergibt sich eine echte Melodie. Etwas sehr Fremdartiges und Mitreißendes, das an den wilden Galopp der Pferde denken läßt, die aus den hintersten Steppen die Horden des Dschingis Khan herantragen. Ich habe dies bis ins Tiefinnerste meiner musikalischen Seele genossen! Vielleicht und vor allem, weil die Musik sich hier mit den Liedern vermählt hatte, die der Wind über die große Einsamkeit trägt, die die verlorenen Felder inmitten der Wüste umgibt, und die die Karawanen auf ihrer Wanderung durch die unendlichen Weiten begleiten.
(...) Die Dinge entwickeln sich nicht gut hier in der Gegend. Im Süden haben die Soldaten mehrere Lamaklöster niedergebrannt, und sie sind dabei, die von Labrang zu plündern, von wo eine große Zahl von Lamas geflüchtet ist. Wie es scheint, hat der General die Absicht, ein anderes Lamakloster hier in der Nähe anzugreifen, und auf Kumbum hageln Geldbußen ein. In dem Tempel, in dem ich wohne, liegen die Mönche miteinander im Streit. Die unsichere Situation erweckt in mir den Wunsch, eigene Transportmittel zur Verfügung zu haben. In sechs bis acht Wochen werde ich beginnen, die Umgebung zu

besuchen, und zusehen, wo ich mich während des regnerischen Spätherbstes niederlassen kann. In Kumbum bin ich komfortabel untergebracht, doch was meine Studien angeht, ist es wenig ergiebig, da in diesem Kloster nur ungebildete Mönche leben.

(...) Im Augenblick lasse ich eine Anzahl von philosophischen Abhandlungen abschreiben. Die Originale in Sanskrit sind verlorengegangen, und wir können sie nur noch mittels ihrer allerdings sehr werkgetreuen Übersetzungen kennenlernen, denn sie wurden in einer Epoche angefertigt, in der die großen Gelehrten der Schule, der sie entstammen, noch am Leben waren. Ihre direkten Schüler haben an diesen Übersetzungen mitgearbeitet. Ich beabsichtige, sie ins Französische und ins Englische zu übersetzen. Der Abschreiber stellt ein wenig hohe Ansprüche, man hat mir jedoch versichert, daß er tüchtig sei. Die kürzeren Abhandlungen kopiere ich selbst, nur das Exemplar, das man mir geliehen hat, ist schrecklich. Es ist in manchen Abschnitten nicht zu entziffern, und ich verderbe mir die Augen darüber. Da ich ein Bedürfnis dieser Art bereits voraussah, habe ich mir vor meiner Abreise aus Beijing eine Brille mit Vergrößerungsgläsern besorgt, die mir vor allem abends die Lektüre erleichtern. (...)

Kumbum, 14. April 1919

Nun bin ich wieder in mein chinesisches Häuschen im Kloster von Kumbum zurückgekehrt und entzückt darüber. Als der Wagen, in dem ich von Xining bis hierher gelangt bin, den letzten Paß des Weges erreichte, von dem aus man einen Blick auf die Vielfalt der vergoldeten Dächer der Tempel hat und die Hunderte von weißen Häusern der berühmten Klosterstadt überblickt, habe ich sie mit einem Enthusiasmus begrüßt, der sich zweifellos vor allem aus der beschwerlichen Reise und dem Wunsch nach Ruhe erklärte. In dem Tempel, zu dem meine Wohnung gehört, erwarteten mich alle mit lächelnden Gesichtern, die mir bewiesen, daß ich dort kein unerwünschter Gast bin. Die jungen Leute luden das Gepäck ab, die Alten hießen mich willkommen. Das sind wirklich vortreffliche Leute! Nun muß ich Dir von meiner Rundfahrt erzählen! Ein paar Worte mit Bleistift habe ich Dir schon in dem Brief geschrieben, den ich Dir vor einigen Tagen aus Xining geschickt habe. Also: Wie ich Dir angekündigt hatte, bin ich in Richtung Ditza (Zawa) aufgebrochen. Bis zu dem Paß, der zu überwinden war, bestand der gesamte Anstieg aus dem Bett eines breiten Gebirgsbachs, der zu dieser Jahreszeit noch gefroren war. Da das Wasser dort in vielerlei Kaskaden hinabfällt, mußte man über diese unregelmäßigen Glastreppen nach oben gelangen, ein hartes Stück Arbeit für die Pferde. Eine Gruppe von Reisenden hatte sich vor uns auf den Weg gemacht. Da sie wußten, daß wir uns hinter ihnen befanden, und da der Weg als sehr unsicher gilt, erwarteten sie uns auf halber Strecke des Anstiegs. Als wir eintreffen, sitzen sie da, ihre Tiere grasen, und wir lassen uns ebenfalls nieder, um ein paar harte Eier zu essen. Die Menschen hier verbrüdern sich mit einem zutiefst empfundenen Kommunismus, den kein Redner sie jemals lehren mußte: »Es gibt Eier!« Das ist ganz einfach: »Es gibt Eier!« bedeutet, daß jeder seinen Anteil daran bekommt. Verwechsle das nicht mit Gefräßigkeit. Wenn ich nichts hätte, würden sie mir entgegenkommen und sagen: »Es gibt hier dies oder das«, was bedeutet, daß ich mich bedienen kann. Anschließend machen wir uns alle gemeinsam auf den Weg, etwa fünfzehn Leute, und erreichen die Paßhöhe. Auf der anderen Seite geht es wunderbar und leicht bergab; kein Schnee mehr und eine schöne Sonne. Die Strecke ist länger, als ich vermutet hatte, und es ist lange her (seit meinem Abschied vom Himalaja), seit ich zuletzt für einen so langen Ritt auf dem Pferd gesessen habe. Ich bin erschöpft, und schließlich halte ich an, um einen Schluck Tee zu trinken und mich auszuruhen. Die Karawane wartet nicht auf uns. Aphur, der Mann aus Lhasa und ich befinden uns allein an einem hübschen waldigen Platz. Der Tee ist noch nicht aus meiner Satteltasche geholt worden, und ich sitze auf einem Stein, als der Junge aus Lhasa sagt: »Oh! Da beobachten uns Männer durch die Büsche, es sind zwei ... Sie haben Gewehre! ... Oh! Es sind vier ... fünf ... Sie kommen!« In solchen Momenten darf man keine Erregung zeigen, das ist in jeder Hinsicht verkehrt. Ich wende mich deshalb nicht um, um festzustellen, wo sich die besagten Männer befinden, sondern ordne an: »Hol sofort die Pferde, wir brechen auf. Und halt dein Gewehr bereit.« Der Lhassa-pa ist ein mutiger Mann. Er ist schon häufig durch die Wüste gereist und läßt sich nicht so leicht aus der Ruhe bringen. Ich stehe ruhig auf und gehe ihm entgegen, während er die Pferde heranführt. Als ich mich erhebe, blicke ich mich um und sehe ziemlich weit von uns entfernt drei bewaffnete Männer im Gehölz, die uns beobachten. Ich halte mich nicht damit auf, die beiden anderen ausfindig zu machen, sondern befehle Aphur: »Du, nimm meinen Revolver aus der rechten Satteltasche und gib ihn mir.« Und ich gehe weiter. Dann steigen wir auf die Pferde und reiten los. Die Männer aus dem Wald folgen uns nicht, außerdem sind sie zu Fuß. Nach einem Stück Weges treffen wir wieder auf die anderen Reisenden. Am Abend schlafe ich in dem Haus der Landleute, die mir die Pferde geliehen haben, es ist ein stattliches Bauernhaus. Die ganze Familie kommt, um sich vor mir niederzuwerfen und meinen Segen zu erbitten. Die Nachbarn erscheinen ebenfalls, und ich muß eine ganze Menge mit Butter eingefetteter Köpfe berühren ... Am nächsten Tag gegen Mittag erreichen wir Ditza, ein Kloster, dessen Lage

und Gebäude nichts Malerisches haben. Es ist Festtag. Hunderte von Einheimischen aus der Umgebung drängen sich auf dem Platz. Die Leute werfen sich vor meinem Pferd nieder (ich sitze natürlich darauf) und berühren mit der Stirn meine Stiefel. Man hat mir ein Zimmer in einem komfortablen Häuschen vorbereitet, das aber längst nicht an meins in Kumbum heranreicht. Am Nachmittag gehe ich hinaus, um mir die Tempel anzusehen, und da ist erneut ein Ansturm von Leuten, die gesegnet werden möchten. Um dem Brauch Genüge zu tun, muß ich meinerseits der Statue des berühmten Tsongkhapa meine Huldigung erweisen. Man breitet mir im übrigen einen Teppich aus, damit ich die Rituale vollziehen kann, ohne daß mein Gewand den Boden berührt. Tsongkhapa war ein Philosoph, und ich habe nicht das geringste dagegen einzuwenden, der Erinnerung an ihn zu huldigen, und das in der Form, in der man in Tibet seine Verehrung zum Ausdruck bringt und die mich an die gymnastischen Übungen meiner Jugend erinnert.
Am nächsten Tag besuche ich den obersten Lama des Ortes, der mir den Ruf eines großen Gelehrten, den er genießt, nicht zu verdienen scheint. Er wirkt wie ein Japaner und scheint mir ein ziemlicher Angeber zu sein. Da man mich darum bat, bin ich vier Tage in Ditza geblieben, habe einige Ausflüge in die Berge gemacht und einen hohen Lama besucht, der zurückgezogen an einem malerischen Platz inmitten der Wälder lebt. Er ist ein beleibter, liebenswerter Mann, der viel gereist ist, Indien besucht hat etc. Er hat mir einen reizenden Empfang bereitet.
(...)
Nach endlosen Verhandlungen hat uns der Zauberer Golok, von dem ich Dir erzählt habe, Tiere beschafft, die uns zur Besichtigung von Tchakyong (Agong) und von dort aus bergab bis zum Ufer des Gelben Flusses bringen sollten, wo sich auf der gegenüberliegenden Seite das Anwesen des Lama befin-

det, mit dem zusammen ich die Reise von Beijing hierher gemacht habe. Wir haben die Strecke in drei Tagen zurückgelegt (im Durchschnitt täglich acht Stunden unablässiger Ritt), es war heiß, und man kann sich auf diesen kahlen Bergen nicht den geringsten Schatten erhoffen. Ich habe einige Fotografien von dem Kloster von Tchakyong gemacht. Obwohl die Lamas uns geraten hatten, für den Abstieg den kurvenreichen Weg zu wählen, versteiften sich meine Leute darauf, die Abkürzung zu nehmen. Es handelte sich fast durchgehend um schroff abfallende Ziegenpfade, und der Abstieg ging über Kiesel, die unter einem wegrutschten. Natürlich mußten wir daraufhin die ganze Strecke (rund fünfzehn Kilometer) unter einer sengenden Sonne zu Fuß gehen, bevor wir in der Ebene wieder auf die Pferde steigen konnten. Als wir den Fluß erreicht hatten, der hier, noch weit von seiner Mündung, dreimal so breit ist wie die Seine in Paris, mußte er natürlich überquert werden. Leute und Gepäck werden auf zwei ausgehöhlten, mit Kordeln zusammengebundenen Baumstämmen befördert. Die Pferde wiederum werden an diesen sehr entfernten Vorfahren unserer Ozeandampfer gebunden, und sie schwimmen, so gut sie es vermögen. Die Strömung ist sehr stark, und das Steuern ist schwierig. Als man meine beiden Pferde hinüberbrachte (die geliehenen kehrten wieder um), zerriß das Pferd, das ich zur Probe hatte, seine Zügel und wurde abgetrieben, doch es kämpfte mit aller Kraft, und es gelang ihm, an Land zu kommen. Dann setzte ich meinerseits über. Auf der anderen Seite warteten die Tiere, die uns der Lama geschickt hatte und die uns zu seiner Residenz bringen sollten, die nicht weit von dieser Stelle entfernt ist. Ich bekam ihn nicht zu Gesicht, weil er sich in Klausur begeben hatte, ich machte jedoch die Bekanntschaft seiner sehr hübschen und einnehmenden Frau. Das Anwesen des »Wiedergeborenen der neun Täler« gleicht dem eines chinesischen Prinzen. Riesige Gärten, hier und da verstreute Gebäudegruppen ... Was ihn nicht daran hindert, in einem sehr kleinen Haus zu leben und in dem gleichen Raum zu schlafen, in dem man auf einem kleinen amerikanischen Ofen seine Mahlzeiten kocht.

Ich war von den Mönchen eingeladen worden, ihre Eremitage in Nam Dzong (Namdrol, Festung des Himmels) zu besuchen. Ich machte mich auf den Weg dorthin, der Lama hatte mir Tiere geliehen. Eine Tagesreise, ein Weg mit extrem steilem Gefälle, der aber nicht übel war. Die »Festung des Himmels« trägt ihren Namen zu Recht. Es ist dies ein sehr malerischer Ort, umgeben von spitzen dunkelroten Berggipfeln. Kiefern verschönern noch die Landschaft. Es gibt dort eine sehr schöne *gompa,* die von dem verstorbenen Lama erbaut worden ist, als dessen Reinkarnation der Lama »der neun Täler« gilt. Die Malereien im Inneren sind überaus interessant. Es ist ein Kloster der Rotmützen-Sekte und ein Kloster ohne Mönche. Die Männer, die diesem Kloster angehören, sind *ngagpa* mit langen Haaren, sind zum größten Teil verheiratet und leben in ihrer Familie. Nur einige wenige von ihnen ziehen sich allein in Einsiedeleien zurück. Dieser Tempel besitzt eine wundervolle Bibliothek, aber die schönen Bücher in ihren kostbaren Brokathüllen haben keine Leser. Gleich neben dem Tempel hat der Lama eine Art chinesisches Palais erbauen lassen, das, obwohl es noch unvollendet ist, bereits an manchen Stellen verfällt. Darin habe ich gewohnt. Es gibt dort auch ein Kloster der Gelbmützen-Sekte und schließlich, ziemlich weit entfernt, auf einem anderen Berg, die ziemlich einfache Behausung von etwa vierzig jungen und alten Nonnen. Diese Frauen waren bezaubernd und wünschen sich sehr, daß ich mich für einige Monate bei ihnen niederlasse. Das wäre sehr angenehm, bestünde da nicht die Schwierigkeit der Lebensmittelversorgung.

An einem Tag haben der größte Teil der Nonnen und ich uns auf eine der Bergspitzen hochgearbeitet, wo zwei kleine Tempel stehen. Ein gefährlicher Aufstieg an kleinen, senkrecht abfallenden Felsen empor. Die freundlichen Gebirglerinnen haben mich geschoben, gezogen und fast getragen, so daß ich diesen Ausflug trotz meines noch immer schmerzenden Fußes* ohne allzu große Mühe zurückgelegt habe. Diese Frauen sind außerordentlich fröhlich und lachen gerne. Einige von ihnen haben zu Fuß ganz Tibet durchwandert. Aphur, der einzige Mann in unserer Schar, hat alle mit seinen Gesängen und Scherzen erheitert.

Ich habe in Nam Dzong auch die Bekanntschaft einer *naljorpa* gemacht, einer Frau, die der mystischen Lehre folgt, die die Hindus *yoga* nennen. Der Lama, mit dem ich aus Beijing gekommen bin, schätzt sie sehr und hat ihr die Erziehung seiner jüngsten Tochter anvertraut, die Nonne werden soll. Diese Frau ist sehr intelligent und ziemlich gebildet in tibetischer Literatur. Ihr Meister, den sie einem in der Sekte sehr verbreiteten Brauch folgend geheiratet hat, ist heute ein alter Mann von fünfundsiebzig Jahren; sie selbst ist fünfzig Jahre alt. Sie hat mir mehrere Manuskripte geliehen, die ich abschreiben lassen werde. Ich habe sie eingeladen, eine Weile bei mir in Kumbum zu verbringen, doch ihr greiser Ehemann benötigt ihre Pflege. Das sind sehr, sehr arme Leute. Ich nehme an, der Lama, der Vater des Mädchens, läßt ihnen nun, da sie in seiner Nähe leben, Vorräte zukommen, aber die gute Frau selbst besitzt nur den einen Rock und die baumwollene Bauernbluse, die sie am Leib trägt. Sie scheint mir sehr uneigennützig: Nachdem ich ihr ein ganz kleines Geschenk aus Silber gemacht hatte, hat sie mir sogleich einen riesigen Klumpen frischer Butter gebracht,

* A. David-Néel hatte sich während eines vorangegangenen Ausflugs den Knöchel verstaucht.

der etwa genauso viel wert war wie das, was sie von mir erhalten hatte.

Von Nam Dzong hätte ich über die südliche Route in vier Tagen nach Kumbum zurückkehren können, doch hatte ich keine Tiere für den Transport meines Gepäcks. Man hat mir welche gegeben, damit ich ans Ufer des Flusses zu dem Lama zurückkehren konnte, aber niemand wollte mir für mehr als einen Tag Tiere ausleihen. (...)

Nach einem einfachen, schnellen Mahl hatten wir uns müde unter unsere Decken verkrochen. Ich war im Einschlafen begriffen, als ich jemanden an meine Tür klopfen hörte, und an der Stimme erkannte ich, daß es der Sohn des Lama war, der mich rief. Ich antworte dem Jungen: »Ich habe mich schon schlafen gelegt, mein Kleiner, was willst du?« Er sagt: »Oh!« und klopft an die Tür des Nachbarzimmers, wo meine Leute schlafen. Ich höre Geflüster, dann kommt Aphur an meine Tür und sagt auf englisch: »Der Lama erwartet Euch.« »Ich bin schon im Bett.« Ich bin wütend, daß man mich auf diese Weise stört, und ziemlich schlechter Laune. Aber Aphur bleibt beharrlich. »Er erwartet Euch gemeinsam mit seiner Frau. Ich glaube, Ihr müßt Euch anziehen und kommen.« Wenn ich auch fluche, muß ich ihm recht geben (es ist neun Uhr abends). Wir durchqueren die Höfe und die Gärten und finden im Privathaus unseres Gastgebers ein köstliches chinesisches Mahl für uns vorbereitet. Ich muß essen, reden, ich bin müde ... Was für ein Fest! Am nächsten Tag wird das Abendessen zum Glück zu einer weniger späten Stunde serviert. Ich bin ausgeruht, habe den Vormittag mit der Frau des Lama verbracht, die wirklich bezaubernd ist, und ihre Kinder sind auch sehr nett. Ich frage mich, wieso dieser Dummkopf von Mann, der so fett und häßlich und mit einer so graziösen Person verheiratet ist, die mindestens fünfzehn Jahre jünger ist als er, auf Reisen ohne jede Scham hinter drittklassigen chinesischen Mädchen herläuft – wie ich es mit eigenen Augen gesehen habe. Allerdings ist er nicht der einzige seiner Art!

Der Lama mußte sich einige Tage später selbst nach Xining begeben, und er benötigte seine Pferde für sein Gefolge und sein Gepäck. Ich fragte mich, wie es uns wohl gelingen würde, je wieder nach Hause zurückzukehren. Schließlich brachte der Lama seine Autorität ins Spiel und zwang moslemische Bauern, uns Maultiere zu leihen, aber nur für eine Tagesreise. Um unseren Weg fortsetzen zu können, mußten wir uns am Etappenziel andere besorgen.

Wir machen uns auf den Weg, und als wir am Abend ankommen, erkundigen wir uns nach Tieren, die wir ausleihen könnten. Zwei Chinesen bieten uns Tiere an, jedoch zu einem dermaßen überhöhten Preis, daß sich sogar unsere Moslems entrüsten und uns den Vorschlag machen, uns für den halben Preis nach Xining zu bringen, was immer noch teuer ist. Es bleibt uns nichts anders übrig, als anzunehmen. zumal uns diese Leute bekannt sind und wir ihnen vertrauen können. Am nächsten Tag setzen wir die Reise fort. Schon in Nam Dzong hatte es ein wenig geschneit, und in dieser Nacht schneit es erneut. Als die Sonne am Morgen den Schnee zum Schmelzen bringt, entsteht ein fürchterlicher Matsch, den wir stundenlang durchwaten müssen, um einen hochgelegenen Paß zu überschreiten. Beim Abstieg ist es ebenso unmöglich, zu Pferde zu bleiben wie dem Weg zu folgen, auf dem man bis über die Knöchel einsinkt. Aphur und ich beschließen, uns bei der Hand zu nehmen und mit Hilfe unserer Stöcke die steilen verschneiten Hänge hinabzusteigen, ohne den Weg zu benutzen. Echter Wintersport, wir gleiten mit beachtlicher Geschwindigkeit bergab und erreichen problemlos das Tal. Am nächsten Tag sind wir kaum in der Herberge angekommen, als dort Soldaten eintreffen: die Verstärkung für Labrang, wo immer noch gekämpft wird. Es befindet sich eine Reihe von Offizieren darunter, die, wie überall in China üblich, Zivilkleidung tragen. Sie sind nicht gerade begeistert, als sie feststellen, daß ich in einem großen Raum untergebracht bin, in dem sie leicht zu viert schlafen könnten und den ich natürlich allein in Anspruch zu nehmen gedenke. Sie beschränken sich darauf, zu schauen, und sagen nichts. Meine Moslems sagen ihnen, daß ich eine *fu* bin, was wörtlich übersetzt auf chinesisch »lebender Buddha« bedeutet. Das ist der Titel der wiedergeborenen Lamas, eine sehr falsche Übersetzung des tibetischen Wortes *tulku*. Wie dem auch sei, »lebender Buddha« oder nicht, diese Leute lassen mich in Ruhe. Sie rücken in einem kleinen Raum zusammen, ein Teil ihrer Männer teilt sich einen Raum mit meinen Leuten, die übrigen gehen und suchen sich andere Unterkünfte. Alles verläuft ohne Zwischenfälle, und ich stelle wieder einmal fest, daß die chinesischen Soldaten trotz ihres schlechten Rufs nicht immer gewalttätige Rohlinge sind. Dennoch haben sie zuvor in der Nachbarprovinz Shaanxi mit aller Brutalität geplündert und gemordet. Um es kurz zu machen: Wir haben Xining in vier Tagen erreicht. Dort hielten mich die englischen Missionare so lange fest, wie sie nur konnten. Ich habe mich anweisen lassen, wie man Filme entwickelt und Abzüge herstellt, da ich dies ohne einen Fotografen in der Nähe von nun an selbst tun muß. Ich habe mich auch mit dem belgischen Priester unterhalten, der gebildet ist und ein wenig Sanskrit und Tibetisch spricht. Fast jeden Abend habe ich bei Mrs. Learner gegessen, der einzigen europäischen Frau in der Gegend. Der Lama hat nach seiner Ankunft mir zu Ehren ein großes chinesisches Diner gegeben. Die englischen Missionare waren eingeladen, Mrs. Learner und ein mongolischer Prinz, den ich aus Beijing kannte. (...)

Kumbum, 4. Mai 1919
Ich habe Deinen Brief erhalten, den Du mir am 22. Januar und an den darauffolgenden Tagen aus Marokko geschrieben hast. Er ist über die Maßen interessant. Ich danke Dir von Herzen, daß Du daran gedacht hast, mir alle diese Einzelheiten zu schildern, und ich hoffe, daß ich bald weitere Nachrichten über den Fortgang Deines Aufenthaltes dort erhalten werde. Ich freue mich wirklich sehr, daß Du diese Reise gemacht hast. Reisen bringt nicht nur, ebenso wie sportliche Betätigung, den Kreislauf in Gang, es regt auch den Geist an und vermittelt ihm Kraft. Reisen ist ebenso wie Studieren ein dauerhafter Pachtvertrag mit der Jugend. Ich glaube, es gibt keinen wirksameren Jungbrunnen als diese beiden Dinge in Kombination: Reisen und geistige Aktivität. (...)
Vielen Dank für die Postkarten. Sie und Dein Brief sind hier in einem jämmerlichen Zustand angelangt ... Fez inmitten der Berge rundum ist sehr beeindruckend. Leider werden sie rar, die Ecken der Welt, die der Banalität entronnen sind. Es bleibt Tibet, das letzte noch fast jungfräuliche Land ... Danach wird es gar nichts mehr geben, keinen Winkel mehr, in den man sich zurückziehen kann, wenn man keine Händlerseele ist. Tatsächlich ist es besser, jetzt auf die Welt gekommen zu sein als hundert oder auch nur fünfzig Jahre später. Die Erde wird immer häßlicher unter der Herrschaft der »zivilisierten Völker«. Es ist nicht schwierig zu begreifen, weshalb die Marokkaner den Franzosen keine Sympathie entgegenbringen. Wie haben unsere Landsleute im Norden die Boches gesehen? ... Wir sind die Boches der Marokkaner. Wir verwüsten nicht ihr Land, denn das würde unserem Interesse zuwiderlaufen: Für uns ist es eine Quelle des Profits, sonst nichts. Als beispielsweise ich weiß nicht welcher französische General in einer Höhle ohne zweiten Ausgang einige hundert arabische Flüchtlinge samt

Frauen und Kindern eingeräuchert hat und seine Männer, die am Eingang postiert waren, auf die schossen, die durch den Rauch zu entkommen versuchten, ließ er die Großtaten der Hunnen der Vergangenheit wiederaufleben. Und wenn die Engländer ihre burischen Gefangenen mit Zäunen umgeben, die unter Strom stehen, ist das eine Lehre für die Deutschen, die sie ihrerseits auf die unglücklichen Belgier und die englischen Gefangenen anwenden. Wir alle sind Bestien, und weder Präsident Wilson noch der Völkerbund werden uns ändern. Die Apostel und Gelehrten aller Religionen können predigen, moralisieren und jegliche Mühe aufwenden: ihre Anstrengungen sind und bleiben vergeblich. Es ist nur natürlich, daß der Mensch, der an das »Ich« glaubt, sein »Ich« auch hochhält, das ist legitim und unausrottbar. Sein »Ich« ist sein wahres Gut; wenn er es verliert, wird er es nie wiederfinden, nichts kann es ihm zurückbringen. Man will *leben, sein.* Derjenige, der an das »Ich« glaubt, kann nur eine einzige grausame Devise haben: »Soll das Universum doch untergehen, wenn das mein ›Ich‹, mein Leben rettet!« Und diese Devise tragen bewußt oder unbewußt alle in sich, Einzelwesen oder Nationen! Die Märtyrer, die auf Erden ihr Leben opferten, glaubten, sich damit ein besseres in einer anderen Welt zu verdienen. Andere träumen vom Ruhm ... Es gibt Menschen, die der Instinkt treibt, sich für ihre Kinder zu opfern. Sie folgen damit dem dumpfen Instinkt des Tieres, das seine Nachkommenschaft schützt, weil die Natur die Erhaltung der Rasse verlangt, und sie sind leichtfertig oder dumm. Es gibt Menschen, die ihr Leben opfern, weil ihr Gehirn durch den Schlachtenlärm in Erregung versetzt worden ist, den Gedanken an Ehre, an Vaterland ... Das sind geistige Trunkenbolde. Es gibt Menschen, die haben ein weiches Herz, geben mit leichter Hand und schenken ihr Leben wie ein Almosen dahin ... Das sind die Heiligen.

Es gibt Menschen, die, nachdem sie die Summe der menschlichen Freuden erwogen und als zu leicht befunden haben, das Leben so gering wie einen Lumpen schätzen und sich das ihre wie ein Ding ohne Wert von dem erstbesten nehmen lassen ... Das sind die Philosophen. Und dann gibt es darüber hinaus denjenigen, der das Trugbild vom »Ich« klar durchschaut hat, der aufgehört hat, die Illusion von Geburt und Tod tragisch zu nehmen, derjenige, dessen Geist sich, befreit von Phantasiegebilden, in der großen Leere ausruht, in der sich, wie von einem Zauberkünstler hervorgerufen, zahllose Welten entwickeln. Logischerweise kann nur der allein ohne Egoismus sein.

All dies im Hinblick auf Fez, für das ich eine große Sympathie empfinde und ebenso für dieses arme Marokko, dessen Berge man durchbohren, dessen Erde man durchwühlen, dessen Küsten man verunstalten und mit neuen modernen Casablancas versehen wird! Könnte ich Arabisch, würde es mir vielleicht in diesem Land gefallen, das ich mir als schwermütig und wild vorstelle und vielleicht noch ohne diese Folklore, die das wunderbarste Ergebnis der Zivilisation zu sein scheint.

(...) So hast Du also Lafitt wiedergesehen. Wie albern und auf dümmliche Weise aggressiv sein »Organ zur Verteidigung der Kolonisten und Industriellen« doch ist. Wer greift sie denn überhaupt an, diese Menschen, die in ein Land eingedrungen sind, das sie gar nicht wollte? Ganz grundsätzlich sind diese Geschäftemacher, welcher Nationalität auch immer, ein schmutziges Pack.

Welch ein glücklicher Genußmensch Du doch bist, Du fährst in Deinem Automobil, und wenn die Räder platt sind, werden sie wieder aufgeblasen, und Du beklagst Dich noch! Was würdest Du sagen, wenn Du mehrere Monate in einem ungefederten chinesischen Wagen zubringen müßtest? Und ihr laßt einen Mann sich entkleiden, um festzustellen, wie tief das Wasser des Flusses ist, und setzt anschließend gefahrlos, im Sitzen, wie olympische Götter über. Wir, wir haben niemanden, den wir schicken könnten, um uns Gewißheit über den Wasserstand zu verschaffen. Man verläßt sich auf den Instinkt der Pferde und auf seinen guten Stern, und ich bin häufig die erste, die den Fluß überquert, weil ich auf meinem Tier kein Gepäck mitführe. Wenn ich naß werde, kann ich mich umkleiden. Wenn die Decken oder das Mehl ins Wasser eintauchen würden, wäre das schlimmer. Wenn das Wasser zu hoch wird, geht man aus den Steigbügeln, schmiegt sich an das Pferd und hält seinen Kopf mit den Zügeln hoch. Es wird naß bis über den Bauch, und so schwimmt man hinüber. Wenn das Wasser zu hoch zu steigen scheint, kehrt man um; im allgemeinen spürt das Pferd das genau und hält von selbst inne. (...)

Kumbum, 2. Juni 1919

(...) Ich bin mit den Vorbereitungen für den Aufbruch zum See fast fertig. Wir haben preisgünstig ein altes Mongolenzelt gefunden, das ziemlich geräumig ist und das als Küche und als Unterkunft für meine Leute dienen wird. Aphur und mein Milchhändler haben es geflickt, und es wird seinen Zweck erfüllen. Wir sind jetzt dabei, unsere Vorräte an Weizenmehl und Mehl aus gerösteter Gerste, *tsampa,* vorzubereiten. Chinesische Frauen lesen das Getreide bei uns aus, und wir bringen es selbst zur Mühle. Insgesamt etwa dreihundert chinesische Pfund. Du wirst Dir sicher denken, daß es einfacher ist, beim Lebensmittelhändler einzukaufen. Das stimmt, aber es hat auch weit weniger ursprünglichen Reiz. Dieses ist ein Jahr der Pilgerreisen zum See (diese Wallfahrt findet alle zwölf Jahre statt). Zweifellos wird mir das Gelegenheit geben, inmitten der Karawanen, die aus den verschiedenen Regionen kommen, eine ganze Menge interessanter Menschen zu sehen. Wie ich

Dir schon gesagt habe, gedenke ich mich in der Nähe des Hauses eines bedeutenden Lama niederzulassen, der mich eingeladen hat. Es befindet sich am Nordufer des Sees: Nach Ansicht des Jesuiten, der mich besucht hat, ist dies einer der schönsten Punkte am See. Man rechnet sechs Tagesreisen von Kumbum bis zu diesem Platz. Da ich unterwegs zweifellos haltmachen werde, brauche ich vermutlich mindestens acht Tage. Je nachdem, wie die Umstände sich gestalten, werde ich dort den größten Teil des Sommers verbringen, oder ich suche mir ein Quartier in der Umgebung. Anfang Herbst werde ich über das Südufer wieder zurückkehren. Das ist zumindest das vorgesehene Programm, aber wer kann wissen, ob es sich nicht noch ändert? ... Ich habe Dir in meinem letzten Brief ausführlich von der politischen Situation in diesem Land berichtet. Sie ist sehr konfus und voller Bedrohungen. Wie es heißt, hat der Dalai Lama einen Rundbrief an alle Klöster von Amdo, vom Kuku Nor etc. geschrieben und ihnen mitgeteilt, daß die Zeit für die Unabhängigkeit Tibets etc. gekommen sei. Die Truppen von Gansu haben im Süden gegen die tibetischen Stämme Stellung bezogen; die von Sichuan stehen an ihrer Westgrenze, wo sie von den Einheimischen, unterstützt von den Soldaten aus Lhasa, vernichtend geschlagen worden sind, und sie erwarten jetzt Verstärkung, weil sie Vergeltung üben wollen. Im Norden drohen die Mongolen, und die Mohammedaner im chinesischen Turkestan geben Anlaß zur Besorgnis. (...)
Solltest Du womöglich ganz unvermittelt nichts mehr von mir hören, darfst Du nicht denken, daß irgendein tragisches Ereignis dahintersteht, sondern lediglich, daß ich ganz plötzlich gezwungen war, mich an einen sicheren Ort zurückzuziehen, zu dem es keine Postverbindung gibt. Du darfst Dich nicht beunruhigen, selbst wenn eine lange Zeit verstreichen sollte. Keine Nachricht heißt gute Nachricht, denn falls ich sterben sollte,

könnte Aphur oder sonstwer Lhasa oder einen anderen Ort erreichen, von dem aus sie Dir leicht schreiben könnten. Außerdem darfst Du, wie ich Dir bereits gesagt habe, keinerlei Nachforschungen nach mir anstellen. Unter den Halbwilden, von denen ich umgeben bin, könnte das meine Sicherheit über die Maßen gefährden. Niemand unter den Einheimischen hier sieht mich als eine Ausländerin von der gleichen Art wie die Missionare mit den blauen Augen und den blonden Haaren an, die sie bisher kennengelernt haben. Ich kleine, dunkelhaarige Person bin völlig anders geartet, das haben sie begriffen, ohne daß ich ihnen ein Papier unter die Nase halten mußte. (...) Der Lama, mit dem ich die Reise von Beijing nach Lanzhou zurückgelegt habe, geht jetzt tatsächlich als *inoffizieller* Abgesandter der chinesischen Regierung nach Lhasa, da diese zu einer Übereinkunft mit dem Dalai Lama gelangen möchte. Er wird von einer Vielzahl von Leuten begleitet. Da ihre Mission nicht offiziell, sondern lediglich inoffiziell ist, nehmen sie eine Menge von Waren mit, um in Lhasa einen Stützpunkt zu haben, aber werden sie überhaupt bis dorthin gelangen? Wird zumindest ihr Anführer dorthin gelangen? Der tibetische Premierminister ist in jeder Weise gegen die Chinesen eingestellt und ein Mann der Engländer. Die Chinesen wissen das, und sie wollten ihn schon exekutieren, aber er hat sich gerade noch gerettet. Gurug Tsang (der abgesandte Lama) könnte sehr wohl, rein zufällig, unterwegs von einer Kugel niedergestreckt werden oder sogar öffentlich in Lhasa bestraft werden, weil er die Chinesen unterstützt. Falls er nicht ganz einfach den Erstikkungstod stirbt, der ihm vorbestimmt zu sein scheint. Nach der Rückkehr aus Beijing war er manchmal in einer fürchterlichen Verfassung, sank hochrot und mit blutunterlaufenen Augen in sich zusammen und schlief Stunden, wobei er unablässig um Luft rang. (...)

Lamakloster Kumbum, Provinz Gansu, China, 6. Juni 1919

Die Situation an der westlichen und nordwestlichen Grenze Chinas ist zur Zeit höchst undurchsichtig und auch beunruhigend, wie ich es Dir bereits ausführlich in meinen letzten Briefen geschildert habe. Auch wer nicht an den Auseinandersetzungen beteiligt ist, befindet sich in Gefahr, wenn er zufällig in die Kämpfe hineingerät. Derjenige, der versucht, sich aus dem Kampfgebiet zu entfernen, muß bei einer überstürzten Reise durch die Wüstengebiete zudem mit unvorhersehbaren Schwierigkeiten rechnen. Da es mir zur Zeit unmöglich ist, ein reguläres Testament vor einem Notar zu machen, möchte ich Dir für den Fall, daß ich in Zentralasien sterben sollte, hier noch einmal die Verfügungen bestätigen, die ich schon zu wiederholten Malen angesprochen habe, damit Du keinerlei Schwierigkeiten bekommen wirst, mein Erbe anzutreten.

(…) Diese Verfügungen sind so detailliert formuliert, daß jedermann sie verstehen kann, und ich glaube, daß keinerlei Zweifel über ihre Auslegung aufkommen kann.

Bewahre diesen Brief gut auf, mein liebster Freund, so daß keinerlei Anfechtung möglich sein wird, falls ich in der wenig zivilisierten Gegend, in der ich mich befinde, bei einem unvorhergesehenen Unfall ums Leben kommen sollte. Ich habe im übrigen nur sehr entfernte Verwandte. Es kann somit kein Zweifel daran bestehen, daß mein Mann der Mensch ist, der mir auf der Welt am nächsten steht, und daß ich wünsche, ihm mein Vermögen zu hinterlassen.

Mit all meinen sehr liebevollen Gedanken an Dich.

Alexandra David-Néel

Dankar (Huangyan), 4. Juli 1919

(…) Der Tag war sehr heiß, gegen Abend zog ein Unwetter auf, das geschieht in dieser Jahreszeit häufig. Es hat ein wenig gehagelt, und jetzt fallen dicke Regentropfen. Dankar scheint ein ziemlich großer Ort zu sein. Ich befinde mich in einer Herberge, die an die Festungsanlage angebaut ist. Ich habe nicht die geringste Lust, einen Spaziergang durch die übelriechenden Straßen der Stadt zu machen. Ich kenne die chinesischen Städte zur Genüge. Morgen erreichen wir die Steppe und werden nur noch auf vereinzelte Gruppen von Nomaden treffen, die in Zelten leben. Die Chinesen werden verschwunden sein. Wir werden nur noch mit Leuten tibetischer oder mongolischer Herkunft zu tun haben.

Mir geht es gut, und ich freue mich über die Maßen auf meinen Aufenthalt in der Wüste, einer grasbewachsenen Wüste, die in keiner Weise der Sahara ähnelt. Der belgische Priester hat mir gesagt, daß er sich am Ufer des Sees an das Meer bei Ostende erinnert fühlte. Ich weiß nicht, ob ich den gleichen Eindruck haben werde, ich kann es mir nicht vorstellen. Der Himmel und das intensive Licht hier ähneln in keiner Weise der graugetönten Nordsee.

Kuku Nor, 20. Juli 1919

Ich kampiere seit mehreren Tagen am See, und da einer der Soldaten meiner Eskorte nach Xining zurückkehrt, werde ich die Gelegenheit benutzen und diesen Brief zur Post bringen lassen. Meine Reise hierher hat länger gedauert, als ich vorhersehen konnte. Ein Mißverständnis, das sich aus den unterschiedlichen Dialekten ergab, hat mich vom direkten Weg abgeführt. Als der Irrtum sich aufklärte, waren wir schon fern vom Gebirge, und meine Leute hatten nicht die geringste Ahnung, welcher Weg einzuschlagen war, um auf unsere Route zurückzufinden. Es befand sich dort ein Nomadenlager, und diese Leute äußerten die widersprüchlichsten Meinungen. Ich war über die Maßen aufgebracht, daß wir nach einer langen Tagesreise durch ein wahres Ungewitter von Regen und Hagel, das mir einen ordentlichen Katarrh eingebracht hatte, an diesem sumpfigen Ort gelandet waren. Deshalb befahl ich allen, den Mund zu halten, bedeutete meinen Leuten, mir zu folgen, und setzte mich, meinem Instinkt folgend, in Marsch. Nach einem Tag des Umherirrens in der Steppe fand ich auf den Weg zurück. Wir folgten ihm zwei Tage, bis sich meine Leute am dritten Tag mit der hinterlistigen Hartnäckigkeit der Untergebenen darauf versteiften, eine gut markierte Piste einzuschlagen, obwohl ich ihnen sagte, daß wir uns geradeaus halten und den Fluß überqueren müßten. Ich hatte die Schwäche, ihnen nachzugeben, denn ich dachte, wir würden die Furt vielleicht tatsächlich weiter oben vorfinden. Das führte uns in ein weites Tal, wo ich anzuhalten befahl. Es war die Vollmondnacht, die wir dort verbrachten, und sie war voller Abenteuer. Das graue Pferd, das vielleicht vorsätzlich von Dieben erschreckt worden war, zerriß seine Kordel und rannte davon, und es zog auf seiner Flucht zwei meiner Maultiere mit, das Pferd eines Soldaten und ein Packmaultier. Der wilde Galopp warf mich aus dem Bett, denn ich dachte, daß Diebe im Begriff seien, die Tiere zu stehlen. Der Wächter sagte, er habe niemanden gesehen und die Tiere seien von selbst erschreckt, aber ich war nicht davon überzeugt, und ich bin es noch immer nicht, da in der gleichen Nacht, nur wenige Kilometer von diesem Ort entfernt, drei Pferde gestohlen wurden. Die ganze Truppe war auf den Beinen und machte sich auf den Weg in die Berge. Es war eiskalt, und als ich niemanden von ihnen zurückkommen hörte, kroch ich wieder unter meine Decken, allein in dem verlassenen Lager, die Ohren weit geöffnet und meinen Revolver in Reichweite, da ich dachte, die Diebe könnten zurückkommen und versuchen, die letzten Lasttiere zu stehlen. Von Zeit zu Zeit drehte ich draußen eine Runde. Höchst abenteuerlich, das kann ich Dir versichern, aber mein Katarrh verschlimmerte sich, ich hatte Fieber und klapperte mit den Zähnen in dieser klaren, eisigen Nacht. Das hinderte mich ein wenig daran, die Situation zu genießen. Gegen vier Uhr, in der Morgendämmerung, kamen einige Männer zurück, die Tiere blieben unauffindbar, doch da entdeckten wir sie plötzlich alle miteinander auf der Höhe eines nahen Berges. Die Jagd begann erneut. Sobald man glaubte, sie zu fassen, rannten die diabolischen Viecher davon. Sie führten uns bis fast zehn Uhr an der Nase herum. Über jeden meiner drei Männer, die zu verantworten hatten, daß die Pferde nicht fest genug angebunden waren, verhängte ich einen Tael Buße, und die Tiere erhielten, nachdem sie wieder eingefangen waren, eine gehörige Tracht Prügel. Und hier öffne ich eine Klammer, um Dir etwas Merkwürdiges zu erzählen. Mein großes weibliches Maultier hat eine ganz außergewöhnliche Zuneigung zu dem grauen Pferd gefaßt. Es folgt ihm wie ein Schatten, weigert sich voranzugehen, wenn das Pferd zurückbleibt, etc. Und als man seinen Freund anband und schlug, *weinte* das Maultier. Es hat wirklich dicke Tränen geweint. Das hat im übrigen nicht verhindert, daß es ebenfalls seine Peitschenhiebe bekam. Ich liebe meine Tiere sehr, aber sie dürfen sich nicht erlauben, in einer so unsicheren Region wie dieser davonzulaufen.

Kuku Nor (Qinghai) ist die größte Provinz Tibets. Sie besteht nur aus Steppe und Bergen, ohne eine einzige Stadt oder ein einziges Dorf. Man kann dort monatelange Märsche machen, ohne je an die Grenzen zu gelangen. Ich habe nur eine sehr unzureichende Karte und einen Taschenkompaß, der nicht viel taugt. Da man nur selten auf ein paar Zelte trifft, hat man nicht jeden Tag Gelegenheit, nach dem Weg zu fragen. Glücklicherweise habe ich einen angeborenen Orientierungssinn, der mich nur selten täuscht.

Der Lama, den wir in seinem Haus am Ufer des Sees anzutreffen hofften, hat bis zum fünften tibetischen Monat (Juni) auf mich gewartet. Als er überzeugt war, daß ich nun nicht mehr käme, hat er sich wie in jedem Jahr in die Berge begeben. Ich kampiere in der Nähe seines Hauses und habe Aphur und einen Soldaten zu ihm geschickt. Er hat mich aufgefordert, bis Ende August zu ihm in die Berge zu kommen. Die Ufer des Sees sind völlig verlassen. Alle Herden sind inzwischen auf die Höhen getrieben worden, und es scheint, daß unsere Pferde hier in Gefahr sind, denn die einzigen menschlichen Wesen, die hier auf der Suche nach Beute die Ufer unsicher machen, sind Diebe. Es kommt noch etwas anderes hinzu: Wir können uns nichts zu essen beschaffen. In der Nähe des Sees gibt es niemanden, der nicht mindestens zwei Tagesreisen entfernt wäre. Und zudem werden die Moskitos jetzt immer zahlreicher. Ich habe mich schweren Herzens entschlossen, mich für etwa einen Monat in der Nähe des Lama niederzulassen. Er lebt dort inmitten seiner Herden: dreihundert Pferde, rund tausend Schafe und weiteres Vieh zu Hunderten. Das erinnert mich an die biblischen Patriarchen: Abraham, Jakob ... In den Bergen friert es jede Nacht, selbst im August, der Gedanke entzückt mich nicht eben, und überdies habe ich nicht die geringste Lust, den See zu verlassen, der einfach wunderbar ist. Ein Miniaturmeer, türkisfarben, ein wenig ins Grün tendierend, mit Wellen, die an Windtagen kleine Schäfchen bilden und ganz leise ein kleines Lied singen, wie ein schwaches Echo der großen Stimme des Ozeans. (...) Ich lasse die Hälfte meiner Vorräte im Haus des Lama, und morgen schickt er mir Yaks, die die andere Hälfte in die Berge hinaufbringen werden. Ich gedenke, mich sehr im Abseits niederzulassen, während meine Diener ihre Zelte in der Nähe der Hirten aufschlagen werden. Das Schönste an diesem Leben im Zelt ist die totale Abgeschiedenheit.

Zu den ganz besonderen Eindrücken in diesem Land gehört für mich der ständige Alarmzustand, in dem man lebt. Unterwegs blickt man abwechselnd nach rechts und nach links, um zu sehen, ob man irgend etwas wahrnimmt. Sobald sich am Horizont eine Form abzeichnet, zieht man das Fernglas heraus: Handelt es sich um normale Menschen oder um irgendwelche anderen seltsamen Geschöpfe? Macht diese Überprüfung deutlich, daß dies Wesen der gleichen Art sein müssen, steckt man als erstes Patronen in die Waffen. Wer sich auf der einen oder auf der anderen Seite im Nachteil fühlt oder als schwächer empfindet, flieht, so schnell er kann. Der andere jagt ihm nach oder läßt ihn entfliehen, das hängt von den Umständen ab. Geschieht die Begegnung aufgrund der Unebenheiten des Geländes eher unerwartet, laden die Stärkeren oder die Mutigeren ihre Waffen, die anderen halten ein, um ihre Sache zu erklären, weil sie wissen, daß die Flucht eine Kugel im Rücken bedeuten würde.

Wir befanden uns seit drei Tagen in der Steppe, und ich ritt ein wenig schläfrig vor mich hin, als ich sah, daß die Soldaten ihre Gewehre bereitmachten. Ich hatte niemanden gesehen, aber man machte mich auf eine Gruppe am Horizont aufmerksam. »Sechs Gewehre«, sagt der Mann aus Lhasa zu mir. Ich schaue hin, und für mich beschränkt sich die Gruppe auf drei Männer. Nichts weist darauf hin, daß es sich um Diebe handelt. Sie bewegen sich auf einer kleinen Anhöhe ein wenig außerhalb der Piste. Meine zwei Anhänger des Propheten setzen ihre Pferde in Galopp, ich ziehe meinen Revolver aus der Satteltasche und folge ihnen mit dem Gepäck. Die Ankömmlinge sind stehengeblieben, mein Lhasa-pa will sie befragen, und mein Maultier, das sein geliebtes graues Pferd davonrasen sieht, will über ein Terrain, das nichts mit der Bahn von Longchamps gemein hat, aufs schnellste hinterdrein. Es bäumt sich steil auf, weil ich versuche, es daran zu hindern. Die Maultiertreiber werfen sich ihm von vorn entgegen. Vier Männern gelingt es nicht, mit ihm fertig zu werden. Ich möchte liebend gerne abspringen, aber es war unterwegs sehr kalt, und ich habe meine Houppelande aus Schafsfell mit einer Vielzahl von Sicherheitsnadeln rund um mich befestigt. Ich kann mich nicht daraus befreien. In diesem Augenblick kehrt das graue Pferd zurück, und seine Maultierfreundin wird wieder sanft wie ein Lamm. Die drei verdächtigen Reisenden entfernen sich. Einige Tage später jagten einer der Soldaten und Aphur, die weit vorausritten, zwei Männer, die sie nicht einholen konnten. Und vorgestern haben Aphur, ein Soldat und drei Lamas, die der Oberlama mit Geschenken in Naturalien zu mir geschickt hatte, sechs Männer getroffen, die vor ihnen geflüchtet sind. Eine Gegend, die dem Abenteuer geöffnet ist, wie Du siehst. Ein schönes Land trotz allem oder gerade deswegen. Es hat nicht die Erhabenheit des Landes, das sich unmittelbar hinter dem Himalaja erstreckt, die Berge sind niedriger, und die gewellten, grasbewachsenen Ebenen sind nicht von der Wildheit des kargen südlichen Tibet. Der Grund ist die unterschiedliche Höhe. Der See ist auf dreitausendzweihundertzehn Metern gelegen, und die höchsten Berge in der Gegend dürften, wie ich glaube, kaum viertausend Meter erreichen. Die Ebene rund um Khampa Dzong, die mir so vertraut ist, befindet sich auf über fünftausend Metern und ist von den höchsten Bergen der Welt umgeben. Sie ist von ganz anderer Natur. Das macht nichts, auch hier gibt es schöne Landschaftsbilder. Neulich abends kamen drei Männer in der Dämmerung und stellten ihr Zelt neben den unseren auf. Unmöglich, das zu beschreiben, und ich glaube, daß kein Maler diese Szene hätte festhalten können. Die Männer sind Geisterbeschwörer der alten Religion des Landes, die *Bön* genannt wird (*Bön* bedeutet im übrigen »Religion«). Sie tragen

Houppelanden, die früher vielleicht einmal blau oder malvenfarben waren, die Sonne und Regen aber zu einem undefinierbaren rötlichen Grau, von bezaubernden Blautönen durchsetzt, verblichen haben. An den Gewändern, die sie darunter tragen, sind fadenscheinige Stoffstreifen zu sehen, die wohl einmal orangefarben waren und die das Pelzwerk aus Schafsfell verzieren. Nach Landesbrauch haben sie nur den linken Ärmel angezogen, der rechte hängt herunter und läßt den Arm frei, in einer Jacke von verblichenem Rot. Das Leben im Freien und die mangelnde Körperpflege geben ihren Gesichtern den Anstrich von Hindus. Sie sind schön wie die Helden aus den exotischen Geschichten, und der perlen- und opalfarbene See hinter ihnen bietet eine unvergleichliche Kulisse für die Farben ihrer Gewänder. Das kann man nicht beschreiben, ich habe es Dir schon gesagt; das ist eine Sinnenfreude für die Augen, eine Wonne zuzusehen, wie diese zarten und zugleich kräftigen Farben sich bewegen ... Unvergeßlich! Und in diesem Winter ein anderes Bild, das ich von meinem Balkon in Kumbum aus gesehen habe. Unter einem tiefhängenden, grauen, schneeschwangeren Himmel bewegt sich eine Herde von Yaks ganz langsam über den blendendweißen Berg. Die mächtigen schwarzen Körper der Tiere schneiden durch den Schnee, der sich in seinem weißen Glanz von der grauen, bleiernen Schwere des Himmels abhebt. Eine Symphonie in Schwarz und Weiß, die an eine Radierung denken läßt. Welcher Künstler könnte je die Farbnuancen eines solchen Bildes wiedergeben. Aber ebendies sind die Dinge, die mich an dieses Land binden, die mich verzaubern und mich festhalten. Das Licht in Tibet und der unwirkliche Schein, den es den Dingen verleiht, ist unbeschreiblich.

27. Juli

Ich habe den Lama inmitten seiner Herden auf einem viele

Hektar großen gleichförmigen Sumpfland vorgefunden. Ich brauche Dir erst gar nicht zu sagen, daß mir die Situation unter gar keinem Gesichtspunkt gefällt. Fieber und Rheuma müssen hier gang und gäbe sein. Der Platz bietet im übrigen keinerlei Aussicht, und man befindet sich hier wirklich allzu sehr inmitten der Tiere und der zahlreichen Wachhunde, deren Gebell mich nicht schlafen läßt. Der Lama hat mich sehr liebenswürdig empfangen. Er ist wahrlich nicht unbelesen, im Augenblick ist er jedoch »Viehzüchter«, und der Handel, den er mit Pferden, Zuchtvieh, Wolle etc. treibt, hat für ihn wahrscheinlich den Vorrang vor jeglicher literarischen Beschäftigung. Ich war sehr unangenehm berührt, als ich entdeckte, wie wenig der Ort, an dem ich mich befand, meinen Vorstellungen entgegenkam, daß er weder meinen Interessen noch meinen gesundheitlichen Bedürfnissen entsprach. Wir haben uns alle miteinander beraten: die Soldaten, die Diener und ich. Man kann den See zur Zeit nicht umrunden, weil die Flüsse Hochwasser führen. Ich mußte alle meine früheren Pläne, in dem Haus am Seeufer zu bleiben, über den Haufen werfen. Wir haben deshalb beschlossen, uns auf die Suche nach einem trockenen Platz zu machen, der sich in Nähe eines Nomadenlagers befindet, damit wir uns mit Lebensmitteln versorgen können. Ich habe mich gestern mit dem Mann aus Lhasa zu Pferde umgesehen, und wir haben einen Platz gefunden, der unseren Vorstellungen entsprechen könnte. (...)

29. Juli

Der Lama ist schon seit einigen Tagen fort, unterwegs bei den Nomaden. Ich konnte nicht aufbrechen, ohne mich zuvor von ihm verabschiedet zu haben. Sein Verwalter schien verzweifelt, daß ich nicht bleiben wollte, und versuchte, mich auf jede erdenkliche Weise zurückzuhalten. Zudem kam mir in den Sinn, daß ich hier die Geschenke bereits verteilt habe und beim nächsten Lama von neuem damit beginnen müßte. Aus diesem Grund habe ich darauf verzichtet, von hier fortzugehen. Ich werde meine Zelte lediglich an einen trockenen Ort nicht weit von hier versetzen. Man schickt mir zwei Kühe dorthin, damit ich mich mit Milch versorgen kann, und auf jeden Fall bemühen sich die Leute, von denen ich umgeben bin, mir das Leben angenehm zu gestalten. Die Soldaten machen sich morgen früh wieder auf den Heimweg. (...)

Kuku Nor, gegen Anfang September 1919
(...) Meine Reise zum Kuku Nor war weniger eine »Vergnügungsreise« als eine Erprobung meines Durchhaltevermögens. Das Wetter war mir nicht günstig, und erst seit etwa einer Woche kann man den Aufenthalt im Freien genießen, auch wenn die Tage noch häufig von heftigen Gewittern unterbrochen werden. Unser unsäglicher Lama, den ich *jelly fish* (Waschlappen) nenne – ein im Englischen sehr bezeichnender Spitzname –, hat sein Lager weiter nach Norden an einen Ort verlegt, der seiner Aussage nach trockener und geschützter sein muß. Wir ziehen ebenfalls um, nur um uns, so weit das Auge reicht, erneut von Sumpfland umgeben zu sehen. (...) Ich habe dem Lama erklärt, daß mir die Gegend nicht gefällt und daß ich abzureisen gedenke. Er schien ein wenig schockiert. Zweifellos findet er, daß es mir an Geschmack fehlt. Nun endlich haben wir uns wieder hinabbegeben und aus den Sümpfen herausgezogen. Nachdem wir einige angenehme Tage in einem hübschen Tal verbracht hatten, stiegen wir noch weiter bis ans Ufer eines Flusses ab und gelangten dann zum Lager des Lama, an einem Platz, von dem aus man einen wunderbaren Blick über den See hat. In diesen letzten Tagen hat er sich nun in einer weiten Ebene fast am Ufer des Sees niedergelassen. Wir sind ihm erneut gefolgt, weil wir uns hier ganz dicht an dem

Platz befinden, an dem die Soldaten in drei Tagen wieder zu uns stoßen sollen, wenn sie den Termin einhalten, den ich ihnen gesetzt habe. Abhängig von den Nachrichten, die sie und auch mein Diener mir bringen werden, lege ich dann die Route für meine Rückreise fest.

Der General, der hier in diesen Tagen auf Rundreise war, ist ausgeplündert worden. Wie es heißt, hat man ihm achtzig Maultiere gestohlen. Die Soldaten, die er den Dieben auf die Fersen gesetzt hat, sind nicht mehr zurückgekehrt. Daraufhin hat der General seine Rundreise abgebrochen und ist in aller Eile nach Xining zurückgekehrt, da er sich zweifellos nicht mehr stark genug fühlte. Wahrscheinlich wird er Truppen schicken, um die Einheimischen zu bestrafen. Er hat auch eine Expedition gegen die Goloks ausgesandt, Stämme, die im Südosten vom Kuku Nor leben, zwischen dem Ufer des Gelben Flusses und dem Nordwesten der Provinz Sichuan.

Abgesehen von dem wundervollen See ist die Landschaft nicht besonders interessant für jemanden, der die Steppen gesehen hat, die an den nördlichen Himalaja anschließen. Weiden, so weit das Auge reicht, Gras, nichts als Gras auf den Bergen, die so abgerundet sind wie die *ballons* im Elsaß. Ich werde mit Vergnügen nach Kumbum und zu meinen Büchern zurückkehren. Ich glaube, daß diese zwei oder drei Monate, die ich im Freien verbracht habe, mir nicht schlechtgetan haben. Es geht mir sehr gut, und ich hüpfe durch die Gegend wie ein Hase.

Kumbum, 17. November 1919

In diesen letzten Tagen war ich mehr mit den Arbeiten einer Bäuerin als mit denen einer Orientalistin befaßt. Aphur war zu Pferde in den umliegenden Dörfern unterwegs, hat um Kartoffeln, Getreide und Erbsen geschachert. Die Bauern kamen hierher, um ihre Waren anzubieten. Und mittendrin befand ich mich in ziemlicher Verlegenheit, weil ich ohne Geld bin, obwohl ich es in Beijing ja habe. Dank Deiner letzten Sendung im August könnte ich mich über Wasser halten, aber dieses Geld ist nicht hier, und es ist jetzt unmöglich geworden, in Xining Schecks in Zahlung zu geben. Die Wirtschaftskrise in China nimmt unerwartete Ausmaße an. (...)

Nach meinem Aufenthalt in Xining war ich sehr froh, wieder nach Kumbum zurückzukehren. Dieser Ort gefällt mir immer besser, ich werde ihn nicht leid. Gewiß, die Landschaft ist nicht so schön wie die, die ich vom Balkon meiner Einsiedelei im Himalaja gesehen habe, aber so viele andere Dinge entschädigen mich dafür. Kumbum ist ein Paradies für den, der Bücher liebt. Und zum anderen ist das Kloster, das in eine Talmulde eingebettet liegt und sich stufenförmig an den beiden umliegenden Bergen emporzieht, ein bezaubernder Anblick mit seinen schönen vergoldeten Dächern, die mit Ornamenten und Bannern geschmückt sind. Neulich wanderten wir, der Kleine und ich, über den holprigen Weg, der um diese Lama-Stadt herumführt. In einem der Tempel hielten Leute Rituale ab (das heißt, sie rezitierten), begleitet von Pauken, Becken und Oboen. Die Musik erreichte uns von weitem, gedämpft, fremd, barbarisch, aber mitreißend ... Ich versuche noch immer zu begreifen, warum Tibet mich so verzaubert hat und weshalb ich Heimweh danach habe, sobald ich fortgehe. Die Lamas in ihrer Gesamtheit sind soviel wert wie bei uns die Mönche im Mittelalter: nämlich sehr wenig. Von der Weisheit, die in den Büchern enthalten ist, denen sie tiefste Verehrung bekunden und die sie niemals lesen, kennen sie nicht ein einziges Wort. Doch ihre Mängel schwinden dahin, wie aufgesogen von einer Atmosphäre der Verzauberung, die alle schockierenden Einzelheiten, alle Häßlichkeiten, alle Grobheiten auslöscht, die alles auf den leisen Grundton eines ruhigen Halblächelns nivel-

liert – das der Buddhas auf den Fresken, das der Buddhas, die das Geheimnis der Täuschung begriffen haben und die von unerschütterlicher Gelassenheit sind.
Ich weiß nicht, wie gut es mir in Labrang gefallen wird. Es herrscht dort ein anderer Ton als in Kumbum. Strenger und weniger tolerant. Der Ausländer wird dort keineswegs auf so freundliche Weise empfangen wie in Kumbum, und die Missionare haben sich nicht einmal in die Nähe getraut. Ich kenne mehrere Lamas dort, und es mangelt mir nicht an Einladungen. Zum Glück oder zum Unglück, ich weiß nicht, was ich denken soll, bin ich von jeder der beiden Gruppierungen eingeladen worden, deren Streit im letzten Jahr die Revolte heraufbeschworen hat, die über zweitausend Tibeter und rund tausend moslemische und chinesische Soldaten das Leben gekostet hat. Die Situation ist ein wenig schwierig, deshalb gedenke ich, unterwegs bei einem weiblichen Lama haltzumachen, einer Klostervorsteherin, die in der Gegend sehr verehrt wird und eine liebenswerte Frau ohne Dünkel ist. Sie wohnt eine Tagesreise von Labrang entfernt, und ich werde die Luft des Ortes erschnuppern, bevor ich dieses Abenteuer eingehe. (...)

Kumbum, 4. Dezember 1919

(...) Bei den Engländern in Xining spielt sich im Augenblick eine Posse ab, die ganze Säle erheitern würde, brächte man sie auf die Bühne. Ein alter Herr von neunundfünfzig Jahren, wie es heißt – ich hatte ihn aufgrund seines Aussehens immer für mindestens siebzig gehalten –, mußte sich auf Anordnung seiner Oberen auf die Suche nach einer Ehefrau begeben. Es mangelt ihm an Haaren und an Zähnen, er ist verrunzelter als ein alter Apfel nach dem Winter, und so häßlich ... Wie es die Engländer sein können, wenn sie auf den Gedanken verfallen, daß sie häßlich sind. Witwer seit drei oder vier Jahren, Vater eines Sohnes, der sich als Arzt niedergelassen hat, und einer Tochter, die in Kanada verheiratet ist. Wie es scheint, halten die Leiter der Mission es nicht für gut, daß dieser alte Greis allein lebt und schläft ... Da der »Böse« immer auf der Lauer liegt. Man fragt sich, welchen Funken der »Böse«, so böse er auch sein mag, in diesem hinfälligen Körper wohl noch zu entzünden vermöchte. Sollte dieser alte Apostel, allem Anschein zum Trotz, ein Wüstling sein? ... Da die Leute von der Mission so häufig wiederholen, daß sie ihm »nichts Übles zutrauen«, habe ich sie im Verdacht, daß sie an ziemlich üble Dinge denken. Als seine Frau noch lebte und ihre Tochter noch bei ihnen war, haben kleine chinesische Mädchen offenbar Freundschaft mit der letzteren geschlossen und sind im Haus ein und aus gegangen. Nach dem Tod seiner Frau und der Abreise der Tochter interessierte sich der gute Mann offenbar weiterhin für die kleinen Mädchen, von denen das älteste heute zwölf oder dreizehn Jahre alt ist. Daraus, so sagen die Missionare, ist unter den bekehrten Chinesen, »deren Herz unrein ist«, ein Riesenklatsch entstanden, und man hat den alten Verkünder des Evangeliums mit der dringenden Aufforderung, sich wiederzuverheiraten, nach Shanghai geschickt. Der Vorschlag oder vielmehr der Befehl seiner Vorgesetzten scheint ihm nicht übermäßig zu gefallen. Einem seiner Kollegen hatte er bereits bekümmert anvertraut, daß ihm keine der ledigen Frauen in Gansu gefalle. Andersherum dürfte das wohl noch mehr der Wahrheit entsprechen! Er hat auch geschrieben, daß er in Shanghai »niemanden finden kann«. Ich kann nicht beurteilen, ob diese Affäre tatsächlich einen wahren Hintergrund hat, jedenfalls hat sie überaus komische Aspekte. Aphur mit seinem wenig differenzierten Urteilsvermögen ist im höchsten Maße schockiert. Es ist für ihn völlig unvorstellbar, daß sich ein alter Mann Kindern gegenüber unanständig verhält. In Tibet, wo Laster dieser Art unbekannt sind, die Sitten frei, Scheidungen häufig, ebenso Beziehungen, die nicht vom Gesetz sanktioniert sind, bleibt jedoch alles im Rahmen des Natürlichen. Er sagt, daß es nicht die Chinesen sind, die ein »unreines Herz« haben, sondern die Missionare, die solche Sachen erfinden und an derartige Dinge denken. Ich neige dazu, ihm recht zu geben, zumindest, was das Denken der Chinesen angeht. Ich glaube, daß sie, die die Kinder vergöttern, nichts Schlimmes darin sehen, daß die kleinen Mädchen von diesem Großvater »verwöhnt« werden. Wahrscheinlich wissen die Missionare weit mehr darüber als sie und ich.

Mir fällt jetzt wieder ein, daß ich eines Tages ganz unschuldig, mit der Freiheit, die man sich unter älteren Leuten nimmt, ebendiesem Herrn von einem Vorfall erzählte, den ich aus der Nähe miterlebt hatte. Ich glaube, ich habe ihn Dir geschrieben: EinJunge, der seinem Vater als Dolmetscher diente, da dieser den Landesdialekt nicht verstand, handelte mit einer Prostituierten, die für die Nacht engagiert werden sollte, den Preis aus. Mit der wundervollen Überlegenheit seiner zwölf Jahre, denen nichts mehr fremd war, sagte er ganz locker zu dem Mädchen: »Wie bitte! Fünf Dollar? Wenn Papa Euch vier gibt und zuvor ein gutes Abendessen, dann ist das mehr als gut bezahlt!« Das war komisch als kleine Sittenskizze, aber mir schien, zu Unrecht vielleicht, daß mein Gesprächspartner auch ein gewisses lüsternes Interesse daran hatte ... Wer weiß ... Doch in jedem Fall scheint mir die Heirat ein seltsames Heilmittel. Sollte dieser Prediger tatsächlich lasterhaft sein, wird er von seiner Vorliebe für die blutjungen *abigails* gewiß nicht geheilt, wenn er mit einer Matrone seines Alters das Bett teilt.

Lächerlichkeiten dieser Art lenken einen kurz ab und lassen die Besorgnisse des Augenblicks vergessen, aber würde man zum Trost nichts Besseres finden, wäre das Leben zur Zeit schon sehr erbärmlich. Ich gehöre zu den Privilegierten, weil ich die beiden bestmöglichen Stützen habe: zum einen die Gewißheit Deiner treuen, ergebenen Zuneigung, die zwar sehr auf die Probe gestellt wird, aber dennoch nie zulassen würde, daß ich mir allzu viele Sorgen machen müßte und mich in einer allzu jämmerlichen Situation wiederfinden könnte, und zum anderen eine Philosophie, eine ziemlich klare Sicht der Dinge, die es mir erlaubt, meine eigene Bedeutungslosigkeit und die aller Dinge zu begreifen und nichts tragisch zu nehmen, eine innere Ruhe, die trotz aller momentanen, oberflächlichen Erregung immer wieder von selbst und ohne Anstrengung wiederkehrt und alle Wogen glättet ... Meinen Geist besänftigt. (...)

Ich habe mir eine schöne Sammlung von Werken von Nagârjuna angelegt, einem großen Philosophen des Mahâjâna, deren Originalausgaben im Sanskrit verlorengegangen sind. Aus Geldmangel kann ich den Abschreiber nicht weiterarbeiten lassen, und es werden mir einige Bücher fehlen. Was ich habe, ist jedoch schon sehr beachtlich. Das Risiko einer Übersetzung wage ich nicht. Ich bin noch nicht fähig, die Feinheiten der literarischen Sprache zu erfassen; im nächsten Jahr hoffe ich mit der Übersetzung beginnen zu können. Vom Gesichtspunkt der orientalistischen Forschung aus gesehen, wäre das eine überaus interessante Publikation, denn es geht hier um die wichtigste Periode der hinduistischen Philosophie. Schade, daß ich keine dreißig mehr bin. Ich habe noch eine ganze Menge Arbeit vor mir. (...)

(...) Es gibt keine Boote auf dem See. Die Einheimischen in der Gegend sind in der Entwicklung so weit zurück, daß sie sich etwas Derartiges gar nicht vorstellen können. Die häufigen Unwetter auf diesem kleinen Meer würden zudem sehr gute

Boote und sehr gute Matrosen erfordern. Die Russen, die vor einigen Jahren in Faltbooten die große Insel erreicht haben, wären auf der Rückfahrt um ein Haar ertrunken. Ich habe keine Ahnung, wie tief der See ist, zweifellos beträchtlich, denn an einigen Stellen nahe dem Ufer erreicht er sogleich fünf bis sechs Meter. Ich habe mit Senkern beschwerte Kordeln oben von den Felsen am Ufer herabgelassen. Die Farbe des Wassers und die Höhe der Wellen an stürmischen Tagen weisen darauf hin, daß der See unglaublich tief ist. Er geht von Jahr zu Jahr in seinem Umfang zurück. Man erkennt ganz deutlich die Spuren der früheren Ufer. Ursprünglich muß der See doppelt so groß gewesen sein. Im Winter, wenn er zugefroren ist, laufen die Leute zu den Inseln hinüber. Die Eisdecke ist nicht ebenmäßig, sondern gefriert in Form von Wellen. Es gibt immer Bruchstellen, Risse, Treibeis. Wie es heißt, hört man es wie Donner unter den Füßen. Ich hatte so eine Idee, mir das in diesem Winter anzuschauen, es fehlt mir jedoch das Geld, und ich habe den Plan aufgegeben.

8. Januar 1920

(...) Du glaubst vielleicht immer noch, daß es unter den gegebenen außergewöhnlichen Umständen das beste wäre, wenn ich meine Reisen durch Asien beenden und zu Dir nach Algerien kommen würde. Darauf müßte ich Dir ganz offen antworten, und das darfst Du mir bitte nicht verübeln, daß solch ein Abbruch der Reise für mich dem Tod gleichkäme. Ich habe diese Erfahrung in Japan gemacht.

Später, sobald mir Tibet alles gegeben hat, was ich mir davon erhoffe, sobald die Übersetzungen, an denen ich arbeite, beendet sind und ich, soweit das überhaupt möglich ist, den Sinnenrausch, den magischen Reiz dieses Landes voll ausgekostet habe, werde ich fähig sein, mich mit meinen Büchern in einem Zimmer, egal wo, einzuschließen. Im Augenblick kann ich mich noch nicht von Tibet losreißen, trotz aller vernünftigen Überlegungen, die ich anstelle, und trotz meines Verlangens, Dich wiederzusehen, das stärker ist als alle Überlegungen und das von Tag zu Tag heftiger wird. Es ist dies ein seltsames Phänomen, das ich mir nicht erklären kann. Ich bin gebunden, wie festgenagelt, ich komme mit Willenskraft nicht dagegen an; wenn ich mich davon losreiße, reiße ich mich vom Leben los. Das mag absurd, verrückt klingen, aber es ist die Wahrheit. Ich mache mich über mich selbst lustig, ich blicke spöttisch auf mich herab, das ändert jedoch nichts an der Tatsache. Gerade vorgestern befand ich mich in dem großen Hof hinter meinem Häuschen, und da gab es zahlreiche Kamele, die mich ansahen. Über den Mauern erblickte man die Berge und den blauen, wundervollen Himmel, eine klare Atmosphäre ohne jeglichen Dunst, und ich fühlte mich gebannt von der Empfindung, die solche Bilder in mir auslösen, so wie mich der uralte Klang der Gongs und der Hörner des Klosters fasziniert und meine alten Houppelanden, die man heute noch trägt wie zu Zeiten des Dschingis Khan. Atavismus, der auf ferne Zeiten zurückgeht, oder Erinnerung an frühere Leben, wie ein Hindu sagen würde. Ein Geheimnis!

Alle Poesie und dieses Verhalten wider die Vernunft können mir jedoch nicht über die Situation hinweghelfen, die, das wirst Du verstehen, über die Maßen kritisch ist. (...)

Seit langem schon grüble ich über der Idee, mir an einem Platz auf der Welt, der so abgelegen ist, daß niemand auf die Idee verfallen kann, dort Kämpfe auszutragen, ein Stück Land zu kaufen, groß genug, daß ich mich selbst davon ernähren und mir eine Hütte darauf bauen kann. Mit einem Dach über dem Kopf, Mehl, Milch und Eiern kann man immer leben, selbst wenn einem völlig das Geld ausgeht. Nur muß der Ort sich erst finden ... Ich träume davon. Hätte ich irgendwo ein sol-

ches Heim, wäre das weit beruhigender für Dich und für mich als mein Vermögen auf der Bank in Brüssel.
Könnte ich doch nur noch ein Jahr in Kumbum bleiben, um gewisse Studien zu beenden, und sodann, je nachdem, wie die Dinge sich entwickeln, diesen Plan auf eine Weise realisieren, die Deine Zustimmung findet. Was mich nicht daran hindern würde, zurückzukehren, um Dich wiederzusehen. Ich denke mir dieses sehr einfache Asyl ganz einfach als Unterschlupf für den Fall eines großen Sturmes. (...)
(...) Die Erinnerung an all das* läßt mich an meine egoistischen Eltern denken, den Geiz meiner armen Mutter, die nicht davor zurückschreckte, meinem sterbenden Vater einen Kopfkissenbezug oder ein sauberes Taschentuch zu verweigern, nachdem sie ihm schon vor langer Zeit den Gebrauch einer Tischserviette untersagt hatte. Dinge, die sie sich in ihren letzten Lebensjahren selbst verweigern mußte. Wo sind sie jetzt, die schönen Damastservietten, die sich in den Schränken stapelten? Wo sind die holländischen Leinenbettücher und die Teller aus feinstem Porzellan, die man niemals benutzte, das Silber und der ganze Rest? ... Meine Mutter hat sich die Freude daran versagt, und wir werden nichts mehr davon zu sehen bekommen. Eine Hausangestellte, die zweifellos schon zu Lebzeiten ihrer nicht mehr zurechnungsfähigen Herrin einen großen Teil von alledem gestohlen hat, wird das übrige nach ihrem Tod davongetragen haben. Die Härte meiner Mutter, ihr absoluter Mangel an Güte, ist mir erst spät bewußt geworden, als ich schon erwachsen war und viel von der Welt gesehen hatte. Da mir Vergleichsmöglichkeiten fehlten, glaubte ich als Kind ganz naiv, daß alle Eltern gleich sein müßten. Ich erinnere mich, daß mir als Kind ständig der Gedanke in den Sinn

* A. David-Néel hat vom Tod eines ihrer Onkel erfahren, was sie dazu veranlaßt, sich an ihre Vergangenheit zu erinnern.

kam: »Warum hat man Eltern? Wie schön wäre es doch, wenn ich keine hätte!« Und mein Pensionat war mein wahres »home«, in dem es mir gefiel. All dies war sicher sehr gut für mich, denn mein Charakter hätte sich sonst mit Bestimmtheit sehr viel anders entwickelt. Die Einsamkeit des Herzens und des Geistes prägt die Menschen weit mehr als die physische Einsamkeit. Aber sie hat dafür bezahlen müssen, die arme Mama, daß sie nicht vorausgesehen hat, wohin ihr Verhalten führen würde.

(...) Geleitet von unserer Torheit, getäuscht von unserer Verblendung, bewegen wir uns alle, Einzelwesen oder Nationen, auf den Abgrund, auf den Schmerz zu ... Ich glaube, das trifft mehr denn je in diesem Augenblick auf Europa zu.

Man muß diese ganze Phantasmagorie mit Gelassenheit betrachten, und ich glaube, daß ich einige Fortschritte auf diesem Weg gemacht habe. Doch fürchte ich, daß das äußerste Elend, das immer heimtückisch hinter mir gelauert hat und dem ich bisher stets entronnen bin, diesmal die Oberhand gewinnen könnte. Darauf könnte man fast wetten wie beim Pferderennen. Der Tael entspricht heute zwanzig Franc, morgen vielleicht dreißig Franc und übermorgen, wer weiß? ... Ich habe Geld zurückzuzahlen, und diese Schuld wird von Tag zu Tag größer ... Ich betrachte mit Spannung, wie die Sapeken dahingehen und der Schrank, der sie enthält, sich immer weiter leert ... Der Tag, an dem sie sich erschöpft haben werden, ist nicht mehr fern. Und dann? ... Ein seltsames Gefühl. Die Schwelle zu einem merkwürdigen Jenseits, die mir wie ein Dunstvorhang erscheint. Was mag sich auf der anderen Seite befinden? Wir kennen vom Leben nur das, was wir selbst erlebt haben. Letztlich bin ich neugierig auf das, was auf mich zukommt. Wie diese Zukunft letztlich aussehen wird, hängt wieder einmal sehr stark von Dir ab, und glaub mir, daß meine

Zuneigung für Dich immer sehr lebendig und aufrichtig bleiben wird, egal wie Du entscheidest oder gezwungen sein wirst zu entscheiden. Du hast mir das größte Glück ermöglicht, das ich mir nur erträumen konnte, und diese Jahre der Reisen waren paradiesische Jahre für mich. Doch alles ist vergänglich, und nichts ist von Dauer. Der volkstümliche Buddhismus spricht vom westlichen Paradies: *Soukhâvati* (*Nub dewachen,* wie die Tibeter sagen), in dem die Gottheiten auf Lotusblüten sitzen und in ihrer Nähe den »Baum« haben, »der alle Wünsche erfüllt« und auf dessen Zweigen auf der Stelle der gewünschte Gegenstand erscheint. Und eines Tages verliert die Lotusblüte ihre Blätter, die Äste des Baums vertrocknen, der arme Gott verliert die Farbe, sein Gesicht wird blaß. Er begreift, daß sein Ende gekommen ist. »Alles, was begonnen hat, muß enden; alles, was sich verfestigt hat, muß wieder zerfallen; nichts dauert so lange wie eine Sekunde; nichts existiert, außer einem unablässigen Werden und Sein, in dem es keine Dinge gibt, die man klar erkennen, ergreifen, festhalten kann. Das Wasser des Flusses fließt, fließt dahin. Wo ist dann der Fluß selbst? Es gibt ihn gar nicht, er ist nur ein leeres Wort. Es gibt nur das ständig wechselnde Wasser, das fließt, kreist, heute im Bach, morgen im Ozean, später dann in der Wolke und sodann als Regen oder Schnee und wieder im Bach ... *Sabbe sankhara anicca; Sabbe sankhara, dhamma anatta* und wie es auch der Weise der Sakyas so gut ausgedrückt hat: *Sabbe sankhara dukkha* – nichts ist von Dauer, alles ist seiner »selbst« entblößt, alles ist Schmerz. Diese Schlußfolgerung mag pessimistisch erscheinen, aber pessimistisch oder nicht: Sie ist Ausdruck der Wahrheit. Die Lebewesen haben keinen Schmerz, sie sind der Schmerz. Dieser Egoismus meiner Mutter, von dem ich Dir gesprochen habe, war letztlich nur Ignoranz und Schmerz. (...)

Kumbum, 23. Januar 1920

(...) Ja, ich habe unter sehr ausgefallenen Bedingungen sehr ungewöhnliche Ausflüge gemacht. Ich habe bisher keineswegs, so wie Du sagst, von Frauen und oder auch von Männern gehört, die so wie ich mit zwei Dienern durch so wenig zivilisierte Gebiete gestreift sind, wie ich sie durchwandere. Ich habe die Absicht, später einmal die Erinnerungen an diese Reisen zusammenzufassen und ein Buch daraus zu machen, illustriert mit den zahlreichen Fotografien, die ich besitze. (...) All dies wird das Werk meiner sehr alten Tage sein, wenn der Rheumatismus mir keine anderen Vergnügungen mehr erlaubt. (...)

Da es mir an den Mitteln mangelt, werde ich mich in diesem Jahr nirgendwohin begeben. Ich werde in Kumbum bleiben und arbeiten. Ich habe begonnen, die interessantesten Passagen aus dem *Prâjnâparamita* zu übersetzen, dem Werk, von dem die Lamas des Tempels, in dem ich lebe, erwarten, daß ich es zu ihrem geistigen und irdischen Heil lese. Ich hatte nicht erwartet, das ich ein so großes Interesse daran finden würde. Das wird in das Buch eingehen, das ich über den philosophischen und mystischen Buddhismus nach tibetischen Quellen schreiben will. Würde es mir nicht an Geld fehlen, wäre es wichtig für mich, noch zwei Jahre in Kumbum oder in dem anderen großen Kloster der Gegend zu verbringen: Labrang. Das Problem der Geschenke, die stets zu verteilen sind, kompliziert die Dinge jedoch sehr, so hoch wie der Dollar zur Zeit steht. Aphur hilft mir, wo er kann, und übersetzt gemeinsam mit mir, von Zeit zu Zeit ermutigt durch ein paar Ohrfeigen. (...)

Kumbum, 7. Februar 1920

(...) Die politische Lage an der Grenze scheint nicht gerade Anlaß zum Jubel zu bieten. Vor ein paar Tagen hastete hier der General vorbei, der Oberkommissar für die Verteidigung ist.

Er hatte in der Umgebung von Dankar die Yaks inspiziert, die den Transport während des Feldzugs gegen die Goloks gewährleisten sollen, der bereits ungeahnte Ausmaße angenommen hat. Diese Yaks (es sind einige Tausende) sind im letzten Sommer bei den Nomaden am Kuku Nor beschlagnahmt worden, als ich dort kampierte. Beschlagnahmung heißt hier nicht das gleiche wie bei uns, wo der Besitzer eines konfiszierten Wagens darauf hoffen darf, sein Fahrzeug wiederzusehen. Alles was sich die chinesischen Machthaber auf diese Weise aneignen, ist für die, denen man es fortnimmt, auf immer und ewig verloren. Da ich keine Zeitungen habe, weiß ich nicht, was aus den tibetisch-chinesischen Verhandlungen geworden ist, an denen die Engländer (scheinheilig) teilgenommen haben. Der für ein Jahr geschlossene Waffenstillstand ist im letzten November ausgelaufen. Falls die Chinesen und die Tibeter sich nicht verständigt haben, wird der Krieg in Kham erneut beginnen, und da sich der Bürgerkrieg in China beruhigt hat, könnte es den Tibetern leicht passieren, daß es mit ihren vorübergehenden Erfolgen vorbei sein wird, falls die Söhne des Reiches der Mitte die Sache klug angehen und ausreichend Truppen schicken. (…)

(…) Wir lesen viel, der Junge und ich. Vor dem Sommer möchte ich die Übersetzung des *Prâjnâparamita* in Kurzfassung beenden. (…)

Ich kann nicht auf immer und ewig in Kumbum bleiben, wenn ich die große Reise durchführen will, von der ich Dir erzählt habe – und das will ich. Ich muß mein fortschreitendes Alter bedenken. Das ist kein sehr fröhlicher Gedanke, doch habe ich einen allzu klaren Verstand, als daß ich mir etwas vormachen könnte. (…) Die Jahre bringen notgedrungen eine Abnahme der körperlichen Kräfte mit sich. Ich könnte neunzig Jahre alt werden wie mein Vater, siebenundachtzig wie meine Mutter oder sogar die hundert überschreiten wie zwei meiner Urgroßväter, und ich könnte bis dahin auch durchaus bei klarem Verstand bleiben, Bücher schreiben etc., aber ich könnte keine acht Stunden mehr im Sattel sitzen, ein rauhes Lagerleben führen, bei Wind und Wetter unterwegs sein und essen, was ich gerade finde. Obwohl ich es durchaus genießen würde, hier oder in der Gegend noch ein paar weitere Jahre herumzuschmökern, bin ich überzeugt, daß ich meinen großen Ausflug in spätestens einem Jahr in Angriff nehmen muß, falls die Umstände es erlauben. Werden die Zustände es erlauben? ... Das ist die Frage. (...)

Kumbum, 20. Februar 1920
Heute habe ich mit großer Freude Deinen vom 29. November datierten Brief erhalten. Du hast mich so lange ohne Nachricht gelassen.
Ich beantworte Dir die Fragen zu den Angelegenheiten, die Du angesprochen hast.
1. Was den Transfer der Wertpapiere meiner Mutter angeht, so handle absolut nach Deinem Gutdünken und nimm ihn auf die Art und Weise vor, die für Dich zum entsprechenden Zeitpunkt am günstigsten ist.
2. Sir Holmwood hat die Rückzahlung erhalten, das war, wie ich sehe, sehr kostspielig. Es ist ärgerlich, daß wir die Überweisung dieses Betrages so lange hinausgeschoben haben. So mußten wir ihm mehr als das Doppelte der Summe zurückzahlen, die ich erhalten habe. Wer konnte schon voraussehen, daß auf unseren Sieg eine Entwertung unseres Geldes folgen würde. Das erscheint widersinnig. Aber es ist nun eben so; wir haben gezahlt, besser, wir denken nicht weiter darüber nach. Ein Bedauern darüber führt zu gar nichts.
Wie ich Dir mitgeteilt habe, hat mir Sir Woodroffe geschrie-

ben, daß er seine Forderung auf tausend Rupien ansetzt und mir alles, was darüber hinausgeht, erläßt. Da er sehr reich ist, wir beide Orientalisten und zudem – ein wenig entfernte – Glaubensgenossen sind, glaube ich, daß ich diese Großzügigkeit durchaus annehmen kann. Ich werde mich dafür später einmal mit der Übersendung von einigem tibetischen Krimskrams erkenntlich zeigen. Sir Woodroffe ist ein Sankritist, obgleich er von Beruf offiziell Richter ist. Er hat mehrere Werke über den Kult und die Philosophie der hinduistischen Tantriker veröffentlicht. (...)

3. Ich weiß sehr wohl, in welch unangenehmer Situation Du Dich befindest, mit den übermäßig hohen Lebenskosten, diesen Rückzahlungen, die erforderlich sind, und mir, die ich Dich ganz gegen meinen Willen bedränge, damit ich etwas in die Hand bekomme, womit ich mich aus der Notlage befreien kann, in die mich der unglaubliche Wechselkurs in China versetzt hat. Wie sollst Du damit fertig werden? Ich frage es mich, und um Dich sowenig wie möglich zu belasten, lebe ich auf eine so sparsame Weise, daß ich sie, wie ich fürchte, nicht mehr lange durchhalten kann.

Der Junge hat in diesem Jahr kein Wintergewand gehabt. Gestern hat er sich darangesetzt, eine alte, durchgesessene Unterhose mit einem Stück gelbem, mit roten Kreuzen übersätem Stoff zu flicken, der mir von dem Harnisch meiner Maultierstute geblieben war. Für einen »dummen Augustin« im Zirkus gerade das Richtige! Aber das ist nicht wichtig. Hingegen ist es hier unerläßlich, genug zu essen zu haben und heizen zu können, denn das Klima ist rauh. Um jegliche Ausgabe zu vermeiden, die nicht absolut unumgänglich ist, werde ich mich in diesem Sommer nicht von der Stelle rühren. Vielleicht wird sich der Wechselkurs ein wenig verbessern, es ist jedoch nicht zu erwarten, daß er stark sinkt.

4. Je mehr ich sehe, wie sich das Chaos in der Welt ständig verschlimmert, anstatt sich zu vermindern, desto dringender wird mir die Reise, die ich in Zentralasien machen will, denn ich möchte endlich die Freiheit haben, mir gemeinsam mit Dir einen Wohnsitz zu schaffen oder irgendeine andere Lösung zu finden, falls dieser Krawall sich noch verstärken sollte. Du warst während des Krieges in Sicherheit, und Deine Einkünfte haben es Dir erlaubt, in guten Verhältnissen zu leben. Wer weiß, was die Zukunft noch für uns bereithält? Falls ich Dir in welcher Weise auch immer nützlich sein kann, möchte ich Dir näher sein als jetzt, um es tun zu können. (...)
5. Könntest Du bitte, wie ich Dich schon gebeten habe, Deine Rechnung aufstellen und mir mitteilen: a) Wieviel Geld Du mir gewähren kannst, damit ich bis zum März 1921 meinen Lebensunterhalt bestreiten kann. b) Welche Summe Du mir unabhängig von dieser Unterstützung mit einem Mal zukommen lassen kannst, so daß ich sie am 1. Dezember 1920 zu meiner Verfügung habe. (...)
6. Ich dachte mir schon, daß meine beiden Artikel den *Mercure* interessieren würden. Danke, daß Du sie noch einmal hast abschreiben lassen und sie durchgesehen hast. Da nun der Faden wieder angeknüpft ist und ich meine Mitarbeit wiederaufgenommen habe, werde ich weitere Artikel schicken. (...)
Die Bolschewiken scheinen über ernstzunehmende Streitkräfte zu verfügen, und das steht in einem gewissen Gegensatz zu dem, was die Zeitungen über die augenblickliche Lage in Rußland schreiben. Letztlich müssen die Leute, die in den Reihen der Bolschewiken kämpfen, eine andere Meinung vertreten: Wieso sollten sie in so großer Zahl darauf beharren, ein Regime zu unterstützen, das die reine Schreckensherrschaft ist? Ich glaube, wir sind sehr schlecht informiert. Die russischen Revolutionäre müssen auf einen starken Widerstand eben der

Leute getroffen sein, die die Verbrechen des Zarenregimes widerstandslos hingenommen haben. Solche Menschen gibt es in allen Ländern. Bei uns haben sie jenen Napoleon glorifiziert, der sich im »Brumaire« an die Macht geputscht hat, und sodann seinen Vetter, den Napoleon, der in Nachahmung seines berühmten Vorgängers den Staatsstreich von 1852 vollbracht und uns sodann in den Krieg von 1870 geführt hat. Es wird sehr laut getönt: »Man muß arbeiten!« Doch sind es immer dieselben, die unter der Fron ächzen. Die haben jetzt endgültig genug und wollen die Dinge auf ihre Weise ordnen. Sie tun es zweifellos auf eine sehr schlechte Weise, weil sie ungebildet, egoistisch und brutal sind und nicht mit Weitblick zu denken vermögen. Aus der gelassenen Sicht des Philosophen sind sie oft nicht viel mehr wert als jene, denen sie vorwerfen, ungerechtfertigte Privilegien zu genießen. Aber sie haben gelitten, und allein diese Überlegung reicht aus, daß jeder, der kein vertrocknetes, mitleidsloses Herz hat, ihre Partei ergreift. Ich habe jede Erregung über dieses Thema unter dem Mantel der *bhikkunis** begraben können, weil die »Wege der Welt«, wie die Schriften sie nennen, mir nur noch Ekel einflößen. Ich habe jedoch weder vergessen, was ich gesehen, noch was ich erlebt habe. (...)

Kumbum, 15. März 1920

(...) Meine Reise ist beschlossene Sache. Ich will sie auf egal welche Weise versuchen, mit einem Nichts an Komfort und ausreichend Nahrungsmitteln, auch zu Fuß, auf Art der Bettler. Länger als ein Jahr kann ich sie nicht mehr verschieben. Das Alter, das mir auf den Fersen ist, das Rheuma, das immer

* *Bhikhu/Bhikshu:* Mönch, der auf die Annehmlichkeiten der Welt verzichtet hat und häufig ein Wanderdasein führt. Seine Grundsätze sind Armut, Ehelosigkeit und Friedfertigkeit.

bösartiger spürbar wird, und eine absehbare Verminderung der körperlichen Kräfte zwingen mich zur Eile. Wenn es schon sein muß, dann wäre es mir lieber, auf einem Weg irgendwo in der Steppe zu sterben, mit dem wunderbaren Himmel über dem Kopf und der letzten Befriedigung, daß ich zumindest in Angriff genommen habe, was ich mir immer gewünscht hatte. Und nicht in einem Zimmer, getötet von dem Bedauern, nicht genügend Mut aufgebracht zu haben, auf das verzichtet zu haben, was mir wichtig war, außerstande zu sein, je zu sehen, was ich sehen wollte, je zu tun, was ich tun wollte. Das wäre ein sehr qualvoller Tod für jemanden von meinem Schlag. Aber letztlich ist nur tragisch, was man selbst zur Tragödie macht. Meine Reise führt mich an einen Ort, der nicht außergewöhnlicher ist als diejenigen, an denen ich schon gelebt habe, und sie wird sich ebenso leicht realisieren lassen wie die früheren Reisen, ob nun zu Fuß, was Zeit kostet, oder auf eine schnellere Weise zu Pferde.

(...) Noch ein Detail zum Bett*: Das Tuch muß einfarbig sein, grau oder braun, nichts Auffälliges oder Hübsches, das die Aufmerksamkeit auf sich ziehen oder wohlhabend wirken könnte. In Ländern, in denen es viele Diebe gibt, darf man nicht den Nabob spielen, nicht einmal den sehr kleinen Nabob. Ich habe schon wieder lange Zeit nichts mehr von Dir gehört, das bekümmert mich. Sobald ich mich erst abseits der Postwege befinde, werden wir noch lange genug keine Nachricht mehr voneinander bekommen. Ich beeile mich mit meiner Übersetzung des *Prâjnâparamita,* die ich in drei Monaten beendet haben möchte, aber ich bezweifle, daß es mir gelingt. Vor meinem Aufbruch möchte ich Dir alle meine Manuskripte

* A. David-Néel bittet ihren Mann, ihr in Tunis ein sehr leichtes Feldbett anfertigen zu lassen – für ihre Reise nach Lhasa. Sie macht ihm dazu als Vorentwurf zahlreiche Angaben.

schicken und möglicherweise zuvor noch ihre Veröffentlichung vorbereiten. Sobald die Reise beendet ist und ich mich bei Dir oder in Deiner Nähe niedergelassen habe, je nachdem, an welchem Ort Du wohnst, werde ich eine Menge Arbeit haben. Aphur drängt mich, ein französisch-tibetisches Lexikon in Angriff zu nehmen. Er hat sich diese Idee in den Kopf gesetzt und könnte gewiß einen großen Teil der Arbeit machen. Oh! Ich könnte hundert Jahre leben und hätte keine Zeit, mich zu langweilen, wenn ich mein Hirn in Form halte. (...)

Kumbum, 7. April 1920

(...) Vorgestern haben wir ein Picknick am Ufer eines klaren Flusses gemacht, um sauberes Wasser zu trinken. Das Wetter ist in diesem Jahr sehr schlecht. Ich habe Dir erzählt, daß ich mir den einzigen Rüden aus dem Wurf der Griffon-Hündin mitgenommen habe, die mir am Kuku Nor zugelaufen war. Man hat ihn mir gestohlen, und ich dachte schon, ich wurde ihn nie wiedersehen, als wir etwa eine Woche nach seinem Verschwinden einen Hinweis bekamen, der uns auf seine Spur gebracht hat. Der Welpe, der am 1. April drei Monate alt geworden ist, befand sich bei Bauern, einige Kilometer von Kumbum entfernt. Man hat sich auf die Suche nach ihm gemacht. Aphur hat den ganzen Weiler in Angst und Schrecken versetzt, weil er verkündet hat, der General würde Soldaten schicken. Der Bauer beteuerte, er habe das Tier von einem Lama-Novizen bekommen, unserem Nachbarn. Bei der Gegenüberstellung hat der Schuldige gestanden. Er hat mir zweieinhalb Taels Schadensersatz bezahlt, die ich sogleich unter den Leuten verteilen mußte, die den Hund gesucht hatten. Und nun habe ich ihn wieder bei mir. Weshalb hat man ihn gestohlen? Er hat nichts Wunderbares an sich, abgesehen von seinem Charakter eines entschlossenen Bolschewiken, der sich allerdings nur im Zusammenleben offenbart. O nein! Mein kleiner Wauwau ist kein Hund, der die Hand leckt, die sie geschlagen hat! Die Mutter ist übrigens von der gleichen Art, aber ein hervorragender Wachhund, und ebendeshalb lege ich solchen Wert auf diesen ihren Sprößling, der dieselbe Eigenschaft zu besitzen scheint. Er ist zudem von bemerkenswerter Reinlichkeit. Ich wollte ihn »Lhosar« nennen, was auf tibetisch »Neujahr« bedeutet, da er in dieser Nacht geboren ist, aber Aphur hat ihn »Babu« getauft. So bezeichnet man auf Hindi einen Gebildeten, der nicht der Brahmanen-Kaste angehört. Das ist der Name, mit dem mein Diener sehr höflich Aphur anspricht, und es ist komisch, daß der Hund nun wie er gerufen wird. Die Mutter gehört jetzt den Lamas des Tempels, in dem ich wohne, den Kleinen habe ich jedoch für mich behalten. Er wird zu einem starken Tier heranwachsen und in diesem Land, in dem es von Dieben nur so wimmelt, ein nützlicher Wächter und kein Luxusobjekt sein. (...)

Kumbum, 21. Mai 1920

(...) Im Laufe meiner Reise von Beijing hierher habe ich Dir ausführlich von den Rebellen in der Provinz Shaanxi erzählt, denn sie waren es, die meine Durchquerung dieser Provinz so aufregend gestaltet haben. Alles hatte sich beruhigt, aber jetzt ziehen sie wieder zu Felde, unterstützt von Truppen aus der Provinz Sichuan, die der Südpartei angehören, die sich gegen die Regierung in Beijing auflehnt. Sie haben den Hauptort von Shaanxi erobert: Xian, eine große Stadt, in der sich die gravierten Steine befinden, von denen Du die Abdrücke hast. Sie müssen alles geplündert haben. Jetzt gedenken sie Pingliang einzunehmen, die erste befestigte Stadt auf dem Territorium von Gansu, an der Hauptstraße von Xian nach Lanzhou (Lanzhou ist die Hauptstadt der Provinz, in der ich mich befinde).

Der Gouverneur von Shaanxi ist auf der Flucht. Wie es scheint, haben seine Truppen sich aufgelöst, und die Aufständischen sind auf dem Vormarsch, ohne auf Widerstand zu stoßen. Wahrscheinlich werden sie vor Pingliang von den Truppen aus Gansu aufgehalten werden.

So beginnt der Krawall also von vorn. Heute morgen sagte mir der Lama, der Verwalter des Tempels ist, in dem ich wohne: »Wir haben Gewehre. Wir werden uns verteidigen.« Das bezweifle ich nicht, aber mich interessieren diese Streitereien unter Chinesen nicht, und ich ziehe es vor, mich nicht im Kampfgebiet aufzuhalten. Mein Abenteuer vor zwei Jahren hatte durchaus seine Reize, und ich bedaure es nicht, ich lege jedoch keinen Wert darauf, es zu wiederholen. Im übrigen glaube ich, daß die Soldaten aus Gansu, die größtenteils Moslems sind und ungleich besser »in Form« als die Chinesen, die Eindringlinge zurückwerfen werden. Die Situation kann sich verschärfen, falls sich die tibetischen Stämme erheben, gegen die man einen Feldzug plante, und wie es heißt, haben die Bolschewiken Informanten unter den Moslems. Man hat in Gansu eine bolschewistische Gesellschaft entdeckt.

Für den Betrag, den Du mir überwiesen hast, werde ich in Xining versuchen, Geld im Austausch gegen Schecks zu finden, und im übrigen schnellstens alles verkaufen, was ich nicht unbedingt brauche, um meine Reserven zu erhöhen. Die Rückzahlungen werde ich später, nach einer weiteren Sendung, vornehmen, auch auf die Gefahr hin, höhere Zinsen zahlen zu müssen. Für den Augenblick möchte ich so schnell wie möglich imstande sein, den Ort zu wechseln, falls die Dinge sich zum Schlechteren wenden. Kumbum ist ein sehr reiches Kloster. Sollten die Rebellen oder die Truppen aus Sichuan, die von Süden her angreifen, Xining erobern, kommen sie zweifellos zum Plündern auch hierher, und im Handgemenge könnte

ich ebensogut ausgeraubt werden wie die Lamas. Vielleicht werden sich die Ereignisse auch gar nicht so dramatisch entwickeln; falls sich die Truppen aus dem Süden jedoch mit den Rebellen aus Shaanxi zusammenschließen, stellen sie für Gansu eine ernste Bedrohung dar. Ich hoffe, daß die Post ihren Dienst über einen anderen Weg leiten und daß dieser Brief durchkommen und Dich erreichen wird. Sollte die Situation wirklich kritisch werden, versuche ich, zusammen mit Aphur zu Fuß die Mongolei zu erreichen. Zum Glück habe ich zwei gute Maultiere zur Beförderung unseres Gepäcks. Du siehst, wie unerläßlich es hier ist, Tiere zur Verfügung zu haben. (...)
Ich habe einen Schneider kommen lassen, der meine abgetragenen Sachen ändert und flickt. Es kann jetzt keine Rede davon sein, etwas Neues zu kaufen, selbst für eine lange Reise nicht.
Genau in diesem Augenblick höre ich Signalhörner. Das müssen diese paar Soldaten sein, die nach Loshaer, unterhalb von Kumbum, abkommandiert waren und die jetzt nach Xining und von dort aus in diesen kleinen Krieg ausrücken, der hier ein großer Krieg ist.
Vielen Dank für die Ansichtskarten von Mekka. Ich werde noch heute eine an den General in Xining schicken, der sich sehr darüber freuen wird, das weiß ich. Er heißt Mohammed wie der Prophet. In China nennt man Mohammed *Machuta ren*, wörtlich übersetzt bedeutet das: »Mohammed, der große Mann« (*ta:* groß, *ren:* Mann).
Sobald mein Weg mich durch Xinjiang führt – weil ich Kumbum wegen des Krieges verlasse oder auch nur auf der Durchreise später im Herbst –, werde ich unterwegs diese Karten vorzeigen und meine Wirte und andere bescheidene Schüler des großen Mannes aus Medina damit beglücken. Zweifellos wird mir das nicht nur kleine Geschenke in Form von Milch

oder anderen Nahrungsmitteln einbringen, sondern auch großes Entgegenkommen. (…)

Kumbum, 25. Mai 1920
Ich habe gestern Deinen Brief vom 17. Februar erhalten, der hier nach dem Brief eingetroffen ist, den Du mir am 27. desselben Monats aus Tunis geschrieben hast.
Schon seit langem habe ich über die Fragen nachgedacht, die Du mir in Deinem Brief gestellt hast. Ich war deshalb nicht unvorbereitet und werde versuchen, mich so klar wie möglich dazu zu äußern, denn sehr wahrscheinlich werde ich Deine Antwort auf meinen heutigen Brief nicht mehr erhalten, weil ich Kumbum dann schon verlassen haben werde. Da wir dieses Thema so bald nicht mehr brieflich erörtern können, ist es mir wichtig, daß Du meine Meinung dazu kennst.
Der Krieg und seine katastrophalen Folgen haben die Lösung, die zuvor ganz einfach schien, über die Maßen kompliziert. Das ist eine Tatsache, überflüssig, darüber zu diskutieren, wir teilen das Schicksal von Millionen von Menschen und können nichts daran ändern. Unsere Intelligenz und unser Geschick können uns nur auf einen einzigen Punkt hinleiten: aus einer verzweifelten Situation das Bestmögliche zu machen. Hier nun meine Gedanken dazu.
Wie ich Dir schon mehrfach geschrieben habe, wäre es meiner Ansicht nach das beste, wenn Du möglicherweise noch zwei oder drei Jahre weiterarbeitest. In diesem Zeitraum könnte sich die augenblickliche Krise merklich verbessern, obwohl sie sich, allen Erwartungen zum Trotz, seit dem Ende des Krieges noch weiter verschärft hat. (…)
Ich weiß nicht, welcher Art Dein Patriotismus ist und bis zu welchem Punkt sich die Gewöhnung an ein bestimmtes Milieu in Dir verwurzelt hat. Natürlich habe ich mir den Sieg Frank-

reichs gewünscht und mich über die Niederlage der Hunnen sehr gefreut, aber weiter geht meine Bindung an das »Vaterland« auch nicht. Warum? ... Das ist leicht zu begreifen. Zum einen bin ich sehr gemischter Abstammung, und rein physisch ist der französische Anteil nur über Vorfahren väterlicherseits vorhanden und kommt, wie ich finde, in meiner Mentalität nur sehr schwach zum Tragen. Ich »denke« weniger wie eine Pariserin als wie eine Asiatin. Zum anderen habe ich nur sehr kurz in Frankreich gelebt. Läßt man die ersten fünf Jahre beiseite, die im Hinblick auf Eindrücke nicht zählen, habe ich alles in allem vielleicht fünf oder sechs Jahre in Frankreich gelebt, vierzig Jahre hingegen im Ausland und zwanzig davon im Osten. Ich fühle mich sehr fremd unter Franzosen, sehr wenig *at home*. Wir haben lediglich die Sprache gemeinsam, und das ist nicht genug, um eine Bindung herzustellen.
Das soll Dir erklären, weshalb ich nicht den geringsten Wunsch hege, mich in Frankreich niederzulassen, um dort das zu führen, was Du in Deinem Brief als die »Existenz einer Kleinbürgerin« bezeichnest. Diese materielle und moralische Mittelmäßigkeit erschreckt mich, und egal, was Du selbst darüber denkst, bin ich davon überzeugt, daß sie schwer auf Dir lasten und Dein Alter vergiften wird, falls Du die Unvorsichtigkeit haben solltest, Dich dazu zu zwingen. (...)
Was mich angeht, so sehe ich der Zukunft mit schwärzestem Pessimismus entgegen. Hoffen wir, daß ich mich täusche. Ich sehe einen neuen Krieg am Horizont, einen allgemeinen Zusammenbruch und unsere Einkünfte auf ein Minimum, wenn nicht gar auf Null, reduziert. Nun gut! Aufgrund meiner Lebensphilosophie reicht es mir aus, in einer Höhle zu leben oder mich gemeinsam mit Aphur, wie ich es in einigen Monaten zu tun gedenke, zu Fuß und fast ohne Geld auf die Reise zu begeben, aber mich läßt der Gedanke nicht gleichgültig, in Europa

zur Bettlerin zu werden und in einem von Proletarierfamilien bewohnten Haus zu leben und wie meine Nachbarn mein Geschirr zu spülen und meinen Fußboden zu kehren. Ein Leben um diesen Preis zu akzeptieren, würde ich als entwürdigend empfinden. In einem Krankenhaus kann man, ohne sich zu erniedrigen, das Geschirr spülen und den Fußboden scheuern, weil man das Leiden der armen Kranken lindert, wenn man ihren Zufluchtsort sauberhält. Wenn man das für sich selbst tut und nur mit dem einzigen Ziel, ein gewöhnliches und mittelmäßiges Leben zu verlängern – pfui Teufel!

Und es wäre die allergrößte Dummheit, bis an diesen Punkt zu gelangen, wenn man es vermeiden kann. Meine Vernunft entspringt vielleicht einer Übervorsichtigkeit, aber ich halte mich daran, und sie sagt mir folgendes: Ich bin nicht mehr jung, ich kann mir mit körperlicher Arbeit meinen Lebensunterhalt nicht verdienen, doch will ich mir mein tägliches Brot und ein Dach über dem Kopf sichern. Ganz simpel. Falls mehr zu erreichen ist, um so besser, aber zumindest das absolut Notwendige sollte nicht fehlen, ich möchte nicht zur Bettlerin herunterkommen und den sozialen Abstieg in Kauf nehmen müssen, den die äußerste Armut mit sich bringt. Das denke ich mir für mich und ebenso für Dich. Vielleicht ängstigt Dich schon die Perspektive, ein zurückgezogenes, monotones und einsames Leben führen zu müssen, dann möchte ich Dich darauf aufmerksam machen, daß nichts Dich zwingen wird, Dich mit Deinen zwölftausend Franc Rente auf Deinen Rückzugsort zu beschränken, falls die Dinge sich in Frankreich zum Besseren wenden und unser Vermögen wieder zu dem wird, was es vor dem Krieg war. Du wirst wieder reisen und Dich in Frankreich oder anderswo erholen können, wenn Du Lust dazu hast. Sollten meine düsteren Voraussagen jedoch eintreffen, wärst Du genau wie ich besser in einem Haus auf dem Land aufgehoben,

umgeben von einem großen Garten, wo wir unsere eigenen Gemüse und Früchte essen könnten, anstatt in Nizza oder in Algier betteln zu gehen. Habe ich nicht recht?
Ich habe deshalb beschlossen, mir nach Beendigung der Reise, die ich plane, irgendwo ein Stück Land zu sichern. Falls sich zu diesem Zeitpunkt kein unmittelbar dräuendes Ungewitter am Himmel abzeichnet, könnte ich, falls ich meine Hütte nicht sofort errichten will, mein Terrain immer noch an Bauern verpachten, die Reis oder anderes darauf anbauen. Solltest Du Dich absolut weigern, zu kommen und Dir mein kleines Landgut anzusehen, werde ich in einheimischer Bauweise eine Baracke errichten, die teils aus Holzbrettern und teils aus Matten bestehen wird, und es wird mich keine zweihundert Rupien kosten, ein Häuschen für mich zu haben. Falls Du meine Idee für vernünftig hältst, herkommst und Dich zumindest bis zum Ende der augenblicklichen Krise mit mir hier niederläßt, könnten wir eine etwas bessere Konstruktion ins Auge fassen.
(...) Kehren wir zum Problem meines Lebens hier zurück. Ich werde Kumbum verlassen, sobald ich die Summe erhalten habe, die Du mir nach Deiner Rechnung für einen Zeitraum von etwa zwei Jahren zur Verfügung stellen kannst. Du schreibst von einer Summe von zweitausend Franc, die Du mir im April angewiesen hast und die ich zweifellos im Juli erhalten werde. Damit kann ich mich hier noch ein wenig länger über Wasser halten, aber ich habe Dir unumwunden erklärt, daß die Situation unerträglich geworden ist. Der Kleine und ich werden zu Fuß gehen, das Gepäck auf die beiden Maultiere laden, die mir geblieben sind, und uns durchschlagen, so gut es eben geht. Wir werden den Lamas in Kumbum und den Europäern in Xining nicht unsere Armut zur Schau stellen. Falls ich bis Oktober keine ausreichende Summe in der Hand habe, so

gering sie auch sein mag (vierhundert oder fünfhundert Taels), werde ich diesen unmöglichen Kampf aufgeben. Ich werde die Maultiere und alles, was mir geblieben ist, verkaufen, werde Aphur den Erlös geben und ihn über den Landweg in seine Heimat zurückschicken. Alles übrige bedarf keiner langen Erklärung. Ich werde mich in irgendein Versteck in den Bergen zurückziehen und dort den Hungertod sterben oder mir eine Kugel in den Kopf schießen, je nachdem. Ich habe mir so viel geborgt, wie ich nur konnte, und ich muß diese Summe zurückzahlen. Der Dollarkurs sinkt einfach nicht.
(...) Apropos »Präsident«: Du schreibst mir in Deinem Brief von der Wahl von Deschanel, und ich habe Dir bereits gesagt, wie ich darüber denke. Die Franzosen haben sich die Verachtung ihrer Alliierten zugezogen, und vielleicht hat das auch zur Entwertung unseres Vermögens beigetragen.
Clemenceau hat seine Schwächen, ich habe ihn anläßlich der Gründung von *l'Aurore* ganz aus der Nähe gesehen, er ist nicht ohne Fehl und Tadel, aber er ist genau der aktive, tatkräftige Mann, der im Augenblick nötig wäre. Seine Popularität im Ausland ist enorm. (...)

Kumbum, 1. Juni 1920
Gestern habe ich einen Ausschnitt aus *La Dépêche tunisienne* erhalten. Er berichtet von Deschanels Amtseinsetzung und gibt seine Rede an das Parlament wieder. Was für ein Wortschwall! »Welch unnützes Geräusch der Kiefer«, wie jener arabische Angeklagte einst vor dem Gericht in Tunis sagte. Diese Redner sind mir allesamt abgrundtief zuwider, nicht nur die französischen, sondern die aller Länder. Europa ist am Boden, die Menschen haben nichts mehr zu essen, und da gibt es Idioten, denen nichts Besseres einfällt, als zu schwadronieren, und überdies auch noch Leute, die noch dümmer sein müssen,

da sie ihnen zuhören und applaudieren. Betrüger und Betrogene sind gleichermaßen unsympathisch. Seitdem es Menschen auf dieser Welt gibt, muß es ein widerwärtiges Schauspiel gewesen sein, sie agieren zu sehen, das hat sich nicht geändert, und das wird sich wohl niemals ändern. Deshalb zieht jeder, der auch nur ein Fünkchen Verstand besitzt, die Einsamkeit vor, die großen, weiten Räume, den Anblick der Wolken, die über den Himmel ziehen, die Sterne, die so fern sind, daß wir nichts von ihnen wissen, was uns erlaubt, sie uns als eine Vielzahl von Paradiesen vorzustellen, und die winzigen Steppenblumen, die uns so nahe sind, deren Gedanken wir aber dennoch nicht kennen.

Ich lese in diesem Augenblick ein wunderbares Buch. Unter den »östlichen Gelehrten«, von denen es nicht ein einziger gelesen hat, genießt es den Ruf, ein Sammelsurium von Phantasmagorien und unsinnigen Hirngespinsten zu sein, und nun stellt sich heraus, daß es ein ziemlich scharfsinniges Werk ist und von der klaren und unerbittlichen Logik eines genialen Rationalisten. Ich übersetze es weit mehr des intellektuellen Vergnügens wegen, das mir diese Arbeit verschafft, als in der Hoffnung, daß das Werk von einem gebildeten Publikum mit Genuß gelesen werden könnte. Vor dem Krieg hätten sich vielleicht Leute gefunden, die es zu schätzen gewußt hätten, aber jetzt! ... Der Rückfall in die Barbarei bringt immer entfesselte Sentimentalität und Emotionalität mit sich. Niemand ist sentimentaler und gefühlsmäßig leichter erregbar als ein brutaler Mensch, wofür die Deutschen das beste Beispiel sind.

In Deinem Brief vom 18. Februar findet sich ein Satz, der mir immer wieder in den Sinn kommt und der mich sehr traurig macht. Du schreibst: »Wir werden uns alle beide in einer Situation wiederfinden, die dem Elend sehr nahe kommt.« (...)

Was mich angeht, so habe ich immer geringere Bedürfnisse. Ich quäle Dich jetzt wegen der unberechenbaren Kurse und weil ich mich, solange wir noch in Briefwechsel stehen, nicht zurückziehen und ein Leben wie die Menschen hier führen kann. Aber das wird vorbei sein, sobald ich die Reise durchgeführt habe, von der Du weißt. Solange Du mir helfen konntest, ohne Dich allzusehr einschränken zu müssen, habe ich das Geld gerne angenommen, das Du mir für meine Reisen gegeben hast. Sobald Du alle Deine Einkünfte jedoch für Dich selbst benötigst, kann das nicht mehr so weitergehen. Du warst sehr gut zu mir, und das möchte ich Dir nicht mit falscher Münze zurückzahlen, indem ich Dir noch den beruhigenden Betrag beschneide, den Du im Ruhestand bekommen wirst. Ich glaube, wir würden einen großen Fehler machen, wenn wir nicht an einem Strick ziehen und uns gegenseitig helfen würden, uns unser Alter angenehm zu gestalten. Sobald Du nicht mehr von Deiner Arbeit in Anspruch genommen bist, wirst Du vielleicht froh sein, eine Frau an Deiner Seite zu haben, die nicht völlig ungebildet und dumm ist, die viele Dinge gesehen hat, und es wird womöglich ein angenehmer Zeitvertreib sein, sich mit ihr zu unterhalten. Letztlich ist Madame Néel von dieser Art, und wenn Du und sie gemeinsame Interessen haben, wird es besser sein, wenn sie sich um Dein Innenleben kümmert, aus welcher Distanz auch immer, als wenn Du Dich bezahlten Personen auslieferst.

Ich, mein lieber Mouchy, habe einen etwas anderen Charakter als Du, sagen wir lieber, einen sehr viel anderen. Ich habe eine mystische Veranlagung und philosophische Anschauungen, die mir ein Leben erlauben, das nur wenige Europäer ertragen würden. Ich habe in einer Höhle gelebt und sehr gut darin geschlafen, ich bin ganz allein durch Dschungel gestreift, in denen es Tiger gab, und habe mich einem Auge in Auge gegenübergesehen. Gehen wir einmal davon aus, daß das Alter mir Wanderungen dieser Art auf die Dauer verbieten wird, doch könnte ich mich dann immer noch in irgendeinem fernen Winkel Tibets oder der Mongolei in eine Einsiedelei zurückziehen. Und ich werde es tun, ohne Dir irgendwelche Vorwürfe zu machen, falls Du zu der Meinung gelangst, daß Du alle Deine Einkünfte für Dich allein brauchst und ein Leben mit mir an Deiner Seite zu teuer für Dich wäre. Sobald die Reise, zu der ich fest entschlossen bin, beendet sein wird, steht es Dir frei, Dich für die Lösung zu entscheiden, die Dir am angenehmsten erscheint. (...)

Kumbum, 7. Juni 1920
Gestern habe ich Deine beiden Briefe vom 14. und vom 24. Mai gleichzeitig erhalten. Ich weiß nicht, wie ich Dir für die Opfer danken soll, die Du Dir für mich auferlegt hast. Ohne daß ich deshalb allzu viele Worte machen müßte, weißt Du, daß ich intelligent genug bin, ihren Wert schätzen zu können. Deine Briefe haben die Spannung von mir genommen, die auf mir gelastet hat, wenn sie auch keine Lösung für ein Problem liefern, das nicht wir, sondern nur die Ereignisse klären können. Sie erlauben es mir jedoch, meine Situation klar zu überblicken und einen entsprechenden Plan aufzustellen.
Deshalb Dank, tausendmal Dank, mein Liebster.
Ich habe folgendes beschlossen:
Ich verlasse Kumbum, sobald ich über Deine Überweisung vom Juli verfügen kann: zweitausend Franc, die mir zusammen mit der vorherigen Einzahlung vom April – sechstausend Franc – achttausend Franc in die Hand geben. Natürlich habe ich jetzt keine Ahnung, wieviel das in Dollar ausmachen wird. (...)
Selbstverständlich reisen wir zu Fuß, aber ich hoffe, daß ich

meine beiden Maultiere behalten kann, die das Gepäck und die Vorräte tragen. So werden wir ein Zelt als Unterschlupf haben.
Ich schreibe Dir heute nur einen kurzen Brief, weil ich sehr beschäftigt bin. Aphur und ich haben das Haus ausgeräumt, und wir verkaufen alles, was uns nicht völlig unentbehrlich ist. Der Junge und ich werden nur die beiden kleinen Zelte, unsere pelzgefütterten Houppelanden, ein paar Kochutensilien und eine begrenzte Anzahl von Decken behalten. (...)

Kumbum, 26. Juni 1920
Ich kehre von einem fünftägigen Ausflug zurück. Ich war in den Bergen und habe mir Mineralquellen angesehen. Es stellte sich heraus, daß es sich um kalte Schwefelquellen handelt. Über ein weites Tal verstreut, gibt es eine große Anzahl davon. Wir haben daraus getrunken, wir haben darin gebadet. Ich weiß nicht, ob uns das gutgetan hat, aber eben das ist das Besondere am urwüchsigen Leben, daß man eine ganze Menge von Dingen ißt oder trinkt, wie es gerade kommt, und falls es einem danach nicht bessergeht, dann geht es einem auch nicht schlechter.
In drei Tagen breche ich erneut zu einem längeren Ausflug auf, der etwa drei Wochen dauern wird. Der Platz, an den wir uns begeben, ist ein Wallfahrtsort am Fuß eines Berges mit ewigem Schnee. Es leben dort nur einige Eremiten. Wir werden wahrscheinlich höher hinaufklettern, dorthin, wo zwei Tagesmärsche entfernt noch weitere Einsiedler leben. Dieser Platz heißt Da-kar pé Dzong. (Dzong bedeutet [...] Festung.) Ich weiß nicht, wie *Da-kar pé* richtig geschrieben wird, und wage deshalb keine Übersetzung. In der tibetischen Sprache kann man sich nicht von der Aussprache leiten lassen. Man muß unbedingt das geschriebene Wort sehen, denn die Sprache ist arm

an Lauten. Es wiederholen sich bis ins Unendliche immer die gleichen, die unterschiedlich geschrieben werden. Wenn man spricht, richtet man sich nach dem Sinn des Ganzen, aber ein Wort für sich allein, ein Eigenname, kann alles mögliche bedeuten. Das ist ja auch nicht so wichtig! Mit Aphurs Hilfe habe ich es jetzt herausgefunden: Er sagt mir, der Name ist *Tak Kar* und nicht etwa *Da Kar*. Was bedeutet: »Die weiße Höhle des Lotus«.

Sinn dieser Ausflüge ist natürlich, das Land kennenzulernen, aber sie haben noch einen anderen, nämlich den, meine Kräfte zu erproben. Nun! Ich muß aufrichtig gestehen, daß mich das Resultat bisher in keiner Weise befriedigt. Da ich unter gar keinen Umständen auf diese Reise durch Zentralasien verzichten würde, selbst wenn ich schon im voraus wüßte, daß ich sie nicht durchstehen kann, bekümmert es mich doch ein wenig, daß ich mich den Anforderungen nicht gewachsen fühle. Ich bin viel gereist, noch nie jedoch unter so harten Bedingungen wie denen, die mir meine derzeitiger Mangel an Mitteln auferlegt. Ich war es gewohnt, zu reiten; jetzt gehe ich zu Fuß, und die Bergpfade sind steil. Aphur war so beherzt wie nur irgend möglich, aber er ist nicht unter Nomaden aufgewachsen, er hat niemals Wanderungen dieser Art unternommen, und seine kleine Statur macht ihm manche Dinge ebenso schwer wie mir.

Vielleicht ist es übertrieben von mir, mich auf eine Wanderung einzulassen, die Forscher nur mit einer beträchtlichen Ausrüstung und zahlreichen Dienern unternehmen würden. Ich mag überspannt sein, doch verfüge ich über eine gelassene Vernunft, die es mir erlaubt, mein Vorhaben klar einzuschätzen und es in seinen Einzelheiten vor mir zu sehen. Es fällt mir schwer, mich an die Hoffnung zu halten, daß im Laufe meiner ungewöhnlichen Expedition keine Katastrophe (ich gebrauche das geläufige Wort) eintreten wird. Während des Ausflugs, von dem ich gerade zurückkehre, bin ich am ersten Tag rund vierzig Kilometer zu Fuß gegangen. Das ist nicht übermäßig viel, aber da ich mich monatelang nicht mehr bewegt habe, fehlt es mir an Übung, und das habe ich gespürt. Da Regen drohte, mußte ich bei der Ankunft die Fron auf mich nehmen, Yakfladen für den nächsten Tag zu sammeln. Inzwischen richtete der eine die Zelte auf, während der andere Holz hackte und kochte. Nach der Mahlzeit hätte ich schlafen können, das hätte mich jedoch gezwungen, eine der Nachtwachen zu übernehmen, während ich es vorziehe, später zu Bett zu gehen und ohne Unterbrechung durchzuschlafen. Die Nachtwache bei den Tieren (ich habe nur noch zwei Maultiere) kann manchmal ganz stimmungsvoll sein, aber man beginnt, sich zu langweilen, und manchmal meldet sich der Schlaf, man muß dagegen ankämpfen, laufen, pfeifen, wie die Wachtposten. Wir sind nur zu dritt, und die Männer müssen sich ebenfalls ausruhen. Natürlich machen sie sehr viel mehr schwere Arbeit als ich und sind dann müde. Schlafen gehen bedeutet, sich auf zwei zusammengefalteten Decken auszustrecken, die auf dem Boden liegen. Dieses unebene Terrain hat überall Buckel, die sich in die Rippen drücken, und schon bald ist dieses bescheidene Lager von Feuchtigkeit durchtränkt. Man steht auf, trinkt Tee und macht sich wieder auf den Weg ... Das geht immer so weiter, Tage der Ruhe sind selten. Wie dem auch sei! Ich verschließe vor den Schwierigkeiten dieses Abenteuers nicht die Augen. Vielleicht sollte ich der Vernunft gehorchen und meine Kräfte nicht überfordern. Egal wie, ich werde zu dieser Reise aufbrechen, das ist beschlossene Sache, auch ohne Zelt. Weshalb sollte ich jedoch freiwillig Leiden auf mich nehmen, die ich vermeiden kann? (...)

Pelliot und Konsorten haben ähnliche Reisen nur mit Zuschüssen vollbracht, die sich auf Tausende von Francs beliefen. Du wirst Dir sicher denken, daß es mir die Mittel, über die ich verfügen werde, nicht im mindesten erlauben werden, mir den Komfort zu verschaffen, dessen sie sich erfreut haben. Aber wenn ich dieses Geld vorab in die Hand bekomme, wird es mir eine Unternehmung erleichtern, die, wie ich glaube, trotz allem sehr schwierig sein wird. Ich muß nicht zu Fuß gehen, ich kann einen Diener mitnehmen, den, den ich habe und der an ein Lagerleben sehr gut gewöhnt ist. Wenn Aphur und er abwechselnd reiten, kommen sie nicht völlig erschöpft am Etappenziel an und können sich tatkräftig darum kümmern, mein Mahl vorzubereiten und mein Zelt aufzubauen. (...)

Kumbum, 26. Juli 1920
(...) Was meine bevorstehende Reise angeht, so habe ich Dir nichts mehr dazu zu sagen. Es handelt sich nicht darum, ob sie »von Nutzen« sein wird oder nicht. Sie ist absolut beschlossene Sache, und nichts mehr wird sie aufhalten, mag kommen, was will. Ich verspüre ein sehr großes Verlangen, Dich wiederzusehen, aber abgesehen davon zieht mich nichts ins Abendland zurück. Sollte ich Asien je verlassen, dann nur in der Hoffnung, in welchem Alter auch immer wieder zurückzukehren und meine Tage irgendwo in der Steppe zu beschließen, mit dem unendlichen Raum vor mir und dem gewaltigen blauen Himmel über mir. Mögen die Götter es mir vergönnen, in meinem Zelt in der großen Einsamkeit zu sterben, und ich werde ihnen dafür danken. Das habe ich im Blut, und ich träumte schon die gleichen Träume, als ich noch ein kleines sechsjähriges Mädchen war. Das ist der Tropfen mongolischen Blutes, der sich nach mehreren Generationen plötzlich wieder durchgesetzt hat. (...)

Kumbum, 26. Juli 1920
(...) Was Du mir in Deinem Brief über die Preise der französischen Hotels schreibst und was ich in der »Lettre de Paris«, einer englischen Zeitung, über die Preise für Stoffe und Kleidung lese, macht mir angst. Der Krieg hat die Welt tatsächlich verändert. Wie könnte jemand, der jahrelang fort war und die Zeit des Übergangs nicht miterlebt hat, wieder in einem Land Fuß fassen, das so verschieden ist von dem, das er vorher kannte? Ich kann mir nicht vorstellen, daß ich meine Einkäufe noch im »Louvre« oder im »Bon Marché« machen könnte, bestimmt würde ich nach einer Stunde wahnsinnig. Wieso gehen die Leute bei solchen Preisen nicht völlig nackt? Wer kann sich da denn noch den Luxus einer Hose erlauben! (...)
(...) Ganz wie die Bolschewiken befinden sich die Arbeiter wahrscheinlich auf einem Irrweg. Möglicherweise wählen sie die falschen Mittel, um zu erreichen, was ihnen vorschwebt, aber wer könnte ihnen denn zum Vorwurf machen, daß sie, wenn auch auf ungeschickte Weise, nach einem lustvolleren Leben streben? Vielleicht verachtet der Philosoph die vulgären Vergnügungen, auf die sie Anspruch erheben, aber das harte Leben, das die Arbeiter von Kindheit an führen mußten, hat ihnen nicht die Muße gelassen, ein philosophisches Denken zu entwickeln. Mag sein, daß sie geistig unbedarft sind, man hat sie jedoch auch über Jahrhunderte in Unwissenheit gehalten, zur allergrößten Befriedigung einer Kaste von Adligen oder einer Kaste von Reichen, je nach Epoche. Nun, da diese armen Idioten aus ihrer Benommenheit erwacht sind und sich, linkisch wie sie sind, ebenfalls amüsieren möchten, sind sie auf gravierende Weise in die Gesellschaft eingebrochen und stellen die falsche Harmonie in Frage, von der diese mehr schlecht als recht aufrechterhalten worden ist. Gehen wir einmal davon aus, daß sie tatsächlich Dummköpfe sind, aber man wollte sie

so und hat sie dazu gemacht, und was soll man an diesem Punkt über die anderen, die Intelligenteren und die Zyniker sagen.
Es wird eine Zeit kommen, die wir gewiß nicht mehr erleben, in der die Menschheit den heutzutage ungeheuerlich erscheinenden Standpunkt vertreten wird, daß alle Kinder von der Wiege an die gleichen Chancen erhalten müssen, um sich entsprechend ihren natürlichen – überragenden oder mittelmäßigen – Fähigkeiten entwickeln zu können, und daß absolut jeder, der in den Genuß dessen, was man als »das zivilisierte Leben« bezeichnet, kommen will, seinen Anteil an Arbeit ausführen muß, der notwendig ist, um diese Zivilisation aufrechtzuerhalten. Die anderen, die Faulen und die Weisen, die sich über die Zivilisation lustig machen und nicht glauben, daß sie es wert ist, ihr auch nur zehn Minuten Zeit zu opfern, wird man auffordern, sich in die Wüste zurückzuziehen, wo sie sich zum Beispiel statt mit elektrischem Licht mit dem bescheiden müssen, das der Mond ihnen gratis liefert – in den Nächten, in denen er scheint – und an den anderen Abenden mit einer ganz primitiven Lampe, die aus Reisig besteht, das man in Butter oder in anderes Fett taucht, so wie ich es mache, wenn ich im Zelt lebe. Das ist eine simple Lebensweise, die einen veranlaßt, mit den Hühnern schlafen zu gehen, was der Gesundheit über die Maßen förderlich ist. Und allem anderen auch. (...)

Kumbum, 12. August 1920
Ich war ziemlich lange »on camp«, wie die Engländer sagen. Der Leiter der Mission in Xining hatte mir einen chinesischen Tempel als reizvolles Ausflugsziel angegeben, und wir haben uns ein wenig auf gut Glück auf den Weg gemacht, ohne genau zu wissen, wo sich der Tempel befand. Am ersten Tag haben wir unser Zelt an einem Ort aufgeschlagen, der uns gut be-

kannt ist, und sind sodann zu unserem Abenteuer aufgebrochen. Ich ging voraus und dachte, daß die Männer mir folgen würden. Aber an einer Gabelung nahmen sie den Weg ins Tal, während ich weiter bergan stieg. Als ich niemanden mehr hinter mir sehe, erklimme ich eine Anhöhe, um die Umgebung in Augenschein zu nehmen, und nachdem ich ziemlich lange gewartet habe und inzwischen vergnügt damit beschäftigt bin, wilde Erdbeeren zu essen, sehe ich Aphur kommen. Er war bis ins Tal hinabgestiegen, und da er mich nirgendwo erblicken konnte, ist er wieder umgekehrt und hat mich endlich auf meinem Aussichtsplatz entdeckt. Die beiden anderen hat er angewiesen, weiter im Tal voranzugehen, hat ihnen den Namen des Tempels eingetrichtert, und sie sollen versuchen, sich durchzuschlagen, während wir das gleiche auf einem anderen Weg tun werden. Wir wandern und wandern und erreichen schließlich den Ort, an dem der Weg der anderen den unseren kreuzen müßte, aber es ist niemand in Sicht. Wir gelangen in eine schöne Schlucht mit einem breiten Fluß. Ich fühle mich sehr erschöpft; wenn das Gepäck jetzt ankäme, könnte man die Zelte aufschlagen und sich ausruhen, weit und breit keine Spur von ihnen. Es beginnt zu regnen. Barfuß und mit hochgeschürzten Gewändern steigen der Kleine und ich ins Wasser, die Strömung ist heftig, und wir müssen versuchen, das Gleichgewicht zu behalten, denn ein kaltes Bad wäre uns in diesem Augenblick höchst unwillkommen. Wir erreichen das andere Ufer, und endlich trifft auch das Gepäck ein. Wir klettern zu dem Platz empor, wo wir den Tempel vermuten. Es ist ein steiler Anstieg zwischen zwei Felsmauern hindurch. Der Pfad wird so schlecht, daß Aphur vorangeht und die Tiere anhält, um zu sehen, ob sie überhaupt weiterkommen können. Er gelangt am Tempel an, der aus drei Häuschen besteht, die am Felsen kleben. Es besteht dort keine Möglichkeit, zu zelten und zu übernachten, es gibt keine zwei Meter ebenen Boden. Wir müssen durch den »Kamin« wieder hinabsteigen, was noch schwieriger ist als der Aufstieg, und uns dann, wie man es uns empfohlen hat, durch einen anderen »Kamin« auf den Gipfel des Berges hochwinden. Ich frage mich, ob ich wohl jemals das Ende dieses »Kamins« zu sehen bekomme, aber irgendwann gelangt man immer an, und gegen sieben Uhr abends lassen wir uns auf dem sumpfigen Grasland des Gipfels nieder, von dem aus man einen sehr schönen Blick hat und den Tempel weit unter sich sieht.

Die Geschichte des Heiligtums, das dem *tao-sse*-Ritus geweiht ist, ist die folgende. Die Legende erzählt, daß sich vor rund hundert Jahren ein Eremit dorthin zurückzogen und sich, ohne zu essen oder zu trinken, in tiefste Meditationen versenkt hat. Sein Grab ist einem einzigen Priester anvertraut, der ebenfalls ganz allein lebt und nur während der Vollmondtage in den Sommermonaten Besucher empfängt. Für den Rest des Jahres lebt er in völliger Einsamkeit. Er ist ein sehr hochgewachsener Mann von etwa fünfunddreißig oder vierzig Jahren mit schönen großen Augen, wie die *tao-sse*-Priester sie häufig haben, obwohl die Chinesen im allgemeinen kleine Augen haben – ein schöner Mann, mit anderen Worten. Die meisten Europäer würden den Verstand verlieren, wenn sie so leben müßten, und sie haben es fast zum Dogma gemacht, daß die Einsamkeit zum Wahnsinn, zur Verblödung führt. Das ist in Asien völlig anders, wo viele Leute, die keineswegs immer große Denker sein müssen, ohne Schwierigkeiten ein Eremitendasein führen, ohne daß ihre geistigen Fähigkeiten darunter leiden würden, ganz im Gegenteil. Darin herrscht hier Überlegenheit, das ist unbestreitbar. Warum können die Abendländer sich nicht selbst genug sein? Warum müssen sie immer mit anderen Leuten palavern, sich in der Herde bewegen? Das ist die Art der niederen Tiere (ich bewundere die Bienen und die Ameisen längst nicht so sehr, wie das allgemein üblich ist). Die Löwen und die Adler leben allein.

Kumbum, 18. September 1920

(...) Das Wetter, das bis gestern scheußlich war, hat sich heute zum Schönen gewendet, ob das andauern wird? Wie dem auch sei, in unseren Bergen ist es Winter geworden. Die höchsten der Gipfel, die uns umgeben, sind mit Schnee bedeckt, der bis zum Juni oder Juli nächsten Jahres nicht mehr schmelzen wird. In diesem Jahr waren einige Bergspitzen durchgehend weiß. Es ist kalt, vor allem nachts, und ich werde meine getreue Bettgefährtin wieder zu mir nehmen: meine Wärmflasche. Die Sonne scheint, und selbst wenn sie nicht so strahlend ist wie im Frühjahr, lädt sie doch dazu ein, den Wanderstab zu nehmen, denn im Spätherbst sind die Wege in Zentralasien gut begehbar und selbst im Winter bis zum Januar, der Zeit, in der es schneit. Da ich Kumbum nun einmal verlassen muß, wäre es jetzt die richtige Zeit, sich auf den Weg zu machen, aber ich erwarte noch immer das Geld Deiner Sendung vom Juli, die mir seit langem angekündigt ist, und das der telegraphischen Überweisung, die darauf folgen sollte. Du wirst verstehen, daß ich bereits die sechstausend Franc Deiner Sendung vom April angreifen mußte. Es wird mir nie gelingen, von hier fortzukommen, wenn ich das Geld einer Überweisung bereits aufgebraucht habe, bevor die nächste kommt, und ich habe andererseits nicht genug in der Hand, um aufbrechen und die geplante Reise in Angriff nehmen zu können.

(...) Die Situation bleibt allerorts chaotisch. Es wäre sinnvoll, wenn ich auf dem schnellsten Weg beenden würde, was ich mir in Asien vorgenommen habe, und dann zurückkehrte. Wir müssen uns miteinander beraten und darüber nachdenken, wie wir am besten mit dieser ungewöhnlichen Sachlage fertig werden, die durch den Krieg entstanden ist. Wir hatten nichts dergleichen erwartet, und alle Vorhaben, die wir ins Auge gefaßt hatten, sind unter diesen neuen Lebensumständen hinfällig geworden. Man kann solche Dinge nicht per Brief diskutieren, vor allem nicht über eine solche Entfernung. Ich muß deshalb zurückkehren, und ich würde es auf der Stelle tun, wäre da nicht diese Reise, die mir so sehr am Herzen liegt, daß es völliger Wahnsinn wäre, jetzt, da ich sie relativ leicht in die Tat umsetzen kann, darauf zu verzichten, um mich dann für den Rest meiner Tage mit der Last eines unerträglichen Bedauerns abzuquälen. Lassen wir lieber in Schönheit enden, was für mich der wunderbarste aller Träume war: diese Jahre der Reisen durch Länder, an die ich mich mit allen Fasern meines Seins gebunden fühle. Dafür bedarf es keiner großen Opfer. Ich habe Dich im Grunde lediglich um einen Vorschuß gebeten, der Dich für 1921 von allen Belastungen freihalten wird. (…) Wenn meine Erinnerung mich nicht täuscht, war es der Apostel Paulus, zu dem ein römischer Prokurator eines Tages sagte: »Dein Zuviel an Wissen hat dich verrückt gemacht.« In aller Bescheidenheit beziehe ich diese Bemerkung auch auf mich. Ich glaube, daß vielleicht nicht ein Zuviel an Wissen, aber ein anderes Wissen als das der Mehrzahl der Menschen mein Gehirn verändert hat, was in die Umgangssprache übersetzt bedeutet, daß man als verrückt eingestuft wird. Ich lese in einer Zeitung, die man mir gestern geschickt hat, daß ein gewisser Thévenot während des Krieges hundertfünfzig Millionen angesammelt hat, indem er Holzgriffe für Handgranaten geliefert hat. Dieser tüchtige Mann hatte vor den Beamten, die die Kriegsgewinne einzuschätzen hatten, lediglich sechs Millionen deklariert, und *aus diesem Grund* muß er vor Gericht erscheinen. Ich finde das einfach unfaßbar. Man beruft Män-

ner ein und setzt sie, ob sie wollen oder nicht, der Gefahr aus, getötet zu werden. Kaum jemand verwehrt sich dagegen, das nennt man »Pflicht gegenüber dem Vaterland«. Schön und gut. Aber weshalb werden nicht auch die Leute dienstverpflichtet, die Munitionsteile herstellen? Die Frontsoldaten haben in den Schützengräben keinen Gewinn angesammelt, wieso kann das der Fabrikant, so nützlich seine Produkte für die Verteidigung des Vaterlandes auch sein mögen? ... Was will man machen, die Dummheit der Massen fordert unweigerlich die Schurkereien geschickter Spitzbuben heraus. Ich erinnere mich, diese Frage ziemlich heftig mit italienischen Sozialisten diskutiert zu haben, die an die Allheilmittel der Regierung glaubten. Solange es noch einen Dummkopf auf der Welt gibt, wird man ihn rupfen, und der Krieg gegen die Torheit der Massen wäre taktisch sinnvoller als die Streiks für den Achtstundentag oder für eine Gehaltserhöhung. Nur muß man schon ein Intellektueller sein, um zu begreifen, daß irrige Denkweisen die Quelle allen Übels sind. Das ist ein Teufelskreis oder doch fast.
Eine hochgelegene Einsiedelei, die Tür verschlossen, keine ungebetenen Besucher, keine Zeitungen, die das Echo des Wahnsinns bringen, der sich unten im Tal abspielt. Das wäre, wie ich glaube, das Beste, was sich ein alter Philosoph wie ich für den Rest seiner Tage wünschen könnte. Was hältst Du davon, mein guter Freund?
(...) Mein lieber großer Freund, Du wirst meinen, daß ich mit dem Alter unsinniges Zeug zu faseln beginne, weil ich Dir unablässig das gleiche wiederhole. Was? ... Daß ich Dir dankbar für diese überaus glücklichen Jahre in Asien bin, die Du mir ermöglicht hast. Ja, ich werde alt, aber mehr noch, mir ist, als würden mir die Dinge ringsum und unter meinen Füßen auf seltsame Weise entschwinden. Das ist wie eine Welt von Din-

gen ohne Konsistenz, die sich auf einen fernen, verschwommenen Horizont zubewegen, in dem sie sich auflösen. Finanziell liegt alles im argen, die Hausse des Dollars ist ein neues Unglück, das mich getroffen hat. Ich werde mich darüber nicht weiter auslassen, was nützt das schon! Ich habe Dir schon genügend Ärger und Schwierigkeiten bereitet, seit ich in China bin. Bin ich dem Tode nah? Oder ist diese Art von Abgrund, der sich ausweitet und im Begriff scheint, mich zu verschlingen, nicht etwa ein Hinweis darauf, wie ein orientalischer Mystiker es sehen würde, daß es für mich entschieden an der Zeit ist, diese Welt zu verlassen, die ich in meinen Überlegungen sorgfältig analysiert habe, deren Basis ich aber vielleicht mit zuviel Dilettantismus und nicht genügend ernsthafter Überzeugung bei meinen Meditationen im Laufe dieser letzten Jahre untergraben habe, die ich im Gewand der hinduistischen *Sannyasins* gelebt habe, das ein Symbol für Ablösung und Verzicht ist. Waren sie womöglich zu sehr von spiritueller und intellektueller Sinnlichkeit bestimmt, so daß die Gelübde auf die Dimension eines Spiels, eines Sports reduziert wurden – wenn auch subtiler als jene, mit denen sich die Mehrzahl der Menschen vergnügt. In Indien herrscht die tiefe Überzeugung, die vielleicht ein wenig abergläubisch ist ... Oder auch fundiert ... Wer weiß? Daß man mit dem Gewand des Asketen nicht spielen darf und mit »dem«, dessen stoffliches Symbol es ist. Der Spieler, so sagt man, wird von der okkulten Ansteckung einer jahrtausendealten Tradition ergriffen, fortgerissen von der Kraft der konzentrierten Gedanken von Abertausenden von Menschen, die sich für *sannyâsa* entschieden haben, den Weg, der aus der Welt, aus der Existenz herausführt. Man mag von diesen Vorstellungen halten, was man will. Die geistige Ansteckung, die Kraft der Energie von Gedanken, die sich über Jahrhunderte angesammelt haben und die einem Namen, ei-

nem Symbol Leben eingehaucht haben, läßt sich vielleicht ebenso auf wissenschaftlichem Wege erklären, wie man die Ansteckung mit Krankheiten, die Vererbung, den Einfluß von Farben, von Tönen, von atmosphärischen Veränderungen auf die geistigen Anlagen und Stimmungen eines Menschen erklären kann.
Wenn man den Dingen Verachtung entgegenbringt, Distanz zu ihnen hält, selbst wenn die Verachtung ein wenig an der Oberfläche bleibt, entfernen sie sich am Ende, gehen fort wie beleidigte Freunde. (...)

Kumbum, 30. September 1920
(...) Was Aphur angeht, der mich mit ziemlicher Gewißheit nach Algerien begleiten wird, so habe ich Dir dazu nicht allzuviel zu sagen. Ich habe diese Frage eingehend erwogen und meinen Entschluß erst nach langem Nachdenken gefaßt. Es ist nur recht und billig, daß ich ihn mit mir nehme, wenn er es weiterhin wünscht, da er auf seinen ererbten Anteil an Grund und Boden verzichtet hat, um mich zu begleiten. Er hätte auch eine Anstellung als Schreiber oder eine andere Beschäftigung in den Büros des Radja bekommen können, wenn er in seinem Land geblieben wäre. Die meisten der Leute, von denen er abhängig wäre, falls er zurückkehren und sich dort niederlassen würde, waren sehr ärgerlich über seine Abreise und würden ihm die unabhängige Geisteshaltung, die er bewiesen hat, bitter heimzahlen. Der Junge hat mir jahrelang ohne jegliche Bezahlung gedient. Er war mir immer sehr ergeben, hat meine Interessen vertreten, hat mir zahllose Ausgaben erspart, indem er mit den Lieferanten gestritten und sich jedes nur mögliche Handwerk angeeignet hat. Es wäre überaus schäbig von mir, wenn ich ihn nach alledem entlassen würde, sobald er mir nicht mehr so nützlich sein wird wie zuvor. Doch selbst das

entspricht nicht der Wahrheit. Mein Entschluß, Aphur mit mir zu nehmen, entspringt zu einem guten Teil auch meinem Egoismus. Ich habe mich an ihn gewöhnt, ich bin nicht mehr jung, und in meinem Alter ist es sehr angenehm, jemanden an der Seite zu haben, der meinen Geschmack und meine Gewohnheiten kennt und mir auf eine Weise dient, die mir angenehm ist. Es kommt noch mehr dazu. Aphur, der manchmal Koch und Wäscher ist, Schneider und vieles andere mehr, ist mir auch als Sekretär sehr nützlich – ich meine als Sekretär für die Art von Arbeit, mit der ich mich beschäftige –, und für die zahlreichen Übersetzungen und Bearbeitungen von tibetischen Büchern, die ich veröffentlichen will, werde ich ihn dringend brauchen. Er beherrscht seine Muttersprache ziemlich gut und hat eine Kenntnis des Sanskrit, die es ihm erlaubt, Äquivalente für die orientalistischen Fachausdrücke zu finden, die mir bei der Arbeit helfen. Kurz gesagt, er ist fähig, auf meine Anweisung hin die Rohübersetzung eines Textes zu erstellen. Er wird diese Arbeit häufig nicht allein leisten können, er kann mir jedoch Zeit ersparen, indem er die notwendigen Recherchen in den Englisch- oder Sanskrit-Wörterbüchern oder anderen Nachschlagewerken übernimmt. Das verstehst Du doch sicher? …
Er ist ein sehr unkomplizierter Junge, der sich leicht den Gegebenheiten anpaßt. Sollten wir plötzlich ohne Dienstboten sein, wird er uns sofort zur Hand gehen und uns viel Ärger ersparen. Alles, was er braucht, sind ein paar anständige Kleidungsstücke, in denen er ausgehen kann. Im Haus wird er sich weiterhin auf die Weise seines Landes kleiden und sein eigener Schneider sein, was die Kosten senkt. Er raucht nicht, er trinkt keinen Wein, er geht niemals aus, außer mit mir oder um Einkäufe zu machen. Manchmal sagt er mir, ich hielte ihn so eingeschlossen wie eine chinesische Frau und ließe dabei völlig

außer acht, daß er ein Mann sei. Er ist jedoch auch der erste, der darüber lacht, und ist sehr glücklich bei diesem Leben. Er liest sehr gern und kann Stunden damit verbringen, Bücher durchzuarbeiten. Er ist kein Genie, aber er ist auch kein Dummkopf, und ich kann Dir versichern, daß ich mir bei meiner Rückkehr sehr verloren vorkommen würde ohne diesen kleinen Gelben, den Gefährten so vieler Reisejahre, wenn ich meine Wohnung und meine Bibliothek einrichten, meine kleinen Sammlungen und Papiere ordnen muß.
(...) Nach Deinem Brief aus Vichy habe ich den Eindruck, daß »die Gesellschaft« immer noch eine große Anziehungskraft auf Dich ausübt. Was Du mir über Vichy erzählst und was ich in Bruchstücken der Zeitung entnommen habe, in die Dein Brief eingewickelt war, hat mir nur Übelkeit verursacht. Ich sehe in dem Herumgewirbel all dieser Leute nichts als ein Gemisch aus Vulgarität und Dummheit.
Unter den Namen der gefeierten Größen hebe ich nur die der Frauen hervor, die schon vor mir auf der Bühne gestanden haben, was ihnen keineswegs ewige Jugend garantiert. Sieh da, unsere unsterbliche Sarah, die auf die achtzig gehen muß und ein Holzbein hat, tritt also immer noch auf, und Isadora Duncan, die einer englischen Zeitung zufolge ihre achtzig Kilo wiegt, hat nach wie vor den Ehrgeiz, jeden Abend in Marigny oder anderswo »wie eine Sylphide dahinzuschweben«. All das muß ein sehr tristes Spektakel sein.
Ich vermute, daß die Hotels, die hundertfünfzig Franc am Tag kosten, vor allem von denen frequentiert werden, die den »Kriegsgewinn« gehortet haben. Daß solch ein Begriff überhaupt existiert – und, was noch schlimmer ist, daß die Tatsache selbst existiert und die große Masse der Menschen diese Silben stupide wiederholt und im alten Trott weitermacht! Es gibt Leute, die vom Krieg profitiert haben, während die ande-

ren leiden mußten ... Es gibt Leute, die sich jetzt an diesen Profiten freuen, während sich Witwen und Waisen in Not befinden, blinde und versehrte ehemalige Soldaten an den Folgen dieses Krieges leiden müssen, aus dem gewisse Leute ein Geschäft gemacht haben ... Und Du, Du glaubst wirklich, daß jemand, der nachdenkt, das Herz haben kann, sich die Musik von Vichy oder sonstwo anzuhören, den Huren beim Foxtrott zuzusehen und sich mit den Kriegsgewinnlern an einen Tisch zu setzen? ...

Das derzeitige Frankreich erscheint mir schrecklich reaktionär und auf eine schlimme Weise spießbürgerlich. Als hätte es in den Schützengräben seine gesamte Tradition anarchistischen Geistes zurückgelassen, die vielleicht ein wenig mehr aufgezäumt als real war, aber trotz allem ein echter Schmuck für seine Flagge.

Ich weiß, daß Du die Dinge nicht mit den gleichen Augen siehst wie ich. Das ist im übrigen auch nicht wichtig. Ich glaube nicht, daß die Welt verändert oder verbessert werden kann, ebensowenig wie man Lepra- oder Pestkranken ihren Zustand angenehm gestalten kann. Christen und Sozialisten schwindeln sich gleichermaßen etwas vor. Das ist einfach Tatsache. Will man die Lepra oder die Pest vermeiden, muß man sich von denen fernhalten, die davon angesteckt sind. Nicht anders ist es mit der »Gesellschaft«. Will man ihren schlechten Geruch vermeiden, muß man sich von ihr absetzen. Und das tue ich mit Wonne.

(...) Vermutlich ist André jetzt Pastor in Straßburg. Merkwürdig, diese Leute, nicht wahr, die gerade noch getötet haben und sich jetzt ihren Lebensunterhalt damit verdienen, daß sie das Evangelium interpretieren: »Liebet eure Feinde, tut denen Gutes, die euch hassen und verfolgen ...« In Tianjin gibt es einen *clergyman*, der sich sehr gut im Altgriechischen auskennt und entdeckt hat, daß die in der Heiligen Schrift so benannten »Feinde« keine wirklichen Feinde waren, sondern lediglich Leute, die einem nicht sympathisch waren oder mit denen man kleine Streitereien gehabt hatte. Schöne Gelehrsamkeit! Der gleiche erleuchtete Mann hat diese lapidaren Worte von der Höhe seiner Kanzel verkündet: »Pacifism that ugly thing!« (Der Pazifismus, eine schlimme Sache!) Es kommt mir in den Sinn, daß auch die deutschen Pastoren in diesem Ton gepredigt haben.

(...) Das Jahr war überaus regnerisch, die Kartoffeln sind verfault, die reichliche Ernte ist ebenfalls verdorben. Was werden die Menschen in diesem Winter essen? Es wird ein schreckliches Elend geben. Sie werden ihr Vieh und ihre Kinder verkaufen, das ist in China so üblich. (...)

Kumbum, 29. Oktober 1920

(...) Da die Bank mich mit Verspätung von Deiner Überweisung verständigt hat, werde ich wahrscheinlich vor Ende Februar nicht aufbrechen können. Im übrigen herrscht hier eine schreckliche Cholera- und Typhusepidemie. In Chengdu sterben pro Tag fünfhundert Menschen an der Cholera. Noch vor zwei Wochen zählte man nur etwa zweihundert Tote am Tag. In Xining wütet der Typhus. Die Räuberbanden haben sich wieder des Weges bemächtigt, auf dem ich von Beijing hierhergelangt bin und auf dem ich all die Freuden kennengelernt habe, die den Reisenden erwarten, der ein Land durchquert, das sich zum einen im Bürgerkrieg befindet und zum anderen von Banditen verunsichert wird. In sechs der achtzehn Provinzen, aus denen das eigentliche China besteht (abgesehen von den »Domänen« Mandschurei, Mongolei, Turkestan und Tibet), herrscht Hungersnot. Die Menschen bringen sich gegenseitig um, nur um sich die Baumrinden zu stehlen, von denen sie sich ernähren. Seit Jahrhunderten hat es keine vergleichbare Katastrophe mehr gegeben. Das bedeutet, daß sich die Ausgehungerten, die noch die Kraft dazu aufbringen, in Banditen verwandeln werden. Man weiß nicht, in welche Richtung man sich wenden soll. Russische Banden sind in die Mongolei eingefallen und plündern dort wie die Wahnsinnigen. (...)

Kumbum, 10. November 1920

Ich habe gestern Deinen langen und interessanten Brief vom 20. August erhalten. Als Du ihn schriebst, dachtest Du, daß er mich kurz vor meiner Abreise aus Kumbum erreichen und daß ich das Lamakloster zu diesem Zeitpunkt vielleicht sogar schon verlassen haben würde. Davon kann leider keine Rede sein. (...)

Bei Anweisung des Geldes hast Du es unterlassen, der Industriebank in Shanghai zu schreiben und dort meine Adresse in Gansu anzugeben, die ich Dir sehr wohl präzise mitgeteilt hatte. (...)

Du täuschst Dich, wenn Du glaubst, daß Deine Briefe mir nachgeschickt werden könnten. Das ist völlig unmöglich, weil ich während des größten Teils der Zeit keine Orte mit Postverbindung berühren werde. Ich will keinen ausgetretenen Hauptstraßen folgen, sondern unbekannte Winkel besuchen. Wenn man zwei Wege zur Auswahl hat, empfiehlt es sich zudem aus Sparsamkeitsgründen, sich für den weniger begangenen zu entscheiden, wo es noch genügend unbebautes Land gibt. Auf diese Weise können die Tiere grasen, und man muß nicht für ihre Nahrung bezahlen. Man zeltet und spart sich die Kosten für die Herberge, man schneidet Holz, um sich die Suppe zu kochen, oder man sammelt die Fladen der Herden oder den Kamelmist für das Feuer am Abend. Man ist niemandem Geld schuldig. Das ist eine beträchtliche Ersparnis, und wer es gewohnt ist zu zelten, ruht sich in seinem Zelt weit besser aus als in irgendeinem Dorfhaus. Über solche Wege wird natürlich keine Post befördert. Außerdem kann ich keine genaue Route festlegen. Das wäre zu jeder Zeit sehr schwierig, doch nun mit den Unruhen ist es völlig unmöglich. In China und der Mongolei ist die Lage besonders unsicher. Jeder Provinzgouverneur führt dort Krieg gegen seinen Nachbarn. Dies ist wahrhaftig keine Epoche, in der man im voraus eine Reiseroute angeben könnte. Man kann gezwungen sein, wieder umzukehren und einen Weg nach Osten einzuschlagen, obwohl die Reise nach Westen geht, und umgekehrt. Wie könnte man da mehrere Monate im voraus einen Ort angeben, den man passieren wird? (...) Vergiß nicht, daß Du mich unter gar keinen Umständen durch die Botschaft oder auf irgendeine andere Weise suchen lassen darfst, denn das könnte meine Sicherheit und die der Leute in meinem Dienst auf das gravierendste gefährden. (...)

Ich glaube, es bedarf keiner langen Ausführungen, um Dir meinen Entschluß zu erklären, inkognito zu reisen, den mein Geldmangel noch bekräftigt hat. Es wäre mir sehr peinlich, wenn man mich mit meinen schmutzigen Houppelanden, den geflickten Sachen, die Aphur am Leib trägt, den vier Tellern, aus denen unser ganzes Geschirr besteht, und den übrigen Armseligkeiten als Ausländerin erkennen würde. Eine »Dame aus Paris« muß in der Sänfte reisen, so will es die Etikette hier, und wenn sie zeltet, kann sie nicht die Mühe auf sich nehmen, Reisig am Ufer der Flußläufe oder trockene Fladen in der Steppe aufzusammeln. Wenn es kalt ist, kann sie sich nicht mit ihren Leuten oder mit den Nomaden, denen man unterwegs begegnet, um das gemeinsame Feuer setzen. Sie muß zweifellos auch einen großen Petroleumvorrat auf Kamelrücken mit sich führen und einen Ofen in ihrem Zelt haben, so wie der Schwede Hedin und all die anderen. All das verstehst Du doch, nicht wahr? Wenn ich Milch möchte, werde ich sie mir von Zelt zu Zelt bei den Nomaden erbetteln. Ich sage zu den Frauen: »Gebt einer Nonne, die kein Fleisch ißt, Milch, auf daß eure Schafe und Yaks so zahlreich wie die Sterne am Himmel werden.« Das ist eine schöne Sache in der Wüste, und ich bekomme soviel zu trinken, wie ich brauche, aber so etwas gehört sich nicht für eine »Dame aus Paris«.

Kumbum, 15. November 1920
(...) Ich bin allein mit einem alten Bauern, meinem ehemaligen Milchlieferanten, und einem Jungen. Aphur ist zu einem Kloster an der Grenze der Einöden des Kuku Nors aufgebrochen, und der Mann aus Lhasa hat einen Monat Urlaub. Aphur ist auf der Suche nach einem Buch, das ich gerne haben möchte, und er könnte es in diesem Kloster vielleicht finden. Er hat zudem die Absicht, sich an diesem Ort zum *bhikshu* weihen zu lassen, was bei den Lamas sehr viel komplizierter ist als in Ceylon. Er hat sehr lange damit gewartet, weil er diese Sache überaus ernst nimmt, aber diesmal ist er fest entschlossen, und er will nicht auf die Reise gehen, ohne diese Zeremonie vollzogen zu haben. Falls die Konsekration im Dankar Gompa stattfindet (das ist der Name des Klosters), werde ich mich dorthinbegeben. Das Wetter ist gut und der Weg sehr hübsch, von Kumbum aus sind es nur drei Tagesreisen bis dorthin. Ich möchte gerne ein paar Fotografien von den Anwesenden machen. Ich werde sie Dir dann schicken. Der Kleine hat sich seine Bestimmung nicht ausgesucht. Wie es in Tibet sehr unglückseliger Brauch ist, haben seine Eltern ihn als Kind ins Kloster gebracht, und er wurde mit acht Jahren zum Priester ordiniert! Da er gelehrig war, hat er, noch bevor er vierzehn Jahre alt war, den zweiten Weihegrad erreicht. Die meisten

bleiben auf dieser Stufe stehen. *Gelong (bhikshu)* kann man nicht werden, bevor man einundzwanzig ist. Ich habe lange Zeit geglaubt, daß Aphur ins weltliche Leben zurückwolle, er sprach davon zu heiraten, sobald er in sein Land zurückkehren würde. Und dann ist ihm, ein wenig so, wie Du es mir von Deinem Bruder Elie erzählt hast, die Gnade??? zuteil geworden. Er hat mir auf eine sehr intelligente Weise seine Gründe dargelegt und ist fest entschlossen. Man kann ihn nur gewähren lassen. Das ändert im übrigen nichts an seinem Wunsch, bei mir zu bleiben und mir bei meinen orientalistischen Arbeiten und auf vielerlei andere weniger erhebliche, aber sehr nützliche Weise behilflich zu sein. (...)

Kumbum, 11. Januar 1921
(...) Vor zwei Wochen hatten wir hier ein starkes Erdbeben. Ich habe noch nie etwas Ähnliches erlebt. Es hat fünf lange Minuten gedauert. Ich glaube, ich habe Dir schon in einem früheren Brief davon geschrieben. Ich mußte meine Lampe festhalten, damit sie nicht vom Tisch fiel, mein Häuschen begann buchstäblich zu tanzen, und nachher war es mir so übel, als sei ich seekrank. So stark das Beben auch war, hat es in Kumbum dennoch keinen Schaden angerichtet. Hingegen sind im Südosten der Provinz ganze Städte zerstört worden, und es gab Tausende von Toten. Manche Dörfer sind im Erdboden verschwunden, und es ist nur ein riesiges Loch geblieben. An einem Ort befand sich ein hochgeachteter Marabut, der wie ein Heiliger verehrt wurde, in der Moschee, als die Erde sich buchstäblich unter ihm auftat und der arme Mann zusammen mit etwa dreißig seiner Gläubigen und den Trümmern des Gebäudes in die Tiefe gerissen wurde. Die Chinesen haben große Angst. Der General in Xining hat großzügig Almosen verteilt, weil er die abergläubische Hoffnung hegt, sich mit seiner

Wohltätigkeit schützen zu können. Die englischen Missionare verkünden nachdrücklicher denn je die unmittelbar bevorstehende Rückkehr Christi.

»The Lord Jesus may come any day«, hat mir einer von ihnen geschrieben. Ich weiß nicht, ob Du die genaue Bedeutung von *any day* kennst. Es bedeutet jederzeit, morgen, übermorgen. Je mehr sich die Katastrophen häufen, desto mehr freuen sich diese guten Leute, denn es steht geschrieben, daß vor der Wiederkehr Christi alles nur mögliche Unheil über die Menschheit hereinbrechen wird, und sie begrüßen diese Vorzeichen mit Begeisterung.

Die buddhistischen Geschichten sind so unsinnig wie alle anderen Geschichten auch, aber sie sagen, daß dem Wiedererscheinen Buddhas glückliche Zeichen vorausgehen werden. Das Wetter ist schön, alle Bäume blühen und tragen zugleich köstliche Früchte. Die Ernten sind reichlich, alle schwangeren Frauen bringen ohne Schmerzen wundervolle Kinder zur Welt. Das gleiche gilt für die weiblichen Tiere. Alle Armen werden reich, kein Mensch leidet unter Hunger oder Kälte. Wer andere haßt, erlebt, wie sein Haß sich in Freundschaft verwandelt. Vater, Mutter, Kinder, Eheleute und Freunde lieben sich zärtlicher denn je. Alle Länder, die sich im Krieg befinden, schließen Frieden. Übreall herrscht Wohlstand. Die Bewohner der Höllenregionen müssen nicht länger leiden.

Das ist vielleicht infantil, es zeugt jedoch von einer liebenswerten Phantasie, das kann man nicht leugnen, und ich ziehe es den Beschreibungen von Schrecken, Gemetzel und Leiden vor, in denen die Christen schwelgen. Was meinst Du … Nun, die Geschmäcker sind verschieden. (…)

Kumbum, 21. Januar 1921

Beiliegend schicke ich Dir einen Artikel für den *Mercure*. Ich habe in diesem Zusammenhang direkt an den Direktor geschrieben und ihm angekündigt, daß Du ihn an ihn weiterleiten wirst. Würdest Du bitte so freundlich sein und ihn mit der Maschine abschreiben lassen und mit ein paar Zeilen an den Direktor des »Mercure de France« schicken, 26 rue de Condé, Paris (Odéon). Das Thema, das ich behandelt habe, ist sehr aktuell und wird sowohl in den Botschaften in Beijing als auch in den Ausländerkolonien in ganz China heiß diskutiert. Wahrscheinlich haben nur wenige Leute in Frankreich Kenntnis davon, und deshalb glaube ich, daß der Artikel auf Interesse stoßen wird. Ich glaube kaum, daß ich in absehbarer Zeit eine weitere Abschrift schicken könnte. In etwa zehn Tagen breche ich auf und bin natürlich sehr beschäftigt. Ich werde eine beträchtliche Summe (etwa vierzig Taels) ausgeben müssen, um meine Bücher und Kleingegenstände in Postpaketen nach Beijing zu schicken, aber ich glaube nicht, daß ich diese Kosten vermeiden kann. Wer weiß, ob es mir möglich sein wird, hierher oder in die Umgebung zurückzukehren, um mein Gepäck abzuholen. Lasse ich es hier, laufe ich allzu große Gefahr, alles zu verlieren, was ich an Büchern und Gegenständen angesammelt habe. (...)

Aus einem kleinen chinesischen Marktflecken in Gansu, in der Nähe von Nienpai, dessen Name mir unbekannt ist.
24. Februar 1921
Ich habe Kumbum am 5. Februar an einem schönen sonnigen Tag verlassen, an einem dieser Tage, an denen der Himmel blau und die Erde gelb ist, wie die Chinesen sagen. Aufbruch zu einem großen Abenteuer!
Und tatsächlich habe ich nicht weit gehen müssen, um die ersten Aufregungen zu erleben, und die waren höchst unerwartet. Folgendes ist geschehen: Der Leiter der protestantischen Mission

in Xining hatte es seit meiner Ankunft in Kumbum (zweieinhalb Jahre lang) übernommen, meine Schecks einzulösen. Alles war immer sehr ordnungsgemäß verlaufen, und ich hatte volles Vertrauen. In der letzten Zeit hatte ich ihm Schecks über ziemlich hohe Summen gegeben, die sich auf einen Betrag von fünfhundertsiebzig Dollars beliefen. (...) Ich sollte ihn, so hatte er mir geschrieben, bei der Mission in Lanzhou bekommen, sobald mich meine Reise durch diese Stadt führte. Das paßte mir sehr gut. Da ich wegen des Gewichts nicht alles Geld mitnehmen kann, das ich benötige, bitte ich den Mann in Lanzhou, bei dem sich das Geld angeblich befindet, mir Gold dafür zu kaufen. Er antwortete mir: »Ihr gesamtes Geld ist auf das Konto von Mr. Ridley überwiesen worden. Sagen Sie ihm, er soll mir schreiben, damit ich Sie auszahlen kann.« Das schien soweit in Ordnung. (...) Samstag abend komme ich an und nehme am Sonntag den Tee in der Mission ein. Mr. Ridley wiederholt mir, daß ich mein Geld in Lanzhou bekommen werde. Doch am Abend bekomme ich einen seltsamen, aber vielsagenden Brief von Mr. Mann, der besagt: »Ihr gesamtes Geld ist dem Konto von Mr. Ridley gutgeschrieben worden, und sein Guthaben bei mir ist jetzt gleich null. Ich schreibe Ihnen, damit Sie die Sache in Xining mit ihm regeln können.«

Gleich am nächsten Morgen begebe ich mich im Laufschritt zur Mission. Mr. Ridley verhält sich sehr merkwürdig. (...) Dann sagt er mir, daß er das Geld per Post geschickt hat, ohne den Brief einschreiben zu lassen, und fügt ganz einfach hinzu: »I'm sorry for you, Mrs. Néel, your money is lost.« (Es tut mir leid für Sie, Mrs. Néel, Ihr Geld ist verlorengegangen.) Ich begreife vor allem dies: Fünfhundert Taels – mehr als ich in einem ganzen Jahr ausgebe! (...)

Dieses Abenteuer hat mich rund zehn Taels für diverse Telegramme gekostet und hat mich mehr als zehn Tage in Xining festgehalten, wo ich weiter nichts zu tun hatte. Aber die Mission wird mich entschädigen, und ich habe Briefe in der Hand, damit ich in Lanzhou zu meinem Recht komme. Im übrigen haben sie versucht, ihren Kollegen vor der Schande zu bewahren, indem sie mir telegraphieren ließen, daß die Schecks gerade erst in Lanzhou angekommen seien. Eine sehr lächerliche Lüge. Die Post legt die Entfernung von Xining nach Lanzhou in sechs Tagen zurück, und die Schecks sind angeblich Mitte Dezember auf die Post gegeben worden. Also müssen sie sechs Wochen zwischen Himmel und Erde hängengeblieben sein! Nun, ich weiß nicht! Was sagst Du dazu? Der Mann ist um die sechzig, lebt bescheiden. Welches verborgene Laster mag ihn veranlaßt haben, soviel Geld auszugeben? Aphur und ich fürchteten uns vor den Dieben auf den großen Karawanenstraßen, und nun hat uns ein englischer Pastor ausgeraubt, bevor wir uns überhaupt auf den Weg gemacht haben. Das ist wirklich eine hübsche Geschichte! (...)

Aus Lanzhou, am ? März 1921
(...) Ich habe hier notgedrungen einige Einladungen annehmen müssen: vier zum Abendessen und zwei zum Tee, darunter ein großes Diner zu meinen Ehren beim Postverwalter, der einer Französin schmeicheln wollte, da der oberste Direktor der chinesischen Post, Monsieur Destelant, ein Franzose ist. Und alles, was man bei solchen Gelegenheiten von sich geben muß, ist absurd und falsch. (...)

Lanzhou, 15. März
(...) Ich hoffe, Dir in einigen Tagen noch aus einem moslemischen Ort weiter im Süden schreiben zu können, an den ich mich begeben werde. Es kursieren ständig Gerüchte über eine Revolte in dieser Gegend. Ich habe keinen Chinesen finden können, der das Abenteuer eingehen wollte, mich dort mit ei-

nem Wagen hinzubringen, da die Angst vor den Moslems allzu groß ist. (...)

Ho-jo (Linxia), 24. März 1921

Falls meine Reise weiter mit der augenblicklichen Geschwindigkeit vorangeht, wird sie die Mittelmeerreisen des Odysseus zweifellos an Langsamkeit schlagen. Zuerst das seltsame Verschwinden meiner Schecks, von dem ich Dir erzählt habe, dann in Lanzhou die Schwierigkeit, mir Gold zu beschaffen, und dann noch einmal Ärger wegen meines Geldes mit dem englischen Missionar am Ort, der mich dazu bringen wollte, für 0,80 Tael Hongkong-Dollar anzunehmen, die nicht einmal 0,50 Tael wert waren, und darüber hinaus für fünf Taels minderwertiges Silber in Barren. Obendrein ist Aphur gleich bei unserer Abreise krank geworden, hat eine schreckliche Neuralgie im Kopf und in den Ohren.

Ich weiß, was das heißt, weil ich selbst schon darunter gelitten habe, aber bei ihm wurde es bedenklich, weil er vierzig Grad Fieber hatte. Ich habe ihm von den phantastischen, sündteuren Medikamenten, die die Schwestern des französischen Krankenhauses mir geschickt haben, die verabreicht, die mir am angemessensten erschienen. Am nächsten Morgen ist er sehr beherzt aufgestanden und auf sein Pferd gestiegen, aber am Ende der Etappe mußte man ihn in aller Eile vom Pferd heben, und dann brach er am Straßenrand zusammen. Keine Herberge im nächsten Ort. Eine Art Muezzin der Moschee bietet uns sein Zimmer an und schläft mit seiner Frau in der Küche. Meine Männer strecken sich auf dem Stroh im Stall aus, und ich bette Aphur so gut ich kann in dem Zimmerchen nieder und richte mich selbst in einer Ecke ein. Während der ganzen Nacht phantasiert und stöhnt er, ich flöße ihm erneut einige Medikamente ein, und am Morgen erklärt er, daß er sich wieder auf den Weg machen will. Seitdem geht es ihm besser, obwohl er nachts immer noch fiebert. Seit wir in Lanzhou waren, vermag ich selbst kaum mehr zu schlafen. Ich habe jede Nacht Fieber und verspüre dieses seltsame Kribbeln in den Beinen, das Du ja auch kennst.

(...) Wir sind über die hohen, kahlen Berge geritten, wo man nur das Wasser trinkt, das während der Regenzeit in den Zisternen aufgefangen wird. Die Straße ist eine von denen, die man in diesem Land als sehr gut bezeichnet, doch die Höhenunterschiede sind unglaublich. Man steigt ganz plötzlich tausendfünfhundert Meter höher, hat dann einen jähen Abstieg von tausend Metern, hat wieder einen Anstieg von tausendzweihundert Metern, und so geht das den ganzen Tag dahin. Ich weiß nicht, ob dieses Training schwachen Herzen und Lungen bekömmlich ist, mir schadet es zumindest nicht. Wir haben einige Kilometer (etwa dreißig) durch felsige Schluchten zurücklegen müssen, die, wie es heißt, von Räubern unsicher gemacht werden. Vor kurzem sind dort Reisende überfallen, ausgeplündert und auch von Säbelstichen verletzt worden. Ich hatte die Kriegskleidung angeordnet, wie ich sie nenne. Die Männer tragen abgerissene Gewänder, die an die der Soldaten erinnern, man lädt die Gewehre und die Revolver, und im allgemeinen gehe ich zu Fuß voraus, schlecht gekleidet ... Eine arme Alte, die ihres Weges zieht und die Spitzbuben nicht in Versuchung bringt. Sobald ich etwas Verdächtiges entdecke, mache ich den anderen, die das Gepäck begleiten, ein Zeichen, damit sie vorbereitet sind. Diesmal ist noch alles gutgegangen, und wir haben in aller Ruhe die Schlucht genießen können, ein unglaublich pittoreskes Durcheinander von roten Bergen und übereinandergestürzten Felsen. Am siebten Tag nach unserem Aufbruch von Lanzhou erreichten wir Ho-jo, das Herz der moslemischen Provinz Gansu. Die kleine Stadt erhebt sich in

einem weiten Tal, das von einem hübschen Wasserlauf durchflossen wird, inmitten riesiger, gut bewässerter Felder. Im Sommer, wenn die Bäume Blätter tragen und die Felder in sattem Grün stehen, muß dies ein kleiner Garten Eden sein. Von dort ist der Anstoß für die Revolte ausgegangen, die Gansu vor siebenundzwanzig Jahren in Feuer und Blut getaucht hat. Im Augenblick schwelt erneut ein Gewitter.
(...) Meine Reise interessiert mich, habe ich doch schon so viele Länder gesehen, daß ich zwangsläufig ein wenig abgestumpft bin. Der Tag wird kommen, an dem ich wirklich nur noch in der Einsamkeit leben möchte, mit meinen Büchern und mit den Wolken, die über die Berge ziehen. Wir hatten Sonne seit unserem Aufbruch von Lanzhou, aber gestern hat sich der Nebel über die hohen Berge gesenkt. Die Luft hatte die scharfe und ein wenig feuchte Würze der Himalajagipfel. Als wir das unbebaute Land durchquerten, dachte ich an die hochgelegenen Regionen Sikkims nahe der tibetischen Grenze, aber diese Gegend war nur ein schwaches Abbild davon. Gibt es wohl auf der Welt noch eine andere Gegend, die jener ähnelt? ...

Labrang, 30. März 1921
Wir haben unsere Reise fortgesetzt und uns hinter Ho-jo immer weiter in die Berge hineinbewegt, bis wir das wilde Land Amdo erreichten, wo die Landschaft nichts Chinesisches mehr hat und tatsächlich in jeder Weise an das nördliche Sikkim erinnert. Enge Täler, die von klaren Flüssen mit grünem Wasser durchschnitten werden, oder zumindest sieht es so aus, und Wildbäche, die zwischen den herabgestürzten Felsen hindurchrauschen. Die Gegend muß früher ein ausgedehntes Waldgebiet gewesen sein. Die Berghänge sind noch von schönen Kiefern bedeckt, aber die Wilden, die dort leben, fällen wie die Besessenen, ohne je wieder aufzuforsten, und der größ-

te Teil der Berge ist jetzt kahl, Bergstürze sind unvermeidlich. Man bewegt sich über Hunderte von Kilometern durch diese Verwüstung. Die Unterkünfte werden immer armseliger. An einer unserer Etappen verweist man uns an eine Bruchbude. Ein alter Mann dort weigert sich, mir sein Zimmer abzutreten, und will mir einen Schlafplatz auf der gleichen Estrade anweisen, wo sich die Frauen und die Kinder der Familie tummeln. Aphur, der sich die Räumlichkeiten angesehen hat, begreift, daß ich das nicht akzeptieren kann, wir kehren wieder um, überqueren erneut einen Fluß und bitten bei den Moslems um ein Obdach. Die Leute sind sehr freundlich, nehmen ihre Dekken von der Estrade. Wir haben ein Zimmer und Platz für die Hälfte der Tiere in dem kleinen Stall. Die anderen Maultiere müssen mit den Männern anderswo unterkommen. Am nächsten Tag erfahre ich, daß ich noch einmal mit heiler Haut davongekommen bin. Hätte mir der Alte in dem ersten Haus, zu dem man uns geschickt hatte, sein Zimmer und seine Schlafestrade abgetreten, hätte ich an dem Platz geschlafen, an dem wenige Tage zuvor ein Leprakranker gestorben war. Wunderbar!

Die Leute in Amdo sind Tibeter, aber sie gehören zu denen, die von den Bewohnern der zentralen Provinzen »Menschen des äußersten Randes« genannt werden, was wie im Sanskrit »unzivilisiert, wild« bedeutet. Tatsächlich haben die Männer und Frauen, die unter ihrem schmutzigen Lammfell nackt sind, sehr viel Wildes, wenn man sie aus der Nähe betrachtet. Von weitem ist die Wirkung anders. Der Schmutz auf dem Leder des Gewandes verleibt ihm eine warme, bronzefarbene Patina, die an Samt erinnert. Auf ihre Houppelanden, die sie sehr lang, fast über den Boden schleifend tragen, sticken die Frauen Ornamente in kräftigen Farben: Rot, Grün, intensiv Blau, und hängen sich Schärpen in den gleichen Farben an den Gürtel.

Alle tragen sie Hüte, die einen spitze, die anderen runde aus Fuchsfell oder manchmal ganz einfach aus Schafsfell. Sieht man sie so bei der Feldarbeit, wirken sie wie eine seltsame Versammlung von Schloßherrinnen des Mittelalters, die vor primitive Pflüge gespannt sind und den Boden für die Aussaat vorbereiten. Die Ehemänner der schönen Damen arbeiten ebenfalls, aber in weit geringerem Maße. Einige von ihnen klappern das Land auf der Suche nach auszuplündernden Reisenden ab, während die Gattin über das Familiengut wacht. Naive Sitten! Rührende Unbefangenheit!
Eines Nachts schlafe ich in Sosamo (...) in der Amdo-Sprache »neues Land«. Es gibt dort eine große Herberge, die von einem moslemischen Schwarzhändler bewirtschaftet wird, der die einheimischen Wilden ausbeutet. Er kauft ihnen Holz und Häute ab und verkauft ihnen alles, was sie brauchen, als geübter Wucherer, versteht sich. Man gibt mir dort ein Zimmer, das mir nach den Nachtlagern der letzten Tage wie ein Paradies vorkommt. Aphur und ich haben ein ganzes Stockwerk für uns. Zwei Zimmer und ein Vorzimmer mit Balkon. Das ist fürstlich! Vom Balkon aus sehe ich zwei Prinzessinnen, die einem alten Gemälde entstiegen sein müssen, pelzgefütterte Hauben, leicht nachschleppende Gewänder. Jede von ihnen trägt eine Last Holz auf dem Rücken. Der Muselman erklärt mit Bestimmtheit: dreihundert Sapeken (nach chinesischem Brauch bedeutet das hundertfünfzig). Eine der Frauen erhebt Einspruch, sie möchte mehr. Der Käufer, ein hochgewachsener Kerl, wie ein vornehmer Mann ganz in Schwarz gekleidet, betrachtet sie von oben herab, läßt seinen Finger frech in den Ausschnitt ihres pelzgefütterten Mantels gleiten, kneift ihr ins Kinn und vollendet diese »aristokratische« Geste, indem er hundertfünfzig Sapeken in die Hand der »wohlbehüteten Prinzessin« gleiten läßt.

In einer völlig unpassenden Umgebung erscheinen manche Dinge überaus komisch!

Die nächste Etappe führte uns durch eine Gegend, die als wenig sicher galt. Acht Maultiertreiber, die einen Warentransport begleiteten, übernachteten in derselben Herberge wie wir, und ich dachte, es sei das beste, uns ihnen anschließen. Je zahlreicher man in solchen Fällen ist, desto besser. Diese Leute haben die Gewohnheit, noch vor der Dämmerung aufzubrechen. Aus Angst, womöglich zurückgelassen zu werden, stehen wir kurz nach Mitternacht auf und machen unser Gepäck bereit. Wir setzen uns im hellen Mondschein in Marsch (es ist der 21. des Mondmonats). Der Weg, der gestern schlecht war, ist heute noch übler, überaus eng, versperrt von Felsblöcken, klettert mal steil bergauf und senkt sich dann ebenso steil wieder bergab, führt sodann in großer Höhe oberhalb des Flusses entlang, über ein paar morsche Stücke Holz, die man zwischen den Felsen verkeilt hat. Man muß zahlreiche Brücken überqueren, und die Brücken in diesem Land sind von einer Bauweise, wie man sie nicht auf der Hochschule lernt. Zwei oder mehrere ziemlich lange Baumstämme, die über den Fluß reichen, und darüber eine Art Gehweg aus übereinandergehäuften Planken und Balken. Sobald sich mehrere Tiere auf dieses »Kunstwerk« begeben, beginnt es sich auf und ab zu bewegen wie die Tücher, die im Theater das Meer vortäuschen. Es ist komisch, die Tiere inmitten dieser Wogen navigieren zu sehen, wenn sie einem nicht gehören. Das Vergnügen vermindert sich jedoch sehr, wenn man der Besitzer ist, denn man ist höchst besorgt, wenn man sie mit ihrer Last über den Wildbach balancieren sieht. Ist alles gut überstanden, kann man diese Überquerung im nachhinein genießen und sich ausmalen, daß man sich auf irgendeinem Jahrmarkt auf einem »tanzenden Fußboden« oder einer anderen Apparatur dieser Art befunden hat. Jeder

Weg nimmt ein Ende, so schwierig er auch sein mag. Heute nachmittag sind wir heil in Labrang angekommen. Man wollte mich im Kloster beherbergen, aber in diesem Fall muß man Geschenke darbringen, und meine beschränkten Mittel verbieten mir solche Freigebigkeiten. Man hat mir ein geräumiges Zimmer in einer Herberge gefunden, das reicht mir für den einen Tag, den ich hier zu verbringen gedenke. Gerade hat mir der Vater des großen Lama von Labrang (der noch ein Kind ist) einen ganzen Hammel geschickt. Ich hoffe, daß keine weiteren Geschenke mehr folgen, denn es würde zu kostspielig, sie der Etikette entsprechend zu erwidern. (...)

31. März

Ich habe den Vormittag einem ausführlichen Besuch des großen Klosters gewidmet. Es sind dort mehr Reichtümer angehäuft als in Kumbum, im ganzen gesehen gefällt Kumbum mir jedoch besser, obwohl es dort weniger große Gebäude gibt. Im übrigen schicke ich Dir eine große Fotografie, damit Du Dir eine Vorstellung von der Ausdehnung des Klosters machen kannst.

Ich habe den jungen Großlama gesehen, von dem ich Dir ebenfalls eine Fotografie schicke. Er ist ein kleiner sechsjähriger Junge, der es bereits gelernt hat, mit würdevoller Miene dazusitzen und nach tibetischem Brauch farbige Seidentücher an seine Besucher zu verteilen. Ich habe mit seinen Eltern Tee getrunken, Leuten aus Kham (aus Litang, das nun, da die Eisenbahn bis Yunnanfu [Kunming] geht, nicht mehr sehr weit von Hanoi entfernt ist). Die Mutter ist eine große, kräftige, fröhliche Frau mit einem runden Gesicht, sie wirkt fast wie eine Neapolitanerin. Der Vater ist ein Riese; er bewegt sich sehr selbstbewußt in dem neuerworbenen Luxus. Er scheint intelligent zu sein und spricht mit Kenntnis über Fragen der Lokalpolitik. Womit mag er sich beschäftigt haben, bevor sein Sohn als Reinkarnation des verstorbenen großen Lama von Labrang anerkannt wurde? ... Sein Aussehen und das Land, aus dem er stammt, lassen ohne große Gefahr, ihm unrecht zu tun, darauf schließen, daß er auf den Straßen herumgeräubert und mehr als einen Toten auf dem Gewissen hat. Nun ist er ein großer Herr geworden, und solange sein Sohn lebt, werden er und seine Familie in einem Palast residieren.

2. April

Es ist mir noch nicht gelungen, von hier fortzukommen. Ich kenne eine Menge Leute hier. Ein Lama hat mich zum Abendessen eingeladen. Ein sehr großes Essen auf chinesische Art bestehend aus einer Unmenge von Gerichten. Man beginnt mit Tee und trockenem Brot, gefolgt von süßem, mit Butter beträufelten Reis, dann werden verschiedene Arten von Vorspeisen aufgetischt, Garnelen, Algen, es folgen Fadennudeln aus Erbsenmehl, unglücklicherweise mit Schweinefleisch gewürzt, was ihnen einen unangenehmen Geschmack verleiht, und so geht es immer weiter. Man deckt mit schönem chinesischen Geschirr, kunstvoll ziselierten Silbertassen, und die Stäbchen, die unser Besteck ersetzen, sind aus Elfenbein. Mein Gastgeber ist sehr reich. Ich habe ihn kennengelernt, als er vom Klostervorstand aus Labrang verbannt worden war. Er ist im Gefolge der Soldaten zurückgekehrt, die diesen Zwist zum Vorwand genommen haben, um die Klöster im Land in Brand zu stecken und überall in der Region zu plündern. Hatte er das Recht auf seiner Seite? ... Wer weiß, im übrigen geht mich das auch nichts an. Ich bin auch bei den *ngagpa* gewesen, Männern mit langen, struppigen Haaren, die Priester des alten Bön-Kultes sind, der heutzutage von einigen buddhistischen Vorstellungen durchsetzt ist. Im allgemeinen sind das liebenswerte Leute, und die, die ich kennengelernt habe, machen keine Ausnahme von der Regel.

3. April
Eines der Tiere hinkt, man hat ihm Arzneien verabreicht, nachdem man ihm die Schulter behandelt hatte. Wieder ein Tag, der uns aufhält. Ein Tibeter aus Kham, der sich hier als Händler niedergelassen hat, will mich unbedingt zum Abendessen bitten. Seine Frau ist gestern in Festtagskleidung angekommen, um mich einzuladen, und er selbst belagert seit heute morgen meine Tür. In all diesen Tagen ist eine ganze Prozession von Leuten vor meinem Zimmer vorübergezogen, vor allem Frauen, die sich vor mir niedergeworfen und um meinen Segen gebeten haben. Ich kann mir jetzt vorstellen, wie unerquicklich die Reisen der großen Lamas sein müssen, die zehnmal, hundertmal mehr verehrt werden als meine bescheidene Person.
Bewahre diesen Brief bitte auf wegen der Einzelheiten, die ich Dir darin beschreibe und die mir später als Gedächtnishilfe dienen werden.
Es geht mir nicht sehr gut. Solange ich reite oder wandere, geht es einigermaßen. Sobald ich einhalte, werde ich von Rheuma geplagt, und seltsamerweise kehrt auch meine alte Neurasthenie wieder zurück.
Ob ich wohl das Ende dieser geplanten Reise erleben werde? …

New Taochou (Lintan), 9. April 1921
Nachdem wir mehrere Tage lang das malerische Land Amdo durchquert haben, sind wir gestern abend hier angekommen. Die Abenteuer reduzieren sich auf Streiche, die Aphur den Dorfbewohnern spielt. Da wir ein wenig spät am Morgen von Labrang aufgebrochen waren, konnten wir nicht das vorgesehene Etappenziel erreichen, und wir versuchten, eine Unterkunft in einem Weiler am Weg zu finden. Ich weiß nicht, auf

welche Weise Aphur in Labrang den Namen eines Bauern erfahren hatte, der dort wohnt. Auf jeden Fall schickt er einen meiner Männer aus und läßt anfragen, wo sich das Haus des Soundso befindet, und läßt ihm mitteilen, daß ein wohlbekannnter Lama aus Labrang uns zu ihm geschickt und Anweisung gegeben habe, daß er uns auf das allerbeste empfangen soll. Das wirkte Wunder. Ich wurde in einem hübschen Zimmerchen untergebracht, in dem ich eine angenehme Nacht verbrachte. Die andere Seite der Medaille war, daß ich mich verpflichtet sah, zu »arbeiten«, das heißt, ich mußte das ganze Dorf segnen, das an mir vorbeidefilierte, Bänder verknoten und daraufhauchen, um den Leuten ein langes Leben zu garantieren. Man bat mich auch, Gerste zu segnen, die die Bauern dann unter sich aufteilten, die Dämonen aus dem Haus auszutreiben, in dem ich wohnte, und zum krönenden Abschluß sollte ich erklären, wo ein alter Mann wiedergeboren werden würde, der zwei Tage zuvor gestorben war. Ich komme alldem nach, es gelingt mir, diese verschiedenen Übungen auszuführen, ohne in Gelächter auszubrechen, doch sie sind mir lästig. Früher habe ich diesen gläubigen Bittstellern nach Kräften die Sinnlosigkeit dieser Riten zu erklären versucht, aber sie glaubten mir nicht und beschuldigten mich, eine christliche Missionarin zu sein, die ihre *wahre* Religion zu zerstören versucht. Aphur, der seine eigene Art von Skeptizismus kultiviert, zuckt mit den Schultern und sagt mir, wenn diese guten Leute vorstellig werden: »Puh! Nun blast doch auf den Rücken von diesem Rheumakranken oder ins Ohr von jenem Tauben. Es wird ihnen hinterher nicht schlechter gehen, und Ihr macht ihnen eine große Freude damit. Außerdem sind wir auf Reisen. Haben wir nun beschlossen, Lamas zu spielen, oder nicht? ... Wir müssen das jetzt konsequent weiterführen, sonst machen wir uns verdächtig bei den Leuten, und sie wer-

den uns für Eindringlinge halten, was wir nicht sind. Denn schließlich sind wir sehr wohl wirkliche Lamas, nur Lamas von einem höheren Rang als die, mit denen diese armen Dummköpfe in der Regel zu tun haben.«
In Kargnac – ein Name, der fast bretonisch klingt – hat dieser gleiche Verrückte einem Jungen weisgemacht, ich sei hundert Jahre alt. Der Kleine hat das auf dem schnellsten Weg seinem Vater erzählt, einem Chinesen. Der hat es seinerseits voller Staunen an die anderen weitergegeben, und nach und nach wurde das ganze Dorf von Bewunderung ergriffen. Noch nie, so sagten die Leute, hatten sie eine Person gesehen, die schon so alt und dabei noch so rüstig war. Sie hätten mich auf nicht mehr als fünfundvierzig bis achtundvierzig Jahre geschätzt. Diesmal warfen sich Chinesen und sogar Moslems ehrfürchtig vor mir nieder und brachten mir Brot und Kekse und sogar Geld. (...)

Songpan, 15. Mai 1921
Ich schreibe Dir einige Seiten in der Hoffnung, aber ohne die geringste Sicherheit, daß sie Dich erreichen werden. Wir sind in ein wahres Chaos hineingeraten. Wie wir wieder herauskommen werden, ist ein ziemlich schwieriges Problem, das sich, wie ich hoffe, auf ebenso glückliche Weise lösen wird wie schon viele andere zuvor.
Mein letzter Brief ist in der Post in Minxian aufgegeben worden. Seitdem sind wir durch sehr schöne Berge nach Siku gelangt, eine schwierige Route, die Wege klettern über Geröll steil bergan und auf die gleiche Weise wieder bergab, führen am Steilhang hoch über den Flüssen entlang, und sie sind alle so eng, daß man manchmal nicht einmal mehr einen Fuß neben den anderen setzen kann. Wie die Maultiere dies schaffen, ist mir ein Geheimnis. Sie schaffen es. Bei der Überquerung ei-

nes Flusses hätten wir beinahe ein schlimmes Bad genommen, weil wir die Furt verpaßt hatten. In Siku (Zhugqu) wollten wir unsere Vorräte wiederauffüllen, aber wir konnten außer ein wenig Mehl nichts bekommen. Von dort aus sind wir durch eine Region, die von Leuten tibetischer Rasse bewohnt wird, nach Nanping gelangt. Nach mehreren Jahren der schlechten Ernten, Plünderungen durch alle möglichen Räuberbanden, Steuern, die von der Verwaltung erhoben werden, ist das Land völlig verarmt. Es gibt nichts zu kaufen, weder für die Tiere noch für die Menschen. Es bleibt uns nur noch Mehl, und wir haben fast keins mehr. Ich muß in der Sonne getrocknetes Hammelfleisch essen, das ich für Extremsituationen dieser Art für die Männer mitgenommen habe – was mich auf unangenehme Weise von meiner vegetarischen Diät abbringt. Ich verdaue diese barbarische Nahrung gut, sie verursacht mir jedoch einen Nesselausschlag, der mir starke Beschwerden verursacht. Hin und wieder sammle ich Löwenzahn, aber es gibt ihn nicht überall. Die Landschaft ist sehr malerisch. Ich segne weiterhin Leute und Dinge, sage die Zukunft voraus und beschaffe mir auf diese Weise ein paar Eier und andere bäuerliche Köstlichkeiten. Einige Tage lang ist der Weg besser, wir durchqueren Wälder voll blühender Bäume, aber man findet keine hundert Meter ebenen Geländes. Man bewegt sich bergan und wieder bergab, wechselt drei- bis viermal täglich die Höhenlage. Eines Tages erreichen wir bei Anbruch der Nacht einen kleinen Ort namens Gomi. Ein Einheimischer, den wir unterwegs getroffen hatten und der schon vor uns in sein Dorf zurückgekehrt war, hatte uns eingeladen, bei ihm zu wohnen. Wir fragen also nach seinem Haus, aber kaum dort angekommen, sehen sich die Männer, die mit dem Gepäck vorausgegangen waren, einem Individuum gegenüber, Abgesandter des Ortsvorstehers, der den Dorfbewohnern untersagt, uns zu beherbergen und uns was auch immer zu verkaufen. Aphur und ich sind zu Fuß nachgefolgt, und das Drama ist schon in vollem Gange, als ich eintreffe. Ich bahne mir einen Weg durch die Menge und sehe, daß sich vor meinen drei Männern und den Maultieren ein völlig Wahnsinniger aufgebaut hat, der so brüllt, daß ihm fast die Augen aus dem Kopf treten, und der auf bedrohliche Weise gestikulierend herumtobt. Die Leute ringsum äußern sich noch nicht, weil sie nicht ganz begreifen, wessen Partei sie ergreifen sollen. Solche Situationen sind gefährlich, und man muß ihnen so schnell wie möglich ein Ende setzen, da sie sonst eine böse Wendung nehmen können. Schnell überblicke ich die Menge, zähle etwa fünfzig unbewaffnete Männer. Wir müssen unsere Waffen ins Spiel bringen, falls das Schlimmste eintritt. Der Diener aus Lhasa fragt mich lakonisch: »Müssen wir zuschlagen?« Natürlich müssen wir, auch wenn wir Gefahr laufen, selbst Schläge einzustekken. Ich antworte auf tibetisch etwas, das man übersetzen könnte mit »los!« und »drauf!«. Der erboste Redner erhält einen kräftigen Schlag in den Magen und gleich darauf von einem meiner jungen Diener eine Ohrfeige, die einen Ochsen betäubt hätte, während der andere von hinten die Rippen des Mannes mit seinem Knüppel bearbeitet. Er sinkt in sich zusammen, und die Menge weicht zurück. Die gewünschte Wirkung ist erreicht, man wird sich nicht mit uns anlegen. Wir visieren einen freien Platz an. Ich sage: »Legt die Gewehre und die Revolver in Sichtweite nieder, stellt die Zelte auf und sagt, daß niemand es wagen soll, in der Nacht dort herumzustreichen, weil wir sonst sofort schießen werden.«

Man macht uns Platz. Eine alte Frau setzt sich über den Befehl des Anführers hinweg und bringt uns einen Armvoll Holz, damit wir ein Feuer anzünden können. Ein inoffizieller Unterhändler, der von dem Dorfobersten ausgesandt worden ist, kommt und erzählt Aphur, daß dieser letztere hundertfünfzig Soldaten auf dem Paß postiert habe, den wir morgen überqueren müssen, und daß ihn niemand passieren könne, der keinen Brief mit seinem Siegel vorweise. Er sagt auch, daß der Anführer am nächsten Tag unser Gepäck inspizieren wird, und ähnliches mehr. Ich höre alles von meinem Zelt aus und begreife den tieferen Sinn dieses Abenteuers. Der Anführer hält uns für echte Tibeter, reiche Kaufleute oder Lamas, und will einen ordentlichen Profit aus uns herauslocken. Deshalb gibt er sich alle Mühe, uns angst zu machen. Ich gehe hinaus und sage dem guten Mann mit barscher Stimme, daß er gehen soll, daß sein Herr unser Gepäck nicht untersuchen wird, daß ich auf seine Soldaten pfeife und daß ich ihm meine Karte überbringen lassen werde, damit er begreift, wer ich bin. Ich schicke ihm also einen der jungen Männer mit unseren Karten: mit meiner und der von Aphur, denn er hat offiziell von Beijing ausgestellte Papiere, in denen sein Lamatitel erwähnt wird, der ihm von der Obrigkeit bestätigt worden ist (einem chinesischen Minister). Wenig später erscheinen Abgesandte mit einer Seidenschärpe als Zeichen der Ehrerbietung, mit Stroh und Getreide, mit dem wir unsere Maultiere zwei Tage lang reichlich füttern können, und mit Mehl für uns. Der Anführer entschuldigt sich zudem, behauptet, er habe nicht wissen können, wer wir seien. Diese Prozession, der Laternen vorangetragen werden (denn es ist schon dunkel), muß Eindruck auf die Dorfbewohner machen. Ich sage: »Da das Dorfoberhaupt Soldaten hat, möchte ich vier davon als Eskorte bis auf die andere Seite des Passes.«

Am nächsten Morgen wurden anstelle von Soldaten vier Dorfbewohner dienstverpflichtet, die uns als Führer dienen und die Maultiere leiten sollten, da der Weg sehr schwierig war. Überflüssig zu sagen, daß sich auf dem Berg kein einziger Soldat befand. Der Aufstieg zu dem sehr hoch gelegenen Paß ist beschwerlich für die armen Tiere und nicht minder für die Menschen, mit Ausnahme von mir, die ich auf dem Rücken meines großen Maultiers sitzen bleibe, eines kräftigen Tiers, das mich mühelos trägt, so steil die Wege auch sein mögen. Beim Abstieg muß ich zu Fuß gehen. Da es spät geworden ist, schicke ich zwei meiner Leute mit zwei Führern als Kundschafter voraus und halte Aphur, einen der jungen Diener und einen Führer bei mir. Es sind nur drei Führer geblieben. Der vierte ist leprakrank, und ich habe ihn von seiner Verpflichtung entbunden, sobald ich ihn kommen sah. Der Weg zieht sich dahin. Wie lang? Zwanzig bis fünfundzwanzig Kilometer, über Steine, durch Schlamm und stachliges Gestrüpp. Jede der verschiedenen Gegebenheiten des Weges fügt einem neuen Schmerz zu. Und der Abstieg ist so steil, daß es schwierig ist, das Gleichgewicht zu halten. Im Wald bricht die Nacht herein. Ich war so vorsichtig, mir eine chinesische Laterne mitzunehmen, damit ich nicht gegen Felsblöcke oder Baumstämme anrenne. Ehrlich gesagt, bin ich todmüde und muß mich häufig ausruhen. Aphur feuert mich an: »Nun kommt, gebt nicht auf, sonst kommen wir niemals an.« Er erbietet sich, mich zu tragen, aber auf solchen Pfaden hätten wir uns womöglich alle beide den Hals gebrochen. Während einer dieser Ruhepausen erzählt uns der Führer, daß es in diesem Wald viele Leoparden gibt. Allein die Leute aus seinem Dorf haben im letzten Jahr sechs davon eingefangen, und von Zeit zu Zeit tauchen auch Tiger auf. Dieses Gerede gefällt Aphur überhaupt nicht, er beschwört mich noch energischer als zuvor, »meine Kräfte zusammenzureißen«, und beginnt Melodien auf der Trillerpfeife zu improvisieren, die er um den Hals hängen hat, um damit die Diener zu rufen. Er glaubt, daß den Raubtieren diese Klänge nicht gefallen und daß sie sich fernhalten werden.

Endlich hören wir, wie man uns aus weiter Ferne ruft, und eine gute halbe Stunde später kommt uns ein alter Mann entgegen. Es ist ein Trapa, der in einem Kloster in Lhasa gelebt hat. Er bittet mich um meinen Segen, dann steigt er gemeinsam mit uns wieder abwärts. Allmählich wird der Weg besser, und endlich sehen wir Feuer durch die Zweige schimmern. Es schlägt uns helles Licht und zugleich tiefste Dunkelheit entgegen. Undeutlich erkenne ich Männer, die mir entgegenkommen und die statt Fackeln flammende Zweige tragen und Duftkräuter abbrennen, die mindestens ebensoviel erstickenden Rauch wie Wohlgeruch verbreiten. Von Zeit zu Zeit halten sie an, und Gestalten, die aus der Finsternis ringsum aufgetaucht sind, werfen sich vor mir nieder. Ich erkenne die Umrisse von Hütten, eine Art Weiler mitten im Wald, und gelange so zu meinem Zelt. Ich bin ziemlich erschöpft, aber nicht so sehr, daß ich diese pittoreske Szenerie nicht genießen könnte. In diesem Weiler habe ich mich zwei Tage lang ausgeruht, doch abgesehen von einigem Wildgemüse blieb die Nahrung ebenso karg wie zuvor.

Von dort aus mußten wir erneut einen hohen Paß inmitten der Wälder überqueren, um die kleine Stadt Nanping zu erreichen. Der Anstieg inmitten von Kiefern und vielerlei anderen Bäumen, aus denen seltsam zerklüftete Felsgipfel auftauchten, war wundervoll. Felsen in Form von *chörten.* Wir treffen auf zwei Särge neben der Straße, der eine ist intakt, der andere vermodert. Die Chinesen in dieser Region begraben ihre Toten häufig nicht, sondern lassen sie unter freiem Himmel stehen. Man kann so Dutzende von Särgen sehen, die an bestimmten Stellen in den Bergen abgestellt worden sind. Meine Männer betrachten sich die Gebeine, weil sie hoffen, ein Schienbein zu finden, aus dem man eine Flöte machen könnte, aber es sind keine Schienbeine da. Pfiffig wie er ist, schlägt Aphur vor, den intakten Sarg zu öffnen und nachzusehen, ob darin womöglich Schienbeine enthalten sind. Ich denke über die unterschiedlichen Bräuche nach. Im Abendland ist Grabschändung ein verabscheuungswürdiges Verbrechen, das unter Strafe steht, während die Tibeter nichts Verwerfliches darin sehen. Laien würden sich zurückhalten aus Furcht vor den bösen Geistern, die sie damit verärgern könnten, aber Aphur setzt auf das *yogi* und seinen starken Geist, und die anderen sind davon überzeugt, daß ich mit der Flöte, wenn er sie für mich macht, alle Dämonen zu bannen vermag, die ihnen vielleicht Schaden zufügen könnten. Trage ich nicht etwa statt einer Kette eine Girlande aus hundertundacht Scheiben, die aus menschlichen Schädeln stammen, die mit geschnitzten Totenköpfen verziert ist! Welch einfältige Gemüter! Ich kann kein großes Gefallen daran finden, im Moder zu wühlen, und ich habe zwar keine Angst vor Teufeln, aber vor Mikroben. Die Cholera hat im letzten Jahr stark gewütet ... Man kann nie wissen. Ich sage: »Laßt den Sarg geschlossen, die Chinesen werden sehr ärgerlich, wenn man ihre Toten stört. Man sollte niemals die Leute beleidigen, in deren Land man lebt.« Daraufhin gehen wir weiter.

Auf der anderen Seite des Passes erwartet uns ein kleines Abenteuer. Ich steige mit Aphur durch unvorstellbaren Matsch zu Fuß bergab, die Männer sind mit den Tieren bereits vorausgegangen. Nach drei Stunden Fußmarsch finden wir einen ordentlichen Weg durch den Wald. Wir freuen uns gerade an der Landschaft, als zwei Männer auftauchen, die aus der Gegenrichtung kommen. Sie sind in Lumpen gekleidet, haben struppiges Haar. Der eine trägt ein vorsintflutliches Gewehr, der andere eine Pike, die denen ähnelt, auf deren Spitze die Köpfe der Adeligen auf den Gemälden spazierengetragen werden, die die Geschehnisse von 1793 illustrieren. Die beiden seltsamen Männer drücken sich ein wenig ins Unterholz, um mich vorbeizulassen, und da erscheint ein dritter. Er hält eine ganz absurde Waffe in der Hand, die eher wie ein Theaterrequisit aussieht, ein dreieckiges, dolchähnliches Messer von der Länge eines Unterarms. Wir sind sprachlos. Ich sage zu Aphur: »Das sind Jäger.« »Nein«, erwidert er, »das sind Soldaten.« Ich habe in China schon außergewöhnliche Exemplare von Militärs gesehen, diese da übertrafen nun wirklich alles, was mir je begegnet war. Während ich noch darüber nachdenke, hören wir Schüsse ganz in unserer Nähe. »Soldaten oder nicht«, sage ich zu dem Kleinen, »wir müssen uns schnellstens zeigen, sonst laufen wir Gefahr, durch das Gebüsch beschossen zu werden.« Wir beschleunigen ein wenig den Schritt und gelangen auf eine Lichtung, wo sich etwa zwanzig Individuen von der gleichen Art befinden wie die drei, die wir gerade getroffen haben. Sie lümmeln sich im Gras, und zwei von ihnen ballern einfach so in die Luft. Haben sie uns von weitem bemerkt? ... Wollen sie mit dieser Knallerei ein bißchen angeben, oder haben sie die Absicht, uns zu erschrecken? ... Vielleicht beides, aber zweifellos trifft vor allem die erste Hypothese zu. Sie haben auch kleine Jungen bei sich, die Piken tragen, deren Griffe man ihretwegen verkürzt hat. Ich überlege mir, daß eine Fotografie von diesen seltsamen Gestalten ein hübsches Dokument wäre. Ich habe meinen Apparat jedoch nicht bei mir, und der Gedanke an meine Maultiere vertreibt den an die Fotografie. Falls noch weitere zwanzig solcher Typen talabwärts lauern, besteht die Gefahr, daß sie uns gestohlen werden. Die Pseudo-Krieger sagen gar nichts, nur einer wirft hin: »Wohin geht Ihr?« Ohne stehenzubleiben, antworte ich: »Nanping«, und wir schlendern vorbei. Wir haben noch keine hundert Meter zurückgelegt, als die ganze Bande aufsteht und uns folgt. Die drei, die in Richtung Paß unterwegs waren, sind wieder umgekehrt und folgen uns ebenfalls. Nach einiger Zeit erblikken wir meine Maultiere vor uns. Sie sind noch alle da, zusammen mit meinen Männern, die auf mich warten, damit ich wieder in den Sattel steigen kann, weil der Weg jetzt weniger steil geworden ist. Als ich bei ihnen ankomme, setze ich mich nieder, um Tee zu trinken. Man darf nie den Anschein erwecken, daß man in aller Eile flüchten möchte. Das ist der Augenblick, um zu plaudern. Ich erkundige mich: »Wer seid ihr?« Einer, der so aussieht, als sei er der Anführer, antwortet: »Wir sind Soldaten aus Nanping, man hat uns den Soldaten entgegengeschickt, die aus Gansu eintreffen sollen. Die Maultiertreiber, die gerade vorbeigegangen sind, haben uns gesagt, daß sie heute nicht mehr kommen, und deshalb kehren wir wieder um.« Das Eis ist gebrochen, die Wilden sprechen, bewundern meine amerikanischen Stiefeletten und meine großen Maultiere, und wir ziehen weiter in Gesellschaft von Männern, die Piken und steinzeitliche Gewehre mit sich führen. Entweder haben sie nicht die Absicht oder sie sehen keine Möglichkeit, uns zu bestehlen, aber sie geben uns den Rat, uns außerhalb von Nanping zu halten, das voller Soldaten sei und wo man uns ausrauben werde. Jedenfalls haben sie gelogen: Sie sind keine Soldaten aus Nanping und bleiben in einem Dorf am Fuße des Berges, während wir unseren Weg fortsetzen.

Nanping ist in einem schönen weiten Tal gelegen, das von einem klaren Flußlauf durchzogen wird. Als wir ankommen, haben wir große Mühe, ein Nachtlager zu finden, alles ist besetzt. Der Gouverneur von Sichuan, der von einem rivalisierenden General geschlagen worden ist und sich auf der Flucht befindet, ist mit einigen tausend Soldaten in Nanping eingetroffen, die ihrerseits anständig gekleidet sind und in keiner Weise denen ähneln, die wir unterwegs getroffen haben. Aus

Angst vor Dieben in der Nacht zögern wir, in einem Garten zu zelten, der uns von Gemüsegärtnern angeboten wird. Da bietet uns ein moslemischer Gerber an, in einem Schuppen zu nächtigen, den er auf der Stelle auskehren und herrichten läßt, so gut es eben geht. Er hat auch einen Stall für die Tiere, das gibt für mich den Ausschlag. Der Schuppen hat mehrere Unterteilungen, und in einer davon schlägt man mir mein Zelt auf. Auch hier findet sich wieder nichts zu essen, keine Eier, keine Butter, keine Milch, kein Gemüse. Wir können uns lediglich Mehl und gepökeltes Schweinefleisch beschaffen, und das zu einem lächerlich überhöhten Preis. Es gibt kein Stroh für die Tiere, und für das Getreide zahlt man den zehnfachen Preis. Die Soldaten zehren alles auf. Wir erfahren, daß es sich bei den Truppen, die an dem Paß erwartet werden, den wir überquert haben, um einen Haufen von Räubern handeln soll, die die Stadt plündern wollen, und daß die Einwohner dieser Aussicht mit Schrecken entgegensehen. Vermutlich waren die Strolche, die wir unterwegs getroffen haben, eine Vorhut dieser Banditen. Wir möchten uns gerne ausruhen und auch den Tieren Ruhe gönnen. Nach den langen Tagesreisen über sehr schwierige Wege sind wir überaus erschöpft, die Maultiere haben seit langem ihre Hufeisen verloren und verletzen sich an den Steinen. Und doch wäre es unvorsichtig zu bleiben. Wir beschließen am nächsten Tag, sehr zeitig wieder aufzubrechen, immer noch sehr ausgehungert und unsere armen Tiere kaum gesättigt. Es ist dies erneut ein schöner Weg oder vielmehr ein Bergpfad, der an einem breiten Fluß mit grünem Wasser entlangführt. Dieses ganze Land ist wunderschön.

Das Wetter ist regnerisch; es ist dies schon der zweite Tag, an dem wir heftige Gewitter hinnehmen müssen. Apropos, ich habe Dir gar nicht von der Windhose erzählt, die an dem Abend über uns hinweggerast ist, als wir nach unserem zweitägigen Aufenthalt in dem Waldweiler in der Provinz Sichuan ankamen. Sie war von außergewöhnlicher Heftigkeit. Wir dachten, mein Zelt würde auseinanderreißen. Aphur klammerte sich an einen Pflock und ich an den anderen, und die Jungen hängten sich unter einem sintflutartigen Regen an das Zelttuch. Die darauffolgenden Gewitter waren nicht so dramatisch, aber sie haben uns bis auf die Haut durchnäßt. Während eines dieser Gewitter habe ich mir die folgende Antwort von meinen Dienern eingehandelt. Angesichts des bejammernswerten Zustandes, in dem sie sich befanden – erschöpft von den langen Märschen und seit Wochen schlecht ernährt –, fragte ich sie, ob sie lieber einhalten wollten, wo sie waren, oder ob sie weitergehen und nach einem Nachtlager suchen wollten. »Oh«, sagte der Mann aus Lhasa, »dazu haben wir nichts zu sagen. Wenn die sehr ehrwürdige Rinpoche (das ist eine sehr respektvolle Anrede) möchte, daß wir hierbleiben, dann bleiben wir, wenn sie möchte, daß wir weitergehen, dann gehen wir weiter, wenn sie möchte, daß wir anhalten, dann halten wir an.« Und die anderen stimmten ihm zu. Hier ist der Bolschewismus sehr fern. Du darfst deshalb nicht glauben, daß diese Leute Dummköpfe sind, alles andere als das, aber sie denken anders als die Menschen des Abendlandes. In ihrer Antwort drückt sich keinerlei billige Unterwürfigkeit aus, sondern lediglich ein unbegrenztes Vertrauen und die Anerkennung meiner Überlegenheit. Sie erwarten von mir, daß ich mich auf das beste um sie kümmere, und gehen davon aus, daß meine Entscheidungen klug und von Vorteil für sie sind. Aphur ist nicht aus dem gleichen Holz geschnitzt, er zweifelt, stellt in Frage, er ist der einzige Bolschewik in der Gruppe, und ich bin überzeugt, daß er in dieser Hinsicht ganz einfach mein Schüler ist. Doch so fortschrittlich er in seinen Ideen auch sein mag, er hat niemals protestiert, wenn ich ihn geschlagen habe.

Ich beschließe, die Reise fortzusetzen, und nachdem wir an mehreren Weilern vorübergekommen sind, finden wir bei Einbruch der Nacht einen, wo wir von einem jungen chinesischen Ehepaar beherbergt werden. Meine Weisheit findet auf diese Weise einmal mehr ihre Bestätigung. Erneut folgen Tage quer durch Wälder, von denen es heißt, daß sie sehr unsicher seien. Man trägt die geladenen Gewehre sichtbar vor sich her, bewacht nachts die Tiere. Wir gelangen so zu einem Kloster der alten Bön-Religion Tibets. Es ist Fasttag, weil ein Dorfbewohner gestorben ist. Die Menschen strömen zum Kloster. Die meisten Leute sind mit Kröpfen behaftet, selbst die sehr jungen. Unter zwanzig Personen haben zwölf, egal ob Männer oder Frauen, einen Kropf. Die *bönpo* umkreisen den Tempel und lassen ihn dabei zur Linken, während die Hindus und die Buddhisten das verehrte Bauwerk zu ihrer Rechten lassen. Sie wiederholen immer wieder *Aum matri yé salen dou* anstelle von *Om mani padme hum,* im übrigen haben sie die gleichen Gebetsmühlen und Idole wie die Lamaisten. Es ist schwer zu klären, welcher Art ihre ursprüngliche Lehre war, denn vor der Einführung des Buddhismus konnten die Tibeter weder lesen noch schreiben, und deshalb existiert kein Buch aus der Zeit davor. Nach Einführung des Buddhismus haben sich die Lehren der *böns* und der Buddhisten miteinander vermischt, man hat gegenseitig Anleihen und Zugeständnisse gemacht und hat nun Schwierigkeiten, den eigenen Ursprung darin zu erkennen. Meiner Ansicht nach gibt es einen ursprünglich in Zentralasien beheimateten Tantrismus, vielleicht der Vater oder zumindest der ältere Bruder des indischen, der zudem einige Übereinstimmungen mit dem chinesischen Taoismus haben könnte. Das ist eine Frage, die mich seit langem interessiert, und falls es mir gelingt, einige Orientalistenkollegen zusammenzubringen, um Nachforschungen in verschiedenen

Richtungen anzustellen, könnte ich versuchen, ein wenig mehr Licht in diese Sache zu bringen.

Lassen wir diese Frage beiseite, die Dich wohl kaum interessiert. Es war amüsant, die buntgemischte Menge im Hof vor dem Tempel zu beobachten. Fasten bedeutet in Tibet auch Verzicht auf das gesprochene Wort. Das ist für jeden, der sich nicht auf seine Gedanken zu konzentrieren vermag, eine schwer zu befolgende Vorschrift. So konnte man zusehen, wie alte Frauen, die von dem Bedürfnis gekitzelt waren, ihre Zunge zu bewegen, ihre Lippen zu Rüsseln zusammenkniffen und hinter dieser Barriere vor sich hin murmelten, was sie sagen wollten und nicht deutlich aussprechen durften. Es sah so aus, als würden sie sich auf diese Weise ausgezeichnet miteinander unterhalten. Die jungen Mädchen flirteten auf stumme und unverhohlene Weise mit den gleichaltrigen Jungen und deuteten (scherzhafte) Kämpfe an, um sodann zum Rhythmus der Gebetsmühlen darüber zu lachen. Während sich alle übrigen in feierlicher Prozession um das Gebäude herumbewegten, hatte ein Junge auf dem Vorplatz des Tempels ein Mädchen in seine Arme gerissen und verteidigte sein im übrigen entzückt lächelndes Opfer mit Fußtritten gegen die Freunde, die es zu befreien suchten. Dann begannen alle miteinander im Chor *Aum matri yé salen dou!* zu grölen, und am Abend folgte ein allgemeines Saufgelage. Inzwischen habe ich erfahren, daß dieses Kloster einen schlechten Ruf hat und daß der Abt, der drei Konkubinen hat, ein Gewohnheitssäufer ist. Er wollte meinen Rat, wo der neue Friedhof angelegt werden soll, und hat mich gefragt, ob die Lage seines Klosters unter »guten Auspizien« stünde. Meine komplizierte, in einem der Situation angemessenen Ton formulierte Antwort würde Dich gewiß nicht interessieren.

Wir brachen im strömenden Regen von dort auf, doch das

Wetter klärte sich später wieder auf, und wir setzten unseren Weg erneut durch einen schönen Wald und völlige Einsamkeit fort. Bei Einbruch der Nacht gelangen wir in ein wunderschönes Tal, wo sich ein Fluß zu einem See ausweitet. Zu allen Seiten hohe, mit Tannen bedeckte Berge, und in den Einbuchtungen zwischen ihren Gipfeln erblickt man höhere, schneebedeckte Bergspitzen. Es gibt dort Gras für die Tiere, wir beschließen, unsere Zelte aufzuschlagen, und verbringen eine friedliche Nacht. Am nächsten Tag reiten wir erneut durch Wald. Im Laufe des Vormittags gesellen sich drei Männer zu uns, die sich von mir segnen lassen und erklären, daß sie auf dem Weg nach Songpan sind. Einer von ihnen trägt ein langes tibetisches Gewehr, die anderen sind unbewaffnet, und ich vermute, daß sie der Sicherheit wegen den Weg gemeinsam mit uns zurücklegen möchten. Sie kommen nicht so schnell voran wie wir, möchten schon am Nachmittag haltmachen und versuchen uns zu überzeugen, daß sich der Platz gut zum Zelten eigne. Meine Männer würden gerne auf sie hören, aber ich habe beschlossen, daß wir unser Nachtlager erst bei Einbruch der Dunkelheit aufschlagen werden, wenn man uns aus der Ferne nicht mehr sehen kann, falls Räuber uns von den Bergen herab auszuspähen versuchen. Wir reiten also allein weiter und kommen in der Dämmerung bei einer Art Scheune an, die verlassen mitten im Wald steht. Es wohnt dort ein Chinese mit seiner Hausziege. Wir könnten die Tiere unterstellen, was wir auch tun, nachdem wir lange mit dem Wächter verhandelt haben, der sich zu Anfang weigert, uns unter sein Dach zu lassen. Was ist das für ein Haus? Wir haben es nicht ganz begriffen, offenbar handelt es sich um eine Art Schutzhütte, die von der lokalen Verwaltung für die Reisenden errichtet worden ist, die den Wald durchqueren. Am nächsten Morgen treffen vier Männer und zwei Frauen ein, die auf dem Weg nach Songpan sind. Sie haben ein Gewehr, erzählen die grauenvollsten Geschichten über Strauchdiebe, die man sich nur vorstellen kann, und erklären, daß der gefährlichste Teil des Weges der ist, den wir bis hinauf zum Paß zurücklegen müssen. (…) Der Wald ist dichter denn je; ich muß mich ständig tief über mein Maultier beugen, um die Zweige zu vermeiden, die mir das Gesicht zerkratzen würden. Wir erreichen den Paß, wo sich der übliche Haufen aus Steinen und Zweigen zu Ehren der Gottheit des Ortes befindet. Wir sind im ganzen fünfzehn Leute und haben nichts Verdächtiges bemerkt. Einer der Männer, die zu Fuß sind, bricht einen Zweig ab und reicht ihn mir, damit ich ihn der Gottheit des Passes darbringe. Ich schicke meinen jungen Diener, damit er ihn zwischen den anderen aufpflanzt, werfe dem Brauch gemäß einen Stein von meinem Maultier herab und rufe: »*Lha-gyal-lo!*« Die geheiligte Formel, die man aussprechen muß, wenn man den Paß überschreitet, und die besagt: »Sieg den Göttern, auf daß die Dämonen bezwungen werden.« Und daraufhin stoßen alle miteinander gellende Schreie aus, die die bösen Geister abschrecken sollen. Auf der anderen Seite des Passes gibt es keinen Wald mehr, sondern nur unendliche Weiden, die sich über gerundete Gipfel ziehen, die weite Täler einrahmen. Hier brauchen wir die Räuber nicht mehr zu fürchten, und unsere Gruppe zerstreut sich, jeder bewegt sich nun in dem Tempo weiter, das ihm am besten entspricht.

Wir müssen noch zwei weitere Nächte unterwegs verbringen, bevor wir Songpan erreichen. Wir gelangen in die Nähe eines großen Bön-Klosters und nächtigen in dem benachbarten Dorf bei einem Bauern. Ich würde das Kloster gerne besichtigen, aber das Wetter ist abscheulich, und ich nehme Abstand davon. Am nächsten Tag führt unser Weg zwischen Äckern hindurch. Aphur und der Mann aus Lhasa bitten in einem nahe gelegenen Ort um Obdach für unsere Tiere, und offenbar deuten sie von weitem auf einen freien Platz und sagen, daß sie dort die Zelte aufschlagen möchten. Die Bauern antworten: »Ja, tut das nur, und stellt die Tiere in den Stall.« Ausgestattet mit dieser Erlaubnis kehren sie zu mir zurück, da ich mit den Maultieren am Weg wartete. Aber statt mir zu sagen, daß sie selbst den Platz für die Zelte bestimmt haben, berichten sie mir, die Bauern hätten ihnen einen Ort angewiesen, an dem man sie aufstellen könnte. Ich reite zum Dorf hinauf, und es zeigt sich, daß das Stück Boden, auf dem wir die Nacht verbringen sollen, die Örtlichkeit ist, an der die Leute aus den umliegenden Häusern ihre Bedürfnisse verrichten. Da ich glaube, daß diese ihnen diese Stätte angegeben haben, richte ich mich in meinen Steigbügeln auf und verfluche feierlich das ganze Dorf: »Weil ihr eine *khandoma* an einen unreinen Ort geschickt habt, werden euch die Dämonen heimsuchen, und ihr werdet in eurem nächsten Leben Sch... fressen müssen!« Daraufhin deute ich einige Gesten an, spucke dreimal in Richtung des Dorfes und verabschiede mich mit der Erklärung: »Ich werde die Nacht im Freien verbringen, und als Zeichen für euch wird es zu regnen aufhören, damit ich angenehm schlafen kann.« Die einheimischen Naturkinder stehen stumm, wie versteinert da. Eine Stunde später ist der Himmel voller Sterne, unsere Zelte sind inmitten der Felder aufgerichtet. Es kommen Männer, die die Sache klären wollen, aber ich, die ich überzeugt bin, daß man mich auf den Abtritt geschickt hat, weigere mich, sie anzuhören, und meine Männer sind anderswo beschäftigt. Wir schlafen gut und machen uns sehr früh am Morgen zum Abmarsch bereit, aber noch vor unserem Aufbruch kommt erneut ein Mann, und Aphur als echter Taugenichts nimmt ihn beiseite, zieht meine elektrische Lampe aus meiner Tasche und sagt zu ihm: »Schau dir das an und erzähle es dann den anderen. Was siehst du?« »Ich sehe gar nichts«, sagt der Mann. »Was siehst du?«, und der Junge drückt auf den Knopf. »*Kyab su tchivo!*« ruft der Tölpel aus, »da ist Feuer drin!« Aphur macht die Lampe aus. »Oh! Es ist nichts mehr darin«, und der Mann preßt bewundernd die Hände zusammen. Aphur bedient die Lampe noch zwei- oder dreimal und sagt: »Nun, du hast es gesehen. Bist du je einem Lama oder einer *khandoma* begegnet, die etwas Ähnliches besitzen?« »Nein.« »Dies ist, was man das kostbare aus sich selbst geborene Kleinod nennt *(Rang tchyung norbo rinpotché)*. Damit ändert man das Wetter, man läßt den Regen fallen, oder man gebietet ihm Einhalt, man zerstört die Ernten oder macht die Felder fruchtbar. Du hast gesehen, daß die khandoma in der Nacht die Sterne zum Leuchten gebracht hat. Geh zu deinem Lama und frage ihn, ob er dir ein ähnliches Kleinod zeigen kann.« (Der kleine Verrückte wagt sich damit nicht allzuweit vor. Er weiß genau, daß der arme Lama über keine elektrische Lampe verfügt, und er wird aus diesem Grund an Ansehen verlieren.) Der Mann ist verwirrt, und meine Männer vergraben die Nasen in den Sätteln der Maultiere, die sie gerade aufzäumen, um nicht in Gelächter auszubrechen. Ich gehe zu Fuß voraus, schüttele zwar nicht den Staub von meinen Sandalen ab, lasse aber meine Kette aus Schädelknöchelchen kreisen. Unterwegs sage ich zu Aphur: »*It was rather a wicked joke* (das war ein ziemlich bösartiger Scherz), aber sie haben ihn sich verdient, weil sie mich an einen widerwärtigen Ort geschickt haben.« »Nein«, erwidert mir dieser Schurke, »sie haben Euch nicht dort hingeschickt. Wir haben ganz ahnungslos von weitem einen freien Platz gesehen und gesagt, daß wir die Zelte dort aufstellen wollten. Den Schmutz dort haben wir erst entdeckt, als Ihr eingetroffen seid und alle miteinander sofort so schön verflucht habt, daß wir gar nichts mehr sagen konnten.« Trotzdem ist Sotar (das ist der Mann aus Lhasa) traurig, weil sie jetzt alle als Schweine oder als Insekten wiedergeboren werden, die Schmutz fressen müssen. Aphur ist nicht so völlig von der Wirkung meiner Worte überzeugt, er ist sich jedoch auch nicht sicher, daß sie unwirksam sein werden. Was die anderen angeht, so halten sie sich an die aus Indien übernommene Überzeugung, daß die Aussagen von Leuten, die sich in das Geheimnis der Religion versenkt haben, niemals nur hohle Worte sind.

Den ganzen Tag über hatten wir schönes Wetter, und es regnete erst, als wir in Songpan angekommen waren und ein Dach über dem Kopf hatten. Ein erneuter Beweis für meine geheimnisvollen Kräfte, von denen die Dorfbewohner so beeindruckt waren. In Songpan haben wir eine angenehme moslemische Herberge mit für hiesige Verhältnisse ausgezeichneten Zimmern gefunden. Tiere und Männer hatten Ruhe nötig. Ich habe drei Tage zugestanden. Morgen brechen wir wieder auf. Hier gibt es außer gepökeltem und getrocknetem Fleisch und Mehl nichts zu essen. Doch hat man mir heute morgen Milch gebracht. (...)

Zaccolo (Zagunao), 7. Juni 1921

Wir haben in einem großen Dorf in Sichuan haltgemacht, das von Leuten bewohnt wird, die man auf tibetisch *gya-rong-pas* (...) nennt, das heißt, einer Bevölkerung tibetischen Ursprungs *(gya)*, die sich seit Jahrhunderten in den chinesischen Tälern *(rong)* angesiedelt hat. In Mochow (Maowen) haben wir uns nur einen Tag ausgeruht. Trotz des erbarmungswürdigen Zustandes, in dem sich die Tiere nach den Gewaltmärschen über die Berge befanden, von denen ich Dir in meinem letzten Brief erzählt habe, wollten wir nicht das Risiko eingehen, auf plündernde Soldaten zu treffen. So machten wir uns erneut auf den

Weg und durchquerten einen Ort, dem sie im letzten Monat ihren Besuch abgestattet haben. Ich hatte es eilig, von dort wieder fortzukommen. Der Weg wurde jetzt besser, aber die unerfreulichen Vorfälle häuften sich. Plötzlich standen wir vor einem Berg, der über den schmalen Weg und von dort in den Fluß abrutschte. Eine ganze Reihe von Lastenträgern saß in einiger Entfernung da und sah zu, wie Steine und Sand von oben herabstürzten. Über eine Stunde lang mußten wir es ihnen gleichtun. Als der Bergrutsch dann nachließ, erklärten meine Leute, sie wollten den Durchgang versuchen. Zuerst mußte eine Art schmaler Weg über die angehäufte Erde geebnet werden, und das ohne Werkzeug; so behalf man sich mangels Schaufeln mit flachen Steinen. Ich überwachte die Arbeiten von der Höhe des Hangs aus, von dem die Lawine abgegangen war, und warnte die Männer, sobald erneute Erdstürze kamen und sie beiseite springen und sich in Sicherheit bringen mußten. Sodann führten die Männer die Tiere einzeln auf die andere Seite und trugen danach das Gepäck auf dem Rücken hinüber. Ich passierte als letzte ohne weitere Schwierigkeiten und bekam lediglich einen leichten Schwall Sand auf den Kopf.
Einige Stunden später erreichten wir die kleine Stadt, die geplündert worden ist, wie ich Dir bereits erzählt habe. Wir haben dort nicht haltgemacht. Wir mußten zwei Wasserläufe an ihrem Zusammenfluß über Brücken aus Bambus und geflochtenen Kordeln überqueren, wobei jeder einzelne so breit war wie die Seine beim Pont d'Orsay. Stell Dir vier Kordeln vor, auf die man Bretter geworfen hat, die nicht befestigt sind und die nicht aneinandergelegt sind. Statt eines Geländers zu beiden Seiten vier oder fünf Kordeln, die auch als Aufhängung dienten. Wir mußten die Tiere von den Lasten befreien und das Gepäck auf dem Rücken hinübertragen. Das verlief ohne Zwischenfälle. Die Tiere hinüberzubringen war eine andere Sache.

Das zweite Maultier fiel zwischen die weit auseinanderklaffenden Planken, stand wieder auf, fiel wieder und wieder … Schließlich hingen alle vier Füße herab, und sein Leib begann zwischen den Kordeln einzusinken. Ich fürchtete schon, es sei verloren. In aller Eile habe ich zehn Männer aufgetrieben, mit denen ich zuerst den Preis aushandeln mußte, und schließlich zogen sie Riemen unter dem Bauch des Tieres durch und brachten es heil auf festen Boden. Im Anschluß haben sie auch die anderen Maultiere hinübergeführt.
Wir setzten unsere Reise fort und gelangten gegen Abend in ein Dorf, wo ich zu meinem großen Ärger feststellen mußte, daß sich mein Revolver nicht mehr in der Satteltasche befand. Hat man ihn mir gestohlen? Ist er beim Übergang über die wacklige Brücke oder auf dem Weg über den Erdrutsch herausgefallen? Ich weiß es nicht. Das ist auch nicht weiter von Belang, das Ergebnis ist das gleiche und sehr bedauerlich. Die kleine fünfschüssige, sehr handliche Waffe war eine gewisse Sicherheit für mich. Nun habe ich sie nicht mehr. Ich glaube nicht, daß wir je angegriffen werden, aber es ist gut, wenn man Waffen vorzeigen kann, denn sie flößen den Spitzbuben Respekt ein, und gerade jetzt werden wir die am meisten gefürchtete Strecke unserer Route zurücklegen müssen. Aber da kann man gar nichts machen, als sich einmal mehr auf seinen guten Stern zu verlassen. An diesem Abend konnten die Tiere nicht mehr weiter. Sie erneut zu beladen wäre eine unverzeihliche Grausamkeit gewesen. Wir mußten haltmachen und ihre Wunden versorgen. Außerdem gibt es Neuigkeiten. Wie es heißt, haben mehrere hundert *gya-rong-pas* Lifan (Lixian) angegriffen, das auf unserem Weg liegt, und der chinesische Beamte, der dort residiert, soll geflüchtet sein. Man berichtet auch, daß diese *gya-rong-pas* Reisende ausgeplündert haben. Um die beiden gesunden Tiere nicht der Gefahr auszusetzen,

gestohlen zu werden, ist Aphur mit einem der Jungen zu Fuß nach Lifan gegangen. Die Eindringlinge waren fort, und im übrigen sagte man, sie befänden sich nur im Streit mit der chinesischen Obrigkeit und würden uns nicht belästigen. Vor seiner Rückkehr hat Aphur mit einem Mann aus dem Ort den Transport unseres Gepäcks auf geliehenen Maultieren bis nach Zaccolo ausgehandelt, einem Marktflecken hinter Lifan (Lixian). In dem Weiler, den wir an dem Tag der Brückenüberquerung erreicht hatten, sind wir eine Woche geblieben. In unseren Zimmern allerlei Tiere: Wer sich für die Lebensgewohnheiten von Flöhen, Wanzen und Läusen interessiert, konnte sie hier nach Herzenslust studieren. Da ich dieser Art von Naturbeobachtung keinerlei Reiz abgewinnen kann, war ich froh, endlich nach Zaccolo zu gelangen, wo ich zum Glück Zimmer in einem neuen Haus gefunden habe. Sie sind klein, aber luftig und sauber – etwas Sehr seltenes in diesem Land. Aphur und ich haben jeder ein Zimmer auf einer Seite, und die Männer eines zusammen auf der anderen Seite, die auf den gleichen Balkon hinausgeht. Wir müssen hierbleiben, solange die Tiere nicht völlig wiederhergestellt sind. Nur noch zwei von ihnen sind in wirklich schlechter Verfassung, und ihre Wunden, die gut versorgt werden, beginnen sich jetzt schnell zu schließen. In acht Tagen können wir unseren Weg zweifellos fortsetzen. Das war in ausführlichen Worten das, was sich zugetragen hat, seit ich Dir zuletzt geschrieben habe.

Sinkaitze – Mow Kong Ting (Xiaojin), 4. Juli 1921
Ich dachte wahrhaftig nicht, daß ich so bald wieder Gelegenheit finden würde, Dir zu schreiben. Sie hat sich aufgrund eines unerwarteten Abenteuers ergeben und auch aufgrund der augenblicklichen Wirren in China. Aber als erste erstaunliche Tatsache teile ich Dir mit, daß ich Dir von der katholischen

Mission eines kleinen Marktfleckens aus schreibe, die den Rang einer Unterpräfektur hat und auf chinesisch Mow-Kong-Ting heißt und auf tibetisch Sinkaitze. Es gibt nur einen einzigen französischen Priester hier, Abbé J.-B. Charrier, der aus der Vendée stammt. Er lebt in einem Anwesen, das auf einem Hügel gelegen ist und aus mehreren Gebäuden besteht (eines ist der Knabenschule vorbehalten). Am Fuß dieses Hügels und am Ufer des Flusses hat er kürzlich ein weiteres Haus gebaut, in dem er chinesische Nonnen und eine Mädchenschule unterbringen will. Da die Schule noch nicht in Funktion ist und das Haus leersteht, hat er es mir zur Verfügung gestellt. Der Abbé, der etwa vierzig Jahre alt und über die Maßen liebenswürdig ist, freut sich sehr, mit einer Beinahe-Landsmännin Französisch zu sprechen, und ich meinerseits bin sehr glücklich, daß ich mich ein paar Tage in einer ruhigen und sauberen Wohnung ausruhen kann. Er sorgt sich so wenig darum, daß ich Buddhistin bin, wie ich seinen Ansichten Bedeutung beimesse.

Ich werde Dir nun der Reihe nach erzählen, was sich ereignet hat, seit ich Dir von Zaccolo aus geschrieben habe (...), wo ich mir Lasttiere ausleihen mußte, da die sehr tiefen Wunden von vieren meiner Maultiere noch nicht vernarbt waren und man uns den Weg als schwierig beschrieben hatte. Ich bekam diese Tiere zu einem ziemlich mäßigen Preis, und die Maultierführer haben sich während des ganzen Weges als sehr gefällig erwiesen. Diese Route führte sechs Tage lang durch Wälder und Dickicht. Es hatte viel geregnet, und es regnete noch immer jede Nacht in Strömen. Unter den Bäumen stand der Schlamm manchmal so hoch, wie Du es Dir gar nicht vorstellen kannst. Zahllose kleine Sturzbäche stürzten über die Wege. Keine sehr abwechslungsreiche Landschaft, sieht man einmal von den erst kürzlich erfolgten Auffaltungen im Terrain ab, die vor allem an einer Stelle an einem Steilhang einen Schlammfluß von beträchtlicher Breite herabströmen ließen. Als ich eines Morgens meiner Gewohnheit gemäß voranmarschierte, sah ich mich plötzlich diesem Desaster gegenüber. Aus dem hellbraunen Schlamm ragten riesige entwurzelte Bäume heraus und lagen nun hier und da quer über den Berg verteilt. Ich weiß nicht, welcher befreundete Gott unter meinen zahlreichen kleinen Kameraden mir an diesem Morgen die Idee eingegeben hatte, zum ersten Mal meine amerikanischen Gummistiefel anzuziehen und dem Kleinen zu empfehlen, das gleiche zu tun. Allein vor diesem von Hindernissen durchsäten abwärts wogenden See lobte ich meine unbewußte Voraussicht und ging das Problem von verschiedenen Seiten aus an, sank ein, stolperte, bewegte mich wieder rückwärts, um es an einer anderen Stelle zu versuchen, bis mir schließlich der Durchgang gelang. Sodann kam mir der Fluß in die Quere, der den zwischen den Felsen hindurchführenden Weg überflutet hatte. Das Wasser war so tief, daß es fast bis zu den Knien reichte, und floß mit einer Geschwindigkeit, doppelt so groß wie die eines galoppierenden Pferdes.

So vergingen die Tage. Man bewegte sich immer unter Bäumen und über Pfade dahin, die wenig Gefälle hatten und zum Glück häufig sehr viel besser waren als der, den ich Dir beschrieben habe. Abends ist es schwierig, ein Stück ebenen Geländes ohne Bäume zu finden, wo man sein Zelt aufschlagen kann, aber eines Nachmittags erreichen wir eine weite Lichtung, fast am Fuß des Passes Dza (Za-La), den wir überschreiten müssen. Dort ruhen wir uns einen Tag lang aus. Man hat uns nichts Falsches erzählt, als man uns ankündigte, daß wir auf dem Paß Schnee vorfinden würden. Der Berg, den wir überqueren müssen, und die benachbarten Gipfel sind weiß. Diese Gipfel sind, wie ich glaube, mit ewigem Schnee bedeckt.

Der Paß selbst ist viertausendfünfhundert Meter hoch, wie ich im nachhinein erfahren habe. Auf der gegenüberliegenden Seite erblickt man ein anderes wundervolles, verschneites Bergmassiv, sehr weit entfernt und durch mehrere Bergketten von uns getrennt.

Nach diesem Tag der Ruhe nehmen wir den letzten Teil des Aufstiegs in Angriff. Wieder Dickicht, Weiden und dann nur noch Steine und sofort sehr hoher Schnee, denn dieser letzte Teil des Hangs ist sehr steil. Ein enger Ziegenpfad ist von Reisenden in den Schnee getrampelt worden, die uns vorausgegangen sind. Wir folgen ihm, aber ein paar eigenwillige Maultiere verfallen auf die Idee, ein wenig durch die Schneefelder zu bummeln. Das bekommt ihnen schlecht, denn der Schnee ist von der Hitze aufgeweicht worden. Die Tiere sinken ein und verfangen sich zwischen unsichtbaren Felsen. Es ist nicht leicht, sie wieder zu befreien. (...) Der Paß ist ein simpler Einschnitt in einer Kette von spitzen Gipfeln, ein einfaches V, das unten so eng ist, daß dort keine zwei Personen nebeneinanderher gehen können. Es gibt hier keinen richtigen Durchgang, weil die Bergkette an dieser Stelle weniger als drei Meter Dicke hat. Man befindet sich sofort auf der anderen Seite, die weniger steil, aber sehr viel verschneiter ist. Man muß zu Fuß absteigen, was sehr ermüdend ist. Zwischen zwei Schneemauern läuft man auf einem Trampelpfad, und diese Mauern sind auf beiden Seiten des Pfades zwischen sechzig und achtzig Zentimeter hoch. Etwas weiter vorn sind sie plötzlich über zwei Meter hoch. Hinter dem Paß marschiere ich so schon etwa vier Stunden dahin, als ich die Maultiere einhole, die meine faulen Männer weiden lassen, ohne sie von den Lasten befreit zu haben. Zur Strafe ordne ich an, daß ihnen für eine halbe Stunde das Gepäck abgenommen wird. Ich strecke mich im Gras aus, und Aphur tut es mir nach. Müde, wie wir sind, schlafen wir ein und machen ein Nickerchen von kaum einer Viertelstunde. Das hat genügt, der Boden war feucht, und der Kleine sagt zu mir: »Ich habe Halsschmerzen«, und ich, ich zittere vor Kälte. Er sagt mir zudem, daß ich einen leuchtendroten Kopf habe, und ich spüre, daß er glüht. Aphur beginnt zu husten. Der Weg ist noch weit. Geradeaus vor uns sehen wir ein enges Tal, das von schönen Tannenwäldern bedeckt ist, und in der Ferne einen verschneiten Gipfel. Wir steigen abwärts, bald finden sich keine Weiden mehr, und wir tauchen wieder in die dunklen, grünen Wälder ein. (Unterhalb des Passes haben die Büsche noch keine Blätter und beginnen gerade erst auszuschlagen. Das verdeutlicht mir, auf welcher Höhe wir uns befinden, noch bevor man es mir sagt, denn es ist Ende Juni.) Noch mehrere Stunden vergehen, dann erkenne ich sehr weit unter uns einen bläulichen Dunst zwischen den Tannen. Er ist kaum sichtbar, aber auf meinen Wanderungen habe ich ähnliche Fähigkeiten entwickelt wie die Helden von Fenimore Cooper. Ich sage zu meinen Leuten: »Da unten ist ein Feuer, das müssen unsere Männer sein.« Es ist ein Feuer, und es sind unsere Männer; mehr als eine Stunde später stoßen wir zu ihnen. Die Zelte sind auf der Wiese aufgeschlagen, der jüngste meiner Jungen, der die Maultiertreiber begleitet hat, hält schon das kochende Wasser für den Tee bereit, mein Feldbett ist aufgestellt. Ich habe Schüttelfrost. Aphur, der selbst in keiner guten Verfassung ist, macht mein Bett, man füllt mir eine Gummiflasche mit heißem Wasser und bereitet mir ein wenig Suppe, die ich hastig hinunterschlinge. Dann ziehe ich mich mit meiner Wärmflasche unter einen ganzen Haufen von Decken zurück. Ich schlafe gut, habe am nächsten Morgen kein Fieber mehr und fühle mich bestens.

Wir haben noch weitere acht Tage quer durch den Wald, dann gelangen wir zu einem Weiler, der Lianhokow (Lianghekou) heißt, und schlagen dort unsere Zelte auf. Die Maultiertreiber sind nur bis dorthin angeheuert worden, aber die Wunden von dreien der Tiere sind noch nicht gut verheilt. Wir möchten diese Männer noch für länger engagieren, sie verlangen jedoch, daß wir fünf Maultiere mieten, obwohl uns drei genügen. Kurzum, wir können uns nicht einigen und beschließen, die gesunden Tiere zu beladen und alle miteinander zu Fuß zu gehen, wobei die Diener und Aphur selbst einige Lasten auf dem Rücken tragen werden. Und so machen wir uns erneut auf den Weg. Jedenfalls bin ich nicht so gebrechlich, wie ich befürchtet habe. Ich bringe jeden Tag die festgelegte Etappe hinter mich, etwa vierzig Kilometer, ohne mich danach allzu erschöpft zu fühlen. Ich esse mit Appetit das bißchen, was wir haben, denn wir sind noch immer zum Fasten gezwungen, da wir unterwegs nur wenig zu kaufen finden. Ich schlafe auch gut, und so gelangen wir nach Foupien (Fubian), einem Dorf, das ein Abenteuer für uns bereithält.

Als wir am Abend dort ankommen und keinen Platz zum Zelten finden, richten wir uns inmitten eines großen, auf einem Hügel gelegenen Friedhofs ein, der unglücklicherweise weit vom Wasser entfernt ist (man braucht zwanzig Minuten, um es am Fluß zu holen). Der Platz bietet uns eine schöne Wiese für die Zelte, es ist Vollmond, und in der Nacht bilden alle diese Gräber, von denen viele halb verfallen sind und die aus den Sträuchern und den wilden Gräsern herausragen, eine romantische Opernszenerie.

Wir durchqueren das Dorf, das ziemlich weit von unserem Zeltplatz entfernt liegt, und marschieren weiter auf einem Weg, der in einigem Abstand am Fluß entlangführt, als Leute hinter uns hergerannt kommen und uns zurufen. Es sind zwei Männer, die von einem örtlichen Beamten ausgeschickt worden sind und uns fragen, wo wir hingingen, woher wir kämen, wer wir seien. Ich möchte mich nicht zu erkennen geben, deshalb antworten wir, daß wir Tibeter und unterwegs nach Emei seien. Im übrigen verstünden wir den chinesischen Dialekt von Sichuan nicht besonders gut, und das Gespräch bleibt ziemlich unklar. In diesem Augenblick trifft der Beamte selbst ein und wiederholt die Fragen, verlangt das gesamte Gepäck zu untersuchen, spricht laut und mit unverschämtem Gesichtsausdruck, gestikuliert so heftig, daß ich mich vor ihm aufbaue und ihn auffordere, sich zu mäßigen, und das in meinem besten Tibetisch, das er ebensowenig versteht wie ich sein Chinesisch. Schließlich fragt er, ob wir offizielle Papiere hätten. Jetzt reicht es mir, und ich beschließe, mich zu erkennen zu geben. Ich beantworte die Frage mit Ja und daß man ihm die Papiere zeigen werde, sobald die Maultiere mit dem Gepäck einträfen. Eine halbe Stunde später treffen sie ein, man zeigt ihm die Pässe, aber er bekrittelt das Datum. Er will Aphurs Gepäck sehen, und wir zeigen es ihm, weil wir glauben, daß die Sache damit beendet sein wird. Aber in der Tasche des Jungen befindet sich ein großes Paket Silber, das mir gehört. Angesichts dessen denkt sich der Chinese (der Moslem ist) wahrscheinlich, daß er sich gerne ein gutes Stück davon abknabbern würde, und verkündet nach allerlei weiterem Palaver, daß ich weiterreisen kann, der junge Mann festgehalten werde – samt seinem Gepäck. Nun stell Dir das vor! Ich erwidere, daß ich ebenfalls bleiben und an meinen Konsul in Chengdu schreiben werde, falls man ihn an der Abreise hindert. Wir kehren wieder um, und der Beamte bietet uns einen alten Tempel als Unterkunft an. Das will ich nicht, denn er befindet sich allzu sehr in seiner Nähe.

Wir kehren zu unserem Friedhof zurück. Die Situation ist alles andere als erheiternd. Ich vermute, daß der Chinese es nicht wagen wird, eine Intervention des Konsuls heraufzubeschwören, und einen Rückzieher machen wird. Aber ein Brief nach Chengdu braucht zwei Wochen, und falls er halsstarrig bleibt, werden wir in unserem Friedhof vermodern. Aphur hat angeboten, allein dazubleiben. Das kommt jedoch überhaupt nicht in Frage. Ich beginne den Brief an den Konsul und beschließe, wegen Aphur an den englischen Konsul zu schreiben, da er die britische Staatsangehörigkeit besitzt. Indessen kommt der Beamte, begleitet von vier anderen gutgekleideten Chinesen. In der offenbaren Absicht, mit mir zu sprechen, pflanzt er sich vor meinem Zelt auf, ich schreibe jedoch weiter, ohne ihn zu beachten, und Aphur liest, ohne die Augen zu erheben. Enttäuscht geht er zum Zelt meiner Leute, die Anweisung haben, den Mund nicht zu öffnen. Er kehrt zu mir zurück, und ich lasse ihm ausrichten, daß ich ihn beauftragen werde, von einem Sonderboten zwei Briefe nach Chengdu bringen zu lassen, und daß die Konsulen sich unserer Sache annehmen werden. Zwei Konsulen auf dem Hals, das ist offenbar zuviel für ihn. Er sucht nach einem Mittel, um sich aus der Affäre zu ziehen, ohne allzuviel Prestige zu verlieren. Da es mir wichtig ist, unverzüglich weiterzureisen, erscheint es mir das beste, ihm unter die Arme zu greifen. Ich zeige ihm ein paar Papiere, die in keinem Zusammenhang mit der Sache stehen, aber er tut, als fände er sie sehr aussagekräftig. Ja, wenn er die gleich gesehen hätte ... Er habe sich getäuscht ... Er habe Aphur für einen Japaner gehalten ... Und andere Albernheiten. Kurz und gut, wir können abreisen, wann wir wollen. Und ich meinerseits füge hinzu: »Sie werden uns heute das Abendessen schicken.« Das zur Befriedigung meiner Männer, die auf diese Weise sehen werden, daß ich die Chinesen zur Räson zu bringen weiß. Das flößt ihnen Vertrauen ein und erhöht noch mein Prestige. Und sodann wird das ganze Dorf herbeiströmen, da ihr Anführer uns ehrenvolle Abbitte geleistet hat, nachdem er uns zuvor den

Weg versperrte. Ja, selbstverständlich wird er Nahrungsmittel bringen lassen. Und damit verabschiedet er sich.

Nach einer weiteren Nacht auf dem Friedhof machten wir uns wieder auf den Weg und erreichten nach drei Tagemärschen Sinkaitze (Xiaojin). Der Chinese in Foupien hatte mir gesagt, daß dort ein französischer Priester lebe, was ich nicht wußte. Einen Tag vor unserer voraussichtlichen Ankunft an diesem Ort habe ich diesem unbekannten Landsmann einen Brief geschickt, in dem ich ihn bat, freundlicherweise ein Quartier für uns zu finden. Der jüngste meiner Burschen machte sich um drei Uhr nachmittags auf den Weg und kam am Abend mit der Antwort zurück. Er hatte zusätzlich zur Tagesetappe noch sechzig Kilometer zu Fuß zurückgelegt. Du siehst, daß meine Gefährten nicht gerade gebrechlich sind.

Wie ich Dir schon gesagt habe, hat Abbé Charrier mir ein Haus gegeben, und er beharrt darauf, daß ich so lange bleiben kann, wie ich möchte. Er kommt fast jeden Nachmittag, um mit mir zu plaudern, ist von unglaublicher Zuvorkommenheit und überhaupt nicht bigott, denn er hat zahlreiche Freunde unter den Protestanten in der Umgebung und auch unter den Lamas. Der Chinese aus Foupien hatte ihm einen Boten geschickt, um ihn zu fragen, ob ich ihm bekannt sei und ob er mich erwarte. Er hatte das verneint, ihm jedoch geraten, einer Reisenden keinen Ärger zu bereiten, wer sie auch immer sei, und falls ich Französin sei, werde er auf der Stelle den Konsul benachrichtigen. Er wollte mir gerade selbst jemanden entgegenschicken, der mich abholen sollte, als mein Bursche mit meinem Brief bei ihm eintraf.

In einigen Tagen werden wir wieder aufbrechen, die gesamte tibetische Region im Nordwesten von Sichuan besuchen und uns dann wieder aufwärts in Richtung Kuku Nor wenden.

(...)

Rumichangu (Danba, Sichuan), 17. Juli 1921

Erneut ein Brief, den ich Dir mit großem Vergnügen schreibe und in dem ich Dir eine Reise schildere, die diesmal ein wenig außerhalb des Alltäglichen verlief. Ich bin zwölf Tage in der Mission in Sinkaitze geblieben und habe sie einen Tag nach dem Aufbruch von Abbé Charrier verlassen, der sich über Rumichangu nach Tatsienlu (Dardsedo, Kangding) begab. Es begann zu regnen, und der Fluß, der um diese Jahreszeit sowieso schon viel Wasser führt, ist über die Ufer getreten und hat das Land überschwemmt. Von dem Regen einmal abgesehen, ging am ersten Tag alles gut. Abends gelangten wir zu einem kleinen chinesischen Tempel, der auch als Schule dient. Der Lehrer und die Schüler kommen nur am Tag, nachts ist das Gebäude verwaist. Ich richtete mich dort mit den Göttern ein: ein ehrwürdiger Greis mit weißem Bart, flankiert von zwei Dienern, von denen der eine menschliche und der andere Dämonengestalt hat; eine vergoldete Gottheit, über deren Geschlecht Aphur und ich uns nicht einigen können. Aphur hielt sie für eine Göttin, ich hingegen für ein männliches Wesen aus dem Tao-Olymp, und dann waren da noch andere mehr. Ich schlief gut und rechnete auf eine friedliche Reise durch dieses Tal, das keine besonderen Sehenswürdigkeiten birgt. Ich vermute, daß der göttliche Alte auf seinem verstaubten Altar indessen in seinen Bart hineinkicherte.

Wir machen uns wieder auf den Weg, Sonne und Regengüsse wechseln sich ab, und gelangen so am Nachmittag zu einer Brücke, unter der der Fluß wild dahinbraust. Wie üblich auf diesen unsicheren Bauwerken müssen die Tiere einzeln hinübergeführt werden. Das erste gelangt auf die andere Seite, das zweite befindet sich auf halber Strecke ... Krach, bumm! Die aufgehäuften Steine, aus denen die Brückenpfeiler bestehen, beginnen auf der Seite des Ufers, das wir erreichen müssen, zusammenzustürzen. Man zieht das Maultier hastig hinüber, die Steine hageln weiter in den Fluß. Das ist alles andere als komisch. Die Männer beraten. Nach nicht einmal einer halben Stunde ist klar, daß die Brücke einstürzen wird und daß wir hier festsitzen. Wir beschließen, Bretter auszulegen, die am Ende der Brücke die Vibrationen vermindern, die durch das Auftreten der Tiere auf die Steine des Brückenpfeilers verursacht werden. Und auf diese Weise bringen wir, nicht ohne Herzklopfen, vierzehn Maultiere und Pferde hinüber: meine acht, die ausgeliehenen und noch einige andere, die demselben Maultiertreiber gehören. Als letzte gehe ich gemeinsam mit Aphur hinüber, der zu mir sagt: »Beeilen wir uns«, denn man hört, wie die Steine klatsch! ins Wasser plumpsen, und dann beginnt die Brücke zu schwanken und bekommt Schlagseite wie ein Schiff bei unruhiger See. Endlich haben wir wieder Boden unter den Füßen. Ich wage nicht zu sagen »festen Boden«, so tief ist der Schlamm, als wir uns den drei oder vier ärmlichen Häusern des Dorfes gegenübersehen. Die Leute sagen uns, daß wir nicht weiterkönnen, da der Weg nur ein Stück weiter vorn völlig unter Wasser stehe. Ich beschließe, mich nicht auf ihre Aussage zu verlassen und die Lage selbst in Augenschein zu nehmen. Wir gehen weiter und gelangen an eine Stelle, an der der Weg überflutet ist. Fast eine Stunde stehen wir dort im Wasser, während meine Diener die Wasserhöhe an der Durchgangsstelle überprüfen, die man ihnen angegeben hat. (...) Sie kehren erst nach ziemlich langer Zeit zurück. Der Jüngste von ihnen hat unter Wasser den Weg verfehlt und ist direkt in den Fluß gefallen. Die anderen haben ihn mit großer Mühe wieder herausgezogen. Er hatte das Abenteuer mit Fassung überstanden, doch zwei Stunden später ließen seine angespannten Nerven ihn in heiße Tränen ausbrechen. Ich beschließe, daß wir die Zelte ein wenig weiter oben in einer Tal-

mulde aufstellen werden. Wir werden abwarten, ob der Wasserstand morgen nicht absinken wird. Eine schlechte Nacht neben einem Wildwasser, das die Steine mit Donnerlärm bergab treibt.
Am nächsten Tag versuchen meine jungen Leute erneut den Durchgang. Das Wasser reicht ihnen nicht mehr hoch bis zum Gürtel. Da kommt ein Chinese, der es nach einigem Zögern wagt, durch das Wasser zu waten, wobei wir uns über seine furchtsamen Gesten und sein entsetztes Gesicht amüsieren. Kaum hat er es geschafft, da taucht eine Bande von halbnackten Eingeborenen tibetischer Rasse auf, und als wir ihnen sagen, daß der Durchgang möglich ist, wollen sie gar nichts weiter hören und werfen sich lachend und schreiend wie ein Haufen Dämonen ins Wasser. Sie brauchen keine zwei Minuten, da sind sie schon auf dem Weg und auf dem Trockenen. Sie wenden sich um, betrachten sich Aphur und mich und beraten miteinander. Ich habe meine gelbe Haube auf dem Kopf und trage meinen makabren Halsschmuck. Ganz entschieden können sie eine *khandoma* nicht in einer solchen Notlage zurücklassen. Zweifellos wäre sie fähig, über das Wasser zu gehen, aber da sie es nicht tun will, wäre es verdienstvoll, ihr zu helfen. Sie bieten uns an, wieder umzukehren und mich hinüberzutragen. Ich wittere eine glückliche Gelegenheit. Von Aphur lasse ich ihnen zurufen, daß ich fünf Männer will, und im Handumdrehen sind fünf Männer bei uns. Aphur erklärt ihnen, daß meine Göttlichkeit (eine *khandoma* ist eine Art Fee, die sich auf der Erde inkarniert oder in menschlicher Form erscheint) Gepäck und Tiere hat, die hinübergebracht werden müssen. Selbstverständlich, man wird sie hinüberbringen. Man muß sie nur erst in der Talmulde bei den Zelten holen. Durch das überflutete Gelände watet man dorthin. Anschließend wird das Gepäck Stück für Stück auf dem Rücken hin-

übergetragen, jedes Tier wird von einem Mann geführt und von einem anderen am Schwanz festgehalten. Nur ein ungeduldiges fuchsrotes Maultier macht sich allein auf den Weg und rutscht in den Fluß ab. Es strampelt, kommt aber glücklich wieder auf die Beine. Endlich sind alle auf der anderen Seite, auch ich, die ich von meinen beiden jungen Burschen wie ein großes Paket auf dem Rücken hinübergetragen worden bin. Was mir nicht erspart hat, bis zu den Knien ins Wasser einzutauchen. Alle miteinander wringen sich ihre triefenden Hosen aus. Außer mir hat nach diesem Bad niemand Kleider zum Wechseln. Zum Glück ist es heiß, zwischen dreißig und zweiunddreißig Grad.

Wir beladen erneut die Tiere und nehmen eine weitere lange Tagesetappe in Angriff. Zwischendurch müssen wir wieder mehrmals durch allerdings weit weniger hohes Wasser, ähnlich wie am zweiten Tag unserer Route, von dem ich Dir nicht erzählt habe, weil wir im Sattel bleiben konnten und nur an den Beinen naß geworden sind. Wir schlagen unser Lager an einem schattigen Platz unter hohen alten Bäumen auf. Am nächsten Tag, als wir einen Wildbach auf einer winzigen Brücke überqueren, die ganz einfach aus zwei langen, quer darübergeworfenen Planken besteht, gleitet dasselbe unglückselige fuchsrote Maultier erneut aus und fällt in das Wasser, das nicht sehr tief ist, aber mit atemberaubender Geschwindigkeit dahinströmt. Es liegt sofort auf der Seite, wird mitgerissen, ohne daß es wieder Fuß fassen kann, und der große Fluß ist nicht sehr weit. Ich habe es schon aufgegeben, da stößt es mit dem Rücken gegen einen querliegenden Fels, und nachdem es diese Stütze gefunden hat, kommt es wieder auf die Beine und flüchtet sich schnellstens aus dem Wasser. Am gleichen Tag rutschen zwei Maultiere von dem engen Weg ab, weil ihnen die durchweichte Erde unter den Hufen wegrutscht. Man muß sie sehr weit

unterhalb wieder auf die Beine bringen, und es braucht seine Zeit, um sie auf den Weg zurückzuführen.
Wir erreichen sodann einen Weiler, der aus drei Häusern besteht. Hier geht es nicht mehr weiter. Der Fluß wirbelt in einem großen Loch, das er in den Weg gegraben hat, und einige Schritte weiter ist der gleiche Weg unter einem Bergrutsch verschwunden. Diesmal ist es wirklich sehr ernst. Wir brauchen Werkzeuge und Arbeitskräfte. Aphur beschwört einige Männer des Ortes, indem er ihnen vor Augen führt, welche Verdienste sie sich erwerben können, wenn sie die Verbindungswege instand halten, über die sich Menschen, Geister und Götter bewegen. Sein schlechtes Chinesisch erhebt sich auf die Höhe der Beredsamkeit. Er vergißt auch nicht, die Seelen der Vorfahren zu erwähnen, die auf diese Weise freie Bahn haben, und zählt ihnen all die Vorteile auf, die ihnen daraus erwachsen werden. Zwei andere Männer, die weniger begabte Redner sind, werfen sich das Gewehr über die Schulter, erklären, daß ich *ta ren* sei (eine bedeutende Persönlichkeit, wörtlich übersetzt: ein großer Mann) und daß der Weg auf der Stelle instand gesetzt werden müsse. Diese beiden Argumente, das sanfte und das starke, erzielen ihre Wirkung. Ich sehe, wie sich die Bauern, flankiert von den beiden Gewehrträgern, fast wie Zwangsarbeiter mit ihren Hacken auf den Weg machen. Diese Arbeit ist kein Kinderspiel, der durch den Bergrutsch verschüttete Weg muß durch einen anderen oberhalb ersetzt werden, der durch Dorngebüsch führt und schwer zu planieren ist. Nach einigen Stunden ist das Werk jedoch so weit vollbracht, daß die an akrobatische Kunststücke gewöhnten Tiere den Pfad passieren können. Wir gelangen auf die andere Seite und sehen uns alsbald einer Brücke gegenüber. Kaum setzen wir einen Fuß darauf, stürzt auf der gegenüberliegenden Seite sogleich der halbe Pfeiler in sich zusammen. Meine Männer er-

blassen. Werden wir von Dämonen verfolgt? Die Brücke befindet sich im unteren Teil einer Felsschlucht, wo das Wasser in tosenden Katarakten herabfällt, eine Woge über die andere stürzt. Ich werde am Ufer, vielleicht fünfzehn Meter oberhalb, von der Gischt durchnäßt. Das ist ein grandioses Schauspiel. Aphur sagt zu mir auf tibetisch: »Tchoni djigda«*, das bedeutet, der Schrecken oder die Zerstörung, die vom Wasser ausgehen kann. Die Männer laufen zu einem benachbarten Weiler, beschaffen dort lange Planken, und wir vollziehen ein ähnliches Manöver wie anderntags. Diesmal gehe ich als erste hinüber, um auszuprobieren, ob man den Übergang wagen kann. Wir gelangen auf die andere Seite, schlagen unsere Zelte auf. Am nächsten Morgen Aufstehen im Morgengrauen, ein kärgliches Frühstück, denn der Reiseproviant ist fast erschöpft. Aufbruch. Wieder Wasser auf dem Weg, Hindurchwaten, wir sind völlig erschöpft. Dann eine Bresche, die Straße ist an den steil aufragenden Felsen eingebrochen, und der Fluß schlägt wirbelnd dagegen an. Nichts zu machen! Aber trotz allem ist fast immer noch etwas zu machen. Am Vortag ist dort ein Mann mit seinem Pferd ertrunken. Diesmal müssen wir einen Berg umwandern, einen anderen erklimmen und wieder zum Fluß hinabsteigen. Ein Spaziergang von fünfundzwanzig Kilometern, um eine Bresche zu überwinden, die kaum zehn Meter lang ist. Und so klettern wir in größter Hitze und natürlich zu Fuß den Berg hinauf, obendrein unter glühender Sonne, die Gewitter ankündigt und mir ins Hirn bohrt. Danach noch ein weiter Weg, und es ist schon dunkel, als die erschöpften Männer sich zwischen die Gräber eines Friedhofes fallen lassen, während Aphur mein Zelt auf einer nahe gelegenen Anhöhe aufstellt.

* Orthographie ungewiß, da die Handschrift mit der Zeit verblichen ist.

Und dort erwartet mich am nächsten Morgen ein seltsames Abenteuer. Meine drei Diener, von ich weiß nicht welcher Panik ergriffen, werfen ihre Sachen von sich, die Kleidung, die ich ihnen gegeben habe, erklären, daß sie fortgehen, und rennen davon wie die Verrückten, wobei einer von ihnen heiße Tränen weint. Und schon sind sie auf und davon, die Szene hat keine zehn Minuten gedauert. Ich bin leicht verblüfft. Alle unsere Säcke sind ausgepackt, wir müssen acht Maultiere führen. Aphur verliert nicht die Fassung. Wir schaffen das schon, sagt er, und er packt alles ein, während ich meinen Maultiertreiber nach Leuten ausschicke, die unsere Tiere begleiten können. Er findet auf der Stelle drei Männer. Die Reise geht weiter! ... Wie üblich müssen wir erneut Fußbäder nehmen, aber das Wasser ist stark gesunken. Indessen gelangen wir an eine schwierige Stelle. Die von den Lasten befreiten Tiere schwimmen hindurch, geleitet von Kordeln, zwei von ihnen werden dabei jedoch um ein Haar von der Strömung davongetragen. Nun sind wir am Ziel angelangt, oder doch fast. Es muß noch eine an Kordeln aufgehängte Brücke überquert werden, deren Bretter zu schlüpfrig sind, als daß die Tiere sie passieren könnten. Es ist schon spät. Ich laufe zur Mission, wo ich Abbé Charrier wiedertreffe, der vor mir in Rumichangu (Danba) angelangt ist und bei einem chinesischen Priester wohnt. Er läßt mir eine Mahlzeit vorbereiten, schickt Träger, die mein Gepäck holen, und einen Mann, der meine Maultiere auf eine Weide führt. Aphur trifft ein, ißt in der Mission, aber es ist längst dunkel, und wir finden nur noch Unterkunft in einer Baracke, in die es hineinregnet. Am nächsten Tag finde ich ein anderes Quartier. (...) Aber am Vorabend sind die drei Flüchtigen zurückgekehrt und haben sich wortlos wie drei Hunde, die auf die Peitsche warten, in eine Ecke gehockt. Ich weiß sehr wohl, daß es der Mann aus Lhasa war, der die beiden Jungen aufgehetzt hat. Diese unablässigen Mißgeschicke, die uns zugestoßen sind, haben ihn um den Verstand gebracht. Ich habe vergessen, Dir zu erzählen, daß an dem gleichen Morgen, an dem sie davongelaufen sind, ein Pferd, das unserem Maultiertreiber gehörte, beim Übergang über die Felsen gestürzt ist und auf der Stelle tot war. Zusammen mit der ganzen Serie von Unglücksfällen muß das die Furcht dieser einfachen Männer auf die Spitze getrieben haben.

Taou (Dawu), 27. Juli 1921

Ich sitze in meinem Zelt auf einem Dach – eine Situation, die Dir sicher etwas merkwürdig vorkommen wird, aber in diesem Land kann einen nichts in besonderes Erstaunen versetzen. Ich bin hier vorgestern aus Rumichangu kommend eingetroffen, von wo aus ich Dir meinen letzten Brief geschrieben habe. Da ich dort keine Briefmarken auftreiben konnte, werde ich ihn zusammen mit diesem hier aufgeben. Die Reise von diesem Ort nach Taou ist nicht sehr weit, nur wenig mehr als zweihundert Kilometer, man muß jedoch einen fünftausend Meter hohen Paß überqueren und sich im Zickzack durch zwei enge Täler bewegen, die in diesem Augenblick genauso überflutet sind wie das sehr viel breitere Tal, das uns nach Rumichangu geführt hat und uns eine ganze Menge von unliebsamen Vorfällen beschert hat, die ich Dir in meinem letzten Brief ausführlich geschildert habe. Ich werde Dich nicht erneut mit Geschichten von unseren Wasserplanschereien langweilen, die sich alle ähneln, abgesehen von zweien, die uns ein wenig Abwechslung bescherten. Du findest sie im Anschluß in der Reihenfolge der Erzählung. In Rumichangu hatte ich mich bemüht, mir Maultiere auszuleihen, da ich dem Weg nicht traute und meine eigenen Tiere nicht mit Gepäck beladen und damit der Gefahr von Unfällen aussetzen wollte. Doch ich stieß bei den Maultiertreibern auf taube Ohren, da sie ihre Tiere ebensowenig wie ich aufs Spiel setzen wollten. Daraufhin ist Abbé Charrier zu dem chinesischen Beamten gegangen, der mir, ich habe es Dir in meinem letzten Brief geschrieben, das Recht der Dienstverpflichtung zugestanden hat, wie es hier zugunsten von zivilen oder militärischen Beamten praktiziert wird, die sich auf Reisen befinden. Im letzten Augenblick hat dieser vorsichtige Sohn des Reiches der Mitte es für besser befunden, Träger anstelle von Lasttieren abzukommandieren. Er sei gesegnet! Andernfalls wäre ich niemals durchgekommen. Er hätte mir auch Soldaten als Eskorte stellen müssen, doch sind in der ganzen Region keine mehr verfügbar. Der Gouverneur, der sich auf der Flucht befindet und den ich in Nanping getroffen habe, kehrt mit frischen Truppen zurück, die ihm sein Kollege aus der Provinz Shaanxi zur Verfügung gestellt hat, und wird den Usurpator angreifen, der an seiner Stelle in Chengdu residiert. Daraufhin hat dieser wiederum in aller Eile Soldaten nach Sinkaitze geschickt, um ihm den Weg abzuschneiden und um zu verhindern, daß sich die Truppen des in Tatsienlu ansässigen Generals mit den Truppen des Gouverneurs vereinen, mit dem er befreundet ist.

Mangels Soldaten und Gewehren ordnete der Mandarin daraufhin zwei unbewaffnete Männer von der örtlichen Miliz ab. Sie standen am Morgen noch nicht zu meiner Begleitung bereit, und der Mandarin ließ mir ausrichten, ich solle nicht auf sie warten, sie würden im Laufe des Tages zu uns stoßen. Am Abend, als wir längst unsere Zelte aufgestellt haben und ich schon in meinem Bett liege, treffen plötzlich Männer ein, die mit den in dieser Gegend üblichen »Begrüßungsworten« empfangen werden: »Nähert euch nicht den Freunden, oder ich schieße auf euch.« Diese Liebenswürdigkeit beantwortet man, indem man von weitem zurückschreit, wer man ist und was man will, wenn man ehrliche Absichten hat. Andernfalls ergreift man entweder die Flucht, oder man wartet nicht die Kugel dessen ab, der gedroht hat, sondern schießt zuerst. Unsere Ankömmlinge geben sich zu erkennen. Ich erhebe mich aus meinem Bett, um mich zu vergewissern, daß da wirklich kein Irrtum besteht, und nehme im Nachtgewand die zeremoniellen Kniebeugen der beiden Männer entgegen. Nebenbei bemerkt, gleichen meine derzeitigen Nachthemden aus dichter, ungebleichter Baumwolle in keiner Weise denen, die Du früher einmal zu Deinem Glück oder Unglück (ganz nach Deinem Belieben) an mir gesehen hast. Und außerdem: Eines Tages, als ich mich furchtbar aufregte, weil ein Bauer mein Zimmer betrat, während ich mich in diesem Aufzug befand, und ich zu ihm (zu Aphur) sagte, daß ich nicht im Nachtgewand gesehen werden wollte, sprach Aphur diese weisen Worte: »Wie können die Chinesen denn wissen, ob Euer Kleid für den Tag oder für die Nacht gedacht ist?« Inzwischen habe ich begriffen, wie recht er mit dieser Bemerkung hatte.

Am nächsten Tag führt uns eine lange Etappe nach Wadjo, einem Dorf, wo wir uns soviel Butter, Milch, Mehl etc. beschaffen, wie wir können. Während der ganzen Nacht regnet es in Strömen. Am nächsten Morgen ist der Fluß über die Maßen angewachsen, und wir können gar nicht daran denken, den Weg durch das Tal einzuschlagen, denn er muß an vielen Stellen unter mehr als einem Meter Wasser stehen. Wir bleiben einen Tag lang da, wo wir sind. Wir schicken einen Trupp voraus, der sich den Zustand des Weges ansehen und die Stellen, die es nötig haben könnten, ein wenig instand setzen soll. Am nächsten Tag erneut eine lange Etappe über einen wenig bequemen Weg. Immer wieder Wasserwaten, dann, als wir gegenüber dem Kloster von Tesmon angekommen sind (einem kleinen Kloster, das den *bönpo* gehört, den Schamanen der

präbuddhistischen Religion Tibets), muß eine weitere Brücke überquert werden. Aber im Augenblick ragt sie nur noch aus der Mitte eines reißenden Flusses heraus, der dreimal zu breit für sie ist. (...)
Im Kloster tritt mir ein *trapa* seine Zelle ab, die doppelt so groß wie üblich ist; die eine Hälfte dient als Küche, die andere als Wohnraum. Ich richte mich in dem Raum ein, Aphur in der Küche, und die beiden Jungen nehmen zusammen mit den Soldaten die Gastfreundschaft eines anderen Mönchs in Anspruch. Der Raum besitzt keinerlei Mobiliar außer einem dreißig Zentimeter hohen Tisch, vor dem man sich niederhockt, einem Kohlenbecken für den Winter, zwei Schlafdecken und einem langen an der Decke aufgehängten Stock, über den man seine Sachen legen kann. Der *trapa* trägt seine Decken fort und einige Bücher, aus denen er am Abend rezitieren wird, und ich bleibe allein, vom Regen und den wiederholten Bädern unterwegs bis auf die Knochen durchnäßt, denn mein Regenmantel ist schon seit langem nicht mehr dicht. Ich hänge alle meine Kleider über den Stock, ziehe mir trockene an, trinke Tee, esse etwas Kaltes, das ich mir am Morgen mitgenommen habe, mache mein Bett und lege mich hin, nicht ohne zuvor so indiskret zu sein, den *torma* – Schrank des *trapa* – einen Spaltbreit zu öffnen, um zu sehen, was ein *bönpo* wohl darin verstecken mag. Dieser Schrank, der manchmal in irgendeinem Winkel verborgen wird, manchmal, sorgfältig verschlossen und versiegelt, mitten auf dem Hausaltar thront, hat seinen Ursprung wahrscheinlich in der Bön-Religion, aber alle tibetischen Lamas haben ihn übernommen und verbinden Vorstellungen damit, die sie dem hinduistischen Tantrismus entlehnt haben. Weitere Erklärungen zu diesem Thema werden Dich kaum interessieren. Ich sage Dir nur, daß diese Schränke mit Praktiken verbunden sind, die darauf abzielen, sich bestimmte Gottheiten dienstbar

zu machen, und häufig auch mit einer Art von Zauberei, die sich in der Mehrzahl der Fälle auf einem sehr niedrigen Niveau bewegt. Die *torma,* die die Gottheiten darstellen, sind kleine, aus Mehl bereitete Kegel. Davor werden Opfergaben aufgestellt, die fast immer blutiger Natur sind: Fleisch, Blut, aber häufig auch Alkohol und andere geheime Substanzen. Sind die *torma* einmal geweiht, darf niemand anders sie sehen als der, für dessen Gebrauch sie angefertigt wurden. Nur unter großen Schwierigkeiten habe ich einige Lamas überreden können, mir einen Blick ins Innere einiger dieser diabolischen Heiligtümer zu gestatten. Der gewöhnliche Mensch, der sie einfach nur imitiert, begreift in keiner Weise die Bedeutung dieser Riten, und diese Schränke, auch wenn sie immer geschlossen bleiben, haben weder Vorhängeschlösser noch Siegel und sind der Willkür der Neugierigen ausgeliefert. Der geheimnisvolle Kasten meines Gastgebers enthielt zehn *tsa-tsa* (winzige Grabgebäude, die aus den zerstößelten Knochen eines Verstorbenen und Lehm geformt worden sind), die zweifellos der Erinnerung an die zehn Weisen der *bönpo* geweiht waren, und als Opfergaben ein eingestaubtes Häufchen von Kotelettknochen, die mir ihrer Form nach zu schließen von Schweinen zu stammen schienen. Weiter nichts. Das war nicht weiter interessant, und ich schlüpfte in mein Bett zu Füßen der *tsatsa* und der Kotelettknochen und schlief sehr friedlich.

Während der Nacht ein sintflutartiger Regen, und am Morgen wiederholen sich die Schwierigkeiten der vorigen Tage. Der Weg steht zum Teil unter Wasser, an einigen Stellen muß es Erdrutsche gegeben haben. Ich muß einen Trupp Männer vorausschicken, die die Sachlage überprüfen, und einen Tag im Kloster abwarten. Einen Teil dieses Tages verbringe ich in belanglosem Geplauder mit den Mönchen, die fast alle schon gereist sind, Lhasa und andere Orte besucht haben. Der Regen hat aufgehört. Am nächsten Morgen brechen wir sehr zeitig auf, die letzte Etappe betrug etwa fünfundvierzig Kilometer, diesmal werden es fast sechzig sein. Der Weg ist der schlechteste von allen seit meiner Abreise aus Kumbum. Er ist schmal – zwei Männer können nicht nebeneinander gehen –, er ist gespickt mit Felshindernissen, und die Hohlräume dazwischen sind mit dickem, schwarzem, schmierigem Schlamm angefüllt. Solange es geht, bleibe ich im Sattel, mein großes Maultier ist sehr trittsicher, aber schließlich muß ich trotzdem absteigen, weil ich fürchte, es könnte sich ein Bein brechen. Und das ist nun ein sehr beschwerlicher Weg über diese unregelmäßigen Felsblöcke mit ihren spitzen Kanten. Manchmal sind sie so hoch, daß ich mir beim Hinübersteigen mit den Händen helfen muß, und alles ist sehr glitschig, von Schlamm überzogen, und dann folgt plötzlich ein Einschnitt, und man muß bis auf die Höhe eines Berges hinaufklettern. Man hat dort einen zwanzig Zentimeter breiten Pfad eingeschnitten, gerade so viel, daß man einen Fuß vor den anderen setzen kann, aber die Wurzeln der abgeholzten Sträucher sind geblieben, und man stolpert darüber. Der Boden ist weich, mit Wasser vollgesogen, und man hat das Gefühl, im Teig zu waten. Diese überaus anstrengende Gymnastik dauert Stunden um Stunden, und dann stehen wir erneut vor einem Einschnitt.

Die Tiere und die Träger nehmen wieder den Weg über den Berg. Mir fehlen der Mut und die Kraft, ihnen zu folgen. Ich bleibe mit Aphur stehen und betrachte mir das wild wirbelnde Wasser. Er sagt zu mir: »Ich werde versuchen durchzukommen, wir werden sehen, ob Ihr es riskieren könnt.« Das Wasser reicht ihm ein wenig über die Taille. Wir haben die gleiche Größe, der Durchgang ist möglich. Er schlägt mir vor, mich zu tragen. Bei dieser Wasserhöhe und einer so starken Strömung halte ich das jedoch für unvorsichtig. Ich muß mich lediglich

entkleiden, den Rock und die Gummistiefel auf dem Kopf tragen, und der Kleine lädt sich mein Bündel gemeinsam mit dem seinen auf, und so begeben wir uns in Hemd und Unterhosen in das Wasser hinein, das frisch, aber nicht wirklich kalt ist. Nach der Anstrengung des Weges ist dies ein eher angenehmes und entspannendes Gefühl. Und da sind wir schon wieder draußen, schütteln uns wie die Hunde und wringen unsere Sachen aus, die wir am Körper trocknen lassen müssen. Wir ziehen unsere Kleidungsstücke wieder über unsere durchweichte Unterwäsche, und bald treffen auch die anderen ein, und wir setzen unseren Weg wieder gemeinsam fort. Erst bei Einbruch der Nacht erreichen wir Tanli, zusammen mit den siebenundzwanzig dienstverpflichteten Männern, die das Gepäck getragen, meine Maultiere geführt haben etc. Du begreifst, daß mein bescheidenes Budget nicht ausreichen würde, um all diese Leute zu bezahlen. Nur dank der Gefälligkeit des Mandarins genieße ich Privilegien, die hohen Beamten und Würdenträgern zugestanden werden, und alle Männer arbeiten unentgeltlich. Das ist nicht sehr demokratisch, aber es ist preiswert und bequem, und ich verteile einige kleine Sonderzuwendungen, über die sie sich freuen, denn sie sind es gewohnt, solche Arbeiten ohne jede Bezahlung auszuführen.
In Tanli befinden wir uns in einem Tal, das von zwei Wildbächen durchflossen wird, die sich zu dem Strom vereinen, den wir seit seinem Zusammenfluß mit jenem anderen Fluß begleitet haben, der das Land der Geshitas ein wenig hinter Tesmon durchfließt. Es ist kühl, wir befinden uns schon auf großer Höhe, auf etwa viertausend Metern. Wir finden eine Unterkunft (zwei Zimmer im ersten Stock) bei einem Bauern. Diese Bauern sind, wie alle in der Gegend, meist eher Banditen als Landwirte, und ihre Frauen kümmern sich um die Felder, während das starke Geschlecht die Wege auskundschaftet und sich

in den Hinterhalt legt. Für den Augenblick haben uns diese ehrbaren Dorfbewohner ihre Gastfreundschaft angeboten, und sie hüten unsere Tiere. Solange sie auf diese Weise beschäftigt sind, haben wir nichts zu befürchten. Am Abend hört man Schritte auf dem Weg und Stimmen in der Nacht. Man lauscht, man schreit aus dem Fenster: »Wer ist da?« Keine Antwort, die Schritte entfernen sich. »Das sind Diebe, die aus dem Tal im Norden kommen«, erklären unsere Gastgeber, und darauf folgt eine Vielzahl von Geschichten über die Strauchdiebe, eine haarsträubender als die andere. »Warum haltet ihr sie nicht auf, wenn sie vorbeikommen?« fragt Aphur. Die verlegene Antwort: »Das kann man nicht.« Später sagt uns einer der Soldaten: »Natürlich können sie das nicht, sie sind aus dem gleichen Holz geschnitzt und Freunde und Komplizen.« Man muß gut auf die Tiere aufpassen, die bei einem der Bauern untergebracht sind; zwei Männer aus dem Dorf, die zu ihrer Bewachung abgestellt sind, schlafen vor der Stalltür. Die können ihren Genossen aus dem Norden, falls diese auftauchen sollten, dringend davon abraten, sich an den Tieren zu vergreifen, denn die Vergeltungsmaßnahmen wären hart, und der vortreffliche Mandarin würde im Fall eines Diebstahls zweifellos mit Begeisterung diese Gelegenheit ergreifen, um das Dorf sehr viel mehr zu seinem als zu meinem Vorteil zu plündern.

Wir müssen noch einen Tag bleiben, weil Yaks, die jetzt statt der Männer die Lasten tragen werden, zu spät am Morgen eingetroffen sind, als daß es uns noch möglich gewesen wäre, den Paß zu überqueren, und es scheint uns nicht ratsam, im Wald zu zelten. Die Leute, die jetzt an der Reihe sind, ihren Frondienst bei mir zu leisten, sind ebensolche *chabronkpa,* Männer aus dem Tal des Nordens. Sie sind von weit her gekommen, zwei Anführer und einige Männer, um bei den Leuten von Tanli die Yaks auszuleihen, die zwei Tage lang für mich arbeiten müssen. Das wird sie etwa zehn Taels kosten, und sie wirken nicht gerade erfreut darüber. Das ist verständlich. Einer von ihnen hat einen wirklich schönen spanischen Kopf, er wirkt auf mich wie ein Hidalgo aus der Estremadura, der aufgrund von unglückseligen Erlebnissen zum Räuber geworden ist, ganz wie der »Geier der Sierra«, dessen aufregende Abenteuer wir einst als Fortsetzungsroman gelesen haben. Er wirkt so düster, wie man es sich nur wünschen kann, die schmalen Lippen zusammengepreßt, und er trägt einen großen Silberring im rechten Ohrläppchen. Herrisches Auftreten und wenige Worte ... Ich frage mich, welche Art von Blut sich mit seinen tibetischen Ursprüngen vermischt hat. Er hat weder etwas von einem Tibeter noch von einem Chinesen und auch nichts von den Moslems, die in dieser Gegend zwar selten anzutreffen sind, aber entfernte Vorfahren von ihm sein könnten. Er wirkt wie ein schöner Spanier mit maurischem Blut, ein Geheimnis, hier in dieser Landschaft und inmitten der Leute. Am nächsten Morgen machen wir uns im Regen auf den Weg durch den Wald, die Führer der Yaks unbekümmert und lärmend, die *chabronkpa* und der Hidalgo, ein archaisches Gewehr über der Schulter, so gemessen, wie es sich gehört. Man zeigt mir an der Stelle, an der die beiden Täler sich treffen, den Weg, den die Räuber nehmen, wenn sie sich an der Straße von Tatsienlu in den Hinterhalt legen, um den Karawanen aufzulauern, die unterwegs nach Lhasa sind. Und dann, kurz dahinter, sind der spanische Grande und seine Kumpane plötzlich verschwunden. Sie haben uns einfach im Stich gelassen. Nachdem der schwierige Übergang hinter uns lag, fanden sie es überflüssig, sich noch länger die Mühe zu machen, uns zu eskortieren. Ein Soldat macht sich auf, um sie zu suchen, doch sie bleiben unauffindbar. Gute Reise! Es ist völlig unwahrscheinlich, daß sie uns weiter vorn auflauern, denn wir wissen nur allzugut, wer sie sind.

Im strömenden Regen setzen wir unseren Weg deshalb unbesorgt fort, steigen durch den Wald immer höher und höher. An seinem Rand machen wir auf einer großen Lichtung eine Teepause. Der älteste der Jungen hat Fieber und leidet unter einer Neuralgie. Mir geht es wie immer ziemlich gut, trotz einer heftigen Enteritis, die ich mit Salol und rigorosem Fasten bekämpfe. Auch an diesem Tag esse ich überhaupt nichts: eine wenig kräftigende Diät, wenn man einen fünftausend Meter hohen Paß überwinden muß. Dieser Paß ist in keiner Weise so beeindruckend wie der rauhe Dza, auch wenn er angeblich höher ist, was ich bezweifeln möchte. Im übrigen befinden wir uns schon in einer wärmeren Jahreszeit, er ist frei von Schnee, aber nicht weit entfernt sehen wir zu unserer Rechten Felder, die von hohem Schnee bedeckt sind, der wahrscheinlich niemals völlig schmilzt. Abstieg zu Fuß über holpriges Gestein, dann erneut endlose Wälder. Die Yakführer sind uns vorausgegangen; bei Einbruch der Dämmerung und im strömenden Regen befinden wir, ich, Aphur und die beiden jungen Männer, uns noch mit unseren Tieren auf gewundenen, schlammigen Wegen quer durch die Wälder, und wir fragen uns, ob wir uns nicht verirrt haben. Wir sind erschöpft, und der Kranke, das Gesicht hochrot vom Fieber, sagt gar nichts mehr. Wir marschieren weiter und immer weiter, und es ist schon Nacht, als wir endlich ankommen. Wir sind fast sechzehn Stunden unterwegs gewesen und haben rund achtzig Kilometer zurückgelegt, einen großen Teil davon zu Fuß. Bauern in dem Dorf Lumbo geben uns ein Zimmer im oberen Stockwerk. Aphur und ich richten uns dort ein, so gut es eben geht, inmitten unseres Gepäcks und aufgeschichteter getrockneter Felle, die unseren Gastgebern gehören. Die Jungen schlafen zusammen mit

ihnen und den Soldaten in der Küche. Das Haus hat nur zwei Räume. Aphur legt sich mit dem Kopf gegen die Tür, die nur schlecht schließt: »So kann man nur hereinkommen«, sagt er, »wenn man mir gegen den Kopf stößt, und dann werde ich natürlich wach.« Er protestiert, weil ich das Fenster offenlasse: »Man könnte über eine Leiter einsteigen.« Das stimmt, aber wenn man es geschlossen ließe, könnte man nicht mehr atmen, der Raum ist nur eine winzige Kammer, und die getrockneten Felle verbreiten einen bestialischen Gestank. Eingerollt in unsere Pelzmäntel schlafen wir endlich ein.
Aufbruch im Morgengrauen. Meine Kleider sind noch feucht vom Vortag, doch die Sonne strahlt und wird sie trocknen. Das Tal verbreitert sich, und wir kommen aus dem Wald heraus. Ein wenig später kündigt sich die große Karawanenstraße an, die das Tal durchschneidet, in das wir absteigen. Kurz darauf erkennt man bewegliche Massen auf dieser großen Straße in der Ferne. Wir nähern uns, und die Formen werden deutlich: Es sind Yaks, so um die zweitausend, in Gruppen unterteilt, eine Karawane, die Tee nach Lhasa bringt. Das ist ein schöner Anblick, diese wogende, langsame, schwarze Kolonne der großen Tiere mit ihrem dichten Fell, die Führer zu Pferde und mit dem Gewehr auf dem Rücken und die großen Hunde, die um die einzelnen Gruppen herumrennen. Aphur hatte zu mir gesagt: »Sobald ich diese Straße sehe, werde ich mich dreimal zu Boden werfen.« Er tut es nur im Geiste, denn er sitzt auf dem Pferd, aber er ruft aus: »Da ist endlich diese Straße, die ich mir so oft auf der Karte betrachtet habe!« Ich antworte ihm nicht. Das neue Tal, in das wir jetzt bei hellem Sonnenschein hineingelangen, ist breit, die Berge, die es umgeben, sind rund und grasbewachsen. Die Landschaft ist das genaue Gegenteil von der, durch die wir jetzt seit Monaten gereist sind. Vorbei ist es mit den engen Schluchten, den pittoresken

chinesischen Bergen mit ihren spitzen Felsen und schroffen Graten, die ganze Szenerie ist weiter und sanfter. Die Dinge sind in Stille gehüllt, eine große, ihrer selbst sichere Ruhe wird spürbar und zwingt sich gebieterisch auf. Etwas Geheimnisvolles liegt über dieser geraden weißen Straße, die in weiter Ferne zwischen den bläulichen Bergen verschwindet ... Wir wissen, daß sie lang, sehr lang ist, durch Grassteppen, vorbei an dunkelblauen Salzseen und verschneiten Gipfeln führt, bis sie endlich den Himalaja erreicht. Dies ist die Schwelle zu einer Welt, die dem Kleinen und mir vertraut ist, zu einer Welt, die keiner anderen gleicht. Wir werden von einer heftigen Gemütsbewegung ergriffen, während wir von unserem Weg hoch oben am Hang der Karawane nachblicken, die weit unter uns friedlich auf der Straße entlang dem Fluß davonzieht.

Taou ist ein schmutziges Dorf. Man hat mich dort in einem großen Haus untergebracht, aber das Zimmer, das man mir zugedacht hatte, ist mit einem Raum verbunden, in dem ein chinesisches Ehepaar lebt. Diese Art der Nähe war mir unangenehm, und ich habe mein Zelt in einer der Galerien aufgeschlagen, die über die Hälfte des Flachdachs verlaufen und in denen man das Viehfutter trocknet. Ich genieße dort einen schönen Blick und gute Luft. Aphur hat ein weiteres Zelt hinter dem meinen aufgestellt. Heute, am 3. August, wird es eine Woche, daß wir uns hier ausruhen. Ich habe wieder einen Franzosen getroffen, Abbé Joseph Davenac, der aus dem Puy stammt und seit zwölf Jahren in dieser Gegend lebt. Er ist ein liebenswürdiger Mann, aber sehr viel zurückhaltender als sein Kollege, Abbé Charrier. Er hat mir allerlei Lebensmittelvorräte geschickt, darunter sogar Wein und Hühnchen. Er war sehr erstaunt, daß ich ersteren nicht trinke und dagegen bin, die letzteren zu töten. Er ist Jäger und hält sich eine ganze Hundemeute. Seltsam, daß solche frommen Männer die Schrecklich-

keit des Leidens nicht begreifen, daß sie nicht begreifen, wie abscheulich es ist, Leiden zuzufügen. Selbst aus ihrer Sicht ist es schlimmer, ein Tier zu töten als ein menschliches Wesen, da sie ihm eine Seele absprechen. Der Mensch, der gestorben ist, führt sein Leben in einer anderen Welt weiter, sein wahres Ich ist unsterblich. Ihn umzubringen bedeutet lediglich, ihn ein wenig brutal aus einer Bleibe zu vertreiben und gewaltsam in eine andere zu befördern. Doch da ihrer Lehre zufolge das getötete Tier ins Nichts eingeht, raubt man ihm absolut alles, wenn man ihm das Leben nimmt. Ein armes Tier zu verfolgen, das flieht, weil es sein Leben mit seinen bescheidenen Freuden zu retten versucht, aus einem so hübschen beweglichen Ding wie einem Reh oder einem Vogel einen reglosen Kadaver zu machen – wie kann ein denkender Mensch eine solche Tat begehen? Es gibt anscheinend nicht viele, die denken.
Monsieur Davenac hat für hundert Taels, das heißt für dreihundertfünfzig kleine Rupien dieses Landes hier, eines meiner Maultiere gekauft. Er hat ein gutes Geschäft gemacht, und ich habe bei dem Handel nichts verloren. So hat sich meine Herde jetzt auf sieben Tiere verringert, die ich auf diese Weise eines nach dem anderen verkaufen werde. (...)

Taou, 14. August 1921
(Dieser Brief konnte seinerzeit nicht abgeschickt werden.)
Wie oft habe ich Dir schon geschrieben: »Dies wird für eine lange Zeit der letzte Brief sein, den ich Dir schicken kann«, und doch ist immer wieder ein weiterer darauf gefolgt. Diesmal ist es nun wirklich der allerletzte für ein Jahr, achtzehn Monate oder länger, es sei denn, daß meine Reise aus irgendeinem Grund scheitert: Krankheit, Räuber, die mich ausplündern, oder anderes. Das wollen wir gewiß nicht hoffen, nicht wahr? ...

Nun bin ich tatsächlich beinahe an der letzten Station angelangt, die Postverbindung hat, und von dort aus wird dieser Brief in zwei oder drei Tagen aufgegeben werden. Ungewiß, wann er auf die Reise geht – der Ort wird nur einmal im Monat bedient. Seit meinem Aufbruch von Taou gibt es nichts Herausragendes zu erzählen. Der schöne Weg, den wir vor uns sahen, als wir die engen Schluchten und die Wälder von Sichuan hinter uns gelassen hatten, verlief heiter, ruhig, entlang an einem klaren, abwärts strömenden Fluß, und er verbreiterte sich stets in dem Maße, in dem er bergan führte. Dörfer, prachtvolle Weizen- und Gerstenfelder – dieses Jahr verspricht eines von denen zu werden, wie sie von den fetten Kühen im Traum des Pharaos symbolisiert wurden. Eine liebliche grüne Landschaft mit sanft gerundeten Bergen. Kurz und gut, ein »glückliches Tal« und ebendeshalb letztlich banal und langweilig. Die Geschichten von Straßenräubern, von getöteten Reisenden verlieren inmitten dieser so unschuldig wirkenden Felder und Weiden ihren Schrecken, auch wenn sie nur allzu wahr sind, denn jeder Dörfler verbindet in dieser Gegend die beschauliche Arbeit des Bauern mit der weit weniger friedlichen des Räubers. Die Männer, die die Yaks führen, die mit unserem Gepäck beladen sind, haben sich heute Nachmittag gegenseitig scherzhaft die Großtaten vorgeworfen, die sie auf den Straßen vollbracht haben. Und das, ohne sich den geringsten Zwang anzutun, weil sie glauben, daß sie von uns nichts zu befürchten haben. Man sagt hier: (...) »überfallen gehen«, wie man anderswo sagt: »auf die Jagd gehen«. Es gibt hier auch einen sehr hübschen Euphemismus dafür: »Heilwurzeln auf den Bergen sammeln gehn.« So kam neulich eine Frau zu mir und erbat sich Rat für ihren Mann, der eine Kugel in den Schenkel bekommen hatte, »als er gerade Heilkräuter sammelte«. (...)

Jakyendo (Jyekundo, Yushu, Provinz Kuku Nor),
17. September 1921

Figaro sagt: »Man muß schnellstens über alles lachen, aus Furcht, darüber weinen zu müssen.« Dieser Satz paßt wunderbar auf meine derzeitige Lage. Die Ereignisse haben eine unglückselige Wendung genommen – ein wenig ist das auch meine Schuld –, und nun befinde ich mich in Jakyendo, wo ich niemals hinwollte, und ich weiß nicht, wie ich wieder von hier fortkommen soll.

Jakyendo ist ein großer Marktflecken, der einst als militärischer Stützpunkt gegründet wurde und dessen einzige Existenzberechtigung heute darin besteht, den Handelskarawanen als Durchgangsstation zu dienen. Stell Dir einen großen Komplex von flachen Häusern aus gehärtetem Lehm vor, der sich über einen Hang breitet und von einem Kloster überragt wird, und das Ganze in einem engen Tal, umgeben von kahlen Bergen. Ringsum nur Wüstenei, unendliche, leere Steppen, blaue Seen, felsige Berge, und die murmelnden Bäche sind die einzigen Stimmen, die in dieser Einsamkeit widerklingen. Wir befinden uns auf über viertausend, vielleicht auch auf über viertausendfünfhundert Metern. Meine Anhaltspunkte sind die mir bekannten Gipfel in der Nähe und die Vegetation.

Wie und weshalb ich hier gelandet bin? Nun: In Kandze (Garze) gelang es mir nicht, der Aufmerksamkeit des lokalen Mandarins zu entgehen, einer ziemlich gewaltigen Persönlichkeit, im wörtlichen wie im übertragenen Sinn. Er hat für meine Unterkunft gesorgt, für das Futter meiner Tiere, hat mir gute Milch in Mengen zukommen lassen und mir unentgeltlich vier Diener gestellt, so daß die meinen die Fürsten spielen konnten. Sein Kollege, der Oberst, hat mir allerlei Leckereien geschickt, darunter sogar in Irland gebrautes *stout* (Du weißt schon, dieses dicke, dunkle Bier), das in China sehr teuer sein muß. Die

Kehrseite dieser Gastfreundschaft war, daß ich keinen Schritt ohne Leibwache tun konnte. Das Land ist sehr unsicher, und der Mandarin wollte die Gefahr vermeiden, sich einen Verweis zuzuziehen, den er mit Sicherheit bekommen hätte, falls mir ein Unfall zugestoßen wäre.

Kanzé liegt ganz in der Nähe der neuen tibetischen Grenze. Nachdem ich noch immer unter der Darmentzündung litt und mir vor allem diese Nesselsucht, die einfach nicht vergehen will, überaus lästig ist, beschloß ich, mich nach Batang zu begeben und dort einen amerikanischen Arzt zu konsultieren, der Chefarzt eines Krankenhauses ist. Ich setzte den Mandarin von meinem Plan in Kenntnis. Entsetzt rief er aus, daß kein einziger Weg auf chinesischem Territorium begehbar sei, weil alle durch einsame, von Räubern heimgesuchte Gegenden führten. Er empfahl mir die ziemlich lange Reise durch die Region, die sich zur Zeit im Besitz der Tibeter befindet. In Wirklichkeit wollte er mich nur zu gerne an andere weiterreichen, um von jeglicher Verantwortung befreit zu sein. Das verstand ich sehr wohl, und ich erwog, wieder umzukehren und den Weg hinunter nach Tatsienlu einzuschlagen, aber dort befindet man sich dicht am Herd des Bürgerkrieges, und der Weg von Tatsienlu nach Batang über Litang ist in der Hand plündernder Horden.

Weitergetrieben machen wir uns wieder auf den Weg, ohne genau zu wissen, wohin wir uns wenden sollen und was aus uns werden wird, denn die Eskorte würde auf der Stelle unsere Identität verraten. Vertrauen dabei auf Gerüchte und auf Artikel, die wir im letzten Jahr in den englischen Zeitungen von Shanghai gelesen haben und in denen die tibetische Verwaltung in der eroberten Provinz gerühmt wurde. Der Mandarin gibt uns ein wunderbares Dokument für seinen tibetischen Kollegen mit und vertraut den Soldaten der Eskorte ein umfangreiches Kuvert an, das sie dem Kalu Lama (einem Gouverneur) übergeben sollen, der in Chamdo residiert. Vor allem hatte der Mandarin uns quasi untersagt, den direkten Weg zu nehmen, über den die Teekarawanen ziehen, und uns mehr oder weniger auferlegt, einer anderen sehr langen und wenig interessanten Route zu folgen, mit der Begründung, daß wir auf diese Weise jeden Abend zusammen mit unseren Tieren ein Obdach in einem Dorf finden und in Sicherheit sein würden. Wir reisten wie die großen Herrschaften. Selbst die Maultiere brauchten keine Lasten mehr zu tragen. Man stellte uns Tiere, Diener, Lebensmittel zur Verfügung. Nachdem ich auf diese Weise zwar bequem, aber innerlich voller Unruhe dahingereist war, erreichte ich einen Ort namens Zacco, wo der tibetische Beamte residiert (ein *ripön,* das heißt, ein Offizier, der an der Spitze von dreihundert Soldaten steht, aber in Wirklichkeit hat er nur etwa zwanzig zur Verfügung, die übrigen sind anderswo oder existieren nur auf den offiziellen Papieren).

Ich schickte Aphur voraus, damit er uns ankündigt und ihm unsere Papiere vorlegt. Der erste Ausspruch dieses Gentlemans war: »Ich spucke auf chinesische Papiere ... Haben Sie englische Papiere von dem großen Mann in Tatsienlu?« (Das ist der britische Vizekonsul.) Aphur kehrte ziemlich sprachlos zu mir zurück. Diese bedeutende Persönlichkeit verwehrte uns zwar nicht die Weiterreise, aber er wollte uns weder eine Eskorte noch unentgeltlich Lasttiere zur Verfügung stellen. Auf die einen wie auf die anderen können wir verzichten. Ich ging persönlich zu ihm, zeigte ihm verschiedene französische und englische Papiere, die er natürlich nicht lesen konnte, die ihn jedoch beeindruckten. Dieser Hohlkopf, der aus Shigatse gebürtig ist, fragt mich, ob der Vizekönig von Indien so groß ist wie der große Mann von Tatsienlu. Was andere Nationen angeht, so kennt er nur die Chinesen und die Fremden, die seiner

Meinung nach alle Engländer sind (abgesehen von einigen Russen). Er hat nicht die geringste Ahnung, daß es auch Franzosen, Amerikaner etc. gibt. Ich sprach ihm von Batang, von Yunnan, die nicht weit von seiner Residenz entfernt sind. Er wußte nichts von ihrer Existenz. Ein noch näher gelegener Ort, die tibetische Stadt Menkong, war ihm ebenfalls unbekannt. Wir tranken seinen Tee, der ausgezeichnet war, und setzten die Reise fort.
Ein langer, langer Weg, der am Ende sehr schwierig wird, zwischen Felsen in einer engen Schlucht hindurch. Bei Einbruch der Dunkelheit mußten wir dann einen großen Fluß, den Jachu, überqueren. Die Leute und das Gepäck in runden, aus Leder geformten Booten und die Tiere schwimmend. Alles ging gut, und als wir am gegenüberliegenden Ufer angelangt waren, schickte uns ein *gyapön* (ein Offizier, der hundert Soldaten kommandiert) Leute in einem Boot, die uns Holz, Milch und Futter für die Tiere brachten und am nächsten Tag Lasttiere. Weil ich kein offizielles Papier in der Hand hatte, lehnte ich die Tiere vorsichtshalber ab, und daraufhin kamen die Dorfoberen und boten uns sieben kleine Rupien zum Ausgleich an. Da wurde mir klar, daß in diesem gesegneten Land ein Reisender, der über einen Paß verfügt, der ihm das Recht gibt, zwanzig Tiere in Anspruch zu nehmen, sich in jedem Dorf, an dem er vorbeikommt, zwanzig Rupien zahlen lassen kann, wenn er über eigene Tiere verfügt. Und da es an manchen Tagen geschehen kann, daß er drei oder vier Dörfer durchquert, kann er einen hübschen Gewinn dabei machen, wenn er auf diese Weise reist. Am nächsten Tag machte am frühen Morgen ein Soldat einen Augenblick vor unseren Zelten halt, den wir am Vortag bei dem *ripön* gesehen hatten. Er bestätigte uns, was sein Kommandeur uns gesagt hatte: Er befand sich auf dem Weg zu dem *depön* (Stabsoffizier) in Dirgi, um ihm unsere An-

kunft anzukündigen, und höchstwahrscheinlich würde dieser uns Soldaten und Passe entgegenschicken.
Wir setzen unseren Weg fort und erreichen eines Abends den markierten Haltepunkt. Die Routen hier sind mit Stationen abgesteckt, an denen die verschiedenen benachbarten Dörfer abwechselnd die Aufgabe übernehmen müssen, für die Bedürfnisse der Reisenden aufzukommen. Durch diese Gegend hier ziehen lediglich Reisende, die das Recht haben, Bettler zu schröpfen. An diesem Abend nun finden wir nur einen jungen Mann in einem schwarzen Nomadenzelt vor. Es ist niemand da, der für Futter und andere Vorräte sorgt, der die Tiere hütet etc. Nichts zu machen. Die Maultiere müssen sich damit begnügen, das magere Gras am Ort zu fressen. Es ist schon Abend geworden, als der kleine Sklave kommt und mir berichtet, daß sieben Männer eingetroffen seien und sich im Zelt niedergelassen haben. Die Frage, ob sie die Beauftragten für den Haltepunkt oder die Dorfoberhäupter sind, verneinen sie – sie seien Reisende. Das ist verdächtig, Aphur glaubt, daß es Diebe sind. Sie streichen um uns herum, mein Bursche Sönam greift sich einen von ihnen und bringt ihn gewaltsam zu mir. Wer ist er? Er wiederholt: »Ein Reisender aus einem anderen fernen Ort.« Der kleine Sklave hat nachgesehen, ob sie Waffen haben: keine Gewehre, aber jeder einen langen Säbel. Aphur und ich legen unsere Gewehre und Revolver geladen und schußbereit gut sichtbar neben uns, und er schickt zwei unserer Leute, Sönam und den Boy (den kleinen Sklaven), in das nächste Dorf, damit sie dort mitteilen, daß sich Diebe am Haltepunkt befinden und daß wir um Wachen bitten.
Sie sind noch nicht lange fort, und ich bin allein in meinem Zelt, Aphur und Luis bewachen die Tiere, als ich sehe, daß einige Gestalten in meiner Nähe stehenbleiben. Ich überlege mir, ob die Räuber die Abwesenheit von zweien meiner Diener aus-

nutzen und versuchen wollen, mit der Plünderung zu beginnen, aber ich frage ganz ruhig: »Wer ist da?« Da sehe ich, daß die Schatten sich bücken, sich niederknien und eine schwarze Form mit etwas Weißem darin vor sich herschieben. Ich höre Gemurmel: »Langes Leben, langes Leben!« (...), das ist eine sehr geläufige Floskel in diesem Land, sei es, um zu bitten, sei es, um zu danken. »Was wollt ihr?« »Wir bringen Milch (das also ist das weiße Etwas in einem schwarzen Topf), wir werden auch Futter und Holz bringen ...« »Wer seid ihr?« »Wir sind die Beauftragten für den Haltepunkt und die Dorfoberhäupter.«

Als sie merken, daß ich sie nicht massakriere, fassen sie Mut und reden alle zugleich. »Nun gut«, sage ich, »ihr seid schlechte Menschen und Lügner. Ihr wolltet mir nichts geben und habt euch deshalb als Fremde ausgegeben. Ihr könnt froh sein, daß ich eine religiöse Person bin (auf tibetisch sagt man ›jemand, der Religion macht‹), sonst wären mehrere von euch schon tot, erschossen – als Diebe.« »Langes Leben, langes Leben!« erklingt es von neuem und mit noch größerem Nachdruck.

(...) Es schneit jetzt auf mein Papier, ich schreibe dicht am Fenster. Es hagelt auch, ein herrliches Wetter! Ein winziger, schmutziger Weiler liegt am Fuß des Berges, auf dem das berühmte Kloster der »Großen Erfüllung« liegt. Wir finden dort eine scheußliche Unterkunft, die nur durch einen Vorhang vom Stall abgetrennt ist. Aphur und ich müssen uns dort einrichten, während meine Leute auf der anderen Seite einer Trennwand aus Zweigen und getrockneten Yakfladen inmitten unserer Tiere schlafen und kochen. Wir müssen jedoch einen Tag hier aushalten, weil ich die Tempel besichtigen will. Ich würde gerne bestimmte Bücher kaufen, es existieren jedoch nur die Druckstöcke. Wenn man die Werke haben möchte, muß man selbst das Papier mitbringen und warten, bis man mit dem Drucken an der Reihe ist. Das kann ich nicht machen. Der große Lama des Ortes, eine Persönlichkeit von hohem Ansehen und über die Maßen reich, läßt uns zu sich rufen und lädt uns zum Essen in seine Privaträume ein, die angefüllt sind mit kostbaren Gegenständen, in enger Nachbarschaft mit Milchtöpfen aus emailliertem Eisen, Bazarspiegeln und vielem scheußlichen, vulgären Schund. Er fragt uns über die Welt, die verschiedenen Länder und ihre Gebräuche aus. Er hat nichts gesehen und weiß nichts, ist aber voller Interesse. Ich erzähle ihm von unserer Kolonie Indochina, die nicht sehr weit entfernt sei, und sogleich stellt er uns die Fragen eines Schwarzhändlers zu den Handelsbeziehungen, die er in dieser Richtung knüpfen könnte. Beim Abschied offeriert dieser großzügige Mann uns achtzehn Pakete Tee! Das wäre die Hälfte einer großen Maultierlast! Da wir dieses umfangreiche Präsent nicht transportieren können, weisen wir es zurück und akzeptieren lediglich die Seidenschärpen. Später am Abend schickt er mir ein Buch. Aphur erwidert die Höflichkeit und schickt ihm ein Paar Socken.

Am nächsten Tag brechen wir in Richtung Derge (Dege) auf, das wir in drei Tagen zu erreichen gedenken. Dazwischen liegen Abgründe. Man zeigt uns unterwegs den Platz, an dem Banditen am Vortag siebenundzwanzig Maultiere und Pferde geraubt und zwei Männer getötet haben. Eine bezaubernde Reiseimpression! Als unseren Reisegefährten, Händlern, klar wird, daß wir den festgesetzten Haltepunkt nicht erreichen können, schlagen sie vor, an einem sehr grasreichen Platz zu zelten, wo die Tiere einen reichen Weidegrund finden. Und mitten in diesem glücklichen Arkadien stürzt plötzlich der Himmel über uns ein. Dieses Ereignis kündigt sich von ferne mit Musik an, ganz wie in der Oper, dann mit einem ebenso spektakulären Aufmarsch zwei Männer zu Pferde, die eine Fanfare blasen, ganz hübsch im übrigen und ohne falsche Noten, ein Bannerträger – dieses Banner ist aus leuchtendroter Seide und mit einem riesigen Wappenlöwen geschmückt – und dahinter ein beleibter Mann in einer bräunlichen Houppelande, gefolgt von einem Soldaten. Ich sehe ihn und habe auf der Stelle eine Vorahnung. Dieser dicke Mann wird uns Ärger machen. Beim Zelt der Händler hält er an, und dann kommt einer von diesen und bittet für ihn um die Erlaubnis, mir einen Besuch abstatten zu dürfen. Ich erteile sie, er kommt, bietet mir eine Schärpe dar, setzt sich und beginnt ein Gespräch. Er ist ein *gyapön* und begibt sich wegen des Diebstahls der siebenundzwanzig Maultiere nach Dzogchen (Zogqen). Er erzählt von seinem Heimatort, den ich kenne (es ist Shigatse), und dann geht er wieder. Wenige Augenblicke später kommt ein *chéngo* (Unteroffizier an der Spitze von fünfundzwanzig Mann), den wir in Dzogstchen gesehen haben, und fordert uns mit verlegener Miene auf, wieder umzukehren und in Dzogstchen abzuwarten, bis der Paß aus Derge eintrifft. Er drückt es nicht ganz auf diese Weise aus, aber er erklärt, er könne keine Fremden durchlassen, ohne zuvor den *depön* von Derge zu informieren, der ihm mitteilen muß, ob diese passieren dürfen oder nicht. Ich antworte ihm, daß der *depön* informiert worden sei und schon zehnmal Zeit hatte, uns die Nachricht zu schicken, daß wir einhalten müßten, falls er etwas gegen unseren Besuch einzuwenden hätte, und daß wir im übrigen mit den Behörden im reinen sind, da der für die Bewachung der Grenze zuständige *ripön* uns die Durchreise gestattet hat. Aber der Respekt vor den Vorgesetzten scheint in diesem Land nicht sehr ausgeprägt zu sein. Dieser simple Unteroffizier folgt zweifellos dem Rat des *gyapön,* dem er entgegengeritten war, nimmt den *ripön,* der im Grad über beiden steht, einfach nicht ernst und setzt sich über ihn hinweg. Kurz und gut, diese beiden Spaßvögel versteifen sich auf ihre Idee. Ich überlege mir, daß ich vielleicht ihrem halben Dutzend Kriegern zum Trotz passieren könnte, aber was würde uns dann wohl unterwegs zustoßen, in diesem Land, in dem die Räuber allgegenwärtig sind? Es gehört durchaus zu den gängigen Bräuchen in Tibet, jemandem, dessen man sich nicht mit legalen Mitteln entledigen kann, einige dieser Herren der Straße auf den Hals zu hetzen. Zweifellos würden sie es nicht wagen, dieses Spielchen mit einer Europäerin zu spielen, aber ich sorge mich um Aphur, meine Leute und mein Gepäck. Ich wäge die Dinge ab und erkläre, daß ich, da ich mich in einem gesetzlosen Land befinde, in dem die Untergebenen gegen die Beschlüsse ihrer Vorgesetzten entscheiden, mich nicht länger hier aufhalten möchte, da ich mich nicht mehr sicher fühle. »Heute«, sage ich, »verstellt mir ein *chéngo* entgegen der Weisung eines *ripön* den Weg. Morgen werde ich vielleicht von einem simplen Soldaten ausgeraubt, und wenig später wird mich ein *gopa* (Dorfoberhaupt) zu Boden schlagen.« Natürlich glaube ich nicht ein Viertel von dem, was ich sage.

Der *chéngo* protestiert, sagt, daß nichts dergleichen geschehen wird, daß ich nur nach Dzogstchen zurückkehren soll und daß er mich nicht in dem schmutzigen Ort, sondern im Kloster unterbringen und für Lebensmittel, Futter für die Tiere, Diener etc. sorgen werde. Ich kann dieser Aufforderung nicht nachkommen. Man hat mir von allen Seiten immer wieder eingetrichtert, daß jeder Reisende weißer Hautfarbe im Orient die Pflicht hat, dafür zu sorgen, daß das Ansehen seiner Rasse respektiert wird und daß er keine Präzedenzfälle schaffen darf, die denen schaden könnten, die nach ihm kommen. Es gibt zahlreiche Franzosen im nahe gelegenen Sichuan, und da der englische Konsul das Recht genießt, diesen Teil das Landes

Kham frei zu bereisen, durfte ich nicht den Anschein erwekken, daß ich mich widerstandslos dem Befehl eines Gefreiten fügte. Aber abgesehen von dem Arzt, den ich in Batang konsultieren wollte, konnte die Reise nach Derge mir nun nichts mehr einbringen. Auch wenn man mich jetzt durchließe, würde man mir auf dem Rückweg wahrscheinlich den Durchgang verweigern, und damit wäre mir der Weg Richtung Kuku Nor versperrt, was schließlich das Zentrum meiner Wanderungen ist und an Turkestan, Gansu und die Mongolei angrenzt. Deshalb erkläre ich: »Da ihr mich ohne Anordnung eurer Vorgesetzten und sogar trotz ihrer Erlaubnis an der Reise nach Derge hindert, werde ich nicht dort hingehen. Ich werde euer Land unverzüglich verlassen, aber auf dem Weg, den ich mir aussuche.« Darüber vergeht die Nacht. Sehr früh am Morgen lasse ich die Zelte abbrechen. Der *chéngo,* dem sich der *gyapön* hinzugesellt hat, kommt erneut und fleht mich an, nach Dzogstchen zurückzukehren. Ich lache ihnen ins Gesicht und sage ihnen, daß sie mich ja von ihren Soldaten erschießen lassen können, wenn sie mich zurückhalten wollen, auf diese Weise bleibt meine Leiche dann hier liegen.

Daraufhin stoßen sie Schreie des Entsetzens aus, beteuern, daß sie mir nichts Böses antun und mir in jeder Weise zu Diensten sein wollen. Wenn ich nicht nach Dzogstchen zurückkehren möchte, kann ich mich in der Nähe eines Nomadenlagers niederlassen, und man wird mir trotzdem unentgeltlich Nahrung und Diener stellen. Doch ich darf nicht den Eindruck erwekken, daß ich demütig die Anweisungen irgendeines Beamten abwarte, zumal ich damit das Risiko einginge, daß er mich womöglich des Landes verweisen würde. Ich beharre deshalb auf meiner Entscheidung: Ich mache mich auf den Weg zu der Grenze, die ich mir selbst ausgesucht habe, und natürlich ist es die zum Kuku Nor. Diese Entscheidung gefällt den beiden Subalternen überhaupt nicht. Ich begebe mich somit nach Jakyendo, das heißt, in den Ort, der sich unter dem Militärkommando ihres am meisten gefürchteten Feindes befindet, des moslemischen Generals von Xining, der gerade einen vollständigen und schrecklichen Sieg über die plündernden Stämme der Golok davongetragen hat. (...) Schrecklich, gewiß, aber für den, der in dieser Gegend gelebt hat und von den Untaten der Golok und den zahllosen Morden weiß, deren sie sich schuldig gemacht haben, ist es nicht möglich, allzuviel Bedauern zu empfinden. Damit ist eine Bande von Strolchen ausgerottet, und für rechtschaffene Reisende ist jetzt der direkte Weg von Gansu nach Jakyendo und weiter nach Tibet frei. So frei, daß mir der Mandarin am Ort die Erlaubnis erteilt, ihn nach Herzenslust zu benutzen. Ein schöner Sieg für den General! Jetzt steht er an der nördlichen Grenze zu Tibet und hat die unterworfenen Territorien in seinem Rücken, auf die er sich stützen kann und die ihm Verpflegung und Transportmittel liefern werden. Die Situation hat sich verändert. Ich werde Dir das später einmal erklären.

Für den Augenblick weißt Du genügend darüber, um zu begreifen, daß diese beiden Subalternen sich nun wahrscheinlich bestürzt fragten, ob sie nicht etwa einen Bock geschossen hatten, als sie mir den Weg nach Derge und Batang versperrten, und ob ihre Vorgesetzten es ihnen nicht anlasten würden, daß sie mich in eine andere Richtung gedrängt hatten. Alle beide beharrten deshalb darauf, ich solle wieder umkehren, was ich auf gar keinen Fall wollte, da ich keinen direkten Weg nach Kuku Nor sah, sobald ich mich wieder auf der Route nach Tatsienlu befand. Kurz und gut, ich lasse das Lager abbrechen und gehe mit Aphur voraus, während die Burschen das Gepäck verschnüren. Der *gyapön* hat darauf bestanden, daß ich die Yaks und die dienstverpflichteten Männer, die mein Gepäck transportieren, weiter bei mir behalte. Er selbst folgt der Kolonne mit seiner Standarte und seinen Musikern, die von Zeit zu Zeit eine schüchterne Fanfare intonieren: tu-tu tutu. Das ist ziemlich komisch, aber ich bin allzu verärgert, um darüber lachen zu können, und Aphur ist über die Maßen ergrimmt. Wir betrachten uns diese Prozession aus der Ferne und setzen uns davon ab.

Unterwegs geraten wir mitten in einen grasdurchwachsenen Sumpf, und ich rutsche zweimal in den schwarzen Schlamm ab. Ich muß meinen Paletot und meine Bluse ausziehen, die Aphur in einem Bach wäscht. Als wir ankommen, sind die Zelte schon neben einem Hirtenlager aufgeschlagen. Der *gyapön* hat dafür gesorgt, daß bereits Milch, Molke, Butter und Käse gebracht worden sind, und für den nächsten Tag wird uns ein Hammel angekündigt. Er glaubt, mit diesen Gaben mein Herz zu erweichen, doch da täuscht er sich. Ich erkundige mich. Ich befinde mich dicht an der Straße nach Lhasa über Jakyendo. Ich muß ihr nur folgen und mich immer nach Westen halten. Ich sage zu den Burschen: »Morgen Aufstehen vor Morgengrauen und sofortiger Aufbruch.« Am nächsten Morgen wird dieses Programm in die Tat umgesetzt. Die beiden Tibeter kommen mit dem versprochenen Fleisch und erneut mit Butter. Alles wird eingepackt, trotz ihres erneuten Flehens, das sich auf pathetische Höhen schwingt: »Tötet uns«, rufen die beiden Männer aus, »unsere Vorgesetzten werden uns den Kopf abschlagen lassen.« »Nun«, sage ich, »ich ziehe es vor, euch bis dahin am Leben zu lassen.« Dann füge ich die tibetische Höflichkeitsfloskel hinzu: »Auf Wiedersehen« *(gale-zhug den-dschag),* nehme meinen Stock und mache Anstalten, mich zu entfernen, doch die beiden durchtriebenen Halunken haben diese meine Aktion vorausgesehen und Vorsichtsmaßnahmen getroffen. Sie packen mich an meinen langen Ärmeln, legen die

Köpfe auf meine Hände, und der beleibte *gyapön* weint tatsächlich dicke Tränen. Die Soldaten spielen nicht mehr auf ihren Instrumenten, entfalten nicht mehr ihren heraldischen Löwen, aber sie verstellen mir den Weg und zeigen mir ihre erhobenen Daumen, auf Art der Vestalinnen, die damit ausdrückten, daß das Leben des besiegten Gladiators zu verschonen sei. Es ist dies eine Geste sowohl des Flehens als auch der Anerkennung. Und alle schreien lauthals: »Langes Leben! langes Leben!«, und der *gyapön* wiederholt: »Tötet mich, tötet mich.« Das ist zwar komisch, aber nervtötend. Da hier Theater gespielt wird, passe ich mich der Tonart an und erkläre: »Ihr habt Soldaten (es sind sechs oder acht), sagt ihnen, sie sollen ihre Gewehre holen und mir in den Rücken schießen, wenn ich gehe!« Allgemeines Entsetzen, die Anführer drängen ihre Männer zurück, die noch immer brüllen: »Langes Leben, langes Leben!« Die Phalanx vor mir bleibt jedoch geschlossen. Daraufhin schwinge ich meinen Stock und teile piff! paff! Schläge aus, aber sie rühren sich nicht von der Stelle. Daraufhin werde ich völlig machiavellistisch: »Bringt mir meinen Revolver, ich werde mich umbringen, und das Verbrechen, mich getötet zu haben, wird auf euch lasten. Ihr werdet die Konsequenzen zu tragen haben!« Hocherhobenen Hauptes marschiere ich zu meinem Zelt, wo Aphur, gelassen wie Artaban, weiter unsere Sachen zusammenpackt, da er den Ausgang dieser Komödie sehr wohl voraussieht und meiner Geschicklichkeit vertraut. Aber der völlig verstörte kleine Sklave rennt vor mir her, greift sich sämtliche Waffen und flüchtet davon, um sie zu verstecken ... Dieses liebe kleine Unschuldslamm! Mein unmittelbar bevorstehender Selbstmord hindert mich nicht daran, noch einige Schläge auszuteilen, von denen der *schängo* eine besonders großzügige Portion erhält. Doch der Widerstand ist gebrochen. Diese Leute wissen, daß die Leiche einer Europäerin schwer verdaulich sein wird ... »Dann geht nur bitte in aller Ruhe«, sagt der *gyapön.* Ich entferne mich allein mit meinem Stock, von dem mir noch die Hälfte in der Hand geblieben ist. Ich gehe. Diese ganze Gymnastik hat meine Frühstücksverdauung beeinträchtigt. Ich muß anhalten, um Flußwasser aus der hohlen Hand zu trinken ... Wie poetisch! Unterdessen bemerke ich, daß ich von einem Mann verfolgt werde. Ein Spion? ... Als ich bei einem großen Felsblock ankomme, will ich gerade hinaufsteigen, um von diesem Postament aus einige geheimnisvolle Gesten zu vollführen, um meinen Verfolger zu erschrecken, doch das ist gar nicht nötig, denn ich erkenne meinen jungen Boy. Er kommt, lacht und sagt bewundernd: »Oh! Ehrwürdige Mutter, wie schön Ihr sie verprügelt habt! Euer Stock ist dabei zerbrochen!«

Er teilt mir mit, daß meine Leute bereits auf dem Weg seien. Sie werden von fünf Yaks, die mein Gepäck tragen, drei dienstverpflichteten Männern, einer Eskorte von vier Soldaten und zwei weiteren Männern begleitet. Wir wandern so dahin, der Boy und ich, bis an eine Stelle, an der sich das Tal gabelt. Da zeigt er mir auf dem Weg, dem wir folgen müssen, in weiter Ferne eine dunkle Linie, die sich sehr schnell nähert: Reiter. Da sie so schnell sind, können sie keine Lasttiere mitführen, und in diesem Land haben nur die Räuber kein Gepäck. »Das sind Diebe«, folgert der Junge daraus. Ich hatte mehr oder weniger den gleichen Gedanken, und im Zweifel wäre es angebracht, die davon zu verständigen, die uns arglos folgen. Ich habe sie ein bißchen verprügelt, aber abgesehen davon will ich ihnen nichts Böses. Wir kehren deshalb wieder um, und sobald ich meine kleine Karawane erblicke, wedele ich mit meinen Ärmeln zum Zeichen, daß sie schnellstens kommen sollen. Sönam und zwei Soldaten galoppieren herbei. Ich erkläre ihnen, was wir gesehen haben, und fast im gleichen Augenblick zeigt sich ein Reiter auf einer Anhöhe ganz in der Nähe. Die Soldaten rufen ihm zu, er antwortet nicht, schaut nur und reitet in aller Ruhe davon. »Das ist ein Dieb«, erklären die Männer, aber sie machen keine Anstalten, ihn zu verfolgen oder sich auf die Suche nach seinen Kumpanen zu machen. Gleich darauf kommt es zu einer Auseinandersetzung über den Weg, den ich nehmen werde. Die Anführer haben darauf bestanden, mich durch das nördliche Tal zu geleiten. Von der Karte her weiß ich, daß diese Route durch einsame Steppen verläuft, während die südliche durch Dörfer führt, und unter den gegenwärtigen Umständen ziehe ich es vor, mich in einem bewohnten Gebiet zu befinden. Ich erkläre deshalb, daß ich die südliche Route nehmen werde, woraufhin die beiden Zivilisten der Eskorte natürlich verkünden, daß sie mich nicht weiter begleiten können und darüber Bericht erstatten müssen. Gute Reise! Die vier Soldaten bleiben. Kurz darauf kommt uns eine große Karawane von Händlern aus Lhasa entgegen, und die Soldaten behaupten sogleich, daß dies die Reiter sind, die wir gesehen haben. Ich glaube ihnen kein Wort. Diese hier gehen im Schritt und sind im ganzen nicht mehr als sieben oder acht mit zahlreichen Lasttieren. Ich glaube, daß die Räuber sie ausgespäht haben und durch unsere gleichzeitige Ankunft verunsichert worden sind. Vier Soldaten, zwei Nomaden und zwei meiner gutbewaffneten Burschen, dazu die ebenfalls bewaffneten Lhasa-pa hätten ihnen dieses Unternehmen nicht leichtgemacht. Sie haben es deshalb vorgezogen, zwischen zwei Bergen zu verschwinden. Wir setzen unseren Weg ungestört fort, übernachten mal bei den Bauern, mal bei den Dorfoberhäuptern. Ein kleiner Dorfkönig lädt uns zum Abendessen ein, schenkt mir einen Teppich und eine Menge von Lebensmitteln. Die Soldaten erweisen uns alle möglichen Dienste, wir wechseln unsere Eskorte auf halbem Weg in Dolma, wo wir –

als einzigen Mißton – einen *schä-ngo* treffen, der sehr unhöflich wird. Worauf Aphur, klein wie er ist, sich hoch aufrichtet und ihm erklärt, daß er als Staatsbürger eines so großen Landes jedes Recht darauf habe, respektiert zu werden. Er hält sich schon für einen Franzosen oder Amerikaner! Nachdem dieser Niemand sich entschuldigt hat, verläuft alles ohne Probleme, und wir setzen diese ziemlich monotone Reise bis an die Grenze des tibetischen Territoriums fort. Es gibt dort eine politisch nicht genau definierte Zone, in die sich unsere Eskorte nicht hineintraut. Sie verläßt uns, nachdem sie dafür gesorgt hat, daß die abkommandierten Männer und Tiere uns weiterhin begleiten.

Diese Tagesetappe führt uns auf große Höhe, durch Weidegründe, auf denen sich zahlreiche schwarze Nomadenzelte erheben. Aphur sagt halb scherzhaft zu Sönam und dem Boy: »Schande über euch, wenn wir inmitten so vieler Herden keine Milch trinken und keinen Käse essen!« Die beiden Taugenichtse legen diese Anordnung auf ihre Weise aus, bringen ihre Maultiere in Trab und statten einem Zelt nach dem anderen ihren Besuch ab. Eine Stunde später stoßen sie wieder zu uns. Sie sind mit Butter beladen, es sind mindestens zehn Kilo. Sie haben Käse in ihren Ärmeln ... ein Raubzug, »Was habt ihr denn gesagt?« Sönam antwortet: »Ich habe gesagt: meinem Anführer, der dort auf dem Weg entlangreitet, fehlt es an Butter, jeder muß ein Stück bringen, und ich habe mein Gewehr gezeigt, wenn sie sich nicht beeilten.«

Wir stecken die Butter in die Säcke, und die beiden Verrückten machen sich erneut auf den Weg, weil sie weitere Zelte entdeckt haben. Plötzlich wird der Himmel schwarz, und es geht ein Gewitterhagel auf uns nieder. Mein Maultier dreht sich völlig verwirrt im Kreis, und ich sehe gar nichts mehr. Auf der Stelle beginnt es zu frieren. Mein *waterproof*, den man mir mitten im Unwetter nur mit Mühe übergezogen hat, wird mir am Körper steif.

Man ruft die zum Frondienst verpflichteten Männer herbei und treibt mit dem Rücken zum Wind die Maultiere und die Yaks zusammen. Luis zieht mich in eines der schwarzen Zelte und läßt auf der Stelle Milch für mich heiß machen, die er mir zu trinken gibt.

Als das Unwetter vorüber ist, setzen wir die Reise fort, aber Sönam und der Boy sind unauffindbar. Wir pfeifen vergeblich, und erst lange Zeit später kommen die beiden Burschen in Sicht. Diesmal haben sie sich wie echte Plünderer benommen. Eine neue Butterlawine, und da sie nicht wußten, wie sie sie transportieren sollten, haben sie auch noch schöne Ledersäcke mitgebracht. Sie haben auch Ziegenfelle mitgehen lassen, um Teppiche daraus zu machen. Das wird die Nomaden nicht ruinieren, ihre Vorgehensweise war jedoch niederträchtig. Zudem sind sie auf Widerstand gestoßen. Ein Alter hat die Leute aufgehetzt, ihnen gesagt, sie sollten nichts geben. Doch meine beiden Diener gaben sich nicht geschlagen und waren so frech zu verlangen, daß alle mit zum Häuptling kommen sollten, dessen weißes Zelt gleich in der Nähe stand. Daraufhin entschuldigte man sich, und die Offerten wurden verdoppelt. Sie sind dann tatsächlich auch zu dem Anführer gegangen, um ihren Tribut einzutreiben, und hatten mit ihrer beharrlichen Dreistigkeit vollen Erfolg: Er hat in jedem Zelt ein Stück Butter für sie eingefordert. Wir brechen alle miteinander in Gelächter aus, denn der Sittenkodex variiert von Land zu Land, und niemand kann hier an einem Scherz dieser Art etwas Schlimmes finden. Der Boy strahlt. In den Adern dieses kleinen Bürschchens fließt Räuberblut. Er ist im übrigen sehr liebenswert, fast hübsch, und ich wünsche mir sehr, daß er bei mir bleibt.

Noch eine Tagesreise, und dann erreichen wir Jakyendo. Unser Haus, eines der besten, die hier verfügbar sind, ist ruhig, aber ziemlich unbequem. Der örtliche Mandarin ist ein gebildeter, ungemein liebenswürdiger Mann. Er hat mich empfangen, wie ich es mir besser nicht wünschen konnte, und mir nach Landessitte einige beachtliche Geschenke in Form von Lebensmitteln gemacht.

Und was nun? Das ist ein riesiges Fragezeichen. In einigen Tagen sind wir im Oktober, und da die Durchschnittshöhe in dieser Gegend über viertausend Meter beträgt, kannst Du Dir vorstellen, daß der Winter hier nicht mit Tunis oder Bône vergleichbar ist. Außerdem gibt es hier außer Yakfladen kein Brennmaterial.

Es gibt nur eine einzige Stadt, die nicht übermäßig weit entfernt ist: Lhasa. Man könnte sie zur Not in einem guten Monat erreichen. Doch nach allem, was vorgefallen ist, ziehe ich es vor, nicht allzu schnell wieder Kontakt mit den tibetischen Autoritäten aufzunehmen. Die Provinz Kuku Nor zu durchqueren ist in dieser Jahreszeit ein riskantes Unterfangen. Es würde mir wahrscheinlich trotz allem gelingen, aber ist es in meinem Alter ratsam, Nachttemperaturen von minus zwanzig Grad zu ertragen, die zudem noch weiter absinken werden, wenn man nachts nur ein fliegendes Zelt als Unterkunft hat? Ich sehe keine andere Möglichkeit, als hier zu überwintern. Eine Perspektive, die mir in keiner Weise gefällt. Ich finde kein gutes Quartier, die Verpflegung ist karg, schlecht und teuer (abgesehen vom Fleisch, das preiswert ist, selbst zu einem Kurs von zehn Franc pro Tael, ein ganzer Hammel kostet rund fünfzehn Franc).

Nicht weit von Jakyendo entfernt befindet sich ein Ort, der Lab heißt: Dort residiert ein großer Lama, den ich kenne. In intellektueller und geistlicher Hinsicht ist er ein unbedarfter

Mensch. Im übrigen ist er sehr reich, er treibt Handel und ist entgegen den Gesetzen seines Ordens verheiratet. Seine Frau hat ihm vor einigen Monaten einen Sohn geboren. Ich kenne sie, sie hat mich in Kumbum besucht, und obwohl ich den Lama nie persönlich gesehen habe, haben wir doch mehrere Briefe ausgetauscht. Ich habe ihm Medikamente geschickt, und er hat mir, wie auch Aphur, der ihn besucht hat, sehr hübsche Geschenke gemacht und mich eingeladen, ihn zu besuchen. Unglücklicherweise sind er und seine Frau verreist, sie müßten jedoch binnen kurzem wieder zurückkehren, und der Mandarin hat mir gesagt, er werde ihrem Verwalter schreiben, er solle mich freundlich empfangen und gut unterbringen. In Ermangelung von etwas Besserem werden wir also versuchen, in diesem Kloster zu überwintern, falls man uns ein passendes Haus zur Verfügung stellt. (...)

Dieser Brief wird am 5. des neunten chinesischen Monats auf die Reise gehen (am 5. Oktober). Er wird nicht vor dem 5. November in Xining ankommen, und es wird sicher noch einen weiteren Monat dauern, bis er in Beijing eintrifft, sagen wir einmal, am 6. Dezember. Wenn wir von dort aus noch einmal zwei Monate rechnen, so wirst Du ihn etwa Anfang Februar 1922 erhalten. (...)

25. September 1921

Ich hatte eine Art Grippeattacke, die zum Glück nicht lange angehalten hat. Mitten in der Nacht überkam mich ein heftiges Fieber. Ich mußte Aphur und die Jungen aufwecken, damit sie mir das Feuer anzündeten und einen Kräutertee bereiteten, ich glühte und schlotterte zugleich vor Kälte. Ich habe sofort eine Tablette von einem neuen Medikament genommen, Novamidon, das mir die französische Apotheke in Beijing geschickt hat und das sich bei Aphur in einem ähnlichen Fall bestens bewährt hat. Es hat gut gewirkt, und ich habe am nächsten Tag noch einmal davon genommen. Kurz und gut, das Fieber ist gesunken. Im ganzen war ich nur drei Tage krank. Das hat mir erneut den mangelnden Komfort meiner Wohnung vor Augen geführt, denn ich muß bei egal welchem Wetter das Fenster auflassen, weil ich sonst im Dunklen sitze. Und sobald der Abend dämmert, muß man auch die Tür öffnen, durch die ein heftiger Luftzug kommt, weil man sonst allzu früh das Licht anzünden muß, und in Jakyendo finden sich weder Öllampen noch das Öl dazu. Man brennt ein winziges Altarlämpchen ab, ein Stückchen Baumwolle, das man in Butter getaucht hat, oder auch eine Kerze: aber die sind sehr teuer. Drei Päckchen mit je sechs Kerzen kosten fast einen Tael, das heißt zehn Franc. Meine Leute sind untergebracht wie die Hunde der Armen. Wir müssen umziehen, bevor die große Kälte eintritt. Aphur hat sich heute morgen auf den Weg nach Lab gemacht, um dort nach einer Unterkunft zu suchen, aber da der Lama nicht da ist, scheint sich die Angelegenheit sehr schwierig zu gestalten. Wir denken darüber nach, ob wir nicht ein großes schwarzes Nomadenzelt kaufen und uns damit in einen geschützten Bergwinkel zurückziehen sollen. Dem Schnee, der bald fallen wird, wären unsere kleinen Zelte nicht gewachsen, aber wir könnten unser schwarzes Obdach damit innen unterteilen. Das ist eine ziemlich jämmerliche Perspektive, obgleich man es in diesen Wollzelten ziemlich warm haben kann, wenn man einen irdenen Ofen darin aufbaut, wie es die Hirten tun. Alle Gipfel in der Umgebung sind schon weiß. Wir haben seit einigen Tagen abscheuliches Wetter, Hagelsturm, Regenböen, und die Terrasse aus gestampftem Lehm vor der Tür hat sich in einen Schlammpfuhl verwandelt. Wo ist mein hübsches kleines Häuschen in Kumbum! Die Leute von Jakyendo sind unbeschreiblich schmutzig. Klosetts oder Höfe, die diesem Gebrauch anderswo vorbehalten sind, existieren hier nicht. (...)

Jakyendo, 1. Oktober 1921

Mein sehr Lieber, soweit Dinge in dieser Welt überhaupt sicher sein können, werden wir Jakyendo übermorgen verlassen und uns in die Steppe hineinbegeben. Was wird geschehen? ... »Die Götter wissen es ... Und vielleicht wissen sie es auch nicht«, wie es in einem der alten Verse des *Rigveda* heißt, dessen Autor zweifellos ein Weiser war. Wahrscheinlich werden die großen Schneefälle noch einen guten Monat auf sich warten lassen, auch wenn Aphur, als er auf dem Weg nach Lab den Paß überquerte, bis zu den Knien in den Schnee hineingeraten ist. Wir sind alle zermürbt und möchten lieber das Abenteuer im Zelt wagen, als auf die Dauer in dieser unvorstellbar schrecklichen Hütte zu hausen, in der man erfriert und in der einem das Wasser auf den Kopf tropft, sobald das Dach durchnäßt ist. Ich hatte in diesen letzten Tagen ziemlich heftige Herzprobleme, so daß ich nachts kaum mehr schlafen konnte, aber ich glaube, das sie weder auf die Höhe noch auf irgendeine echte Krankheit zurückzuführen sind. Ich denke vielmehr, daß die Langeweile und zwei Wochen in einer üblen Unterkunft der einzige Grund dafür waren, und die frische Luft wird mich wieder auf die Beine bringen, auch wenn diese Reise zweifellos hart werden wird. Wir dürfen uns nicht allzusehr beladen, denn wir müssen uns schnell voranbewegen, und folglich werden wir weder üppig noch abwechslungsreich essen können. Aber das macht nichts, wir werden uns darauf einstellen. Anfang Dezember hoffen wir die Zeltlager der Mongolen im Südwesten des chinesischen Turkestan zu erreichen und dort eine oder zwei Jurten mieten zu können (das sind die runden, filzbedeckten Zelte). Wir werden es dort warm und sehr viel schöner haben als in einem schmutzigen Loch in irgendeinem Dorf. Vielleicht wird das Schicksal es uns sogar erlauben, unseren Winter auf eine bessere Weise zu verbringen. Das kann man nicht wissen. (...)

Jakyendo (oder auch Jyerku)
Kuku Nor, 30. November 1921
(...) Da der Winter vor der Tür stand und es mir klargeworden war, daß ich die unendlich weiten Steppen von Kuku Nor unmöglich während der kalten Jahreszeit durchqueren konnte, beschloß ich, mich zunächst nach Batang zu begeben und sodann nach Yunnanfu oder an irgendeinen Ort in Yunnan mit einem etwas milderen Klima, um dort zu überwintern. Durch falsche Informationen irregeführt, die von den englischen Zeitungen in Shanghai und anderen Quellen verbreitet worden waren, glaubte ich, das Gebiet, das die Tibeter aus Lhasa in Sichuan erobert haben, ohne Schwierigkeiten durchqueren zu können, wenn ich mich klar zu erkennen gab. Mit Zustimmung des Offiziers, der für die Bewachung der Grenze zuständig war, konnte ich problemlos einreisen, aber nach einer Woche wurde ich von einem anderen Offizier angehalten, der im Grad unter dem stand, der mich hatte passieren lassen. Dieser verlangte von mir, ich solle die Anordnungen abwarten, die er von zweien seiner Vorgesetzten erhalten würde, wobei einer von ihnen sehr weit entfernt von dem Ort residierte, an dem ich mich befand. Ich weigerte mich abzuwarten, obgleich man mir anbot, für meine Nahrung und das Futter der Tiere aufzukommen etc., und nach einer sehr lebhaften Auseinandersetzung erhielt ich eine Eskorte, die mich bis nach Jakyendo begleitete. Während der ganzen Reise stellte man mir kostenlos Unterbringung, Futter für die Tiere und diverse Vorräte. Ich hoffte dort einen großen, mir bekannten Lama vorzufinden, dessen Residenz sich in der Nähe von Jyerku befindet und bei dem ich mich ausruhen wollte. Der Lama und seine Frau waren auf Reisen. Er ist noch in Xining

und wird zweifellos nicht vor dem Frühjahr zurückkehren, seine Frau befindet sich mit dem Neugeborenen bei Freunden, zwei Bergketten von hier entfernt, die um diese Jahreszeit mit Schnee bedeckt sind.
Jakyendo-Jyerku ist ein ärmlicher Marktflecken, der auf über viertausend Metern gelegen ist, an der Schwelle zu den unendlichen, einsamen Weiten, die sich im Norden bis zur Mongolei und bis nach Turkestan erstrecken und im Westen bis zur afghanischen Grenze. Rund um Jyerku über ein paar Kilometer hinweg ein wenig Anbau, dann die Graswüste, von blauen Seen durchsät und von Bergen durchschnitten. Lebensmittel sind deshalb rar und teuer, es fehlt an Heizmaterial, nur mit Mühe und Not bekommt man genügend Yakfladen, um das Feuer in der Küche zu unterhalten. Ich brauche Dir nicht zu sagen, daß es in dieser Höhe empfindlich kalt ist.
Meine Geldmittel sind erschöpft, mir war nur noch ein Goldbarren im Wert von etwa dreihundert Taels geblieben (in Lanzhou hatte ich dreihundertachtundvierzig Taels dafür bezahlt), außerdem sieben Maultiere. Aber es war in diesem kleinen Ort unmöglich, das Gold umzutauschen, und die Maultiere fanden keinen Käufer, denn der Markt war überfüllt mit Hunderten von Tieren, die die siegreichen Truppen als Beute von den Golok mitgebracht hatten. Ich befand mich in einer höchst unerquicklichen Situation. Deshalb beschloß ich, die Durchquerung der Steppen zu versuchen, um an einen zivilisierteren Ort zu gelangen. Nachdem wir unser Gepäck so weit vermindert hatten, daß uns sogar Notwendiges fehlte, und unsere Maultiere mit Futtergetreide beladen hatten, machten wir uns alle miteinander zu Fuß auf den Weg. Nach etwa zehn Tagen, die schwierig, aber erträglich waren, erreichten wir das Hochland und kamen in den Schneestürmen vom Weg ab. Als wir in der Folge noch höher gelegene Pässe überqueren muß-

ten, gerieten wir in echte Gefahr. Ein Maultier erlitt Erfrierungen an einem Fuß, und meiner Nase widerfuhr ähnliches. Zum Glück kamen wir alle mit oberflächlichen, wenn auch schmerzhaften Hautschäden davon, die inzwischen voll abgeheilt sind. An manchen Stellen reichte uns der Schnee bis zur Taille. Ich mußte den Befehl zur Umkehr geben, und der Rückweg, das kann ich Dir versichern, war ziemlich abenteuerlich und auch sehr mühsam. Wir waren ganz allein in der weißen Unendlichkeit; große graue Wölfe strichen unbefangen um uns herum. Ich glaube, ich hätte mir einen zähmen können, wenn ich ihm zu fressen gegeben hätte. Aber wir hielten nachts mit dem Gewehr im Arm Wache, weil wir fürchteten, daß diese ausgehungerten Tiere sich auf die Maultiere stürzen könnten. Es gab auch Bären der kleinen Rasse dieses Landes und Herden von wilden Ziegen und wilde Esel, *kyang* genannt, die ebenso groß wie hochgewachsene Maultiere sind. Wieder nach Jyerku zurückgekehrt, hat Aphur nach einem Quartier gesucht und drei Räume und einen Schuppen in einem Haus gefunden, das weniger schmutzig ist als das, in dem wir zuvor gewohnt haben. Wir müssen uns damit abfinden, dort zu überwintern. Mit einiger Beharrlichkeit ist es mir gelungen, mir ein wenig Holzkohle zu beschaffen, die von weit her kommt. So kann ich mit einem Kohlenbecken in meinem Zimmer die Kälte ein wenig lindern. (...)
Ich bitte Dich weiterhin, meine Briefe aufzubewahren, in denen ich Details der Reise schildere. Sie werden mir nützliche Notizen für mein Buch liefern.

Jakyendo (Jyerku), 28. Januar 1922
Du wirst, zweifellos nach diesem Brief hier, einen langen Brief vom 14. Januar erhalten, den der belgische Missionar R. P. Schram in Xining aufgegeben wird. Er wird ihm von dem Ku-

rier überbracht werden, den der Kommandant von Jakyendo an General Ma schickt, der in Xining residiert. Ich hoffe, Du wirst ihn wie vorgesehen in absehbarer Zeit bekommen. Gestern hat mich ein Mann aus Taou besucht, der aus Lhasa kommend nach Hause zurückkehrt, und er hat mir angeboten, meine Briefe mitzunehmen, wenn ich es möchte. Er wird also diesen hier R. P. Davenac in Taou übergeben, der ihn über Tatsienlu weiterschicken wird. (…)

Jakyendo, 14. Januar 1922

Jetzt ist es Mitte Januar, und obwohl es sehr viel kälter ist als in den Monaten zuvor, sehe ich den Winter als beendet an und bereite mich auf die Abreise vor. Wir haben großes Glück gehabt. Angesichts der Höhe, auf der wir uns befinden, war der Winter ausgesprochen mild. Mit Hilfe eines winzigen Kohlenbeckens ist es mir gelungen, die Temperatur in meinem Zimmer tagsüber auf plus drei bis plus fünf Grad zu halten. Allerdings scheint die Sonne darauf, und die ist sehr stark in diesem Land. Nachts friert es natürlich auch in meinem Zimmer, aber die Temperatur ist niemals ganz bis auf zehn Grad minus abgesunken. Ich habe deshalb nicht gelitten. Leute, die bei guter Gesundheit sind – und zum Glück gehöre ich dazu –, reagieren gegen Hitze und Kälte und akklimatisieren sich. Seit der Rückkehr von meinem unglückseligen Ausflug durch den hohen Schnee hatten wir hier in Jyerku trockenes Wetter, einen immer blauen Himmel und strahlenden Sonnenschein. Seit dem ersten Januar haben wir zwei oder drei Schneefälle gehabt, die nicht sehr heftig waren, und der Schnee ist im Tal geschmolzen, aber die Berge sind noch immer weiß von dem Schnee, der im Oktober gefallen ist, und alle Pässe in der Umgebung können nur unter Schwierigkeiten überschritten werden. Seit Januar hat sich auch der Wind erhoben, und er weht nun jeden

Nachmittag so stürmisch, daß der Staub nur so umherwirbelt. Alle großen Flüsse, die wir auf dem Weg hierher überquert haben, sind seit langem gefroren, doch die beiden Bäche, die vor Jyerku zusammenfließen, plätschern immer noch mit ihrem klaren Wasser dahin. Die Leute im Ort sagen, daß sie niemals gefrieren, weil das Wasser salzig ist. Der Salzanteil muß jedoch minimal sein, denn wie alle anderen gebrauchen wir das Wasser zum Kochen und haben noch nie einen besonderen Geschmack wahrgenommen.
Ich habe ein weiteres meiner Maultiere verkauft, das älteste. Ich habe Dir gesagt, daß ich mir hier keinerlei Profit erhoffen konnte. Ich habe nur meinen Kaufpreis zurückbekommen und dazu vier Taels Gewinn gemacht. Der ist unerheblich, aber ich habe nichts dabei verloren, im Gegenteil. So hat sich meine Maultiertruppe, die zu Beginn der Reise acht Tiere umfaßte, nun auf fünf reduziert. (...)
Ich möchte heute noch etwas hinzufügen. Es liegen Kriegsgerüchte in der Luft. Angriffe der Tibeter gegen die Chinesen oder andersherum. Werden die Russen, die aus der Mongolei herabkommen, sich mit den Moslems in Turkestan verbünden und sich bis wer weiß wohin ausbreiten? ... Ich habe heute morgen erfahren, daß der General von Xining Abgaben für die Bewaffnung erhoben hat, und es zirkulieren vage Gerüchte, daß sich ein Anführer ungewisser Nationalität – weder Chinese noch Tibeter noch Mongole – mit zahlreichen Soldaten in Marsch gesetzt hat. Kurzum, es könnte durchaus zu Auseinandersetzungen kommen, und obwohl die Steppen so weitläufig sind, daß man Armeen aus dem Wege gehen kann, die längst nicht so groß wie die unseren sind, muß man mit möglichen Abenteuern rechnen. Eines davon könnte sein, daß meine kleine Gruppe von Leuten auseinandergerissen wird. Stell Dir nur vor, daß Aphur aus irgendeinem Grund von mir getrennt wird,

nicht weiß, wo ich abgeblieben bin, oder daran gehindert wird, zu mir zurückzukehren: *Falls er Dir, von wo auch immer, schreiben sollte, um Deine Hilfe zu erbitten, dann lasse ihn nicht im Stich*. Er ist wendig, weiß sich zu helfen, und es würde ihm sicher auf irgendeine Weise gelingen, mich in Beijing wiederzufinden, inzwischen könnte jedoch eine sehr lange Zeit verstreichen. Und er sollte nicht verhungern. Er dient mir jetzt seit fast acht Jahren, und ich betrachte ihn längst nicht mehr als einen Diener, zumal er nicht den geringsten Lohn bezieht. Er ist entschlossen, bei mir zu bleiben, solange ich lebe, wenn ich es möchte, und ich meinerseits habe Zuneigung zu diesem Jungen gefaßt, der mir so viele Dienste erwiesen hat, mir so häufig seine Selbstlosigkeit und Ergebenheit bewiesen hat. Ich bin überzeugt, Du wirst sehr zufrieden sein, ihn in Deiner Nähe zu haben, wenn Du ihn erst einmal kennengelernt hast. Für Leute unseres Alters ist es kein Nachteil, jemanden bei sich zu haben, der kein Söldner ist und der auf ihr Haus aufpassen und ihnen die erforderlichen Dienste leisten kann. Gewiß, der Kleine ist kein Dienstbote, dazu ist er nicht erzogen worden. Er ist ein Halbgebildeter auf die Art seines Landes und ein Gentleman auf tibetische Art, aber wenn die Umstände es erfordern, versteht er es Brot zu backen, ein Stück Fleisch zu braten, Wäsche zu waschen, Holzverkleidungen mit Farben zu bemalen, Kleidungsstücke zu schneidern, Hobel und Säge zu gebrauchen. In normalen Zeiten zieht er es natürlich vor, als mein Sekretär zu arbeiten und mir bei meinen Übersetzungen zu helfen. Er gehört einem religiösen Orden an und befolgt als Mönch sehr einsichtig sein Zölibatgelübde, und das wird er auch weiterhin tun, wie ich hoffe. Er verläßt mich nie, außer für unvermeidliche Einkäufe, und ich bemerke kaum, daß dieser sehr kleine Mann, der sich ähnlich kleidet wie ich, kein Mädchen ist. Deshalb hilf ihm bitte, falls er Dir schreiben sollte, ich wäre Dir sehr dankbar dafür. Es wäre mir schrecklich, wenn es ihm schlecht ergehen sollte bei einer Reise, die er meinetwegen unternommen hat. (...)

2. Februar 1922

Die Festlichkeiten zum neuen Jahr sind nun beendet. Sie waren nicht gerade glanzvoll in diesem Loch. Doch habe ich schöne Tänze im Kloster am Ort gesehen. Diesmal schien die Sonne, was dem Schauspiel Leuchtkraft verlieh. Die Tänzer waren von unglaublicher Behendigkeit, sie wirbelten und drehten sich mit überwältigender Schnelligkeit. Ihre Kostüme waren zwar nicht so prächtig wie die in Kumbum, aber trotzdem sehr schön. Danach gab es weiter nichts mehr zu sehen nur noch einige miserable Schauspieler aus dem Ort. Ich bin für fünf Minuten in den Hof des Hauses gegangen, in dem sie spielten, und dann hatte ich genug. (...)

Jakyendo, um den 22. Mai 1922

Du mußt vor einiger Zeit bereits ein kurzes Briefchen bekommen haben, das ich einem dänischen Reisenden anvertraut habe, der hier vorbeigekommen ist. Er plante, über den Weg von Tatsienlu, den ich letztes Jahr genommen habe, nach Shanghai zurückzukehren, wo er lebt. Dieser arme Mann ist zu seinem Unglück an Tibeter geraten, die ihm den Weg versperrt haben, und es blieb ihm nichts anderes übrig, als nach Xining zurückzukehren (zwei Monate Reise durch die Steppe), von wo aus er drei chinesische Provinzen durchqueren muß (mindestens noch einmal gut zwei Monate), bevor er wieder nach Hause gelangt, während er über den Weg von Tatsienlu sechs Wochen gebraucht hätte. Ich werde Dir später einmal die phantastische Odyssee dieses Unglücksraben erzählen, der vierzehntausend Dollar ausgeben mußte, um wenig zu sehen und Strapazen aller Art durchzustehen.

Ein Imam, der Vorbeter für die islamischen Soldaten und Offiziere ist, hat Aphur-Yongden gerade davon informiert, daß übermorgen ein Militärkurier auf den Weg nach Xining gehen wird. Ich hoffe sehr, das stimmt, und benutze die Gelegenheit, um Dir zu schreiben.
In zwei Wochen werde ich mich selbst auf den Weg nach Xining machen. Diese Rückkehr an meinen alten Wohnort wird Dich gewiß erstaunen. Sie geschieht absolut nicht freiwillig, aber ich sehe keine andere Möglichkeit mehr, um aus Jakyendo fortzukommen. Eine große Karawane, oder besser noch eine Expedition, kann allein die Steppe durchqueren, um nach Turkestan zu gelangen. Ich bin dafür nicht ausgerüstet. Ich habe noch eine andere Route versucht und werde Dir demnächst einmal ausführlich von dieser Unternehmung berichten. Ich denke, das wird Dich mit einiger Bewunderung für meine Tapferkeit erfüllen. Ich bin vierundvierzig Tage mit nur einem meiner Diener marschiert, habe ein Dutzend Pässe überschritten, wobei uns der Schnee bis über die Knie reichte, habe bei Frost wie eine Frau aus der Vorzeit in Felsspalten geschlafen, wir hatten keine Nahrungsmittel mehr, und ich war so gut wie barfüßig, weil ich auf dem steinigen Weg die dünnen Sohlen meiner Mokassins durchgelaufen hatte. Wir wollten aus den endlosen Steppen herauskommen, eine chinesische Provinz weiter südlich erreichen und uns dann wieder zurück gen Norden wenden, auf einer Route, die parallel zu jener verläuft, der wir im letzten Jahr gefolgt sind. Aphur (nimm bitte zur Kenntnis, daß er jetzt Albert heißt, das ist ein Name, der sich in der zivilisierten Welt geziemender ausnehmen wird), Albert also, der auf seine Intelligenz und die Dummheit der anderen vertraut hatte, hat sich von einem tibetischen Anführer festnehmen lassen, der den dänischen Reisenden ausspähte. Dieser hat sich darauf versteift, ihm den Weg zu versperren, und

natürlich konnte ich ihn nicht allein mit meinem Gepäck in der Steppe zurücklassen. So bin ich wieder umgekehrt, auf Kosten der Tibeter, die mir Pferde, Lebensmittel und Diener zur Verfügung gestellt und obendrein noch eine kleine Geldsumme gegeben haben, die ich ohne Hemmungen eingesteckt habe, da ich mich damit lediglich den Landessitten anpasse.
Ich wollte mich sofort erneut auf die Wanderung machen, aber der moslemische Kommandant hat mich fast angefleht, das nicht zu tun, und mir vor Augen geführt, wie es in diesen Regionen, die ich durchqueren muß, im Winter aussieht. Nachdem ich mich erkundigt hatte und mir zudem aufgrund meiner eigenen Erfahrungen ein Bild machen konnte, begriff ich, daß seine Ratschläge vernünftig und gut gemeint waren, und so habe ich mich, wenn auch sehr ungern, dazu entschlossen, noch abzuwarten. (...) Dieser nicht enden wollende Aufenthalt im Winterquartier hat mich schon viel Geld und eine erhebliche Menge Zeit gekostet. Alle meine Pläne sind über den Haufen geworfen. Wenn ich sage, daß ich nach Xining zurückkehre, so bedeutet das nicht, daß ich dort bleiben werde. Vielleicht begnüge ich mich sogar damit, Albert dort hinzuschikken, damit er das Gepäck abholt, das ich dort deponiert habe, und mache mich sofort auf den Weg nach Kanzhou (Zhangye) im Norden von Gansu, über die große Fahrstraße, die von Beijing nach Kashgar und von dort aus weiter nach Samarkand im russischen Turkestan führt, Ausgangspunkt der Eisenbahn in Richtung Baku. Auf diesem Weg kann man Paris erreichen, ohne das Meer zu überqueren, sieht man einmal von der Überquerung des Kaspischen Meeres ab. Was mich anbetrifft, so geht es mir weder um Samarkand noch um Baku. Von Kanzhou gedenke ich mich zuerst nach Suchow und dann nach Anxi zu begeben. In der Nähe dieser letzteren Stadt befindet sich die Oase von Dunhuang, wo Pelliot auf sei-

ner Erkundungsreise die Tempelhöhle der tausend Buddhas besucht hat. In dieser ganzen Region Gansu, die an Xinjiang angrenzt (das chinesische Turkestan), folgt, wie im chinesischen Turkestan selbst, inmitten riesiger Wüsten eine Oase auf die andere. Einst war dies ein fruchtbares Gebiet, und es gab dort ein bedeutendes buddhistisches Königreich, wie die zahlreichen Ruinen beweisen, die man allenthalben gefunden hat, die Bücher und die verschiedenen Gegenstände, die bei den Ausgrabungen zutage gekommen sind, etc. Das ist ein Land, das sehr weit von der Küste entfernt ist, und wenn ich es jetzt nicht besuche, da ich mich in der Nähe befinde, werde ich es sicher nie zu sehen bekommen. Ich kann keine neuen Pläne machen, solange ich die Durchquerung von Kuku Nor nicht hinter mich gebracht habe, da ich nicht genau weiß, wieviel Zeit mich das kosten wird. Unterwegs werde ich mich an die Quellen des Gelben Flusses begeben, in eine Wüstengegend, wo sich auf etwa viertausendsiebenhundert Meter Höhe große Seen befinden. Wir müssen Yaks kaufen, die während dieser langen Reise unsere Lebensmittel tragen. Es empfiehlt sich, Proviant für drei oder mindestens für zweieinhalb Monate mitzuführen, und das wird eine ziemlich schwere Last, denn die Luft in diesem Land ist frisch und macht Appetit, und wir sind alle vier gute Esser. Vielleicht sind wir deshalb bei so guter Gesundheit. Diese Yaks müssen in Dankar wieder verkauft werden, der ersten Stadt, die man erreicht, sobald man aus Kuku Nor herauskommt. In Xinjiang sind diese Tiere nicht lebensfähig. Dort dienen ausschließlich Kamele als Lasttiere. (...)

(...) Mein letzter Ausflug, der insgesamt zwei Monate in Anspruch genommen hat, war zum Teil sehr anstrengend, aber außerordentlich interessant, und ich habe viel Material gesammelt, und eine Veröffentlichung zu diesem Thema wird zweifellos von großem Reiz sein. Die Gegend ist sehr schön, und ich bedaure es nicht, sie besucht zu haben. Ich will noch einige Bücher finden, die ich meiner bereits sehr stattlichen Sammlung von tibetischen Büchern hinzufügen möchte. (…)

25. Mai 1922

Das Wetter, das vor zwei Monaten noch so schön war, hat sich seit zwei Wochen erheblich verschlechtert. Es regnet viel in Jakyendo, das am Rand der Regenzone liegt. Dreißig Meter höher schneit es, und das Tal ist erneut von einem weißen Gürtel umgeben. Ich hatte mich in meinem Zelt in der Nähe des Dorfes eingerichtet, doch das schlechte Wetter hat mich in das Haus zurückgetrieben, das ich im letzten Winter bewohnt habe. Ich warte auf die Rückkehr des Jungen, den ich mit drei Maultieren nach Derge geschickt habe. Er wird, wie ich denke, in einer Woche wieder hier sein, und gleich im Anschluß breche ich auf. Die Sache mit dem Geld ist höchst lästig. Was ich hier verkaufe, wird mir in alten Sichuan-Rupien bezahlt, die nur in Kham im Umlauf sind und überall in Tibet akzeptiert werden, die man aber andernorts nicht haben will. Ich hatte daran gedacht, das, was ich hier nicht brauche, einschmelzen zu lassen und damit in Gansu in Form von Barren zu bezahlen, aber wie es scheint, ist das Silber dieser Rupien von sehr schlechter Qualität. Wie ich gehört habe, ist der Anteil der Legierung allzu hoch. Wenn man einen Teil davon fortnehmen muß, ist der Verlust erheblich. Ich habe erneut Kaufangebote für mein Gold, aber ich zögere jetzt, es im Tausch gegen diese Rupien abzugeben, mit denen ich es riskiere, einen großen Verlust zu erleiden. Mein Gold ist ausgezeichnet und zu fünfundneunzig Prozent garantiert rein. Ich weiß nicht, zu welchem Kurs dieses Metall zur Zeit in Gansu gehandelt wird. In Xinjiang, wo es so reichlich Papier und so wenig Metall gibt, seit der Handel mit den Russen gelitten hat, könnte ich vielleicht einen vorteilhaften Preis erzielen. (…)

(…) Wir werden einiges Geld für Kleidung ausgeben müssen, Albert und ich gehen in Lumpen. In der Steppe ist das eher bedeutungslos, aber an Orten, an denen wir chinesische Beamte oder Europäer treffen, können wir uns nicht so zeigen. Zum Glück habe ich in Xining eine Kiste mit alten Kleidern zurückgelassen, die ich aus Tunis mitgebracht hatte und die mir jetzt sehr zustatten kommen werden. So wenig man auch kauft, bringt das immer Kosten mit sich. Ich gestehe, ich habe mich zudem von dem Wunsch nach einigen Dingen in Versuchung führen lassen, auf die ich schon so lange Zeit verzichten mußte. Ich bestelle mit diesem gleichen Kurier zwei Pfund Kaffee, zwei Pfund Kakao und zwei Pfund Ceylontee. Da wir in Jakyendo und mehr noch während meines letzten Ausflugs so gut wie alles entbehren mußten, wird mir dieser winzige Luxus wie ein paradiesischer Genuß erscheinen. Mir geht es indessen gut, doch bin ich extrem abgemagert, aber das ist nicht von Bedeutung. Meine Verdauung ist gut, das Rheuma und die Enterokolitis, die mir bei meinem Aufbruch vor zwei Monaten zu schaffen machten, sind gleich in den ersten Tagen unseres Marsches wie durch Zauber verflogen.

Wenn der Winter es mir absolut unmöglich macht, durch die Wüstengegenden in die Mongolei zu gelangen, und falls ich mich nicht entscheide, in Turkestan zu überwintern, werde ich vielleicht an die Küste zurückkehren, das ist zu allen Jahreszeiten möglich. Dort werde ich alles, was ich an Gepäck habe, verpacken und Dir zuschicken. Sobald das geschehen ist, gebe ich Dir Bescheid. Man kann von Beijing aus sehr leicht nach Urga gelangen. (…) Jetzt muß man sich im Zickzack bewegen, wieder umkehren, und die Strecke verdreifacht und vervierfacht sich. Ich habe Unterlagen für ein Werk gesammelt, das zwar in keinem Zusammenhang mit orientalistischen und philosophischen Studien steht, für das große Publikum jedoch bestimmt von beachtlichem Interesse sein wird. Und nun, da der Dämon des Journalismus mich ein wenig aus meinem gewohnten Forschungsgebiet herausgeführt hat, flüstert er mir ein, daß es sehr interessant sein müßte zu sehen, was die Russen in der Mongolei und in Sibirien treiben. Aber wie? ... Die Zeit vergeht, das Alter kommt – es ist bereits voll und ganz da –, und ich habe ein intensives Bedürfnis, Dich wiederzusehen, gegen das ich schwerlich noch lange ankämpfen kann.

Was magst Du jetzt wohl tun? ... Das frage ich mich. (...)

(...) Auf meinen Wanderungen ist es mir nicht möglich, die Dokumente, die ich unterwegs gesammelt habe, so zu ordnen, daß ich sie veröffentlichen könnte. Ich habe so viele Aufzeichnungen, daß ich für zehn Jahre Material zum Schreiben haben werde. Ich werde nur die interessantesten davon benutzen. Es wird mir ein Vergnügen sein, all das zu ordnen, und schon dieses Vergnügen allein kann zum Gewinn werden. Ich wüßte gern, wie es um Deine Geschäfte steht und welche Vorhaben Du hast, damit ich meine eigenen Pläne danach ausrichten kann.

Morgen gibt es wieder ein Fest im Kloster von Jakyendo, Tänze, bei denen die Künstler als Tiere kostümiert sind, als Löwe, Elefant, Tiger, Leopard etc. Das werde ich mir anschauen. Der Kommandant hat mir heute nachmittag zwei Soldaten geschickt, die mir als Leibwache dienen werden.

Ich habe noch einige Fotos gemacht, aber ich kann sie Dir nicht schicken, weil ich kein Papier mehr für die Abzüge habe. Ich habe neue Filme bestellt, die ich in Xinjiang verwenden will. Was ich an besonders Interessantem aufnehme, werde ich Dir schicken. (...)

Kanzhou, 29. August 1922

(...) Das Wetter ist schön, über die Maßen schön. Die Sonne ist so heiß, wie sie in China immer ist, selbst im Winter. Ein günstig gelegenes Haus mit Glasfenstern, die es zulassen, daß die Sonne voll in die Räume hineinscheint, könnte man bewohnen, ohne – außer abends und am frühen Morgen – Feuer machen zu müssen, und man würde nicht frieren. Die Sonnenuntergänge sind wundervoll, die umliegenden Berge nehmen zauberhafte Färbungen an, eine ganze Skala von Mauve-, Rosé- und Blautönen. Das ist eine wahre Augenweide. Nicht weit entfernt, im Süden, bleibt der Schnee selbst im Sommer auch noch bis unter viertausend Meter liegen. Meiner Ansicht nach ist das jedoch vor allem eine Frage der Sonneneinstrahlung, und ich vermute, daß die andere Seite dieser gleichen Berge frei von Schnee ist. In Kuku Nor, nicht sehr weit von hier entfernt, schmilzt der Schnee im Sommer auf viertausendfünfhundert Metern Höhe. Im Himalaja kann man im Juli und im August bis auf fünftausendfünfhundert oder sogar sechstausend Meter hochsteigen, ohne Schnee zu finden.

Apropos Himalaja – Albert hat gerade in diesem Augenblick einen langen Brief aus seinem Land bekommen. Wer hätte gedacht, daß die augenblickliche Wirtschaftslage bis in diesen Dschungel nachwirken könnte! Vorab mußt Du wissen, daß das Eigentumssystem und die Art und Weise, wie die Steuern eingetrieben werden, sehr viel anders sind als in Europa. Vor allem gilt das gesamte Land als Eigentum des Radja. Dieser vergibt nach seinem Gutdünken mehr oder weniger große Gebiete, und die Pächter müssen eine jährliche Abgabe zahlen. Diese Landgewährung kann auch wieder rückgängig gemacht werden, aber das geschieht in der Regel nicht, obgleich solche Fälle schon vorgekommen sind. Der Pächter teilt seinerseits einen Teil des Besitzes in Parzellen auf und vergibt sie zu den gleichen Konditionen an Bauern, die weniger reich sind als er. Da nun der Staat Sikkim – und darunter ist jetzt der englische Statthalter zu verstehen – beschlossen hat, daß die Großpächter fortan eine höhere Abgabe leisten müssen, halten diese sich ihrerseits an die Bauern, die einen Teil ihres Landes gepachtet haben, und wollen deren jährliche Abgabe erhöhen. Und da ihnen dies zum ersten Mal widerfährt, lehnen diese sich natürlich dagegen auf. Wie es scheint, ist ein Vermittler in Person eines englischen Beamten aus Kalkutra eingetroffen, der die Angelegenheit näher untersuchen soll.

Das ist ein Sturm im Wasserglas, aber bezeichnend für die Zeiten, in denen wir leben. (...) Sobald ich Geld und einen Brief von Dir erhalten habe, die es mir erlauben, Pläne zu machen, werde ich mich auch mitten im Winter auf die Reise machen. Ich bin gegen die Kälte ziemlich abgehärtet. Ich glaube nicht, daß ich unterwegs Temperaturen vorfinden werde, die unter dreißig oder fünfunddreißig Grad minus absinken, es sei denn, wir begeben uns in die Mongolei, wo Temperaturen von minus fünfundvierzig Grad registriert werden. Es müßte gehen, wenn ich mir noch ein weiteres Lammfell kaufe. Die Entfernungen in China sind riesig, die Kommunikationsmittel sehr langsam. Diese beiden Bedingungen zusammen sind in Kombination der Grund dafür, daß eine Reise sich ewig hinziehen kann. (...)

Kanzhou, 10. November 1922

Der Schnee, der an dem Tag fiel, an dem ich Dir meinen letzten Brief geschickt habe, hat nicht lange angehalten. Wir haben wieder sehr schönes Wetter, und das macht mich ungeduldig. Es wäre angenehm, zu dieser Jahreszeit zu reisen, in dieser Gegend sehr viel angenehmer als im Regen oder in der starken Sommerhitze. Ich bin weiterhin mit meiner »tibetischen Ilias«

beschäftigt*. Vom frühen Morgen an sitzt Albert eingerollt in Decken auf seinem Bett, denn er hat kein Feuer in seinem Zimmerchen, und es ist eiskalt darin – und in dieser Position liest er die ziemlich schwer zu entziffernden Manuskripte, die ich über König Gesar gesammelt habe. Er notiert, was von Wichtigkeit ist, was von den Notizen abweicht, die ich in Yushu gemacht habe, und bringt mir zur Mittagszeit seine Arbeit. Vielleicht werde ich mein Buch in zwei Monaten beendet haben, aber dafür kann ich mich nicht verbürgen.

Ich schicke Dir den Artikel über die »Germanisierung in Gansu«, schau ihn Dir an und überlege, ob Du ihn dem *Mercure* schicken solltest. Nach ihrer Reaktion auf die »Außerterritorialität« weiß ich nicht mehr, was diese Leute für Vorstellungen haben. Es sind auch ein paar Seiten über den »tibetischen Messianismus« dabei.

Außerdem eine Erzählung, die Du für Dich behalten kannst. Ich kann sie nicht veröffentlichen, das ist ein zu leichtes Genre. Es gibt auf tibetisch ein berühmtes Buch über das Leben einer historischen Persönlichkeit, die man aber zum Sagenhelden gemacht hat, dem man die unglaublichsten Taten und Abenteuer und auch die schlüpfrigsten Geschichten andichtet. Das Buch erinnert an Rabelais, Boccaccio und die Geschichten von Balzac zugleich, das ganze im tibetischen Gewand. Die Erzählung, die ich Dir schicke, ist diesem Werk entnommen. Ich denke, es wäre nicht ganz angemessen, wenn ich, die ich philosophische Bücher schreibe, meinen Namen auf ein Buch setzte, das mit »Tausendundeine Nacht« in der Übersetzung von Madrus in Konkurrenz treten würde. Aber in finanzieller Hinsicht könnte das Unternehmen lukrativ sein. Sieh Dir nur den Erfolg von Madrus an. Sag mir, was Du davon hältst. Aus diesem

* Es handelt sich um »Gesar Ling«.

Grund schicke ich Dir diese Geschichte als Probe. Doch geht es in diesen tibetischen Erzählungen nicht immer nur um gewagte Späße, es finden sich in diesem Buch auch »Possen« anderer Art. Ich habe an jemanden geschrieben, der mir an der Quelle zu sitzen scheint, und ihn gebeten, das besagte Buch für mich zu kaufen. Es wird sich zeigen, was man herausholen kann. Ich brauche Dir nicht zu sagen, daß sich mein literarischer Geschmack auf einer gehobeneren Ebene bewegt. Die finanziellen Probleme, die sich stellen, zwingen einen manchmal auch zu Arbeiten, die einem gar keinen Spaß bereiten. (...)

Kanzhou, 9. Dezember 1922
Die Kälte wird schärfer, der Schnee, der vor etwa zehn Tagen gefallen ist, schmilzt nicht. Er ist in einer dünnen Schicht liegengeblieben, die ausreicht, die Landschaft in ein völlig winterliches Gewand zu hüllen. Es ist hier kälter als in Kumbum, obwohl der Ort nicht so hoch gelegen ist. Wir befinden uns auf nur tausendsechshundert oder tausendsiebenhundert Metern. Aber Kumbum liegt eingebettet zwischen den Bergen, die ihm Schutz bieten, während Kanzhou sich auf einer weiten Ebene befindet, und wenn hier der Wind bläst und gelben Sand herbeiweht, glaubt man sich in der Nähe der Sahara – nur die Hitze fehlt. Mein Zimmer hier ist hübscher als das, in dem ich in Jakyendo gewohnt habe, aber es bekommt wenig Sonne und ist weniger gut abgedichtet. Hier geht meine riesige, dreiteilige Tür direkt auf den Innenhof hinaus (den Patio, würde man in Tunis sagen). Über der Tür und zwischen den Paneelen kann man die Hand hindurchstecken. Ebenso ist es mit den beiden großen Fenstern. Bei zwanzig Grad minus am Abend ist diese Art der Belüftung überflüssig. Die Kohle ist rar, man bekommt sie nur unter Schwierigkeiten. Manchmal muß ich ganze Tage ohne Feuer auskommen, glücklicherweise geschieht das ziem-

lich selten. Mein Kleiner ist einfallsreich, er vermischt den gesamten Kohlenstaub mit Erde und Stroh. Wenn die Kohle ausgeht, verbrennen wir das in der Küche und auch in meinem Zimmer. Ich hoffe sehr, daß dies der letzte Winter sein wird, den ich in einem kalten Land verbringe, denn ich gelange immer mehr zu der Überzeugung, daß man sich, wenn man problemlos, bequem und preiswert leben möchte, in einem Land ansiedeln sollte, in dem man auf Heizung verzichten kann.
(...) Mit meinem Buch geht es voran. Natürlich wird das kein endgültiges Manuskript sein, und ich werde es noch ein wenig überarbeiten, bevor ich es abschreiben lasse, um es einem Verleger anbieten zu können. Die gesamte grobe Arbeit wird beendet sein, und zwei Wochen werden dann ausreichen, um es fertigzustellen.
Ich verspüre den großen Wunsch, das Werk in Angriff zu nehmen, das mir besonders am Herzen liegt: die Übersetzung der tibetischen Version des *Prâjnâparamita*. Das ist sehr viel Arbeit, und ich kann mich nur daran setzen, wenn die Aussicht auf ein gutes Jahr Ruhe vor mir liegt. In Kumbum habe ich die Rohübersetzung von zwei Bänden des Werkes angefertigt – es umfaßt drei Bände – und jeder Band hat etwa neunhundert Seiten. Ich werde den Stoff selbstverständlich komprimieren, um nichts allzu Umfangreiches zu produzieren. Ich wüßte niemanden, der mir dieses Werk in Frankreich abnehmen würde, und obwohl mir das gegen den Strich geht, werde ich wahrscheinlich gezwungen sein, meine Übersetzung auf englisch anzufertigen, um sie der Universität von Harvard in den USA anbieten zu können, die eine »Oriental Series« herausgibt, für die ihr beträchtliche Mittel zur Verfügung stehen. Fünfunddreißig Bände sind bereits erschienen. (...)

7. Januar 1923

(...) Eines der schönsten Dinge, die Du für mich tun könntest, Du, der Du mir schon so viele Opfer gebracht hast, wäre, wenn Du mich in bezug auf meinen Adoptivsohn beruhigen würdest. Mehr denn je fühle ich mich seinetwegen nicht mit mir im reinen. Ich nehme nach wie vor seine Dienste in Anspruch, ich muß nach wie vor solche von ihm verlangen, denen sich so leicht kein Dienstbote beugen würde. In einigen Tagen werden wir im tiefsten Winter aufbrechen, um bei Temperaturen von fünfundzwanzig Grad minus die Wüste Gobi zu durchqueren, und seine alten pelzgefütterten Mäntel sind völlig durchgescheuert. Er hat diese ganzen letzten Monate ohne Ofen in seinem Zimmerchen verbracht, weil das Heizmaterial teuer war und er meine Ausgaben nicht noch erhöhen wollte. Ich dachte: Er wird seinen Lohn dafür bekommen. Aber wenn er ihn nicht bekommen sollte – wie könnte ich ihn weiterhin täuschen, ihn im Grunde bestehlen, das ist das richtige Wort dafür. Das lastet mir auf dem Gewissen, das ist eine drückende Sorge. Gib mir diese Beruhigung, mein lieber Großer, versprich mir, daß Du väterlich für diesen Jungen sorgen wirst. Ich habe großen Kummer in meinem Leben durchgemacht, und ich möchte diesem Kleinen keine bittere Enttäuschung verursachen. Wir haben glücklicherweise keine Kinder, keinerlei Belastung, keinerlei Verantwortung, warum sollten wir in unserem Leben statt einer guten Tat, für die wir auf der Stelle belohnt werden, einen Akt von schändlicher, grausamer Undankbarkeit begehen? Ich habe mich wirklich darauf verlassen, daß Du für diesen Jungen sorgst, wenn ich sterben sollte, und ihm meine Schuld bezahlst. Ich hoffe, mein guter Freund, Du nimmst es mir nicht übel, daß ich mich über dieses Thema so lange ausgebreitet habe. Du wirst meine Gefühle leicht begreifen. Sie sind zur Hälfte vom Anstand und zur anderen

Hälfte vom Egoismus bestimmt. Ich habe die Gewohnheit, meine Gefühle zu analysieren, ich schreibe mir nicht mehr Tugenden zu, als ich besitze. (...)

Suzhou (Jiuquan), 3. Februar 1923

Nach einer siebentägigen Reise durch Wüstenregionen, die mich an manchen Orten an die Sahara und an anderen an das karge Hinterland von Gabès erinnert haben, bin ich gerade in Suzhou angelangt. Sehr niedrige Dünen, dann immer wieder Ebenen, auf denen nur Dornengewächse und eine Art Halfagras gedeihen. Kein Wasser, abgesehen von abgelegenen Stellen, an denen man eine armselige Herberge findet, aber letztlich auch nicht armseliger als viele andere in China. Bei der Abreise war es sehr kalt. Eine Tiefsttemperatur von zweiundzwanzig Grad minus. Um elf Uhr morgens hatte ich in meinem Zimmer bei strahlendem Sonnenschein acht Grad unter null. In den Herbergen schläft man wie überall in Gansu, in der Mongolei etc. auf *kang*, das heißt auf einer hohlen, aus Ziegelsteinen gemauerten Estrade, unter der mit Stroh gemischter Pferdemist brennt. Das klingt nicht gut, aber zum Schlafen hat man es sehr warm. Manchmal so warm, daß man das Gefühl hat, gebraten zu werden. Andernfalls würde man erfrieren. Von hier aus reisen wir nach Anxi weiter, wo wir in etwa acht bis zehn Tagen ankommen werden. (...)

Lanzhou, 11. April 1923

Gestern bin ich in Lanzhou angekommen. Ich habe hier eine beträchtliche Menge Post vorgefunden, darunter auch einen Brief von Dir – leider nur einen einzigen! (...)

Ich werde von hier aus erneut eine Anzahl von Postpaketen an die Bank von Indochina in Shanghai aufgeben, die sie für mich aufbewahren soll. Sobald das geschehen ist, werden mir nur

noch die absolut unentbehrlichen Dinge bleiben. Ich werde auch meine guten Decken schicken. Heutzutage ist alles teuer, und ich werde glücklich sein, wenn ich sie bei meiner Rückkehr vorfinde. Mein Gepäck mit mir zu führen würde erhebliche Kosten verursachen und zudem die Bewegungsfreiheit einschränken, die in China unerläßlicher ist denn je. Ein neuer Bürgerkrieg steht kurz vor dem Ausbruch. Vier Provinzen, darunter Gansu, werden den Usurpator angreifen, der sich widerrechtlich den Titel des Gouverneurs von Sichuan angeeignet hat. Die Soldaten sind auf dem Marsch, verbreiten Angst und Schrecken auf ihrem Weg, und sie und ihre Tiere leben auf Kosten der Leute in den Dörfern. Diese wiederum verstecken alles, was sie besitzen, und ergreifen die Flucht ... Eine trostlose Situation. Es ist auch ein großer Feldzug gegen den Präsidenten der Republik in Beijing in Vorbereitung. Er wird von dem Gouverneur der Mandschurei angeführt. Ich hatte die Absicht, Chengdu, die Hauptstadt von Sichuan, zu besuchen, denn es ist schon zu spät im Jahr, um eine Rundreise durch die Mongolei zu unternehmen, da es jetzt in den Sandwüsten extrem heiß zu werden beginnt. Aber wird die Route so weit von diesen Haudegen (von den »Tapferen«, wie man im chinesischen Sprachstil sagt) verschont sein, daß ich diesen Ausflug wagen kann? ... Ich habe keine Ahnung, und niemand weiß mehr. In China sind keine echten Informationen in Umlauf, man hört nur Gerüchte. Ich glaube, ich habe Dir erzählt, daß der Bandit Semenow seine Truppen wieder gesammelt hat und die Bolschewiken angreifen will, die die mongolische Hauptstadt besetzt halten. Es gibt keine Chinesen mehr in der Mongolei, sie sind von den Russen vertrieben worden. (...)
Du kannst Dir die Lebensbedingungen im Inneren Chinas und mehr noch an den Grenzen gar nicht vorstellen. Es herrscht die totale Konfusion, ein Chaos, in dem plötzliche Stürme aufwir-

beln, Straßenräuber überall, Obrigkeiten, die kein bißchen besser sind. Jeden Augenblick kann man gefangengenommen, von einer Woge mitgerissen werden und dann nur noch die Möglichkeit vor sich sehen, dem Pferd die Sporen zu geben und zu flüchten oder sich in irgendeinem Winkel zu verstecken. O ja, ich kann Dir versichern, Abenteuerlustige kommen in diesem ganzen Bereich des Orients auf ihre Kosten! Im Prinzip habe ich beschlossen, diese Rundreisen bis Ende des Jahres abzuschließen. Ich sage, im Prinzip, denn man ist hier weniger als überall sonst Herr über welche Entscheidungen auch immer.
Ich habe einen liebenswürdigen Brief von dem französischen Gesandten Vicomte de Fleurian bekommen, den ich früher einmal in der Botschaft in London getroffen habe. Alle diese Leute von der Gesandtschaft bewundern mich sehr. Das ist sehr gütig von ihnen. Ich bewundere mich selbst sehr viel weniger. Ich habe auch sehr hübsche Alben aus Indochina bekommen und einige Briefe von Beamten, die der archäologischen Abteilung angehören. Sie scheinen mich namentlich zu kennen, zweifellos über den Oberstaatsanwalt von Hanoi, den ich nie gesehen habe, der jedoch sehr tibetfreundlich ist, sich länger in der Gesandtschaft in Beijing aufgehalten hat und eng mit einem Konsul befreundet ist, den ich kenne. Sie preisen mir mehrere Regionen an und legen mir nahe, sie zu besuchen, ja, sie zu erforschen, denn ihrer Aussage nach sind sie so gut wie unbekannt. Man muß diese Herren sehr gut über mich informiert haben, denn einer von ihnen schreibt, zweifellos um seine Schilderung besonders verführerisch klingen zu lassen: »Es gibt rund tausend buddhistische Klöster, von denen einige ganz außergewöhnlich sind, an unvorstellbaren Orten gelegen, hoch über steilen Abgründen. Diese Klöster besitzen große Bibliotheken, und wie es heißt, trifft man dort sehr gebildete Mönche.«

Der Direktor der archäologischen Abteilung in Phnom Penh sieht mich bereits vor der Haustür. Er schreibt: »Sie werden mich in meinem Büro finden. Sobald Sie angekommen sind, lassen Sie mich benachrichtigen. Ich werde alles Notwendige unternehmen, um Sie für einen Monat an der Ausgrabungsstätte selbst unterzubringen.« Ein anderer ist noch komischer, er spricht mir von der Jagd auf Großwild. Was für eine Vorstellung haben sie denn überhaupt von mir? ... All das, weil ich dem Konsul erzählt habe – dessen Schwiegereltern in Indochina leben –, daß ich eines Tages vielleicht nach Kambodscha reisen werde, aber über Land, von Yunnan hinab nach Laos, ohne Zug und ohne Gepäckkarawane, nur mit zwei Kochtöpfen und einem kleinen Zelt. Das muß ihnen so ungewöhnlich erschienen sein, daß es sie in ein Erstaunen versetzt hat, das an Schrecken grenzt. Wie kann eine solche Person wohl geartet sein? ... Offenbar mußte man überaus abenteuerliche Zerstreuungen für sie vorbereiten, wie zum Beispiel die Tigerjagd. Was für Dummköpfe! Auf sehr viel diplomatischere Weise gibt der Gesandte den gleichen Eindruck wieder. »Was mögen Sie nicht alles erlebt haben, seit ich Sie in London vor Ihrer Abreise nach Indien getroffen habe?« schreibt er. Sie sind alle ein bißchen »baff« über mich in der Gesandtschaft. Täusche Dich nicht, diese letztere Feststellung stammt von mir, nicht vom Gesandten, das ist nicht sein Stil. (...)

? 9. Mai 1923

Ich mache mir einen Halt von einigen Stunden in einem Marktflecken zunutze, um mich der Illusion hinzugeben, daß ich Dir nahe sein kann, indem ich Dir schreibe. Ich habe Lanzhou am 1. Mai verlassen und durchwandere seitdem das dürre Land von Gansu. Der Weg, dem wir folgen, ähnelt in keiner Weise dem, den ich vor zwei Jahren genommen habe, als ich mich nach Sichuan begab. Der war reizvoll, pittoresk, schattig. Man durchquerte wunderschöne Wälder, kam an klaren Flüssen entlang. Dieser nun bietet nicht die geringste Abwechslung, Berge aus gelber Erde, karge Felder und Staub. Über alldem eine blendende Sonne, ein Himmel, der schöner ist als in Tunis, und fünfundzwanzig bis dreißig Grad im Schatten. Es ist noch nicht Sommer, aber er kündigt sich an. Die Nächte sind frisch, fast kalt. Die Temperatursprünge in diesem Land sind irritierend.

In Lanzhou hatte ich Fieber, das hatte mit dem Platz zu tun, an dem ich wohnte. Man hatte den bestmöglichen für mich ausgesucht, aber die chinesischen Herbergen sind, vor allem in den Städten, von widerwärtigem Schmutz, und außerdem gab es nicht genügend frische Luft für meine Lungen eines Naturkindes, die an die sehr reine Luft der großen Höhen und der einsamen Orte gewöhnt sind. Ich habe ein wenig Chinin genommen, und nach zwei Reisetagen hatte ich die Fieberattakke überwunden. Zum ersten Mal, seit ich in China bin, reise ich in der Sänfte. Ich habe nur noch zwei Tiere, und die sind notwendig, um das sehr reduzierte Gepäck und die Lebensmittel zu tragen, die viel Platz in Anspruch nehmen, da man unterwegs wenig kaufen kann, außer in den großen Marktflecken, wo man sich immer gleich für mehrere Tage eindecken muß. Tee und andere Lebensmittel wie Butter müssen zudem in einer größeren Stadt eingekauft werden. Albert geht zu Fuß, das ist sehr hart für ihn, denn es ist heiß, und das Land ist bergig. Zwar legen wir pro Tag nur kurze Etappen von dreißig bis vierzig Kilometern zurück, aber da ich keine Diener mehr habe, muß er im Anschluß die Tiere versorgen, kochen, aus- und einpacken etc. (...)

Ob ich die berühmte »Hauptstadt des Westens«, Chengdu, wohl zu sehen bekomme? Ich hoffe es. Zweifellos werden

die feindlichen Parteien die Freundlichkeit haben, genau zum Zeitpunkt meiner Durchreise einen Waffenstillstand einzulegen. Sodann möchte ich den berühmten heiligen Berg Emei besteigen und dort all die Wunder sehen, die sich angeblich auf seinem Gipfel ereignen. Wie es heißt, ist der Blick von diesem Berg der schönste von ganz China. Stell Dir darunter keinen simplen Ausflug vor. Er gilt im Gegenteil als überaus schwierig und erfordert eine gute Woche. Es gibt dort Seen, zahlreiche Gipfel und rund hundert Tempel, und man besteigt nicht etwa einen einzelnen Berg, sondern durchwandert ein ganzes Bergmassiv.
Vor meiner Abreise aus Lanzhou hat Herr Chan Bût To, der Postdirektor, mich eingeladen, zusammen mit ihm und seiner Frau einen Abend im chinesischen Theater zu verbringen. Ziemlich miserables Theater und miserable Schauspieler, aber aufgrund der simplen Inszenierung sind chinesische Aufführungen für uns fast immer amüsant. Fast wie eine Probe bei uns. Es gibt kein Bühnenbild, keine Ausstattung. Es waren auch sehr komische Clowns dabei, und alles in allem habe ich mich nicht allzu sehr gelangweilt.

Tsingzhou (Tianshui), 12. Mai 1923
Die Hitze steigert sich von Tag zu Tag; die Reise über diese kahlen Berge ist extrem anstrengend. Der Kleine hat sich bei diesen täglichen Etappen von rund vierzig Kilometern zu Fuß überanstrengt, er hat hohes Fieber, begleitet von Durchfall. Wir ruhen uns deshalb einen Tag in Tsingzhou aus, einer sehr lebhaften kleinen Stadt, und morgen werden wir unseren Weg fortsetzen. Ich habe ein Maultier angemietet, das das Gepäck tragen wird, so daß Albert auf einem meiner Tiere reiten kann. Er ist widerstandsfähig, und ich hoffe, daß seine Unpäßlichkeit nicht von Dauer sein wird. Gestern stand das Thermome-

ter in meinem Zimmer um halb zehn Uhr abends auf neunundzwanzig Grad, das ist nicht gerade eine Abkühlung. (...)

Loyang (Lüeyang, Shaanxi), 23. Mai 1923

Nur ein paar Worte, mein sehr Lieber. Meine Reise nach Süden geht voran. Aufgrund der großen Hitze, die allmählich quälend wird, jedoch auf ziemlich mühsame Weise. Dies ist nicht die Hitze von Benares, aber in Benares blieb ich während der Mittagszeit in meinem sauberen, frischen, gut ventilierten Zimmer. Hier reise ich in einer engen, schwarzlackierten Sänfte, die einem kleinen Leichenwagen ähnelt, und in diesem Gerät zeigt das Thermometer über fünfunddreißig Grad an. Das ist noch das geringste Übel, schrecklich ist abends die Ankunft in Herbergen, die abscheulicher sind als alles, was Du Dir vorstellen kannst und die aufgrund der Hitze völlig verpestet sind. Ich habe keine Ausstattung mehr, kein Feldbett, auf dem ich mich ausstrecken, kein Zelt, in dem ich Zuflucht suchen kann, keine Diener, die um mich herum ein wenig Sauberkeit schaffen könnten. Der Kleine überschlägt sich, aber er muß unsere Tiere versorgen, das Essen kochen, und mehr kann er wirklich nicht tun, bevor es dunkel wird. Ich sehne mich nach weniger heißen und luftigeren Regionen als diesen engen Schluchten, die wir in den letzten vier Tagen durchquert haben. Gestern abend war mir die Herberge dermaßen zuwider, daß ich die Nacht in meiner Sänfte vor der Tür verbracht habe. Die Luft war lau und angenehm, aber man schläft schlecht im Sitzen, ohne sich ausstrecken zu können. (...)

Ich habe einen neuen, ganz amüsanten Artikel geschrieben – zumindest finde ich das – über das Geld in China und die Art und Weise, wie man es zählt. Ich werde ihn abschreiben und Dir schicken. Es empfiehlt sich, weiterhin Kontakt mit dem *Mercure* zu halten. Du mußt inzwischen eine weitere tolldreiste tibetische Geschichte erhalten haben und davor »Sozialismus der Naturvölker« und »Mystische tibetische Riten«. Beides gute Artikel, jeder auf seine Art. (...)

Guangyuan (Sichuan), 31. Mai 1923

Ich füge meinem in Luoyang geschriebenen Brief noch einige Worte hinzu. Nun, mein Liebster, sehe ich mich mit den Unannehmlichkeiten konfrontiert, die ich befürchtet hatte. Man kämpft im Süden von Guangyuan, wo ich mich zur Zeit befinde. Die Händler benutzen diese Straße nicht, und wie es heißt, sind die Dorfbewohner geflüchtet, aber man sagt mir auch, daß eine Ausländerin passieren kann: Das bedeutet, sich quer durch zwei Schlachtgebiete zu bewegen. Ich liebe sportliche Ertüchtigungen dieser Art überhaupt nicht. In Shaanxi haben sie mich zu Anfang meines Aufenthaltes in China noch ein wenig amüsiert, doch nun, da sie den Reiz der Neuheit verloren haben, finde ich sie nur noch lästig, zumal ich meine Männer nicht mehr bei mir habe und nicht einmal, wie auf der Reise von Beijing hierher, Tibeter, deren Sprache ich spreche und deren Gewohnheiten ich kenne und die mich nicht im Stich lassen würden, sollte ich unterwegs in Schwierigkeiten geraten. Die Chinesen, die meine Sänfte tragen und mein Gepäck transportieren, würden sich beim ersten Schuß in Sicherheit bringen und mich samt meiner Paketen auf der Straße stehenlassen. Ich kann aber nicht auf der Straße bleiben. Seit zwei Tagen beherbergt man mich in der katholischen Mission, wo es nur einen chinesischen Priester gibt, der versucht, in Latein mit mir zu radebrechen. Du kannst Dir denken, welch interessante Gespräche wir führen. Die Sprache des Vergil ist mir nicht besonders vertraut.

Die Mission ist voller Frauen. Einige von ihnen sind mit Offizieren verheiratet, die in den Krieg gezogen sind. Alle miteinander tun sie von morgens bis abends nichts anderes als schwatzen und essen. Ich bin lange nicht mehr so müßig gewesen. Ich bin auch in die protestantische Mission eingeladen worden, wo zwei Engländerinnen tätig sind. Das Essen wurde besser serviert, war aber weit weniger üppig. Der chinesische Priester macht einen wohlhabenden Eindruck, er will mir Wein und Bier zu trinken geben ... Was ich zu seinem großen Erstaunen ablehne. Er hat mich für die Reise mit guten Konfitüren und Dosenbutter versorgt. Die Engländerinnen haben mir trockenen Kuchen geschenkt.

Der Priester hat mir mein großes Maultier abgekauft, ein gutes Tier, von dem ich mich nur sehr ungern trenne, aber ich kann es nicht über den Ozean mitnehmen ... Ich lasse es in einem reichen Haus zurück, wo es im Stall stehen und hin und wieder aus Prahlerei von seinem Herrn bestiegen werden wird, der kein Reiter ist. Er hat mir den Preis bezahlt, den es mich vor vier Jahren während des Krieges gekostet hat, als die Tiere sehr teuer waren. In Gansu hat man mir jetzt nicht einmal fünfzig Dollar geboten, da die Preise enorm gesunken sind und das Tier in die Jahre gekommen ist. Der chinesische Priester hat mir hundertzwanzig Dollar dafür bezahlt. Das ist ein unverhofftes Glück. Mir bleibt jetzt nur noch das Pferd. Ich habe drei Träger für mein Gepäck engagieren müssen, und sie lassen sich wegen der Unsicherheit des Weges teuer bezahlen. Man hat sie mit Etiketten ausgestattet, die das Siegel der Mission tragen, was sie beruhigt. Ich habe zwei kleine Wimpel anfertigen lassen, auf denen mein Name und mein Rang verzeichnet sind und ganz oben die hier übliche Aufschrift: »Ta Fa Kua« (Großes Frankreich). Das wird uns im Bereich des Möglichen schützen, aber wir haben vor allem zu befürchten, daß wir in einen Kampf hineingeraten, und dann werden die Kugeln meine Banner und Etiketten kaum respektieren.

Guangyuan (Sichuan), 3. Juni 1923

Ich bin noch nicht aufgebrochen, weil die Nachrichten schlecht sind. (…) Je nachdem, welche Informationen der Postverwalter von den Männern erhalten wird, die die Post befördern, werde ich mir überlegen, ob ich mich übermorgen zuerst auf die Hauptstraße wagen kann, dann auf einen Abzweig, da sich die Straße zwei Tagesmärsche von hier gabelt. Die beiden englischen Damen haben mich mit zu sich in die Mission genommen. Sie haben dem Priester erklärt, daß ich mich wohler in Gesellschaft von Frauen fühlen würde, die eine Sprache sprechen, die ich verstehe. Das hat ihm eingeleuchtet. Albert bleibt in der katholischen Mission, ebenso das Pferd. Mir hat der Tausch ein sehr luftiges und sehr viel bequemeres Zimmer und auch große Ruhe eingebracht, aber die Mahlzeiten, die mir der chinesische Priester servierte, waren bei weitem den abscheulichen Süppchen vorzuziehen, von denen sich die beiden englischen Missionarinnen ernähren … Man kann nicht alles verlangen!

Sobald wie möglich werde ich Dir schreiben, wie das Abenteuer ausgegangen ist. (…)

Es wird immer heißer. Es gibt Moskitos in Mengen, und sie sind sehr unangenehm. Seltsamerweise ist die Schwellung der Beine wieder zurückgekehrt, unter der ich früher so gelitten habe und dann über Jahre nicht mehr. Abgesehen davon geht es mir gut. Ich hoffe, Dir auch, mein großer lieber Mouchy, und ich sende Dir meine allerfreundschaftlichsten Gedanken.

Chengdu (Sichuan), 24. Juni 1923

Als ich am Nachmittag des 18. Juni in der Hauptstadt von Sichuan eintraf, ging es mir gesundheitlich gar nicht gut, vermutlich wegen der großen Hitze und wegen des verseuchten Wassers, das ich unterwegs notgedrungen verwenden mußte.

Obwohl ich es immer abkochen lasse, bleibt es doch widerwärtig. (...) Kurzum, Albert und ich litten unter einem bösen Durchfall, der an Ruhr grenzte, aber ich schlimmer noch als er. Ich konnte nicht mehr essen, mich nicht mehr auf den Beinen halten, mir drehte sich der Kopf, sobald ich mich bewegte, und dazu eine ständige Schläfrigkeit. Gleich bei meiner Ankunft bin ich zu den Franziskanerinnen gegangen, die der französischen Mission angeschlossen sind. Man hat mir einen sehr liebenswürdigen Empfang bereitet und sofort Unterkunft angeboten, und ich habe den 19. und den 20. bei den Nonnen verbracht, die sich alle Mühe gegeben haben, mir gute kleine Gerichte zu kochen. Der Aufenthalt an diesem Ort war nicht sehr bequem, was meinen Jungen anbetrifft, denn er hatte keinen Zutritt zu dem Bereich, der den Nonnen vorbehalten ist (der sogenannten »Klausur«). Da Männer dort nicht zugelassen waren, mußte man ihn in einem Gebäudeteil unterbringen, in dem die Aufseher der Krankenstation für die chinesischen Gefangenen wohnen und andere Angestellte des kostenlosen Krankenhauses, das von den Nonnen geleitet wird. Sobald es mir möglich war, habe ich einen französischen Arzt in dem großen Krankenhaus aufgesucht, das sich in der Stadt befindet. Ich bin nicht so sehr wegen des Durchfalls zu ihm gegangen als wegen des Ausschlags, von dem er begleitet war. Ich habe einen Marinearzt gefunden, der mich auf der Stelle aufgefordert hat, in das Haus des Direktors des Institut Pasteur zu ziehen, da dieser sich in Urlaub befand und sein Haus leerstand. Von dort aus schreibe ich Dir nun. Das Französische Krankenhaus und das Institut Pasteur in Chengdu sind Stiftungen der französischen Regierung. Das sehr komfortable Haus, in dem ich wohne, ist gut möbliert, aber nichts von dem Mobiliar gehört dem Doktor-Direktor. Dieser Wohnsitz ist auf Kosten der Regierung eingerichtet worden, und deshalb

kann ich ganz ungezwungen Gebrauch davon machen, wie man mir versichert hat. Es gibt einen sehr schönen Garten mit blühender Canna, wie wir sie in La Goulette hatten.
(...) Ich muß einige Tage hierbleiben, um mich zu erholen, in dem Zustand, in dem ich mich befinde, kann ich mich unmöglich wieder auf die Reise begeben. Ich muß auch darüber nachdenken, welche Route ich einschlage. Das ganze Land befindet sich in Aufruhr, überall sind Straßenräuber. Die Truppen aus Yunnan marschieren in Richtung Sichuan, um den Truppen im Süden zu helfen, und sobald sie sich einmal in dieser Provinz niedergelassen haben, werden sie sich wahrscheinlich weigern, sie freiwillig wieder zu verlassen, so wie das schon vor drei Jahren der Fall war, und dann werden die Verbündeten gegeneinander kämpfen.
Was werde ich tun? ... Ich weiß es noch nicht. Im Westen haben die Stämme, die zur Hälfte Tibeter sind und de facto unabhängig, die Chinesen auf einem Weg angegriffen, den ich nehmen wollte, und sie haben die Stadt Batang eingenommen. Es gibt dort ein amerikanisches Krankenhaus. Man weiß nicht genau, was aus den Missionaren geworden ist, von denen es geleitet wird. Wie es heißt, haben sie sich in Sicherheit gebracht, nachdem sie Boten ausgeschickt und die chinesischen Behörden in Tatsienlu um Hilfe gebeten hatten. Man konnte keine Truppen dorthin schicken, da der General in Tatsienlu sie alle zurückbeordert hatte, um in den Kampf gegen die Regierung von Sichuan zu ziehen (und die Stämme haben diese Gelegenheit benutzt, um sich zu erheben). Es wird berichtet, daß Litang ebenfalls eingenommen worden ist. Wie über alles in China herrscht auch darüber Ungewißheit. Dieser unvorhergesehene Aufstand hat meine Reisepläne erneut über den Haufen geworfen. Ich werde wohl zwangsläufig eine sehr viel längere Route wählen müssen.

2. Juli 1923

Ich bin immer noch in Chengdu. Es geht mir nicht gut; die Ärzte meinten, es sei Ruhr. Sie wollten mich mit Spritzen von ich weiß nicht was behandeln, einem neuen, unfehlbaren Mittel, wie es scheint. Ich habe mich nicht dazu bereit erklärt, ich verabscheue Spritzen, ich habe niemals welche bekommen. Ich möchte lieber abwarten, ob ich nicht auch ohne gesunde. (...)

(...) Der Generalkonsul, Monsieur Baudez, verhält sich mir gegenüber äußerst liebenswürdig. Er interessiert sich für Reisen, wie ich sie mache, und wird mir helfen, soweit es in seiner Macht steht. Der Bischof, Monseigneur Rouchousse, hat mich ebenfalls auf sehr freundliche Weise empfangen. Ich war mir nicht ganz sicher, ob ich ihm einen Besuch abstatten sollte, aber alle Franzosen, Ärzte und der Konsul, haben mich dazu gedrängt ... Zumal ich unterwegs auch die Gastfreundschaft der katholischen Missionen in Anspruch nehme, überlegte ich mir sodann, daß es ein Gebot der Höflichkeit sei, den Bischof zu besuchen. Im übrigen waren keine Peinlichkeiten zu befürchten. Alle hier kannten meinen Namen schon vor meiner Ankunft und wußten von meinen Anschauungen. Ich wurde sehr herzlich im großen Salon empfangen, der keineswegs Armut im Sinne des Evangeliums ausstrahlt. Der Bischof und drei seiner Priester waren dort. Sie haben mir und Albert Kaffee und Kuchen angeboten und sogar Zigaretten, und wir haben ausführlich über die Länder gesprochen, die ich bereist habe. Als ich mich verabschiedete, hat der Bischof mir mehrfach wiederholt: »Wie schade, daß Sie nicht für uns arbeiten, welch bewundernswerte Missionarin Sie gewesen wären! ... Ich werde Sie in meinen Gebeten nicht vergessen ... Sie sind ja so sympathisch ... Wie schade!«

Ich konnte das nur als Kompliment auffassen.

Gestern, Sonntag, habe ich einen kleinen Vortrag im Konsulat

gehalten. Ich habe ausdrücklich darauf bestanden, daß nur Franzosen eingeladen wurden. Ich möchte im Augenblick mit meinen Reisen keinerlei Aufmerksamkeit auf mich ziehen. Im nächsten Frühjahr, sobald alles beendet sein wird, kann ich darüber nachdenken, mit meinen Reiseberichten einiges Aufsehen zu erregen, aber bis dahin würde zuviel Öffentlichkeit mich nur in der Ausführung behindern.
All das ist schön und gut, aber mich beunruhigt mein Gesundheitszustand. Ich habe ein leichtes, heimtückisches Fieber, ganz wie in La Goulette, als ich das Malta-Fieber hatte. Wird es noch lange anhalten? ... Werde ich gezwungen sein, noch länger hierzubleiben? ... Und wenn ich meine Kräfte zusammenreiße und es mir gelingt, von hier fortzukommen, werde ich dann womöglich unterwegs zusammenbrechen? ... Und diese kostspieligen Nahrungsmittel, die man mir als Diät verschreibt ... Das ist eine echte Pechsträhne.
Der Konsul hat mir ein Darlehen angeboten, damit ich nicht etwa ohne Mittel dastehe, falls ich in den Bergen überwintern muß, weil meine Reise sich notgedrungen in die Länge zieht. Ich habe beschlossen, es anzunehmen. Er hat mir gesagt: »Sie geben der Bank von Indochina, bei der ich ebenfalls Kunde bin, lediglich Anweisung, das Geld meinem Konto gutzuschreiben, sobald Sie es erhalten.« Das sind erneut Schulden. Mir ist das mehr als unangenehm. Ich habe bereits den Betrag von tausend Dollar überschritten, den ich Dir angegeben hatte. (...)
Wegen der allgegenwärtigen Strauchdiebe werde ich sowenig wie möglich mit mir nehmen. Der Konsul wird das Geld dem Bischof überweisen, der mir einen Kreditbrief für die Missionen mitgibt. Auf diese Weise habe ich bis zu dem Augenblick, in dem ich die Region erreiche, in der es keine Missionare mehr gibt, unterwegs die Möglichkeit, an Geld zu kommen.

Das ist sehr bequem. Ich werde auch ein wenig Gold mitnehmen, das sich sehr gut verstecken läßt, wenn auch weniger leicht verkaufen. Letztendlich kann man es jedoch immer einwechseln. Diese Erfahrung habe ich gemacht.

(...) Ich füge zwei Artikel bei: einen über das chinesische Geld, »Die chinesische Arithmetik«, einen anderen, »Der *rés Kyang*«, in dem es um eine Art tibetischen Asketen geht. Ich habe einen weiteren über den Bürgerkrieg in Sichuan in Arbeit. (...)

Chengdu, 9. Juli 1923

(...) Seit vier Tagen regnet es ohne Unterlaß. Eine Sintflut, Ströme von Wasser, die unablässig niederprasseln. Der Fluß ist über die Ufer getreten. Die Häuser an den Ufern stürzen ein, die Boote können nicht mehr unter den Brücken herfahren, da das Wasser bis auf Brückenniveau angestiegen ist. Die beiden Offiziere von dem französischen Kanonenboot, die auf dem Yangtse hier heraufgekommen sind, während ihr Schiff in Suifu wartet, können nicht zurückkehren, aber sobald es zu regnen aufhört, wird sich der Wasserstand des Flusses schnell wieder senken. Ein größeres Problem sind die überschwemmten Wege inmitten der Reisfelder. Vorgestern habe ich versucht, einige in der Umgebung gelegene Tempel zu besuchen. Meine Träger sind in den Schlamm gefallen. Ich hatte große Mühe, wieder herauszukommen. Als ich zu einem taoistischen Tempel kam, wollte mich der Klostervorsteher zurückhalten, er bot mir an, dort zu essen und zu übernachten, so schwierig schien es, unter diesem Wolkenbruch wieder in die Stadt zurückzugelangen. Es ist mir glücklicherweise gelungen, aber könnte ich mich vom Berg Emei Shan aus auf Wege begeben, die selbst bei schönem Wetter als sehr schwierig gelten? (...)

10. Juli

Gestern habe ich mich gerühmt, aber ich hatte unrecht. Letzte

Nacht hatte ich einen Rückfall: Durchfall, Fieber ... Alles wieder da, ich muß erneut fasten. Ganz entschieden eine üble Geschichte! Der Bischof hat mich heute morgen besucht, und auch er insistiert, daß ich bleibe und mich pflege. Man hatte ihm das sicher zuvor gut eingetrichtert, habe ich ihm gesagt. Daraufhin hat er gelacht und mir gesagt, daß auch er den Anordnungen der Ärzte nicht blind gehorcht. Ein wirklich liebenswerter Mann. Er ist zwei Stunden geblieben, und wir haben uns über Religion und Philosophie unterhalten. Er hat mir gestanden, daß die Seinen niemals gebildete Chinesen bekehren und daß der Intellektualismus die Antithese zu den für einen Katholiken erforderlichen Gefühlen ist. Obgleich sich große Männer, die über eine umfassende Intelligenz verfügten wie der heilige Augustin, Bossuet und der heilige Thomas von Aquin, zu dieser Religion bekannt haben. Er möchte gern, daß ich Monseigneur Baudrillard kennenlerne, der der Académie française angehört und ein Freund von ihm ist. (...)
In China stehen die Dinge schlechter denn je. Es gibt keine Regierung mehr in Beijing. Es gab zuvor schon keine besondere, aber die Fassade wurde gewahrt. Ein Chinese war Präsident der Republik, und andere Chinesen waren Minister. Der Präsident und die Minister sind zurückgetreten, und niemand möchte ihre Nachfolge antreten. Es heißt, daß ausländische Mächte Kriegsschiffe schicken wollen. In Reaktion darauf könnte es in den Provinzen zu ausländerfeindlichen Unruhen kommen. Ich wünschte mir so sehr, an einem anderen Platz zu sein, näher an irgendeiner Grenze, die man zwischen sich und dieses Chaos legen kann. Für alle Fälle habe ich mir zusätzlich zu meinem chinesischen Paß einen Ausländerpaß ausstellen lassen, der es mir erlaubt, die Grenze von Yunnan nach Burma zu passieren. Falls ich aus gesundheitlichen Gründen nicht noch länger hierbleiben muß, werde ich wahrscheinlich in ei-

nem Monat in Yunnan sein. Albert hat diese Angelegenheit ebenfalls mit seinem Konsul geregelt (dem britischen). Solange noch ein wenig verwaltungsmäßige Ordnung herrscht, sind diese Papiere dienlich. Danach bleibt einem nichts anderes mehr übrig, als auf sein Geschick und seinen guten Stern zu vertrauen. Was Du auch immer früher oder später in den Zeitungen lesen wirst, und falls es geschehen sollte, daß ich Dir nicht mehr schreiben kann, dann mach Dir keine Sorgen, denn mit Hilfe meines Jungen werde ich mich mit größter Gewißheit immer aus der Affäre ziehen. Von Yunnan aus werden wir zweifellos keine allzu großen Schwierigkeiten haben, nach Burma oder nach Indochina zu gelangen, selbst im Fall einer Revolution oder ausländerfeindlicher Aufstände.

13. Juli

Mein lieber Großer. Morgen schiffe ich mich auf dem Fluß ein, der reichliches und schnell fließendes Wasser führt und eine »Expreßreise« verspricht, denn es geht flußabwärts. Es werden weder Segel noch Ruder am Werke sein, man muß das große Boot lediglich steuern. Am Abend legt man irgendwo an und fährt am nächsten Morgen weiter. Die Schiffahrt auf diesen Wildwassern ist zu gefährlich, als daß man sie nachts riskieren könnte. Vor einigen Jahren wollte ein Offizier der französischen Marine das Abenteuer wagen. Er war gerade zwei Stunden unterwegs, als drei seiner Männer ertranken.

Wie es heißt, muß man eine Fahne entfalten, wenn man vermeiden will, daß die Soldaten einen vom Ufer aus beschießen. Davon wußte ich nichts, ich habe es erst im letzten Moment erfahren, und der Konsul hatte keine mehr, weil die, die er besitzt, bereits wegen des Nationalfeiertages gehißt worden sind. Der Bischof hat mir eine geborgt. In Ermangelung einer Fahne hat mich der Konsul mit Vorräten eingedeckt: mit ausgezeichnetem Kaffee, mit Tapioka, Schokolade etc. Bis Kiating (Leshan) werde ich zwei Tage brauchen. Natürlich werde ich zur katholischen Mission gehen, denn alle Marineoffiziere, alle Franzosen auf der Durchreise, ob Juden oder Freidenker, machen es genauso. Da man weiß, wer ich bin, und mich trotzdem einlädt, besteht für mich kein Grund, eine gute Unterkunft auszuschlagen, um statt dessen im chinesischen Schmutz zu schlafen. Von dort aus werde ich mich nach Emei begeben, wo mich ein chinesischer Priester beherbergen wird, und sodann werde ich in zwei Tagen den Ort in den Bergen erreichen, wo sich die *cottages* der Engländer befinden. Die Frau des französischen Konsuls hat dort für den Sommer eine Villa gemietet, und die Frau des Kommandanten des Kanonenbootes »Doudart de Lagrée« ist bei ihr. Der Konsul hat mir angekündigt: »Ich werde einen oder zwei Tage bei diesen Damen verbringen, und dann werde ich in drei Tagen den Gipfel erklimmen.« Wie Du siehst, handelt es sich um einen ernstzunehmenden Berg. (…)

Mienzhou (Mianyang, Sichuan), ? Juli 1923
Ich habe einen kleinen Umweg gemacht, um den Ort zu vermeiden, an dem gekämpft wurde, und so zum Glück die Kampflinie überschritten, aber ich habe mich sehr über meine Träger geärgert, die vor lauter Angst zu unerträglichen Dummköpfen wurden. Noch an dem gleichen Tag, an dem ich Guangyuan verlassen hatte, hielten Soldaten meine Sänfte auf und rieten mir, wieder umzukehren, weil die Straße unpassierbar sei. Nach zahlreichen Erklärungen meinte eine Art Anführer schließlich, ich täte sicher gut daran, der Straße weiter bis zum Hauptquartier zu folgen, zwei Tagesmärsche von dem Platz entfernt, an dem wir uns befanden, und dort mit dem Gouverneur zu sprechen, der der Oberkommandeur ist, oder mit einem der beiden anderen Generäle, mit denen er verbün-

det ist. Wir setzen unseren Weg fort. Es befindet sich niemand auf der Straße, abgesehen von den Soldaten, die mit ihren Vorbereitungen beschäftigt sind. Ich übernachte in der Nähe von Kiaozhou (dem Hauptquartier), da ich die Nacht nicht von dem Getöse der Soldaten umgeben verbringen möchte. Am Morgen begebe ich mich zu den Generälen, die gerade beim Frühstück sind. Sie sagen, daß die Kombattanten auf beiden Seiten keinerlei Anlaß haben, einer Ausländerin den Weg zu versperren, daß sie mir jedoch für alle Fälle einen Passierschein für ihre Männer mitgeben werden. Wir verabschieden uns und machen uns wieder auf den Weg.

Zwei Tage später befinde ich mich nachts unter meinem Zelt-Obdach auf einem abgemähten Feld, als ich Lärm auf der Straße höre. Viele Leute ziehen vorbei, einige klopfen an die Tür des Bauernhauses, wo Albert mit dem Pferd in einer Scheune nächtigt, und ich denke mir, daß das Truppen im Vormarsch sein müssen. Am Morgen, bei Tageslicht, treffen viele Soldaten ein. Sie wirken sehr erschöpft und müssen die ganze Nacht hindurch marschiert sein. Die Verwundeten werden auf Bahren getragen, und manche gehen auch zu Fuß. Man braucht nicht lange nachzufragen, das ist der Rückzug, die Truppen aus dem Norden sind geschlagen worden. Die Soldaten scheinen sich anständig zu verhalten, sie bezahlen ihr Essen in dem Bauernhof und in den umliegenden Häusern. Mit ihren Fächern in der Hand bilden sie einen reizvollen Anblick. Viele von ihnen haben riesige Sonnenschirme, von denen manche aus blauem Baumwollstoff und andere aus Papier sind, und diese letzteren, getragen von jungen Soldaten, die in ihren blaßgrauen Uniformen häufig hübsch wie Mädchen sind, erinnern vage an Madame Chrysanthème. Die armen Jungen, es tut einem leid, sie so erschöpft zu sehen, einige von ihnen mit blutigen Verbänden …

Wir brechen wieder auf. Überall entlang der Straße begegnen wir Soldaten, die sich auf dem Rückzug befinden. Wir erreichen eine Anhöhe, und dort nun eine große Ansammlung, samt Pferden, Gepäck etc., aber die Soldaten scheinen sich dort niederlassen zu wollen. Unten im Tal, in einem großen Dorf, das gleiche, die Männer richten sich dort ein, und da fällt meinen Vollidioten nichts Besseres ein, als mein Gepäck auf den Boden zu stellen und von mir zu verlangen, ich solle ein Haus mieten, weil sie Angst haben weiterzugehen. Es ist klar, daß die Truppen hierbleiben, um den Siegern den Weg zu versperren, falls sie die Soldaten auf dem Rückzug verfolgen. Ebendies ist ein Ort, an dem vielleicht gekämpft werden wird. Es ist hier schon zweimal zur Schlacht gekommen, die Einwohner sind fast alle geflüchtet, die Häuser zur Hälfte zerstört. Zuerst rede ich meinen Kulis gut zu, dann werde ich wütend ... Es folgt eine lautstarke Auseinandersetzung, ich ergreife ein Bambusrohr und drohe, es auf die Rücken der Männer niedersausen zu lassen. Wir setzen uns wieder in Gang und erreichen das Ufer eines Flusses. Es kommen einige Soldaten vorbei, die Proviant nach vorn gebracht haben. In etwa zwei Kilometer Entfernung wird noch immer gekämpft. Von diesem Platz geht ein Pfad aus, der sich durch die Reisfelder windet und auf dem man das Schlachtfeld umgehen kann. Ich würde gerne eine Schlacht unter Chinesen sehen, aber die Kulis schreien bei diesem Gedanken entsetzt auf. Ich muß mich damit abfinden, und wir setzen unsere Reise über den Pfad fort. Unterwegs übernachte ich zweimal in Höfen. Die Bauern sind sehr gefällig. Inmitten dieser Reisfelder gibt es ganze Wolken von Moskitos. Ich bin sehr erschöpft. Wir erreichen Tsidun (Zitong), wo die Truppen aus dem Süden am Vortag eingetroffen sind. Es ist schon dunkel, aber die Stadttore sind noch geöffnet. Die Wachen stellen uns keinerlei Fragen, aber kurz darauf fragt ein Soldat meine Träger: »Wer ist das?« (wörtlich: Welch eine Art von menschlichem Wesen). Diese antworten: »Ein Ausländer.« »Ah, ein Ausländer«, sagen die Soldaten, und das ist alles.

Die Soldaten haben alle Häuser besetzt, man sieht sie in den Läden und überall schlafen. Ich gehe zur katholischen Mission. Der französische Priester ist nicht da. Die Soldaten haben die Stühle fortgeschleppt und die Möbel ein wenig zerschlagen. Kurz und gut, ich richte mich in einem großen Zimmer ein und schlafe dort. Am Morgen streift Albert durch das Haus und betritt die Kirche. Dort sieht er einen völlig nackten Mann vor dem Altar schnarchen, seine Utensilien zum Opiumrauchen neben sich …

Ich halte mich in Tsidun nicht auf, ich habe so eine Ahnung, daß die Soldaten aus dem Norden sich mit ihrer Niederlage nicht so ohne weiteres abfinden werden. Schon seit mehreren Monaten sind die Gegner zwischen Mienchou und Guangyuan abwechselnd auf dem Vor- und Rückmarsch. Zwei Tage später sehe ich mehrere Verwundete von Norden kommen. Während eine Kolonne mit Bambus für die Tragbahren und einer Ladung Sandalen (die Soldaten tragen Strohsandalen) und … vier Flaschen Fruchtsirup gen Norden eilt. Die Soldaten treiben die Träger scheltend voran, lassen sie nicht verschnaufen. Wie es scheint, sind die Gegenstände, die sie transportieren, von dringender Notwendigkeit. Zweifellos wird erneut gekämpft. Die Nordisten müssen wieder im Vormarsch sein.

In Mienzhou treffe ich gleich bei meiner Ankunft zwei Engländerinnen auf der Straße. Ich bitte sie sogleich, mich für eine Nacht aufzunehmen. Sie führen mich zu der protestantischen Mission, die feudal eingerichtet und sehr groß ist. Ich logiere in dem Bereich für einzelne Damen, in dem fünf Ladies wohnen. Albert wird von dem Pastor in einem anderen Gebäude beherbergt. Ich habe inzwischen erfahren, daß die Truppen aus dem Norden wegen Mangels an Munition zurückgewichen sind, aber nach und nach schon wieder zurückströmen. Ich weiß nun auch, daß am Tag vor meiner Abreise aus Guangyuan dreitausend Mann Verstärkung eingetroffen sind. Die Damen bestehen darauf, daß ich noch einen Tag bei ihnen bleibe. Ich habe meine Weiterreise deshalb auf morgen verschoben. Noch etwas anderes. Ich glaubte mich in Sicherheit, da ich mich hinter der Kampflinie befinde ... Man ist in China niemals sicher! Die große Straße von hier nach Chengdu ist von Straßenräubern versperrt. Sie zählen nach Tausenden, haben die regulären Truppen aus dem Süden geschlagen und eine Stadt eingenommen und geplündert. Der Pastor schlägt einen erneuten Umweg vor, um nach Chengdu zu gelangen. Ich werde mich damit abfinden müssen, aber das bedeutet, daß ich mehr Geld ausgeben und weitere Tage in schrecklichen Herbergen schlafen muß, was bei der herrschenden Hitze absolut unerträglich ist. (...)

Emei, 28. Juli 1923
Ich bin vom Gipfel des Berges wieder abgestiegen und befinde mich erneut bei der Frau des Konsuls. Ich habe meinen Ausflug schnell hinter mich gebracht. Der Berg ist sehr schön, und man hat zweifellos einen sehr weiten Blick, obwohl ich schon sehr viel grandiosere Panoramen gesehen habe. Unglücklicherweise erklettern zu dieser Jahreszeit Hunderte von Pilgern den Berg und wandern unter betäubendem Lärm von Tempel zu Tempel. Mir taten die Ohren weh. Doch gibt es dort noch Schlimmeres. Alle diese frommen Leute sind nicht von göttlicher Natur und niedrigen Bedürfnissen unterworfen. Aufgrund des Systems der nach unten geschlossenen und oben

weit geöffneten Gruben in Sichuan verbreiten die zahllosen Latrinen, die sich in den Klöstern aneinanderreihen, einen erstickenden Pestgeruch. Schon das allein machte den Aufenthalt unerträglich, und ich beeilte mich, diesen Ausdünstungen so schnell wie möglich wieder zu entkommen.

Albert ist gleich am Tag nach meiner Rückkehr zu Madame Baudez in den nächsten Ort abgestiegen. Mit Hilfe des katholischen Priesters, der dort lebt, wird er versuchen, Träger anzuwerben, mit deren Hilfe ich meinen Weg nach Süden fortsetzen kann.

Mir geht es nicht allzu gut. An manchen Tagen scheint eine Besserung einzutreten, dann kommt wieder der Rückfall, und das geht nun schon seit über einem Monat so. Ich fühle mich noch keineswegs in der Verfassung, die Reise unter so schwierigen Bedingungen und in einem sehr drückenden, feuchtheißen Klima fortzusetzen. Aber es gibt keinen Ausweg aus dieser Situation, ich bin zur falschen Jahreszeit aufgebrochen, und dieser im übrigen keineswegs selbstverschuldetete Fehler, wird mir in Zukunft zweifellos noch größere Unannehmlichkeiten als diese bereiten. (...)

31. Juli 1923

Die Träger, die Albert angeworben hat, müßten morgen hier eintreffen. Sie konnten sich nicht entschließen, den direkten Weg durch die Berge zu nehmen. Sie sagen, daß die Wildbäche über die Ufer getreten seien, daß sie in den engen Schluchten die Pfade überflutet hätten, die damit unpassierbar geworden seien. Auf diesen wie auf anderen Wegen sind auch Räuber zugange. Man plündert selbst innerhalb der Mauern von Chengdu, der Hauptstadt. Die Lage in Sichuan verschlimmert sich ständig. Und die dümmlichen kanadischen Missionare haben sich ausgerechnet diesen schwierigen Augenblick ausgesucht, um unter den Dienstboten und Bauern der Gegend eine Art Sozia-

lismus einzuführen. Diese Idioten haben die armen Teufel um ihren sowieso schon schwach entwickelten Verstand gebracht, und es ist ihnen lediglich gelungen, unverschämte Halunken aus ihnen zu machen. Ich durfte das am eigenen Leib erfahren. Die Träger, die diese Kanadier mir für die Besteigung des Berges besorgt hatten, glaubten, ich sei aus dem gleichen Holz geschnitzt wie ihre Herren. Einer der Männer, die meine Sänfte trugen, vergnügte sich damit, mich in die Höhe zu schwingen, zu schaukeln und gegen die Felsen prallen zu lassen, wobei er fortwährend ziemlich obszöne Scherze von sich gab, die die zahlreichen Pilger auf dem Weg in schallendes Gelächter ausbrechen ließen. Ich hatte ihn bereits dringend aufgefordert, damit aufzuhören. Trotz meiner Vorwarnung begann er von neuem. Ohne die Sänfte anhalten zu lassen, bin ich daraufhin zwischen die Tragstangen hinabgesprungen und habe den Flegel piff! paff! mit zwei gezielten Boxschlägen in die Büsche am Wegrand befördert.
Die Pilger stellten ihr Gelächter ein und stimmten meiner patriarchalischen Art und Weise, ihm Anstand beizubringen, sichtlich zu. Sehr kleinlaut setzte der Mann seine Arbeit nun schweigend fort. Dieser Vorfall ereignete sich beim Anstieg. Bei der Rückkehr waren alle Kulis fügsam wie die Lämmer und legten eine überaus gute Laune an den Tag. Aber sodann erzählten sie die Geschichte dem Kanadier, der in diesem Jahr Präsident der Ausländervereinigung von Emei ist. Ohne zu wissen, was sich tatsächlich ereignet hatte, schickte dieser Kerl daraufhin auf der Stelle einen Brief an meine Gastgeberin, in dem er verlangte, ich müsse dem Mann Schadensersatz für die ihm beigebrachten Verletzungen und die ärztliche Behandlung zahlen. Nun stell Dir das vor. Dieses Individuum hat bei seinem Fall in die Büsche vielleicht ein paar Kratzer abbekommen, das war alles.

Wir antworteten ihm nicht. Am nächsten Tag sandte uns der gleiche Idiot einen Brief, der von zwanzig Männern überbracht wurde, um uns einzuschüchtern. Aber diese spielten ihren Part nur schlecht, sie setzten sich sehr artig dicht beim Haus der Boys nieder und gingen wieder, ohne den Mund geöffnet zu haben. Im Grunde waren sie durchaus davon überzeugt, daß ihr Kamerad nur bekommen hatte, was er verdiente. Daraufhin traf ein weiterer Brief ein, in dem der »Präsident« erklärte, er würde den Schadensersatz aus eigener Tasche bezahlen. Daraufhin antwortete ich ihm, daß diese Art und Weise, die Kulis aufzuhetzen, sich über die Ausländer lustig zu machen, sehr gefährlich sei in einer Gegend, in der die Weißen keinen anderen Schutz genießen als den Respekt, den man ihnen entgegenbringt. Da er davon sprach, wir hätten uns in der Gefahr befunden, daß man unseren Bungalow angriff, schrieb ich ihm, daß die Frau des Konsuls und ich ihn für alle Unannehmlichkeiten, die womöglich passieren könnten, verantwortlich machen würden, da die Kulis keinerlei böse Absicht an den Tag gelegt hätten, bevor sie von ihm aufgehetzt worden seien. Ich teilte ihm auch mit, daß ich den Vorfall dem britischen Konsul melden werde, der für diese Gegend zuständig ist, und ebenso dem englischen Gesandten in Beijing, da ich der Meinung bin, daß ein Verhalten dieser Art die Europäer in Gefahr bringt. Und das werde ich auch tun.
Mir geht es heute schlechter. Welch ein Elend. Werde ich es endlich überwinden? ... Ich wünsche es mir sehr, denn es wäre mehr als jämmerlich, sich bei den derzeitigen Temperaturen krank über diese Wege zu schleppen. Ich hoffe sehr, daß ein Geschöpf mit einer so ungewöhnlichen Konstitution, wie ich sie besitze, reagieren wird, sobald die Notwendigkeit sich stellt, und sich einmal mehr aus einer schwierigen Situation herausziehen wird. (...)

Ningyuanfu (Xichang), 24. August 1923

Ich habe einige Tage bei dem Bischof in Ningyuanfu verbracht. Er hat mich überaus herzlich empfangen. Es erschien mir jedoch höchst merkwürdig, mich jeden Tag mit vier Geistlichen zu Tisch zu setzen. Ich bin an diese katholische Welt nur wenig gewöhnt. Zudem haben sich meine Gastgeber nicht ein einziges Mal zum Thema Religion geäußert.

Ich mache mich wieder auf die Reise. Es ist so schwierig, sich durch dieses Land zu bewegen! Die Wege durch die Berge sind nicht besonders gut, und die Stämme der Lolos, die sich in offenem Krieg mit den Chinesen befinden, breiten sich überall aus, plündern die Städte, halten die Reisenden an ... Ich weiß nicht genau, wie ich hier wieder herauskomme. Es ist enervierend, unablässig auf der Hut sein zu müssen. Die Jahreszeit schreitet voran, und auf einigen Bergen hat es bereits geschneit. Ich sehe mich schon in einem noch verloreneren und weniger gastfreundlichen Kaff als Jakyendo elend überwintern oder auf einer gefährlichen Winterreise. Pah! Wir werden sehen. Mach Dir keine Sorgen um mich, mein lieber Großer, nach einigen harten Monaten werde ich wahrscheinlich wieder ebenso fest auf meinen Beinen stehen wie zuvor. (...)

Ich wäre Dir sehr dankbar, wenn Du rechtzeitig an mich denken könntest, damit ich zu Beginn des nächsten Frühjahrs einige Mittel zur Verfügung habe. Wo werde ich mich dann befinden? ... Ich habe nicht die geringste Ahnung. Das Ende meiner Reise gestaltet sich sehr abenteuerlich, das kann ich Dir versichern. Ich werde Dir noch weiterhin zu schreiben versuchen, aber ich muß anfangen, vorsichtig zu sein. Es ist nicht gut, wenn man unterwegs meine Identität erkennt, was leicht passiert, wenn man einen Brief bei einem Postamt aufgibt. Diese Gestalten hier entführen gerne Ausländer, um Lösegelder zu erpressen.

Yuan-shin (Yanyuan), 1. September 1923

Ich wollte Dir von hier aus sehr ausführlich schreiben, da mein letzter Brief, den ich vor acht Tagen aus Ningyuanfu abgeschickt habe, nur so kurz war. Aber ich fand mich mit Arbeit überhäuft: Ein Zelt war fertigzustellen, das Gepäck neu zu ordnen, die Reiseapotheke zu überprüfen und neu zu verpakken, nachdem die sintflutartigen Regenfälle die Säcke durchweicht hatten … Kurzum, diese zwei Tage, die ich bei einem freundlichen chinesischen Priester verbracht habe, waren Tage der Arbeit und keineswegs der Ruhe. Obwohl ich sie sehr nötig gehabt hätte. Ich habe meine Sänfte im Palais des Bischofs zurückgelassen und reise erneut zu Pferde. Ich hatte seit einem Jahr nicht mehr im Sattel gesessen … Nun, ich überlasse meinem Pferd die Führung, lasse es springen, bergauf klettern und hinabrasen, es zieht sich besser aus der Affäre als ich, und aus diesem Grund fühle ich mich wohler auf seinem Rücken als zu Fuß. Es gibt keine Herbergen mehr entlang der Straßen. Man verbringt die Nacht mit den Pferden und den Schweinen. Es gelingt mir fast immer, einen etwas abgelegeneren Winkel zu finden: den Raum, in dem man das Getreide aufbewahrt, oder den der Hausherren, aber in diesem letzteren Fall muß man eine Stunde lang herumdiskutieren, um sie zu überreden, die Nacht anderswo zu verbringen. Sie versuchen immer, darauf zu beharren, uns lediglich einen Platz in dem Gemeinschaftsschlafraum zu überlassen. Ich habe auf den Bergen schöne hochgewachsene, ganz in Braun gekleidete Burschen mit dem Gebaren von Hidalgos gesehen. Eines Abends fanden wir etwa zwanzig auf einem Paß versammelt, und ich dachte schon, daß man uns angreifen würde, aber das waren Leute, die mit zwei Chinesen, die Bündel bei sich trugen, ein Geschäft aushandelten.

In fünf Tagen werden wir wieder bei den Lamas sein und sogar einen sehr großen Lama treffen, der das Amt des Mandarins innehat und den Distrikt verwaltet. Wir werden Sichuan dann verlassen haben und uns in Yunnan befinden. Es beginnt jetzt der schwierige Teil meiner Reise. Ich habe Dir schon letzte Woche in meinem Brief davon gesprochen. Bald werden sich keine Postämter mehr in erreichbarer Nähe befinden. Ich fürchte sehr, daß ich Dir dann vor Ende des Winters oder dem Frühjahr keine Nachrichten mehr zukommen lassen kann. Wo wird mich wohl der Schnee überraschen? ... Ich habe keine Ahnung. Es ist nicht ein Jahr wie das andere. Manchmal kommen die Schneefälle früh und manchmal spät. Nun befinde ich mich wieder in einem Land der hohen Berge. Vorgestern habe ich Rhododendronwälder gesehen, was auf eine größere Höhe hinweist. Im übrigen geht es bergauf und bergab wie auf einer Achterbahn, aber die Durchschnittshöhe bleibt immer beträchtlich: mindestens zweitausendvierhundert Meter, während die Pässe zwischen viertausendfünfhundert und fünftausendfünfhundert Meter hoch sind. Ich hoffe, daß mir trotz meines angegriffenen Darms die Kräfte nicht ausgehen werden und daß ich Dir höchstpersönlich von diesen meinen neuen und letzten Heldentaten berichten kann. (...)

Lijiang (Yunnan), 28. September 1923

Ich befinde mich in Lijiang, der letzten chinesischen Stadt im Nordwesten von Yunnan, deren Bevölkerung im übrigen fast ausschließlich aus Mossos besteht, die der Völkerfamilie der Shans angehören oder ihr doch sehr nahe verwandt sind und die mit dem Charakter der Chinesen nichts gemein haben. Ich wohne seit vier Tagen in der protestantischen Mission. Es ist mir bisher nicht gelungen, zwei Tiere auszuleihen, die mein Gepäck weitertransportieren.

Die chinesischen Beamten haben eine seltsame Geschichte

über die Sonne verbreitet, die vier Tage lang nicht mehr aufgehen soll. Das hat die Leute in Angst und Schrecken versetzt, und sie wollen sich nicht mehr auf Reisen begeben. (...) Nachdem ich Ningyuanfou verlassen hatte, war ich in Yuanshin, von wo aus ich Dir während meines Aufenthalts bei einem liebenswerten chinesischen Priester geschrieben habe, der mir unter anderem zwei hübsche schwarze Satinkissen mit chinesischen Stickereien geschenkt hat. Von dort aus mußte ich mich nach Yongning begeben. Vom ersten Tag an hat uns der Führer-Diener, der uns begleitete, in die Irre geführt. Dieser Betrüger hatte noch niemals das Land bereist, das er sehr gut zu kennen behauptete. Wir sind zwölf Tage lang durch dichte Wälder mit steilen Abhängen geirrt, sind über häufig sehr schwierige Wege bergauf und wieder bergab gestiegen. Wir haben bei den verschiedensten Volksgruppen übernachtet. Es gibt in dieser Gegend keine Chinesen. Im allgemeinen wurden wir ziemlich freundlich empfangen, einmal waren die Leute mürrisch, und ein anderes Mal hat Albert einige kräftige Schlage ausgeteilt, aber alles in allem ist die Reise ohne Störungen verlaufen. Das Wetter war abscheulich. Tag und Nacht strömender Regen und als Folge davon ein Schlamm, der uns manchmal bis zu den Knien reichte. Von unseren schönen Gummistiefeln sind nur noch die Schäfte geblieben, die Fußteile sind in Fetzen. Wir mußten deshalb in Strohsandalen zwischen Steinen und Morast hindurchwaten, immer wieder völlig durchnäßt, und am Abend in Hütten mit einem Boden aus gestampftem Lehm schlafen, der ebenfalls zu Schlamm geworden war. Ich habe Fieber bekommen und bin in ziemlich schlechter Verfassung in Yongning angekommen. Aufgrund unserer unerwartet langwierigen Wanderungen durch die Wälder sind uns zudem die Lebensmittel ausgegangen. Das anhaltende Fasten hat mich sehr geschwächt. Ich hatte geplant, mich von Yongning aus

nach Chungtien (Zhongdian) zu begeben, aber in dieser Richtung gibt es Kämpfe zwischen Chinesen und Tibetern, wobei sich die ersteren (die Soldaten) in ihrer Freizeit als Straßenräuber betätigen. Diese Auskünfte und der Regen haben mich veranlaßt, meine Route zu ändern und einen Umweg über den Süden zu nehmen, um nach Likiang zu gelangen. Zudem wollte niemand mein Gepäck in Richtung Chungtien befördern. Unterwegs hat sich das Wetter gebessert. Nach der Überquerung des Yangtse hatten wir sonnige, sehr heiße Tage, aber die Wege fielen zum Teil so steil ab, daß ich häufig zu Fuß gehen mußte, was mich außerordentlich angestrengt hat. Noch immer mangelte es uns an Nahrungsmitteln. Abgesehen von ein wenig schlechtem Mehl gab es in Yongning nichts zu kaufen. Ich aß zu den Mahlzeiten ein wenig gegrillten Mais, aber der ist nicht sehr nahrhaft ... Mein Pferd, das keine Beschläge mehr hatte, verletzte sich an den Steinen, und von da an mußte ich die ganze restliche Etappe zu Fuß zurücklegen. Wir mußten die Etappe deshalb verkürzen, aber dieses Minimum betrug immer noch rund dreißig Kilometer. (...)
Kurz gesagt, an einem Nachmittag mit glühendheißer Sonne fiel ich hundemüde und mit einem halben Sonnenstich auf der Straße um, und alles drehte sich um mich. Wir befanden uns in der Nähe eines Weilers. Albert lief, um Wasser zu holen, besprühte mich damit, ließ mich trinken, und so gelang es mir, bis zum Fluß hinabzusteigen, in den ich mich auf der Stelle hineinwarf, ohne mir zuvor etwas anderes ausgezogen zu haben als mein chinesisches Mantelkleid. Das kalte Bad tat mir gut. Ich beschloß, einen Tag Pause einzulegen, um mich auszuruhen, aber die Ruhe bestand darin, daß ich meine schmutzige Wäsche im Fluß wusch. Es gab in diesem Weiler nichts zu kaufen. Man wollte mir nicht einmal Mais verkaufen. Ich ließ meine Verhandlungspartner stehen und holte mir meinen Vorrat

selbst von einem Feld. Man muß bei dieser Art von Stämmen ständig eine starke Hand beweisen, prügeln, Autorität an den Tag legen – das ist über die Maßen anstrengend und nervenaufreibend. Ich hatte dieses Mal angeboten, den Mais zu bezahlen, aber nachdem ich ihn mir selbst genommen hatte, verweigerte ich jegliche Vergütung – das entspricht der Vorstellung von Gerechtigkeit dieser Wilden. Sie kamen und fragten mich, ob ich noch mehr davon wollte.

In den letzten Tagen haben wir erneut wundervolle Wälder durchquert. Der Weg war sehr viel besser, das Wetter sehr schön, und ich marschierte fast fröhlich dahin. Auf diese Weise bin ich in Lijiang angelangt, wo ich sehr herzlich von den Missionaren empfangen worden bin, die der Sekte der »Pfingstbewegung« angehören. Diese Leute haben keinen besonders großen Appetit. Ich müßte ein bißchen mehr zu Kräften kommen, aber das ist mir völlig unmöglich bei diesen kargen Mahlzeiten, die ihnen ausreichen. Albert betrachtet sich ironisch, was auf den Tisch gebracht wird, und ich weiß, er denkt sich, daß wir beide gemeinsam mit Leichtigkeit verzehren würden, was man hier für acht Erwachsene und ein kleines Mädchen serviert.

Morgen breche ich in Richtung Tsedjrong auf, ein Weiler, der am rechten Ufer des Mekong gelegen ist und in dem Abbé Ouvrard lebt. In der Nähe gibt es noch zwei andere französische Priester: Abbé André und Abbé Ginestier. Die französische Mission hat als Wiedergutmachung für den Mord an zwei Priestern in Atunze vor zehn Jahren ein ausgedehntes Territorium erhalten. Die Völker dieser Gegend sind Lolos und Tibeter; die Region befindet sich zwischen der Grenze zu Burma im Suden und der zu Tibet im Norden. Falls es unterwegs keine Verzögerungen gibt, gedenke ich, in zwei Wochen in Tzedjrong anzukommen. Ich werde den Mekong auf eine sehr primitive Art und Weise überqueren müssen. Es gibt keine Brücke über den Fluß, der ganz tief unten, zwischen steil abfallenden, etwa dreißig Meter hohen Felsen dahinrauscht. An jedem Ufer sind zwei dicke Bambuskordeln befestigt. Mit Hilfe einer grob gebauten Treppe steigt man auf eine Plattform, dort setzt man sich wiederum auf eine leichte Schaukel, die mit einem großen hölzernen Haken ausgestattet ist. Dieser Haken gleitet über die Bambuskordel. Man stößt sich mit dem Fuß an der Plattform ab und gleitet mit rasender Geschwindigkeit an der schräg gespannten Kordel entlang und gelangt so an das andere Ufer. Sodann zieht man sich mit einigen kräftigen Griffen wieder auf festen Boden. Im Augenblick ist mir die Vorstellung von dieser Flußüberquerung nicht sonderlich angenehm ... Man darf keine empfindlichen Nerven haben und während dieser schnellen Reise über den gewaltigen Fluß, der tief unten mit Donnergetöse über die mächtigen Felsen hinwegbraust, auf keinen Fall den Kopf verlieren ...

Ich habe an den französischen Missionar an dem Ufer geschrieben, das dem, das ich erreichen muß, gegenüberliegt, und habe ihn gebeten, mir seine Schaukel zu leihen und mir einige Eingeborene zu schicken, denen er vertraut, die mir bei dieser schwierigen Unternehmung behilflich sein können. Sehr wahrscheinlich wird alles sehr gut gehen: Jeden Tag gleitet eine ganze Anzahl von Leuten an der Kordel entlang, warum sollte es mir nicht gelingen? (...)

Und Du wirst Dich fragen: »Und wohin will sich meine Vagabundin im Anschluß an Tsedjrong wenden?« Ich weiß noch nicht genau, wie es danach weitergeht. Ich versuche ein neues und letztes Abenteuer ... Wohin es mich wohl führen wird? Das ist noch ein Geheimnis für mich. Da der Winter vor der Tür steht, kann ich bisher lediglich überblicken, daß ich harte, sehr harte Zeiten vor mir habe und daß mein augenblicklicher

Gesundheitszustand nicht von der Art ist, wie er für ein Unternehmen dieser Art erforderlich wäre. Ich gedenke in Tsedjrong ein paar Zeilen zu hinterlassen, die Dir der Missionar per Post schicken wird, und dann, mein sehr lieber Mouchy, wird es für lange Zeit vorbei damit sein, für eine ganze Reihe von Monaten. Ich glaube nicht, daß ich Dir vor dem nächsten März oder April wieder schreiben kann. Du weißt Bescheid, sorge Dich nicht. Das bedeutet lediglich, daß alles nach Plan verläuft; andernfalls bekommst Du vorher Nachricht. (...)

Denke hin und wieder an mich, mein sehr Lieber. Versuche Dir ein winziges Zelt vorzustellen, ganz allein in einem Winkel inmitten der Berge an einem Abend von so schneidender Kälte, daß die gefrorene Erde unter den Schritten hallt, ein Feuer aus Yakfladen, das vor dem Zelt brennt, und darüber auf drei Steinen einen Topf mit Tee, und zwei sehr kleine Reisende, die Mützen bis zu den Augen herabgezogen, die an dieser primitiven Feuerstelle sitzen. Denk Dir, wenn Du willst, daß es zwei Verrückte sind, aber was Du auch immer über diese Sache denken magst, so kannst Du ihrem ungewöhnlichen Wagemut doch nicht jegliche Achtung versagen. Und falls sie von ihren Kräften verlassen werden und sie von ihrer abenteuerlichen Reise nicht mehr zurückkehren, behalte sie in guter Erinnerung, diese Forscher en miniature, die ein Unternehmen versucht haben, das ihre ruhmreichen Kollegen mit den berühmten Namen vielleicht niemals in Angriff zu nehmen gewagt hätten. Zweifellos wird alles gutgehen. Ich habe einen langen Spaziergang vor mir, das ist alles! Sei deshalb ganz ruhig und ziehe keine Erkundigungen über mich ein, denn das könnte mir beträchtliche Ungelegenheiten bereiten. (...)

Ich habe gehört, daß Stephen Pichon gestorben ist.

Erinnerst Du Dich an Colette, geschiedene Willy, die eines Nachts fast nackt in Tunis tanzte? Trotz ihrer manischen Vorliebe für akademische Darstellungen hat es dieser Frau nie an Talent und Geist gefehlt. Sie hat im *Théâtre de variétés* ein Stück gebracht, *La Vagabonde,* das ich in der Beilage von *L'illustration* gelesen habe. Es ist gut, mehr als gut; es ist gut erdacht und gut formuliert, ein wirklich schönes Werk. Falls das Stück in Deiner Nähe gespielt werden sollte, schau es Dir an.

Tsedjrong (Yunnan), 23. Oktober 1923
Seit einigen Tagen bin ich in Tsedjrong. Meine Reise von Lijiang hierher ist gut verlaufen, abgesehen von dem Ärger, den mir die Sänftenträger verursacht haben, als sie mir den Streich spielten, mich in Weixi einfach sitzenzulassen. Sie glaubten, mich auf diese Weise zu zwingen, ihnen eine bessere Bezahlung anzubieten als die bereits sehr beträchtliche, die ihnen der protestantische Missionar zugestanden hatte, als er sie für mich engagierte. Ich habe ihnen nicht nachgegeben. Ich bin für zwei Tage in dem noch im Bau befindlichen Haus untergeschlüpft, das die Protestanten in Weixi errichten lassen. Es besteht bisher erst aus Mauern und Dach. Man hat andere Träger für mich gefunden, gemeinsam mit ihnen habe ich mich wieder auf den Weg gemacht, und sie haben mich nach Hsiao-Weixi (kleines Weixi) gebracht. Dort habe ich bei einem katholischen chinesischen Priester haltgemacht, der sich bemüht hat, wieder neue Träger für mich zu finden, da die meinen nicht weitergehen wollten. Es ist ihm nicht gelungen, und er hat lediglich ein Lasttier bis zu einem benachbarten Dorf für mich aufgetrieben. Nach langen Verhandlungen habe ich es geschafft, zwei Träger für das Gepäck zu finden und zudem, von Etappe zu Etappe, ein Pferd. Mein braves Pferd war nach dieser achtmonatigen Reise ganz entschieden sehr erschöpft. Ich habe den größten Teil der Strecke zu Fuß zurückgelegt, und das sehr

behende. Hinter Lijiang ist die Route wunderschön, und sobald man das Ufer des Mekong erreicht hat, ist sie sehr malerisch mit einigen ziemlich heiklen Abschnitten. Abgesehen von diesen wenigen mühsamen Passagen war der schmale Pfad sehr angenehm, und aufgrund des schönen Wetters war dies eine bezaubernde Wanderung. Die Überquerung mittels der berühmten Kordel, über die (oder vielmehr unter der her) man sich über den Mekong bewegt und von der ich Dir eine Beschreibung in meinem Brief aus Lijiang gegeben habe, ist gut verlaufen. Ein Mann hat mich zwischen die Knie geklemmt, ich habe mich an den Riemen gehängt, an dem er selbst hing, und dann sind wir über den Fluß geglitten. Es passierte kein größerer Unfall, als daß ich mir ein wenig die Nase aufschürfte, weil ich in dem Augenblick, als ich hinüberzugleiten begann, den Kopf zu hoch und zu nahe an der dicken Kordel hielt. Am Tag nach meiner Ankunft bei Pater Ouvrard (er stammt aus der Vendée und war Nachbar der Familie Clemenceau) traf ein amerikanischer Botaniker ein, den ich schon in Lijiang getroffen hatte. Seine Ankunft hat mich aufgehalten, denn ich wollte nicht vor ihm aufbrechen, weil ich das peinliche Angebot befürchtete, mit ihm gemeinsam auf Exkursion zu gehen. Dieser Herr steht im Dienst der amerikanischen Regierung und ist auf der Suche nach Pflanzen, die man in den Vereinigten Staaten heimisch machen könnte. Er bekommt ein fürstliches Gehalt und fotografiert zugleich für die Geographische Gesellschaft in Washington. Er hat mir versichert, daß diese Gesellschaft glücklich sein würde, Artikel von mir über Tibet zu veröffentlichen, und er hat mir zwei Empfehlungsschreiben für den Präsidenten und den Vizepräsidenten gegeben. Im nächsten Frühjahr werde ich sie mir zunutze machen. Ich habe von Pater Ouvrard erfahren, daß der Dollar wieder auf den Kurs von achtzehn Franc gestiegen ist – täuscht er sich

da nicht? Seiner Ansicht nach hat unser Franc so stark an Wert verloren wie noch nie. (...)
Hebe den Brief von Pater Ouvrard und das Aufgabedatum sorgfältig für mich auf (er kann als Nachweis dienen, daß ich hier vorbeigekommen bin). Das könnte sehr wichtig für mich sein.

Lhasa, 28. Februar 1924 (ungefähres Datum)
Mein sehr lieber großer Freund, es ist geraume Zeit verstrichen seit ich Dir zuletzt geschrieben habe, und ich habe seitdem eine gewaltige Strecke zurückgelegt. Ich sage Dir gleich vorab, daß mir die Wanderung, zu der ich aufbrach, als ich Dir meinen letzten Brief geschickt habe, *voll und ganz* gelungen ist (so vollkommen, wie ich es mir in meinen kühnsten Träumen nicht ausmalen konnte). Schon für einen kräftigen jungen Mann wäre dieser Ausflug ein überaus kühnes Unterfangen gewesen, und für eine Frau meines Alters schien diese Unternehmung der pure Wahnsinn zu sein. Nichtsdestoweniger habe ich einen vollen Erfolg zu verzeichnen, doch selbst wenn man mir eine Million bieten würde, um das Abenteuer unter den gleichen Bedingungen zu wiederholen, würde ich zweifellos ablehnen. Die Einzelheiten meiner Reise werde ich Dir in aller Ausführlichkeit ein wenig später berichten, sobald ich einen Weg finde, der garantiert gegen offizielle und andere Indiskretionen abgeschirmt ist. Heute sage ich Dir nur, daß ich in Lhasa zum Skelett abgemagert angekommen bin. Wenn ich mit der Hand über meinen Körper gleite, spüre ich nur noch eine dünne Hautschicht über meinen Knochen. Abgesehen davon war ich nicht krank bei meiner Ankunft, aber es herrscht hier eine Art Grippe, und nach etwa einer Woche des Aufenthalts hier haben mein Junge und ich sie uns gefangen, er schlimmer als ich. Das Fieber ist vorbei, aber wir husten fürch-

terlich und haben starke Schmerzen; trotzdem scheint es nicht allzu schlimm zu sein. Unangenehmer ist mein allgemeiner Schwächezustand und daß ich so abgemagert bin, auch wenn ich aufgrund der Anregungsmittel bisher nicht allzu stark darunter gelitten habe. Ich muß wieder zu Kräften kommen, mindestens einen guten Monat schlafen und essen, sobald ich Tibet wieder verlassen habe, was noch ungefähr sechs Wochen dauern wird, denn es ist ein ziemlich weiter Weg von Lhasa bis zur Grenze, und wir müssen danach noch den Himalaja überqueren.

Es stellen sich mir jetzt mehrere schwierige Fragen: Meine Dauerreisen sind beendet. Ich habe sie, wie ich meine, würdig mit dieser letzten Wanderung gekrönt, die mich durch einen Landstrich geführt hat, der nach den allerbesten Informationen noch nie von einem Angehörigen weißer Rasse bereist worden ist und in den sich auch die Tibeter selbst kaum hineinwagen, da die Volksgruppen, die dort leben, einen äußerst schlechten Ruf genießen.

Ich werde mich nun in Indien wiederfinden, während alle meine Sammlungen, meine Bücher und mein Gepäck aller Art in China sind ... Diesmal handelt es sich nicht um fest verpackte Gegenstände, die auf der Stelle verfrachtet werden können, so wie die, die Du bereits erhalten hast, sondern um eine Vielzahl von kleinen Postpäckchen, die teils in der Gesandtschaft in Beijing, teils bei der Bank in Shanghai, aber auch bei dem Bischof in Yunnanfu (Kunming), bei den französischen Missionaren in Sichuan und an noch anderen Plätzen lagern ... Es sind sicher mindestens sechzig, das große Gepäck nicht mitgerechnet. All das summiert sich zu einem ansehnlichen Wert, und beträchtlicher noch wird die Summe der Schwierigkeiten und Anstrengungen sein, um die Bücher, die alten Manuskripte und die vielen verschiedenen, unter orientalistischen Ge-

sichtspunkten sehr interessanten Gegenstände wieder einzusammeln. Ob ich wohl nach China zurückkehren muß, um alles zu verpacken, sobald ich die Päckchen wieder beieinanderhabe? ... Das könnte unerläßlich sein. Ich hatte mir überlegt, es auf dem Landweg zu erreichen, mich von der Provinz Assam nach Yunnan zu begeben, was eine preiswerte Möglichkeit sein könnte, nun, da die Schiffspassagen horrend teuer geworden sind. Aber ich bezweifle, daß es mir meine Kräfte zur Zeit erlauben, eine so anstrengende und lange Reise durch Regionen in Angriff zu nehmen, die vom Bürgerkrieg und von Räuberbanden beherrscht werden. (...)
Was das Geld angeht, so werden die Mittel, die ich für meine Reise mitgenommen hatte, komplett erschöpft sein, wenn ich in Indien ankomme, und andererseits erwarten mich größere Ausgaben, weil ich absolut nichts mehr anzuziehen habe, außer den schmutzigen tibetischen Kleidern, die ich am Leibe trage. Überhaupt nichts mehr, nicht einmal eine Bluse, keine Strümpfe, keine Schuhe; das wenige, das ich mitnehmen konnte, ist in Fetzen. In Indien werde ich das Geld vorfinden, das Du mir ehedem geschickt hast, für meine augenblicklichen Bedürfnisse ist das jedoch sehr wenig. Andererseits könnte es aus verschiedenen Gründen möglich sein, daß ich mich in Indien nicht länger aufhalten kann, sondern es vorziehe, unverzüglich nach Indochina weiterzureisen, das könnte sich als notwendig erweisen. Auf Vermittlung des Konsuls könnte ich womöglich ein Darlehen für eine Schiffspassage bekommen, das ich später zurückzahle. Je nach Lage der Dinge werde ich Nachricht geben. Ich müßte Geld in Shanghai haben; ich hatte Dich gebeten, es mir bis zu Beginn des Jahres dorthin zu schikken, aber es wird dauern, es zu transferieren. Ich werde über einen Ort nachdenken, an den Du mir Geld überweisen könntest. Ich kann diesen Brief noch nicht aufgeben, denn es gibt

zwar ein Postamt hier, aber es garantiert mir nicht die Wahrung meines Inkognitos.

12. März

Mein sehr Lieber. Ich bin noch immer in Lhasa. Die Grippe, die schnell vorüberzugehen schien, hat eine sehr böse Wendung genommen. Der Junge war sehr schwer krank, und ich noch schlimmer als er. Die Schmerzen während der Hustenanfälle waren schrecklich. Wir begannen, Blut zu spucken. Einen Moment lang befürchtete ich, wir könnten die Lungenpest haben. Der Kleine hat als erster das Blut im Speichel wahrgenommen, und da wir lange in China gelebt haben, wo man viel von der Lungenpest spricht, kennt er die Symptome dieser Krankheit. Er zeigte mir sein Taschentuch und fragte mich: »Ich habe doch vor etwa zehn Tagen zu husten begonnen?« (Zehn Tage sind bei der Pest der Zeitpunkt, an dem das Blut auftritt.) Ich antworte: »Ja, so ungefähr«, und als mir die Tragweite seiner Frage bewußt wird, füge ich hinzu: »Haben wir die Lungenpest?« Und wir haben keine Medikamente. »Und man bekommt keine Arzneien hier«, antwortet der Junge. »Sie würden sowieso nichts nützen. Wenn wir die Pest haben, ist nichts zu machen. Es gibt noch kein Mittel dagegen.« »Üble Sache!« (auf tibetisch *khen tshapo*) sagt mein Reisegefährte lakonisch. (...) Es war nicht die Lungenpest, da wir auf dem Weg der Besserung sind. Ich huste sehr viel weniger, und der Junge fast überhaupt nicht mehr, aber diese Krankheit hat uns in unserem Zustand der Erschöpfung den Rest gegeben. Der Kleine hat völlig den Appetit verloren, er ißt fast überhaupt nichts mehr, während er sich im Gegenteil kräftig ernähren müßte. Er kann nicht mehr laufen. Neulich haben wir ein etwas entfernteres Kloster besucht. Hin- und Rückweg waren zusammen etwa neun englische Meilen (dreizehneinhalb Kilometer). Bei der Rückkehr hatte er Fieber und mußte sich zu Bett legen. Er würde am liebsten unablässig schlafen. Ich fühle mich ebenfalls sehr müde, aber ich habe größere innere Kräfte, das hält mich aufrecht, und ich esse auch mehr. Kurz gesagt, ich glaube, daß wir uns aus dieser unglücklichen Lage bald wieder glücklich herausziehen werden. Die nächste Zeit dürfen wir unsere Kräfte nicht zu sehr überfordern.

Ich gedenke, Lhasa bald wieder zu verlassen. Die Stadt ist keineswegs von besonderem Interesse. Ich bin der Lamaklöster inzwischen überdrüssig – ich habe schon so viele davon gesehen! ... Der berühmte Tempel von Jokhang hat nichts Wunderbares. Der Palast des Dalai Lama mit seiner in einigen Bereichen sehr prächtigen Innendekoration ist völlig im chinesischen Stil gehalten, aber er hat nichts Außerordentliches. Was exotische Gegenstände angeht, so bieten die Händler in der Stadt haufenweise Aluminiumtöpfe feil ... Das ist eher bestürzend. Ich war auch in keiner Weise neugierig auf Lhasa. Ich bin hier, weil die Stadt auf meinem Weg lag, und auch, weil ich denen, die den Zugang dazu verbieten, diesen sehr pariserischen Streich spielen wollte. Was mich entzückt hat, war der Besuch der Gegend, die man als die warmen Täler eines kalten Landes bezeichnen kann. Ich habe ein den Forschern unbekanntes Tibet erlebt, ganz außergewöhnliche Landschaften bewundert, die in ihrer unglaublichen Schönheit alles übertreffen, was ich je im Himalaja oder anderswo gesehen habe, und ich habe mitten im Januar einen blühenden Zweig wilder Orchideen an meinen Rucksack stecken können. Wer denkt schon an dieses Land, wenn die Rede vom eisigen Tibet ist, das an den Himalaja und das chinesische Turkestan angrenzt? Man hat uns nur von diesem erzählt, und abgesehen von der Region Kham, kannte auch ich nur solche Gebiete. Ich bin überzeugt, daß ich im Augenblick unter den Reisenden weißer Hautfarbe diejenige bin, die Tibet am allerbesten kennt.

(...) Falls Deine Geschäfte Dich nach Algier führen, könntest Du dort den Gouverneur besuchen, mit dem Du, wie ich glaube, Beziehungen pflegst, und ihm von meinen Reisen berichten. Vor allem von dieser letzten, über die er einen Bericht im Blatt der *Société de Géographie* nachlesen kann. Ich möchte gerne wieder journalistisch arbeiten, als Korrespondentin für eine große Zeitung, und möchte gleich zu Beginn Artikel über Asien veröffentlichen. Du kannst ihm von meiner bisherigen Laufbahn erzählen: *Soir* in Brüssel, *Aurore* und *Fronde* in Paris. *Mercure* und diverse andere Zeitschriften. Von den Büchern, die publiziert worden sind, etc. Der Gouverneur ist ein Politiker und hat als solcher Verbindungen zur Presse. Je nachdem, was Du über seine politische Einstellung weißt, könntest Du noch hinzufügen, daß ich Tochter eines Freimaurers bin, der unter dem Zweiten Kaiserreich des Landes verwiesen worden ist, der vor 1852 Leiter des *Courrier d'Indre-et-Loire* war und 1848 Abgeordneter. Aber sei in dieser Hinsicht auf der Hut. Versuche deshalb auch herauszufinden, wer im Augenblick Chef des *Grand Orient* ist und wer der Chef des *Rite Ecossais*. Mit den Träumen von der Ruhepause ist es vorbei! Die wirtschaftlichen Folgen des Krieges haben ihnen ein Ende gesetzt. Man muß sich wieder an die Arbeit machen, und wir sind in einer sehr viel glücklicheren Situation als viele andere, weil diese Einkünfte uns nur für das Überflüssige dienen, da uns das Lebensnotwendige sicher ist. Aber für den, der anders denkt als die Masse, ist das Überflüssige unentbehrlicher als das angeblich Notwendige.

Lhasa, 2. April 1924

Ich bin immer noch in der »Sonnenstadt« *(Nyima Lhasa)*. Wozu dieser lange Aufenthalt? wirst Du fragen ... Wir sind einfach über die Maßen erschöpft. Ich hatte einen erneuten Gripperückfall, und was den Kleinen anbetrifft, so geht es ihm schlechter als mir. (...) Wir haben uns zum Kloster von Ganden begeben. Auf unserem Weg nach Lhasa sind wir dicht daran vorbeigekommen, man konnte es zu diesem Zeitpunkt jedoch nicht besuchen. Der Weg hatte uns eineinhalb Tage gekostet. So wie wir uns diesmal dahinschleppten, haben wir drei Tage dafür gebraucht, und als wir am zweiten Tag in einem Dorf namens Dechen ankamen, mußte der Junge sich niederlegen. Wir konnten unseren Weg nicht fortsetzen. Am nächsten Tag habe ich Pferde gemietet, damit wir am Festtag zum Kloster gelangen konnten. Wir mußten an diesem Abend auf dem Berg kampieren, weil mein Junge nur allein bei den Lamas übernachten konnte, die Frauen sind lediglich tagsüber zugelassen. Es herrschte starker Frost, wir hatten kaum Schutz gegen die Kälte ... Am nächsten Morgen ging es dem Kleinen noch schlechter, er konnte das Kloster gar nicht besuchen, ich mußte den Spaziergang allein unternehmen. Wenig später haben wir uns zu Fuß wieder auf den Rückweg gemacht. Kurz und gut, nach einigen Versuchen dieser Art ist mir klargeworden, daß weder der Kleine noch ich es wagen können, erneut eine Reise zu Fuß zu unternehmen. Es gilt noch zahlreiche Pässe zu überwinden, bevor wir den Himalaja erreichen. Wenn wir sie sehr langsam, sehr, sehr langsam erklimmen, werden wir das noch einigermaßen gut schaffen, aber der Frühjahrsschnee wird fallen und die Reise durch die Berge erschweren. Darüber hinaus sagt mir die Vernunft, daß es sich in meinem Alter nicht empfiehlt, eine so übermäßige Anstrengung, wie ich sie unternommen habe, noch weiter fortzusetzen. Ich habe deshalb zwei Pferde gekauft. Sie ähneln in keiner Weise den schönen Tieren, die ich in China hatte! In Lhasa ist alles überteuert, und mir ist nur noch sehr wenig Geld geblieben. Ich werde Schwierigkeiten haben, mit einer so leeren Börse Gyantse (Gyangze) zu erreichen.

Endlich bin ich wieder zum Aufbruch bereit. Ich bleibe noch eine Woche, weil ich die seltsame Zeremonie des »Sündenbocks« miterleben möchte. Dieser Bock, der hier ein Mensch ist, läßt sich von einem Lama alle Sünden, Krankheiten etc. des Landes aufladen. Danach muß er sich, verfolgt von den Verwünschungen des Volkes, aus der Stadt retten. Er bleibt sieben Tage an einem einsamen Ort. Wenn er nach dieser Zeit noch am Leben ist, kann er in aller Ruhe wieder nach Hause zurückkehren, wo er reiche Geschenke erhält, und damit ist alles vorbei. Es findet auch eine feierliche Prozession etc. statt. Am Tag nach diesen Festlichkeiten werde ich Lhasa verlassen.

Gyantse, Tibet, ? 1924

Mir ist auf so vollkommene Weise eine Reise gelungen, wie sie sich der kühnste Träumer nicht ausmalen konnte und deren Abenteuerlichkeit alle von Jules Verne erdachten bei weitem übertrifft. Ich habe Regionen durchquert, die nach zuverlässigen Auskünften noch nie von einem Reisenden weißer Hautfarbe besucht worden sind. Ich habe zwei Monate in Lhasa verbracht, wo ich mir unglücklicherweise eine böse Art von Grippe zugezogen habe, die nur schlecht ausheilt. Den ganzen Weg von Yunnan nach Lhasa habe ich zu Fuß zurückgelegt, davon werde ich Dir demnächst in allen Einzelheiten berichten.

Im Augenblick muß ich vor allem zusehen, Tibet so schnell wie möglich wieder zu verlassen. Ich habe genug von diesem Land, ich habe hier nichts mehr zu tun, und das harte Klima der Region, in der ich mich befinde, ist meinem augenblicklichen Gesundheitszustand wenig zuträglich. Ich habe mich wegen eines Darlehens an den französischen Konsul in Kalkutta gewandt,

denn ich bin völlig mittellos. Mein ganzes Geld ist aufgebraucht. Außer der Kleidung der tibetischen Bettlerin, die für mein Inkognito und den Erfolg meiner Reise unerläßlich war, habe ich nichts mehr anzuziehen. Ich habe keine Bluse und kein Paar Strümpfe mehr, keine Schuhe, keinen Hut – rein gar nichts, um wieder in die zivilisierte Welt zurückkehren zu können. Mein ganzes Gepäck ist in China. Ich hoffe, daß der Konsul mich schnell wieder hier aus Gyantse herausholen wird*. Höchstwahrscheinlich wird er Dir schreiben. Ich habe ihm Deine Adresse gegeben.
Gib mir umgehend Nachricht von Dir und schicke Deinen Brief zu Händen des französischen Konsuls in Kalkutta, der ihn mir nachsenden wird. Heute kann ich Dir nicht mehr dazu sagen, aber in einigen Tagen werde ich Dir erneut schreiben. Wir werden jetzt meine Rückkehr ins Auge fassen, und ich bin glücklich bei dem Gedanken, daß wir nach einer so langen Trennung wieder miteinander vereint sein werden. (...)

Gyantse, 6. Mai 1924

Der beiliegende, mit Bleistift geschriebene Brief sollte umgehend zum Postamt gebracht werden. Ich muß ihn in einigen Punkten korrigieren:
1) Der britische Handelsattaché in Gyantse** leiht mir etwas Geld (er hat mir bereits hundert Rupien gegeben) für verschie-

* Captain Perry von der englischen Armee, Kommandant der Garde des britischen Handelsattachés in Gyantse, nahm Alexandra David-Néel fest, als er erfuhr, daß sie aus Lhasa kam, wohin sie sich verbotenerweise begeben hatte. Eine Bestätigung für diesen Vorfall findet sich in mehreren Dokumenten und in den Aussagen verschiedener Persönlichkeiten, unter anderem der des Prinzen von Griechenland und Dänemark, der Captain Perry kennengelernt hatte und von dem er alle Einzelheiten über die Festnahme erfuhr.

** Es handelt sich um David MacDonald, den Schwiegervater von Captain Perry, der die Ankunft von Alexandra David-Néel in Gyantse in seinen Erinnerungen erzählt hat: *Twenty years in Tibet*, London 1932.

dene Einkäufe in Gyantse und für die Reisekosten bis Kalimpong. Ich glaube, daß sein Darlehen sich insgesamt auf zweihundert bis dreihundert Rupien belaufen wird.
2) Von Kalimpong aus werde ich an den Konsul schreiben, damit ich nicht warten muß und mich auf französisches Gebiet begeben kann. Ich kann im Augenblick keine langen Reisen unternehmen, ich bin zu erschöpft. Letzte Nacht ging es mir sehr schlecht, ich brauche Erholung.
Meine Rückkehr in die sogenannte zivilisierte Welt war keine Freude für mich, ganz im Gegenteil. Ich fühle mich so verschieden von all diesen Menschen, so fremd in ihrer Mitte, daß ich beim Abendessen fast geweint hätte.
Ich werde Dir demnächst wieder schreiben. Für den Fortgang meiner Reise habe ich keinen genauen Plan, und ich kann ihn nicht haben. Sobald ich in Kalimpang angekommen bin, hängt alles davon ab, wieviel Geld ich auf der Stelle zur Verfügung haben werde, aber auf jeden Fall bereite ich meine Rückkehr vor. (...)

Gyantse, 16. Mai 1924
Ich hoffe, Du hast meinen Brief erhalten, den ich Dir in der letzten Woche geschrieben habe. Mein Aufenthalt in Gyantse hat mir wohlgetan, ich war in einem bequemen Zimmer untergebracht, und man hat mich gut versorgt. Ich habe wieder ein wenig zugenommen, ich hatte es nötig ... Am 29. (Montag) werde ich Gyantse in Richtung Chumbi verlassen. Die Reise wird neun Tage in Anspruch nehmen, aber von nun an werde ich am Ende jeder Etappe einen von Engländern erbauten Bungalow vorfinden, das heißt ein ordentliches Haus, mit einem Zimmer, durch das nicht der Wind pfeift. In Chumbi muß ich mich zwischen zwei Pässen entscheiden: dem Jelep La oder dem Natu La, wobei der erstere etwa fünftausendzweihundert

Meter hoch ist und der zweite ein wenig höher. Für welchen der beiden ich mich entscheide, wird davon abhängen, welche Auskünfte man mir über die Schneeverhältnisse gibt. Sobald der Paß überschritten ist, werde ich mich in Sikkim befinden, das ich sehr schnell durchqueren werde, um die französischen Missionare in Padong aufzusuchen. Und dann ... Die Schwierigkeiten werden beginnen. Ich bin in Gyantse ohne Geld und in Lumpen angekommen. Der britische Attaché hat mir insgesamt vierhundert Rupien geliehen, damit ich bis zur indischen Grenze gelangen kann. Ich habe mir ein Kleid aus Tuch schneidern lassen. Für den Kleinen habe ich eine Jacke und eine Hose machen lassen, und ich habe ihm einen Hut gekauft. Ich besitze außerdem eine Flanellbluse, ein Nachthemd, eine Reithose aus Drillich und ein paar Taschentücher ... Das ist alles, was ich mir erlaubt habe. Sobald ich wieder zivilisierten Boden erreiche, muß ich mich wirklich von Kopf bis Fuß neu einkleiden, zwar bescheiden, das versteht sich, aber komplett: Blusen, Strümpfe, Schuhe und alles übrige ... *Ich brauche dringend und unverzüglich Geld.*

Wir suchen nach einer Möglichkeit, der Kleine und ich, mein Gepäck einzusammeln, das sich in China befindet, ohne den Weg über das Meer nehmen zu müssen, weil wir die Schiffspassagen einsparen wollen. (...)

Ich schreibe an den Konsul in Kalkutta, damit er mir Geld leiht, so daß ich mich einkleiden und in Darjeeling oder anderswo so lange bleiben kann, bis ich Nachricht von Dir bekomme. Ich will mich nicht auf den Weg machen, bevor ich keinen Brief von Dir erhalten habe, aber schreibe ihn sofort. Mein kurzer Aufenthalt in Gyantse hat mir bereits überaus gutgetan. Ich war in einem erbärmlichen Zustand, als ich hier ankam. Ich habe keine Zeit verloren und bereits Schritte unternommen, um bezahlte Artikel über das, was ich zu erzählen habe, schreiben zu können. Ich habe sehr viele Leute von meinen Unternehmungen informiert. Mein guter Freund, Du müßtest umgehend ein Abonnement bei einer Agentur vom Typ »Argus de la Presse« machen, die einem die Zeitungsausschnitte zu dem Thema oder der Person zuschicken, die man ihnen angibt. Man bezahlt nur die Anzahl der Ausschnitte, die man erhält, aber das ist sehr teuer. Es ist unerläßlich für mich zu erfahren, welche Zeitungen über mich schreiben, weil ich meine Pläne darauf aufbauen werde. Schreibe dieser Agentur, daß Du alle Ausschnitte aus französischen und ausländischen, einschließlich der amerikanischen Zeitungen zugeschickt haben möchtest, in denen von Madame Alexandra David-Néel die Rede ist. Ich bitte Dich, diesen Schritt unverzüglich zu unternehmen, das ist sehr wichtig für mich. Du wirst mir dann die Ausschnitte zuschicken. Nun bin ich wieder in den Trubel zurückgekehrt, aber ich muß »Geld machen«, wie die Amerikaner sagen.

Es ist mir gelungen, mir ein dickes tibetisches Buch zu besorgen, in dem diese tolldreisten Geschichten enthalten sind, von denen ich Dir schon früher erzählt habe und von denen Du Kostproben erhalten hast. (...)

Phari-Dzong (Pagri), 25. Mai 1924

Seit den beiden Briefen, die ich Dir aus Gyantse geschickt habe, gibt es nicht sehr viel Neues zu berichten. Ich bin weiter der Route gefolgt, die mich aus Tibet herausführen soll. Es sind acht Tagesreisen von Gyantse bis hierher. Ich habe die ersten sechs zu Pferde zurückgelegt. Bei der siebten bekam ich beim Pferdewechsel ein lahmendes Tier, das mir keinerlei Vertrauen einflößte. An diesem Tag sind die Herzbeschwerden, die mir seit meiner Abreise aus Gyantse zu schaffen machten, noch stärker geworden. Trotzdem habe ich die Etappe (etwa dreiundzwanzig Kilometer) durch schreckliches Unwetter und Wind auf einer Höhe von rund viertausendsiebenhundert Metern aufrecht und zu Fuß zurückgelegt. Unterwegs habe ich furchtbar gelitten und hielt es am nächsten Tag für vernünftiger, mich auf einem Sessel tragen zu lassen, an dem man Stöcke befestigt hatte. Die Etappe dieses Tages betrug vierzig Kilometer. Es war mein Glück, daß ich nicht versucht hatte, den Weg zu Pferde oder zu Fuß zurückzulegen. Bei der Überquerung eines Passes (etwa viertausendsiebenhundert Meter hoch) gerieten wir in einen Schneesturm. In meinem Zustand der Erschöpfung wäre ich zweifellos krank geworden, hätte ich dieses schlechte Wetter nicht in eine Decke gehüllt und ohne mich anstrengen zu müssen durchqueren können.

Der englische General Pereira, von dem ich Dir damals erzählt habe, als ich ihn in Jakyendo traf, ist vor etwa vier Monaten in Sichuan gestorben, als er an den Kuku Nor zurückkehrte. Ich glaube, er hat sich überfordert. Als echter Reisender ist er unterwegs gestorben, vor der Ankunft in Kanzé, wo ich vor etwa drei Monaten war. (...) Die Frau des Handelsattachés von Chumbi (der, den ich in Gyantse getroffen habe, wo er sich in Vertretung befand) hat mir heute abend ihre Sänfte geschickt, damit ich mich darin nach Chumbi begeben kann. Man hatte ihr telegraphiert, daß ich krank und erschöpft bin. Alle diese Leute hier sind von großer Zuvorkommenheit. Bei der Abreise aus Gyantse hat man mich mit Proviant überhäuft: Nudeln, Büchsenmilch, Marmelade, Kakao, Kaffee, Ölsardinen. Bei meiner Ankunft in Phari-Dzong (Pagri) habe ich eine neue Brotration vorgefunden, die man mir per Post aus Gyantse geschickt hatte. Hier hat man mir wieder Marmeladen, Trockenfrüchte, Tütensuppen und alle möglichen Konserven geschenkt, die einem in einem solchen Land nützlich sein können.

Übermorgen werde ich also in Chumbi sein. Ich werde dort vier oder fünf Tage bleiben. Das Klima dort ist sehr viel milder als hier, da Chumbi nur auf zweitausendsiebenhundert Metern liegt. Phari-Dzong liegt in viertausendzweihundertsechzig Meter Höhe. Gestern hat es hier geschneit. Von Chumbi aus muß ich einen Paß überschreiten, der mich in den Himalaja zurückbringt. Ich habe den Jelep La und den Natu La zur Auswahl, der erstere ist fünftausendzweihundert Meter hoch, der zweite ein wenig höher, fast fünftausendvierhundert Meter, wie ich glaube. Sobald der Paß überschritten ist, steigt man ständig ab, und man kann sodann durch die Ganges-Ebene direkt bis an den Fuß des Himalaja gelangen. Aber ich werde mich nicht sofort dorthin begeben, ich werde einen Halt einlegen, die Dinge gut überdenken und je nach Lage der Dinge der Vernunft gemäß entscheiden. Seit meiner Ankunft in Gyantse habe ich keine Zeit verloren und mich darum gekümmert, wie ich die Artikel, die ich schreiben werde, verkaufen kann. Die Vorsicht gebietet mir, mich auf einer mittleren Höhe niederzulassen – das bedeutet für mich zwischen tausendfünfhundert und zweitausend Metern, wo es nicht zu heiß ist. Dort werde ich bis zum September bleiben, bis die große Hitze vorüber ist, inzwischen meine Notizen ordnen und meinen Reisebericht vorbereiten.

Wie soll ich all das regeln? So wohlhabend wir auch sein mögen oder vielmehr ohne den Krieg gewesen wären, sehe ich für mich keineswegs die Möglichkeit, nicht zu »arbeiten«. Das ist nicht über die Maßen komisch, aber man kann sich auf alles einstellen. Inzwischen bitte ich Dich, mir zu helfen, mich aus der Affäre zu ziehen. Diese Reise, mit der ich mich im Geist schon so lange beschäftigt hatte, ist vorbei: Ich habe sie glücklich und glorreich mit komplettem Erfolg zu Ende gebracht. Das ist wunderbar, aber ich bin jetzt ein bißchen perplex, da

mir nicht ganz klar ist, was ich tun soll – abgesehen von meiner orientalistischen Arbeit. Nun befinde ich mich vor den Toren Indiens, das ist für mich wie ein Traum. Wie werde ich mit dieser Situation zurechtkommen, die früher sehr einfach gewesen wäre und die sich aufgrund der französischen Wirtschaftslage über die Maßen kompliziert hat?
Vergiß mich nicht, mein großer Lieber, ich meinerseits werde mir, soweit es mir möglich ist, auch selber helfen. Gib mir bitte schnell und oft Nachricht von Dir.
Mit meinen allerbesten Grüßen.
P. S. Bewahre die Umschläge von diesem und von den früheren Briefen auf, die mit einem »Tibet« auf dem Stempel versehen sind. Und vergiß nicht, mir Deine genaue Adresse anzugeben.

Chumbi (Tibet), 31. Mai 1924
Ich habe Dir vor einigen Tagen aus Phari-Dzong geschrieben. Seitdem habe ich meine Reise fortgesetzt und bin in Chumbi angelangt, das ist meine letzte Station auf tibetischem Boden. Ich habe die Himalajakette erreicht und befinde mich am Fuße der hohen Berge, die den nördlichen Grat bilden. Ich habe Dir von den beiden verschiedenen Pässen erzählt, zu denen zwei Wege von Chumbi aus führen. Den Auskünften zufolge ist der westliche Übergang nicht passierbar, da er völlig vom Schnee versperrt ist. Nur den östlichen Paß kann man überschreiten, und wie es heißt, ist auch er schwer überwindbar. Ich gedachte, mich des »Dandy« zu bedienen (eine Art Sänfte), den die Frau des Handelsattachés mir zur Verfügung stellt und in dem ich von Phari-Dzong hierhergelangt bin, aber ich schrecke vor der Ausgabe zurück. Die Sänfte wird mir kostenlos geliehen, ich muß jedoch Träger anwerben, und diese verlangen für die Überquerung des Passes einen sehr hohen Preis. Ich lebe im Augenblick von dem Geld, das mir der Handelsattaché gelie-

hen hat, aber dieses Geld geht jetzt zu Ende. Mein kleiner Bursche, der wirklich unglaublich selbstlos ist, hat früher einmal in Jakyendo ein kleines Stück Gold gekauft, erworben mit den ersparten kleinen Geschenken, die ich ihm zu Neujahr und zu anderen ähnlichen Gelegenheiten gemacht hatte. Neulich in Phari-Dzong hat er, ohne daß ich davon wußte, sein Gold verkauft. Dann kam er in das Zimmer, in dem ich mich befand, und legte die Banknoten auf den Tisch, die er dafür bekommen hat. Und er macht das ganz einfach so, ohne sich damit wichtig zu machen. Er ist wirklich ein sehr braver Junge, und es ist nicht verwunderlich, daß ich ihn ins Herz geschlossen habe wie einen eigenen Sohn. (...)
Der britische Gouverneur in Sikkim und seine Frau haben mich eingeladen, ein paar Tage bei ihnen in Gangtok zu verbringen. Ich werde sie besuchen, weil es auf meinem Weg liegt und weil der Gouverneur ungewöhnlich viel gereist ist und während des Krieges als Spion für die Engländer von Indien nach Rußland und von Rußland nach Persien gegangen ist und dann wieder nach Indien. Er ist Offizier im Grad eines Majors. Er muß interessante Dinge zu erzählen haben. In einigen Wochen wird er sich nach Lhasa begeben, aber seine arme »bessere Hälfte« hat nicht die Erlaubnis erhalten, ihn zu begleiten, die Regierung hat sie ihr rigoros verweigert. Ich habe es Dir gesagt, ich wußte nicht genau, wo ich mich hinwenden sollte. Glücklicherweise hat mir mein guter Stern geholfen. Ich habe den liebenswürdigsten Brief, den man sich nur vorstellen kann, vom Leiter der katholischen Mission in Pedong erhalten (ein Dorf in der Nähe von Kalimpong – zwei Tagesmärsche von Gangtok oder Darjeeling entfernt). Die Mission hängt genau wie die, in denen ich in China gewohnt habe, von der Äußeren Mission in der Rue du Bac in Paris ab. Dieser Herr (Abbé Douénel, dem Namen nach zu schließen gewiß ein Bre-

tone) schreibt mir, daß es auf dem Gelände der Mission einen alleinstehenden Bungalow gibt, den er mir so lange zur Verfügung stellt, wie ich es wünsche, etc. Sein Brief, den ich bei meiner Ankunft in Chumbi vorgefunden habe, war eine echte Erleichterung für mich. Ich habe jetzt eine Unterkunft an einem Ort mit gemäßigtem Klima auf einer angenehmen Höhe (er muß zwischen tausendfünfhundert und tausendachthundert Meter hoch liegen). Bis zum Ende der Regenzeit werde ich mich dort einrichten können. Ich werde die Zeit damit verbringen, den Bericht über meine letzte Reise niederzuschreiben und das Manuskript so weit fertigzustellen, daß ich es einem Verleger vorlegen kann. Ich hoffe zudem, auch andere Sachen zu schreiben, Vorträge vorzubereiten etc., kurz gesagt, einen schönen Packen Waren anzufertigen, die ich verkaufen kann. Aufgrund der unterschiedlichen Anschauungen war es mir früher unangenehm, die Gastfreundschaft der katholischen Missionare anzunehmen, aber ich habe erkennen müssen, daß ihnen diese Divergenz in keiner Weise peinlich ist. Seither sehe ich auch nicht ein, weshalb ich größere Skrupel als meine Gastgeber haben sollte. Als ich in Ningyuanfu war, hat der Bischof mich niemals aufgefordert, seine Kirche zu besuchen. Ich habe auch die von Chengdu nie betreten, obwohl ich den Bischof besucht und bei den Nonnen gewohnt habe ... Letztlich hat meine Erfahrung mir gezeigt, daß es der größte Nutzen der Missionen gleich welcher Konfession ist, den Reisenden als eine Art kostenloses und überaus angenehmes Gasthaus zu dienen. Abbé Douénel, der mich eingeladen hat, weiß genau, wer ich bin, und wenn er mir seinen Bungalow anbietet, dann tut er das als Landsmann, aber keineswegs als Glaubensbruder. Es steht also alles zum besten. Ich warte nur noch auf Nachricht von Dir und zähle die Tage jetzt mit Ungeduld ... Ich bin so begierig darauf, einen Brief von Dir zu erhalten. (...)

(...) Und vergiß nicht, mein guter Freund, mir Deine genaue Adresse zu schicken. Als Du mir zum letzten Mal geschrieben hast, warst Du gerade im Begriff umzuziehen, und ich weiß nicht, wohin Du Deinen häuslichen Herd verlagert hast. Hast Du einen passenden Wohnsitz gefunden, und wie wirst Du versorgt? Wie ich gehört habe, werden die Dienstboten in Europa zu einem immer größeren Problem. Wie hast Du persönlich es gelöst? Und die Ouenza, und Deine Geschäfte? ... Ich hoffe sehr, daß Du nur Glückliches und Angenehmes erlebt hast, aber ich warte ungeduldig darauf, es zu erfahren. Wie steht es um Deine Gesundheit, mein sehr Lieber? ... Ich habe Dir so sehr ans Herz gelegt, Dich gut zu pflegen. Du wirst mir eine ganze Menge Dinge zu erzählen haben, Du mußt mir unbedingt berichten, was Du getan hast, während ich diese so gut wie unbekannten Gegenden durchstreift habe. Du darfst mir glauben, daß es mir im nachhinein kalt den Rücken hinabläuft, wenn ich an das denke, was hinter mir liegt, an diese Wanderungen durch die einsamen Wälder, an diese Nächte, die der Junge und ich allein unter freiem Himmel verbracht haben, zusammengerollt neben der Feuersglut oder zu anderen Malen zwischen Felsen oder Büschen kauernd. Stille, Wildnis ... Die Tage der Fülle, an denen wir uns aus ein wenig Fett und Mehl eine dicke Suppe kochten. Und die hohen Pässe, zu denen man mehrere Tage hinaufsteigen mußte, bevor man den Gipfel erreichte. Man kletterte bergan, und es wurde immer kälter. Da war nur noch eine stumme Landschaft aus Steinen und Schnee, und wir waren so klein, so verloren in diesen Unendlichkeiten, mein Junge und ich ... Es gab Tage, an denen wir keinem menschlichen Wesen begegnet sind. Wohin wanderten wir? ... Wir wußten es nicht immer, wir marschierten einfach voran ... Das ist jetzt beendet, und ich erfreue mich einer relativen Bequemlichkeit. Mein Unternehmen war erfolg-

reich, ein vollkommener Triumph, und alle, die ich treffe, bewundern mich dafür. Der englische Gouverneur hat mir erneut ein sehr freundliches Telegramm geschickt, in dem er sich nach meiner Gesundheit erkundigt und wiederholt, daß er und seine Frau mich erwarten. Das ist sehr schön, aber ich kann mich einer gewissen Nostalgie nicht erwehren, wenn ich an die einzigartigen Stunden denke, die ich während dieser außergewöhnlichen Reise durchlebt habe.
Ich denke mit aller Zuneigung an Dich.

Rongli (Sikkim), ? 1924
Jetzt habe ich Tibet hinter mir gelassen. Ich habe ohne Zwischenfälle den hohen Paß überwunden, der die Grenze bildet. Abgesehen von einigen Stellen, an denen der Schnee noch sehr tief war, lag kein Schnee mehr auf dem Pfad. Ich habe die traurigen Überreste der Katastrophe gesehen, die sich vor sechs Wochen ereignet hat. Ein jäher Orkan hat vierzig beladene Maultiere und zwei Männer von der Höhe des Berges hinabgefegt. Von den fünftausendzweihundert Metern des Passes bin ich auf siebenhundertzehn Meter abgestiegen, der Unterschied ist merklich, und ich ertrage die drückende Hitze nur schlecht. Pedong, der Ort, an den ich mich begebe, liegt auf tausendvierhundertsiebzig Metern (das steht so in der Beschreibung des Bungalows), hoffentlich ist es dort ein wenig kühler. Heute morgen stand das Thermometer in meinem Zimmer schon vor sechs Uhr früh auf siebenundzwanzig Grad. Es ist jetzt auf über einunddreißig gestiegen (es ist neun Uhr). Ich bin an die Hitze nicht mehr gewöhnt, und ich glaube, es wird mir schwerfallen, mich wieder darauf einzustellen. Im Augenblick sehe ich keine Möglichkeit, die Reise fortzusetzen. Das vernünftigste wäre, den September abzuwarten, aber es könnten gewisse Umstände eintreten, die mir keine Wahl lassen.

Die Vegetation im Himalaja ist unverändert, aber dafür haben sich viele andere Dinge gewandelt. Die Einheimischen, die früher höflich und respektvoll waren, sind hochmütig und häufig frech geworden. Sie scheuen sich nicht, zum Ausdruck zu bringen, daß sie sich über die Europäer lustig machen. Es verwundert mich, daß die Engländer die Dinge so weit haben kommen lassen. Das ist nicht ihre Art, oder zumindest war sie es nicht. Im südlichen Teil von Tibet, der ihnen de facto gehört, sind die Einheimischen, sagen die Engländer, nur eine Handvoll, und wir sind eine große Nation. Sie sind hier, weil wir ihre Freunde sind und weil wir es ihnen erlauben, so wie wir ihnen auch versprochen haben, *unsere* Armee *ihnen* zu Hilfe zu schicken, falls sie angegriffen werden, aber sie haben uns nichts zu befehlen. Der Beweis dafür: »Wenn ein tibetischer Beamter auf Reisen ist, müssen wir ihm kostenlos Transportmittel zur Verfügung stellen, seine Tiere, seine Diener und ihn selbst ernähren und ihm Geschenke darbringen, und wenn wir es nicht sofort und auf der Stelle tun, schlägt man uns dafür. Sie, die Ausländer, bezahlen, wenn sie ein Pferd oder einen Mann brauchen. Sie zahlen, und das beweist, daß sie keine Macht haben.« Man muß nur einmal hören, in welch triumphierendem Ton das ausgesprochen wird, die Bewunderung für die, die sie schlagen, und die Verachtung für die, die sie bezahlen.
Die Kolonisation ist nicht das, was die Philanthropen sich darunter vorstellen. Man stößt auf Mentalitäten, die eine ganze Anzahl unserer Vorstellungen durcheinanderbringen. In Sikkim sind die Preise beträchtlich gestiegen. Früher zahlte man in den Bungalows eine Rupie pro Nacht, heute liegt der Tarif bei zwei oder gar drei Rupien. Für mein Pferd zahlte ich eine Rupie pro Tag. Jetzt hat der Gouverneur den Tarif für die Beförderung pro Etappe festgelegt, so daß man pro Tag bis auf fünf Rupien kommen kann. Die Leute sind deshalb nicht zu-

friedener als vorher, ganz im Gegenteil. Sie deuten diese Zugeständnisse als Zeichen von Schwäche, und zudem nimmt ihnen die Verwaltung das, was sie ihnen gibt, weitgehend wieder ab. (...) Es ist merkwürdig, die Nachwirkungen des Krieges in einer so entlegenen Gegend wie dem Himalaja zu erleben. All das ist nicht spaßig, ich würde mich gerne anderswo befinden und beginnen, einigen Gewinn aus meinen Reisen zu ziehen. Ich habe so viel Interessantes gesehen! ...
Apropos interessante Dinge, neulich traf in Chumbi ein »Oberstleutnant« ein. Dieser Herr war noch keine vierzig Jahre alt. Er trug so eine Art Badehose – die die Engländer »Shorts« nennen, aber diese »Shorts« waren so extrem »short«, daß sie die Oberschenkel sehen ließen. Darüber nur ein Hemd, dessen Ärmel bis über die Ellenbogen hochgekrempelt waren, und er hatte – eine zweifellos sehr nützliche Sache – ein Dreieckstuch um den Hals geschlungen. Diese Persönlichkeit ist der offizielle Sprecher der Expedition, die den Mount Everest besteigen wird. Er verkündet mir seinen Titel und fügt hinzu: »Zwar habe ich überhaupt keine Lust dazu, aber ich habe mir gedacht, daß ich mir als Sprecher der Expedition wenigstens den Berg ansehen muß, um den es sich handelt. Ich werde mich bis an den Fuß des Berges begeben, jedoch nur ein paar Tage bleiben. Dieses Land gefällt mir nicht. Man muß nicht allzuviel davon wissen, um darüber sprechen zu können ...« Dieser gleiche Intellektuelle betrachtet eines der Gewänder, die in meinem Zimmer hängen, und fragt: »Ist das ein Yakpelz?« Ich bin verblüfft! Kein Mensch würde einen Yakpelz tragen, der zehnmal schwerer ist als ein Rinderfell bei uns. Das ist ein Mantel aus Schafsfell, und der Herr Sprecher hat diesen wenig exotischen Pelz nicht erkannt! ... Er erinnerte mich an einen anderen, dem ich von dem Tier erzählte, das »Dzo« genannt wird. Eine Kreuzung, sagte ich. Und da

kommt die Frage: »Das Ergebnis der Paarung eines Yaks mit einer Ziege?« Da könnte man ebensogut von der Hochzeit eines Hasen mit einem Elefanten reden. Es gibt schon Leute, deren Hirn ganz besonders geartet ist. Übrigens sind die »Dzos« Kreuzungen zwischen einem Yak und einer normalen Kuh oder zwischen einem kurzhaarigen normalen Stier und einer »Dri« – einer sehr langhaarigen Yak-Kuh.

Dieser Mensch befindet sich in Begleitung von zwei anderen Herren. Sie sind mit einem Automobil bis unterhalb von Seduchen gefahren, über eine Straße, die steil wie eine Leiter ist und die aus aufrecht, mit der Kante nach oben gerichteten Steinen besteht. Die beiden Freunde des Offiziers sind bei dem Fahrzeug geblieben und studieren die Möglichkeit, es noch weiter bergauf und über den Paß zu fahren und es dann weiter bis nach Tibet hineinzubringen, falls sie die Erlaubnis erhalten. Ich habe den Wagen auf der Straße gesehen. Es ist ein Citroën, eine Spezialanfertigung. Er hat auf jeder Seite sieben Räder, drei große und vier kleine. Alle sind voll aufgeblasen. (...)

Gangtok, 9. Juni 1924

Nun bin ich wieder in Gangtok, zum dritten Mal, und jeweils in Abständen von etlichen Jahren. Gestern bin ich bei regnerischem, unwirtlichem und trübem Wetter hier angelangt, meinen melancholischen Gedanken wie angepaßt. Ich sinne über die nach, die hier waren, als ich zum ersten Mal herkam. Der Tod hat so viele von ihnen dahingerafft: den alten Radja, seinen Sohn, der mich auf meinen Ausflügen begleitete, den Schullehrer, der mir als Dolmetscher diente, den weisen Lama aus dem Kloster und den anderen, der gewiß nicht weise, aber sehr fröhlich war und mir immer einen Haufen Leckereien schickte, und ... und ... Du hast sie nicht gekannt, und diese Aufzählung sagt Dir nichts ... Dieses kleine Dorf Gangtok, diese Hauptstadt eines Liliputstaates, hat sich ein wenig vergrößert, aber nicht sehr. Früher kam es mir wie der »Dschungel« vor, ein entlegenes, romantisches und bezauberndes Fleckchen. Nun, da ich seit Jahren in wirklich menschenleeren und wilden Gegenden gelebt habe, haben Gangtok und seine Umgebung ihren Reiz in meinen Augen völlig verloren. Fast genausogut könnte man sich nach Asnière oder Saint-Germain begeben. Kurzum, ich hätte heute keine Lust mehr, an diesem Ort zu leben.

Wie Du am Briefkopf siehst, bin ich zu Gast bei dem britischen Gouverneur. Auch er war auf Forschungsreise in Tibet und ist an einer ganzen Anzahl von Orten gewesen, an denen ich selbst gelebt habe. Er hat auch noch andere besucht, die ich nicht gesehen habe, und das ärgert mich keineswegs. Denn ich habe Gegenden durchwandert, in die er nicht gekommen ist – in die bisher noch nie ein Ausländer vorgedrungen ist –, und das verdrießt ihn sehr. Er kann es nur schlecht verbergen. Warum? ... Er war niemals in Foum-Tatahouine und kennt die Sahara nicht, und ich war nicht wie er in Persien. Wir können nicht alle überall gewesen sein.

Nach einem Tag hier in der Residenz werde ich mich morgen früh wieder auf den Weg machen. Die Hausherrin, Lady Bailey, wird Gangtok in einigen Tagen verlassen und nach England fahren, während der Gouverneur seinerseits nach Lhasa reist. Beide sind mit ihren Reisevorbereitungen beschäftigt. Außer mir sind noch drei andere Gäste da: eine Dame, die übermorgen nach Australien abreist, und zwei Herren, die sich, ich weiß nicht wohin, begeben. Es ist kein sehr fröhliches Haus. Es freut mich sehr, daß ich übermorgen in der Person von Abbé Douénel in Pedong einen Franzosen treffen werde.

Mein sehr Lieber, wann kommt wohl Dein Brief, der erste

nach einem so langen Schweigen! Ich kann es gar nicht erwarten, daß er endlich eintrifft, und es drängt mich auch sehr, über meine nächsten Schritte zu entscheiden. (...)
Hast Du von dem Roman mit dem Titel *L'Atlantide* von einem gewissen Pierre Benoît gehört? Er scheint ein riesiger Erfolg zu sein, und wenn dem wirklich so ist, dann betrübt mich das sehr. Nicht weil ich etwas gegen den Autor hätte, den ich gar nicht kenne, sondern weil das ein Beweis dafür wäre, daß das Publikum dümmer ist denn je. Der Roman ist einfach idiotisch und sehr anmaßend. Ich habe die Sahara ein wenig kennengelernt, und die französischen Offiziere, die dort leben, sind wahrhaftig keine Ansammlung von Genies, aber bestimmt ist keiner unter ihnen, der so dumm wäre wie der Held des Buches. Ich wüßte gern, was Marschall Lyautey (er ist jetzt Marschall) von diesem Schmöker hält. Meiner Ansicht nach müßte man den Autor für sechs Monate oder länger ins Gefängnis sperren wegen des Verbrechens, den Ausländern ein so armseliges Bild von der Mentalität unserer Offiziere aufzuzeigen, und vielleicht mehr noch wegen des Verbrechens der Sahara-Beleidigung, denn keiner, der sich je der großen Wüste angenähert hat, der majestätischen, wunderbaren Wüste, kann sie mit Höhlengeschichten à la Ali Baba assoziieren ... Vielleicht war der Autor ja niemals in Afrika.
12. Juni 1924
Ich befinde mich in Pedong im Bungalow der Mission. Dies ist kein Palast, sondern das ehemalige Postgebäude, das die Regierung den Missionaren überlassen hat. Es ist nicht besonders komfortabel, aber es ist ein Obdach, und nach den Unterkünften, die ich in Tibet hatte, kann ich sehr zufrieden damit sein. Im übrigen kann ich unmöglich weiterreisen, ich bin völlig ohne Geld, die Strecke von Gyantse hierher, die Einkäufe, die ich in Gyantse tätigen mußte ...

(Der Schluß dieses Briefes konnte nicht wiedergefunden werden.)

Roman Catholic Mission, Pedong, Darjeeling district, India, 27. Juni 1924

Die Zeit wird mir sehr lang. Als es mir noch unmöglich war, Nachricht von Dir zu erhalten, erwartete ich sie natürlich auch nicht, und deshalb kam keine Ungeduld auf. Nun zähle ich jedoch die Tage. In Gyantse hat man mir gesagt, daß ein Brief nach London drei Wochen braucht. Das ist sehr schnell, man kann das als einen Geschwindigkeitsrekord bezeichnen, sagen wir also einen Monat, um vom Durchschnitt auszugehen. Ich war am 6. Mai in Gyantse und habe Dir sofort geschrieben, ich müßte Deine Antwort also in spätestens einer Woche bekommen, denn Du hast mir sicher umgehend geantwortet. Ach! Wie lang mir die Zeit schon vorkommt! Nach dieser langen Zeit, in der ich Dich sozusagen aus den Augen verloren habe, möchte ich so dringend erfahren, was Du inzwischen gemacht hast. Du warst aufgrund meiner zahlreichen Briefe über meine Reisen unterrichtet, aber ich weiß gar nichts. Ach! Hoffentlich ist das bald vorbei.
Hier regnet es ständig in Strömen. Die Straße, die vor meiner Tür vorbeiführt, ist ein Schlammfluß. Im Garten der Mission kann man nicht spaziergehen, weil er sich stufenförmig am Hang eines Berges emporzieht und nur über serviettengroße ebene Flächen verfügt. Vor meinem Häuschen führt eine Allee entlang, die jedoch mit Gras bewachsen ist, und man nimmt ein gehöriges Fußbad, wenn man sie überquert. Die Gegend ist nicht häßlich, aber auch nicht sehr schön. Die Landschaft ist die gleiche wie überall in Sikkim, das hier direkt angrenzt. Ich habe so viele ungleich schönere Gegenden gesehen, daß diese hier mir gar nichts sagt, vor allem jetzt, da sie von einer Sint-

flut überschwemmt ist. Ich habe es Dir geschrieben, das Häuschen, das mir die Missionare zur Verfügung gestellt haben, ist ein ehemaliges Postamt, das unmittelbar neben ihrem Besitz liegt. Das Dach ist in schlechtem Zustand, es regnet an verschiedenen Stellen herein – zum Glück nicht allzu sehr in mein Zimmer –, und diese Feuchtigkeit im Inneren trägt zusammen mit der, die draußen herrscht, nicht gerade zur Heiterkeit des Ortes bei. Das ist jedoch nur von nebensächlicher Bedeutung. Ärgerlich ist, daß ich mich hier unnötig lange aufhalten und Geld ausgeben muß, obwohl ich hier gar nichts zu tun habe. Überdies wird mir die Zeit, die hier verstreicht, später zum Nachteil gereichen. Wenn man eine Sache unternimmt wie diese, die mir so gut gelungen ist, muß man sie dem Publikum ganz heiß servieren. Später ist das Interesse, das sie erwecken kann, bereits abgekühlt. Zudem kann es passieren, daß andere dieselben Gegenden besuchen, und dann ist man nicht mehr die allererste. Schließlich können auch noch andere Dinge eintreten, und es kann passieren, daß man sich abgemüht hat, größte Anstrengungen auf sich genommen hat, sein Geld ausgegeben hat und zum guten Schluß nur geringen Gewinn daraus zieht.

Glaube nicht, mein sehr Lieber, daß ich übermäßige Freude dabei empfinde, in meinem Alter erneut in den aktiven Existenzkampf einzutreten, da ich schon glaubte, befreit davon zu sein. Gewiß nicht, doch selbst um als Einsiedler, als Eremit zu leben, was mir das allerliebste wäre, braucht man in der jetzigen Zeit und bei dem miserablen Kurswert des Franc ein beträchtliches Einkommen. (...) Du erinnerst Dich vielleicht, daß Cabantous zu mir sagte: »Sie müssen mir etwas für den Tempel geben ... Wegen Ihres Namens.« Wir heißen Néel, und das genügte, um uns einzuordnen, gläubig oder nicht. Nun, Elie, der in seiner Position die hohen Tiere in der Welt der Reformierten frequentiert, muß *unbedingt*, über wessen Vermittlung auch immer, sehr nachdrückliche Empfehlungsschreiben vom Präsidenten der Republik für mich beschaffen*. Ein Rundschreiben an alle diplomatischen Vertreter und zwei gesonderte Briefe – einen an unseren Botschafter in Washington und einen anderen an unseren Generalkonsul in New York. Schreib umgehend an Elie und sag ihm, er soll Druck machen. Es wäre gut, wenn in den Briefen stünde, man solle »Madame A. David-Néel, Orientalistin und Forscherin, jede nur mögliche Unterstützung gewähren, die ihr die Kontaktaufnahme mit wissenschaftlichen Gesellschaften oder mit anderen Personen erleichtern, deren Bekanntschaft für sie von Interesse sein könnte«. (...)

Ich bin fest entschlossen, mich jetzt nicht auf die faule Haut zu legen. Es geht mir gut, abgesehen von einer Nichtigkeit, aber einer bösartigen kleinen Nichtigkeit, am Herzen, die mir ein wenig Beschwerden verursacht. Ich glaube jedoch nicht, daß es sich um etwas sehr Ernstes handelt, nach wie vor eine Auswirkung meiner Herzmuskelschwäche. Seit Lhasa habe ich wieder sehr zugenommen. Ich bin zurückgekehrt wie ein leerer Sack, mir hing die Haut über den Knochen in großen Falten herab ... Wie ein Ballon, aus dem man die Luft abgelassen hat. Nun ist der Ballon wieder aufgeblasen, von herabhängender Haut kann keine Rede mehr sein. Die schnelle Art und Weise, in der ich mich erholt habe, zeugt von einer guten Konstitution und einem ziemlich gesunden Verdauungsapparat, da die Assimilation so gut funktioniert. (...)

Ich bringe neues, völlig unveröffentlichtes Material mit, in dem für jeden Geschmack etwas enthalten ist: Geschichte, Legenden, Philosophie, Mystizismus, Okkultismus, Geogra-

* Der damalige Präsident Doumer war Protestant.

phie und sogar freizügige Literatur – Du hast Dir anhand der Geschichten, die ich Dir geschickt habe, eine Vorstellung davon machen können. Wenn man das nicht verwertet, dann ist man entweder ein Dummkopf, oder es fehlt einem das, was man für einen »guten Start« braucht. Mein sehr Lieber, die Sache ist es wert, auch wenn sie Dir jetzt einige Ungelegenheiten bereitet. Ich benötige die Briefe, die ich Dir genannt habe, und noch einen weiteren für den Gouverneur von Indochina. Das Ganze so schnell wie möglich, ebenso wie das Geld, damit ich meine Angelegenheiten regeln kann. Das Leben in dem Dorf, in dem ich mich befinde, ist alles andere als preiswert. Sobald man sich irgendwo niederläßt, muß man Geld für Dinge ausgeben, die einem nur für eine gewisse Zeit dienlich sein werden: Töpfe, Bestecke, ein ganzer Haufen von Kleinigkeiten, die eine ansehnliche Gesamtsumme ergeben, so simpel die Dinge auch sein mögen, die man einkauft. Ich habe Dir gesagt, daß ich mich einkleiden muß, ich habe gar nichts mehr. Ich habe ein paar Kleidungsstücke gekauft, einige andere hat man mir geschenkt, aber ich kann mich so weder in Kalkutta noch anderswo sehen lassen. Hier gibt es nur einen alten, weißhaarigen Priester und seinen noch bejahrteren Kollegen, der nächste Woche von einer Reise zurückkehrt. Ich brauche für die Weiterreise Strümpfe, Schuhe, einen Hut, Wäsche etc. Ich werde selbstverständlich preiswert einkaufen, trotzdem ist dafür eine gewisse Summe erforderlich. Wie lästig diese Geldangelegenheiten doch sind! Und ich hatte gedacht, für alle Zukunft davon befreit zu sein. Die Folgen dieses schrecklichen Krieges sind noch schrecklicher, als er selbst es war. (…)

28. Juni 1924

Ich habe heute morgen einen Brief vom Präsidenten der *Société de Géographie* in Paris bekommen, in dem er mir zu meiner

Reise gratuliert und mich um einen Bericht für das Mitteilungsblatt bittet. (...)

Pedong (Darjeeling), 6. Juli 1924
Ich bin immer noch ohne Nachricht von Dir. Ich habe schon vor mehreren Tagen einen Brief von der *Société de Géographie* und auch noch einen anderen Brief aus Paris bekommen, die mir anzeigen, wie lange die Post hin und zurück braucht, folglich könnte ich auch von Dir schon eine Antwort haben. Ich weiß, daß Bône – postalisch ausgedrückt – weiter von hier entfernt ist als Paris, aber ich verspüre nicht nur das übergroße Verlangen, endlich zu erfahren, daß es Dir gutgeht und daß Du in der unendlich langen Zeit, die seit Deinem letzten Brief verstrichen ist, nur Angenehmes erlebt hast, sondern ich mache mir auch große Sorgen, weil ich dringend Geld brauche. Ich habe gerade noch so viel, um mich eine weitere Woche, allerhöchstens zehn Tage, über Wasser zu halten. Der Konsul, ich habe es Dir gesagt, hat mich gegenüber den englischen Beamten, die mir in Tibet so großzügig geholfen haben, in eine sehr peinliche Situation gebracht. Sie gingen davon aus, daß mich der Konsul, genau wie sie, mit großer Herzlichkeit empfangen würde, daß er mir Gastfreundschaft anbieten, ihnen ihr Geld zurückzahlen und sich bei ihnen für alles, was sie für seine Landsmännin getan haben, bedanken würde. Aber nichts dergleichen ist geschehen. Ich habe heute morgen einen Brief erhalten, der zwar liebenswürdig ist, in dem ich aber ziemlich dringlich aufgefordert werde, so bald wie möglich die vorgestreckten fünfhundert Rupien zurückzuzahlen. Meiner Ansicht nach waren sie erstaunt, daß sich die Rückzahlung so sehr verzögerte, und haben um Auskunft beim Konsul nachgesucht, der ihnen wahrscheinlich in etwa in dem Ton geantwortet hat, in dem er mir geschrieben hat: Vielleicht, daß er mich

nicht kennt und daß er nicht für meine Schulden einsteht. Diese Sache ist mehr als unangenehm.
Wieviel hast Du mir geschickt, und wann werde ich das Geld erhalten? Was soll ich in bezug auf mein Gepäck in China entscheiden, dessen Wert Tausende von Dollar beträgt, abgesehen von der unglaublichen Mühe, die es mich gekostet hat, diese Sammlungen zusammenzutragen?
Ich werde von hier abreisen müssen, weil ich sonst Gefahr laufe, von meinen Gläubigern bedrängt zu werden, die in Reichweite von Pedong wohnen, und auch um zu vermeiden, daß sie den Missionaren meinetwegen Ärger bereiten. Aber mit welchem Geld soll ich mich auf die Reise machen? Ich tröste mich mit dem Gedanken, daß ich wohl in zwei oder drei Tagen einen Brief von Dir und eine Überweisung bekommen werde, die es mir erlauben wird, zumindest einen Teil zurückzuzahlen und mich zu gedulden, bis ich die Briefe erhalten habe, die ich erwarte, und wir entschieden haben, wie meine Rückkehr zu organisieren ist, die ich Dir bereits vor meiner Abreise nach Tibet angekündigt hatte. (...)

Katholische Mission,
Pedong, 10. Juli 1924
Heute morgen habe ich Deinen Brief bekommen, den Du mir am 16. Juni von Paris aus geschrieben hast. Wie glücklich ich darüber war, kann ich gar nicht in Worte fassen. Du kannst es Dir sicher vorstellen. Der letzte Brief von Dir, den ich im Januar 1923 in Kanzhou bekommen habe, datierte vom Juli 1922 (vom 22. Juli, wenn ich mich nicht täusche). Also fast auf den Tag genau zwei Jahre! Gewiß haben die ungewöhnlichen Reisen mit ihren Wechselfällen seitdem meine ganze Aufmerksamkeit erfordert, und das hat mich bis zu einem gewissen Punkt die Länge der Zeit weniger stark empfinden lassen, aber

dennoch, zwei Jahre ... Nun, das ist jetzt vorbei, ich weiß jetzt, daß es Dir nicht schlechtgeht, daß Du Dich weiterhin lukrativen Geschäften widmest, die Dich interessieren und die für den, der über die erforderliche Fähigkeit verfügt, sie fest in der Hand zu behalten, in keiner Weise eine unangenehme Sache sind. Ich war glücklich, das zu erfahren. Wie mir scheint, ist es für Dich durchaus befriedigend, Dich weiterhin um die Geschäfte der Ouenza zu kümmern, die Du kennst. Das ist sehr viel einfacher, als sich auf einem neuen Terrain zu engagieren. Wie ich sehe, hast Du, mein guter Freund, alles in allem keinen Grund, Dich allzusehr über Dein Schicksal zu beklagen, viele würden Dich darum beneiden. Ich wiederhole es Dir, ich bin über die Maßen glücklich, all das erfahren zu haben. Aber jetzt möchte ich noch mehr wissen. Vor allem: Wo wohnst Du? Wie bist Du untergebracht? Du hattest mir geschrieben, daß Du Dein Haus am Meer wohl verlassen müßtest. Ist es so gekommen? Beschreibe mir dann doch Deine neue Wohnung und schicke mir einen Plan davon. Zum anderen: Wie gut ist für Deine Bedienung gesorgt? Was ich von Europäern gehört habe, die kürzlich in ihrem Land waren oder die dort Verwandte haben, läßt einem die Haare zu Berge stehen. (...) Der erste Punkt, auf den ich jetzt nachdrücklich und erneut Deine Aufmerksamkeit richten möchte, denn ich habe es Dir schon in meinen vorherigen Briefen geschrieben: Ich habe meine Reisen beendet und kehre zurück. (...)
(...) Das Leben ist alles andere als preiswert in Pedong – in Anbetracht des Wechselkurses ist es so teuer wie in Paris. Für das Brot zahlt man für ein Gewicht etwas unter einem Kilo vier Anas, bei dem jetzigen Kurs der Rupie sind das etwa 1,35 Franc, die Milch kostet etwa 1,05 Franc pro Liter. Kartoffeln kommen auf etwa 1,05 Franc pro Kilo. Ich habe bei dieser Rechnung eine Rupie mit sechs Franc gleichgesetzt, das war

der letzte Kursstand. Höchstwahrscheinlich gibt man in Bône auch nicht mehr aus. Ich bin gezwungen, acht Rupien pro Monat an einen Grubenentleerer zu zahlen. Das in Indien übliche englische System ist auch hier in Kraft. Abortgruben sind verboten. Man hat Gefäße, die ein Mann der untersten Kaste (die die Hindus als »Unberührbare« bezeichnen, weil ihre Berührung unrein ist) zweimal täglich leert und reinigt. Ich bezahle sowieso schon weniger, weil Albert sich dazu zwingt, etwa zwanzig Minuten von hier entfernt in die Büsche zu gehen, damit der *méthar* (so heißt der betreffende Bedienstete) nur einen Eimer fortzutragen hat. Gäbe es noch einen zweiten, wären mindestens zwölf Rupien zu zahlen.
Insgesamt gesehen, kann man von Pedong nicht sagen, was ich Dir von Kumbum, Xining oder Kanzhou aus schreiben konnte, nämlich, daß das Leben dort so gut wie nichts kostete, und hier zu bleiben bietet nicht den geringsten finanziellen Vorteil. Das Geld, das ich hier ausgebe, wäre zweifellos besser angelegt, wenn ich mich »vorwärts bewegte«, das heißt, wenn ich allmählich meine Rückkehr in Angriff nehmen würde. (...)
Zum anderen: Ich habe Dir erklärt, daß es unerläßlich sein wird, mich nach China zu begeben und dort meine Sammlungen zu verpacken. Sie stellen einen beträchtlichen Wert dar. (...) Ein anderes Thema, die Geldfrage. Dein Brief ist ein wenig vage. (...) Ich bitte Dich, gib mir *umgehend* klaren Bescheid.
Was das Geld in Pondichéry angeht, so hattest Du dort zweihundertfünfzig Rupien hingeschickt. Von diesem Depot hatte ich schon eine kleine Summe abgehoben. Ich habe deshalb bei meiner Ankunft hier zweihundertsiebenunddreißig Rupien vorgefunden.
(...) Vor meiner Abreise aus Chumbi hat eine verheiratete

Tochter des Handelsattachés* mir verschiedene Kleidungsstücke geschenkt, damit ich nicht auf tibetische Art gekleidet reisen mußte. Sie hatte gerade eine Sendung von einem Geschäft in Kalkutta erhalten und hat sie mit mir geteilt. Ich habe mehrere Paar Strümpfe bekommen, eine Bluse, ein Paar schwarze Halbstiefelchen, einen Rock und eine Strickweste (was man auf englisch einen *jumper* nennt). Sie hat mir auch ein Seidenkleid für das Diner in der Residenz in Gangtok geliehen. Das war ein neues Kleid, ich hätte es auch kaufen können, aber ich wollte diese Ausgabe vermeiden, und die junge Frau sagte mir, ich könne es tragen und ihr dann zurückgeben. Du wirst verstehen, daß ich dieser liebenswerten Person ein Geschenk schulde. Ihre Gaben stellen einen gewissen Wert dar. Von den zweihundertsiebenunddreißig Rupien ist mir nur wenig geblieben, denn ich mußte mich verpflegen, seit ich hier in Pedong bin. (…)

Pedong, 19. Juli 1924

Es geht erneut um Geschäftliches. Ich bin Dir damit lästig, das spüre ich, aber Du mußt auch wissen, daß ich es nur in der löblichsten Absicht tue und lediglich versuchen möchte, meine Situation zu verbessern, damit ich Deine Ausgaben verringern kann. Ich werde es kurz machen. (…)

Ich habe einen sehr liebenswürdigen Brief vom Vicomte de Fleurian erhalten, unserem Gesandten in Beijing: Glückwünsche, Hoffnung, mich in Beijing zu sehen, etc. und ein sehr herzliches Empfehlungsscheiben für Monsieur Merlin, den

* Es handelt sich um Mrs. Annie Perry, Tochter des verstorbenen David MacDonald und Ehefrau von Captain Perry, desselben, der A. David-Néel in Gyantse verhaftete, als er erfuhr, daß sie aus Lhasa zurückgekehrt war. Im Februar 1973, einige Monate vor Annie Perrys Tod, hat Madame Peyronnet ihren Augenzeugenbericht in Kalimpong aufgezeichnet, wo sie Besitzerin des »Himalayan Hotel« war.

Gouverneur von Indochina. Monsieur de Fleurian kennt mich schon seit langem. Wir sind uns in der Botschaft in London begegnet, und er war es, der mir beim India Office alle meine Empfehlungsschreiben für Indien besorgt hat. Er war seinerzeit Sekretär von Monsieur Cambon. Er hat mich häufig an unsere alte Bekanntschaft erinnert und betont sie in seinem Brief an den Gouverneur von Indochina. (...)
Ich habe Dir bereits ausführlich meine Lage geschildert und meinen verzweifelten Geldmangel. Ich werde nicht mehr darauf zurückkommen, und da ich Dir versprochen habe, mich kurz zu fassen, und enorm viel Arbeit habe – ich schreibe meine letzte Reise nieder –, beende ich den Brief mit den allerliebevollsten Gedanken an Dich, mein großer Lieber. Und wann werde ich wohl wieder einen Brief von Dir bekommen?
23. Juli 1924
Ich habe gezögert, diesen Brief abzuschicken, weil ich hoffte, einen von Dir zu erhalten, doch es ist nichts gekommen. Du machst Dir keine Vorstellung von meiner Situation. Ich habe nur noch zwanzig Rupien in meinem Portemonnaie. (...) Ich habe hier nicht mehr, wie in Gansu, die Möglichkeit, mich nach Tibet zu flüchten und dort von Almosen zu leben. Schikke mir umgehend soviel, wie Du kannst, und schreib mir. Es gibt Dinge, die ich Dir nicht mitteilen kann, weil ich mir nicht sicher bin, daß hier das Briefgeheimnis völlig gewahrt bleibt. Ich möchte Indien verlassen. Versuche, das zu begreifen. Ich habe einen allzu großen Erfolg errungen. Das gefällt nicht jedem. Ich habe einen erfreulichen Brief von Sylvain Lévi erhalten, dem großen Sanskritforscher, Professor am *Collège de France*. Er möchte auf der Stelle ein ausführliches Verzeichnis der tibetischen Bücher aufstellen, die ich gesammelt habe, und er bittet mich, eine Vorlesung an der Sorbonne zu halten. Das

ist ausgezeichnet, aber die Regierung hat kein Geld für die Wissenschaftler. Der Zuschuß, den man für diese Vorlesung bekommen kann, wird gleich Null sein. Doch wenn man sich in Paris im Blickfeld befindet, ist man es leicht auch anderswo, und all diese Dinge, die nicht gewinnbringend erscheinen, können es indirekt werden, wenn man sie auszuwerten weiß. Sylvain Lévi hat mir mitgeteilt, daß sein Sohn, den ich kennengelernt habe, als er noch sehr jung war, inzwischen Konsul in Bombay ist. Schreib mir in Zukunft an seine Adresse. Er wird mir die Briefe nachsenden. Wenn die Antwort auf diesen Brief eintrifft, werde ich wahrscheinlich nicht mehr in Pedong sein, also von nun an: Mme. A. David-Néel, c/o M. Daniel Lévi, French Consul, Bombay, India. (Please forward.)

Pedong, 15. August 1924
Heute sind es genau drei Monate und neun Tage, daß ich von Mildtätigkeit und geliehenem Geld lebe. Dir ist meine Lage bewußt, der Brief, den Du mir aus Paris geschrieben hast, macht es mir deutlich, und indessen bleibt nicht nur jede Hilfe von Dir aus, sondern Du schreibst mir nicht einmal. Du hast mich in Deinem Brief die folgenden Dinge gefragt (ich schreibe wörtlich ab): *»Ich muß wissen, wohin Du Dich begibst, Du mußt mir Deine Bedürfnisse mitteilen, den Ort, an den ich Dir die nächste Überweisung schicken soll, und wieviel Du haben möchtest.«*
Ich habe auf all dies geantwortet, aber es ist nichts gekommen, nicht einmal ein Brief. *»Ich muß wissen, wohin Du Dich begibst.«* Mir scheint, ich habe Dir hinreichend erklärt, daß ich meine Reisen beendet habe. Wohin ich mich begebe? Zu uns nach Hause, ich meine, es Dir mitgeteilt zu haben, und dort beabsichtige ich, die Bücher zu schreiben, um die mich amerikanische Verleger gebeten haben. Der Rückweg muß nur noch

abgesprochen werden, er hängt von dem Geld ab, das ich zur Verfügung haben werde.

»Meine Bedürfnisse.« Ich muß meine Schulden zurückzahlen: Das sind zur Zeit tausendundsechzig Rupien. Ohne diese dreimonatige Wartezeit hätte ich mir eine Menge Ausgaben ersparen können. Somit bin ich mit tausendundsechzig Rupien im Rückstand, und jetzt: Reisekosten und Lebensunterhalt. Um nach Colombo oder nach Bombay zu gelangen, brauche ich *zwei Tage* zu Pferde und sodann *vier Tage* per Zug.

»Den Ort, an den ich Dir die nächste Überweisung schicken soll.« An die Bank von Indochina in Pondichéry, da ich Indien nicht verlassen kann, solange ich sie nicht erhalten habe.

»Und wieviel Du haben möchtest.« Soviel Du mir schicken kannst, damit ich unterwegs meine Zeit nicht vertrödeln muß. Es liegt klar auf der Hand, daß ich *für meine Rückreise eine beträchtliche Summe brauche,* aber ich würde eine *ebenso beträchtliche Summe benötigen, um im Ausland zu bleiben.* In Indien kostet alles sehr viel, mehr als in Frankreich. Die Priester borgen mir die Pariser Zeitungen, und ich kann Vergleiche anstellen. Kleidung ist in Kalkutta viermal teurer als in Paris. Wahrscheinlich werde ich nicht nach Beijing fahren können, um meine Bücher zu verpacken. Die Hotels kosten vierundzwanzig Dollar pro Tag. Ich werde Albert schicken, der sich darum kümmern wird. Er wird dritter Klasse fahren und in einem kleinen chinesischen Hotel wohnen. (...)

Ich möchte Dir keine falschen Hoffnungen machen, aber der französische Gesandte in Beijing hat aus eigenem Antrieb die Regierung um die Erlaubnis gebeten, mir aus Mitteln, die in Beijing vorhanden sind, einen Zuschuß zu gewähren. Er ist überzeugt, daß die Antwort positiv sein wird, er ist ebenso sicher, daß einige Zeit verstreichen wird, bevor sie eintrifft. In den Ministerien beeilt man sich nicht, das kann sich über meh-

rere Monate hinziehen. Falls ich diesen Zuschuß erhalte, wird er die Opfer verringern, die Du mir bringen mußt, und mir helfen, meine Schulden zurückzuzahlen. Er hat mir geschrieben, daß es sich um einen Zuschuß von beträchtlicher Höhe handelt: mindestens zehntausend Franc, und daß er im nächsten Jahr möglicherweise erneuert wird.
Sicher ist, daß mir nach Macmillan ein weiterer großer Verlag aus New York, Dutt and Cie, geschrieben hat, daß sie ein Manuskript über meine Reise von mir sehen wollen.
Es gibt für Dich jetzt keinen Grund mehr, Deine Zahlung zu verzögern. Ich muß immer noch bis zu Dir gelangen, ich konnte Tibet zu Fuß durchqueren, aber ich kann nicht wie Jesus Christus über das Meer laufen. (...)
Mein Gott, mein armer Mouchy, freust Du Dich denn nicht wenigstens ein bißchen auf meine Rückkehr, während ich bei dem Gedanken Luftsprünge mache? Ich habe meinem Jungen schon die ganze Zeit davon erzählt. (...)
24. August 1924
Endlich habe ich heute morgen Deinen Brief aus Vichy erhalten, der auf den 20. Juli datiert ist. Welche Idee auch nur! Es geht Dir gut, es ist Dir nichts Schlimmes zugestoßen. Ich bin ja so über die Maßen glücklich darüber ...
Hingegen hatte das Ende Deines Briefes einen Anklang an den Prediger Salomo oder an das Buch Hiob. Aber, mein guter Freund, man muß nicht alles so schwarzsehen und sich alle erdenklichen Krankheiten erwarten, die man gar nicht hat. Die verdrießlichen Tage treffen nur dann ein, wenn wir dumm genug sind, ihnen Platz einzuräumen. Du hast immer eine gewisse Neigung zur Schwermut gehabt. Man muß sich dagegen wehren. Natürlich könnte ich Dir niemals sagen, daß das Dasein eine Wohltat der Götter ist und daß das Leben aus lauter Wonnen besteht! Eben weil ich erkannt habe, daß das Gegen-

teil der Fall ist, bin ich schon vor etwa dreißig Jahren Buddhistin geworden, und mein Glaube an die Wahrheit der Lehre des Siddhartha Gautama ist von Tag zu Tag stärker geworden, genährt von dem, was ich in der Welt um mich und in meinem eigenen Leben wahrnehmen konnte. Nun komm, mein lieber Großer, vertreib die schwarzen Schmetterlinge, ich werde mich mit Entschlossenheit auf die Jagd machen, sobald ich wieder an Deiner Seite bin, was jetzt wahrscheinlich nicht mehr lange dauern wird.

Was meine Rückkehr angeht, so irritiert mich ein Satz in Deinem Brief. Du schreibst: »Du scheinst noch keinen der zahlreichen Briefe erhalten zu haben, die ich Dir nach Lanzhou geschrieben habe und in denen ich Dir von den wichtigen Ereignissen in meinem Leben Mitteilung gemacht habe ... Ich denke, Du hast alles Notwendige unternommen, damit sie Dir nachgeschickt werden. Nach der Lektüre wirst Du besser begreifen, was Du zu tun hast ...«

Wann denn hast Du mir zahlreiche Briefe geschrieben? ... Nicht während meines Aufenthalts in Lanzhou. Als ich diesen Ort verließ, habe ich Dir mitgeteilt, daß Du mir nicht mehr dorthin schreiben solltest, und danach habe ich Dir häufig aus Sichuan geschrieben und Dich über meine Reisen auf dem laufenden gehalten. Meinen letzten Brief aus Yunnan habe ich nur wenige Tage, bevor ich die tibetische Grenze überschritt, an Dich abgeschickt. Du wußtest, daß ich mich fern von Lanzhou befand. Und sodann, welches sind diese »wichtigen Ereignisse«, die meine Pläne bestimmen oder zumindest beeinflussen werden? ... Deinen beiden Briefen zufolge, die ich nach meiner Rückkehr aus Tibet erhalten habe, hat sich bei Dir nichts Außergewöhnliches ereignet. Diesen Briefen ist weder zu entnehmen, daß Du reicher geworden bist, noch das Gegenteil. Du bist noch immer bei der Ouenza beschäftigt, Du befin-

dest Dich bei guter Gesundheit, Du wohnst noch in Bône – vielleicht in einem anderen Haus. Darin vermag ich keine »wichtigen Ereignisse« zu entdecken, die mich zur Änderung meines Programms veranlassen könnten.
Das ist mir ein Rätsel, und da vielleicht noch einige Zeit vergehen wird, bevor mich Deine nach Lanzhou gerichteten Briefe erreichen, die sicher zur Gesandtschaft nach Beijing zurückgeschickt worden sind, bitte ich Dich, mir so bald wie möglich eine knappe Zusammenfassung davon zu übermitteln. Was hast Du mir geschrieben? Was hast Du mir mitgeteilt? Ich möchte es dringend erfahren, da Du es für wichtig hältst. (...)
So hat Luxemburg Dir also gefallen ... Ich bin dort vor sehr langer Zeit gewesen. Ich war vierzehn Jahre alt. Ich erinnere mich gut an die Stadt, sie muß sich jedoch seit dieser weit zurückliegenden Zeit sehr verändert haben. (...) Ja, das ist ein Land, das berühmt für seine Rosen ist. Woran willst Du erkennen, daß es eines »religiösen Antriebs« bedarf, um solche Reisen zu machen wie ich? Hinter meiner letzten stand vor allem der Wunsch, etwas durchzuführen, was anderen bisher noch nicht gelungen war, meine alten Kräfte mit Hindernissen materieller Art und meine Intelligenz mit Hindernissen anderer Natur zu messen. Zweimal hat man versucht, mich festzunehmen, mir den Weg zu versperren, und ich habe mir gesagt, daß ich nicht aufgeben würde. Es gibt Leute, die sich leicht in ihr Schicksal ergeben, aber ich gehöre nicht zu ihnen. Im Grunde war es mir nicht besonders wichtig, Lhasa zu sehen, es hatte jedoch etwas sehr Spaßiges, es auf die Art und Weise zu erreichen, wie ich es getan habe, und ich habe unterwegs die wunderbarsten Landschaften der Welt gesehen. (...)

Pedong, 25. August 1924

Ich habe Deinen Brief erhalten, den Du mir am 1. August aus

Vichy geschrieben hast. Ach! Ich bin so froh, daß Du Dich entschlossen hast, häufiger zu schreiben. (...)
Ich habe Dir bereits geantwortet, daß ich erst nach Amerika gehen werde, wenn ich in etwa so viel in der Hand habe, daß ich meine Ausgaben bestreiten kann. Ich erwäge alle möglichen Kombinationen. Wenn ich zurückkehre und in Bône den Winter verbringe, siehst Du dann die Möglichkeit, mir behilflich zu sein, damit ich im Frühjahr drei Monate in Paris verbringen kann, um dort die Vorlesungen zu halten, die Sylvain Lévi mir in Aussicht gestellt hat? Ich möchte dann auch Mitglied der *Société France-Amérique* werden. Du verstehst den Grund, ohne daß ich ihn Dir erklären muß.
Amerika ist mir vor allem aus finanziellen Gründen wichtig, und zum anderen, weil ich mich, so seltsam das erscheinen mag, aufgrund meines Charakters und meiner Affinitäten lieber unter Angelsachsen als unter Franzosen bewege. Unter diesen letzteren fühle ich mich als Fremde ... Man muß letztlich auch bedenken, daß ich nicht in Frankreich aufgewachsen bin, daß ich dort nur sehr kurz gelebt habe und daß ich mütterlicherseits keineswegs romanischer Abstammung bin. Das alles ist jedoch von zweitrangiger Bedeutung. Falls sich mir keine materiellen Hindernisse in den Weg stellen und ich nicht krank werde, so bin ich mir sicher, daß ich in Amerika soviel Erfolg haben werde, wie ich ihn in England hätte haben können, wenn das, was ich zu sagen habe, nicht eben Dinge wären, die ich den Engländern zum Trotz gelernt und vollbracht habe. (...)
Du weißt, daß Sylvain Lévi mich um einen analytischen Katalog meiner Bücher gebeten hat. Er soll offiziell dem Ministerium präsentiert und im asiatischen Journal veröffentlicht werden. Es ist keine leichte Aufgabe, diesen Katalog zusammenzustellen, da man von jedem Werk eine kurze Inhaltsangabe machen muß, den Ursprung angeben, das wahrscheinliche

Entstehungsdatum etc. Albert wird die Vorarbeit für mich leisten, die Bücher nach den Themen ordnen, die sie behandeln – Du kannst Dir sicher vorstellen, daß ich während meiner unablässigen Reisen keine Zeit hatte, meine Bibliothek zu studieren. Ich habe die Bücher nur oberflächlich durchgeblättert, als ich sie gekauft habe. Es sind wundervolle Manuskripte darunter, die östliche Museen mir teuer bezahlen würden, wenn ich sie verkaufen wollte. Kurz gesagt, ich werde meinen Katalog in Teilen publizieren. Ich kann nicht alles in einem Jahr lesen, nicht einmal in zwei Jahren. Sobald der Kleine die Aufteilung vorgenommen hat, werden wir mit dem ersten Teil beginnen und, sobald dieser beendet ist, zum zweiten übergehen. Das wird lange dauern, denn ich habe andere Dinge zu schreiben, die umgehend veröffentlicht werden müssen. (...)

Pedong, 31. August 1924
Ich habe Dir häufig Briefe geschrieben, die Dir Verdruß bereitet haben müssen und die auch ich Dir nicht gerne geschickt habe, das darfst Du mir glauben. Um so mehr freut es mich, Dir heute mitteilen zu können, daß ich mich mit meinen Geschäften auf dem richtigen Weg zu befinden scheine.
Ich habe Dir von den Anfragen zweier amerikanischer Verleger berichtet, die mich gebeten haben, ihnen ein Manuskript mit Reiseabenteuern vorzulegen, und auch von der Anfrage der Geographischen Gesellschaft in Washington, die Fotografien und eine Broschüre von mir haben möchte.
Heute habe ich die Mitteilung bekommen, daß der Minister dem Zuschuß zugestimmt hat, der für mich beantragt worden ist. Er geht von der Gesandtschaft in Beijing aus und steht an diesem Ort zu meiner Verfügung. Ich habe dem Schatzmeister geantwortet, daß er ihn mir auf die Bank von Indochina in Beijing überweisen kann.

Das ist schön, nicht wahr? ... Ich verdanke diesen Erfolg dem Vicomte de Fleurian und Philippe Berthelot vom Ministerium für auswärtige Angelegenheiten. Alle beide haben eine gute Erinnerung an mich bewahrt. Empfehlungsschreiben werden wahrscheinlich auch über Monsieur Berthelot kommen. (...)

Kalkutta, 26. September 1924
(...) Heute morgen sind zwei Herren gekommen, die mir eine amerikanische Bekannte geschickt hat, und haben mich um kurze Artikel für Zeitschriften gebeten. Der Sohn von einem von ihnen gehört einer Presseagentur in New York an, die Tageszeitungen, Zeitschriften etc. mit Artikeln beliefert. Sie haben mich um einen Artikel über die tibetischen Prophezeiungen gebeten, die sich auf den Helden beziehen, der von »Norden« kommen soll. Wie es scheint, hat ein russischer Reisender kürzlich ein Buch veröffentlicht, in dem diesem Thema einige Seiten gewidmet sind, und es hat sich außerordentlich gut verkauft. Sie sagen, daß das amerikanische Publikum an diesem Thema lebhaft interessiert ist. (...)
Ich werde einen Artikel schreiben und sehen, was nachkommt.
Der Ausschnitt aus dem *Quotidien* entstellt einen Artikel, der in der englischen Presse zirkulierte und der seinerseits eines meiner Abenteuer verfälscht wiedergibt. Hier der Vorgang in kurzen Worten.
Zwei Tage vor dem Vorfall, von dem die Rede ist, hatten zwei Strolche versucht, unser Zelt zu stehlen. Als letztes Argument hatte ich einen Schuß aus meinem Revolver abgegeben, und wir hatten uns so schnell wie möglich mit unserem Gepäck aus dem Staub gemacht, immer in der Angst, daß die Freunde der beiden Spitzbuben hinter uns hergerannt kommen könnten.
An dem Tag des fraglichen Abenteuers marschierte ich voran und der Kleine ein Stück weit hinter mir, wir befanden uns mit-

ten im Wald. Da kamen uns sieben große, kräftige Burschen mit langen Säbeln bewaffnet entgegen. Einer von ihnen fragt mich, wohin ich gehe, ich gebe eine kurze Antwort und gehe weiter, obwohl der Kerl mir den Weg zu verstellen versucht, aber er insistiert nicht. Ich halte die Sache damit für beendet. Als ich mich umdrehe, sehe ich, daß sie Albert umringt haben. Das Gespräch scheint friedlich zu verlaufen, deshalb mache ich mir keine Sorgen. Doch da nimmt einer der Männer etwas aus dem Taschentuch des Kleinen, und die anderen legen die Hand auf das Gepäck auf seinem Rücken, so als wollten sie es ihm abnehmen. Ich begreife, nur was soll ich tun? Sie sind zu siebt, der Kleine ist umzingelt. Wenn ich einen der Räuber töte oder verletze, werden sie meinen Jungen töten und mich ebenfalls. Ihnen unser Gepäck zu überlassen wäre gefährlich, denn es ist schönes Pelzwerk darin, das nicht zu meinen Bettlerlumpen paßt, und es könnte die Banditen auf die Idee bringen, uns nach kostbaren Gegenständen zu durchsuchen. Wir haben Gold unter unseren Kleidern verborgen. Es wäre nicht nur ein Unglück, bestohlen zu werden, sondern schlimmer noch wäre es, wenn unser Inkognito in Gefahr geriete. Da verfiel ich auf den folgenden Trick: Ich begann wie verzweifelt aus vollem Halse zu schreien und alle tibetischen Götter anzurufen. »Oh, diese bösen Menschen rauben einem armen alten Mütterchen die einzigen zwei Rupien, die es besitzt. Diese Rupien hat mein Sohn, der Lama, sich mit Totenzeremonien verdient. Und was wird jetzt aus mir … Ich werde sicher verhungern …« Und ich hob die Arme, setzte mich auf die Felsen und stand wieder auf … Und es ist kein Fotograf da, um mich abzulichten, dachte ich mir, und das bedauerte ich sehr. Ich muß einen erhebenden Anblick abgegeben haben! Schließlich war ich einmal Bühnenkünstlerin, und ich erinnerte mich daran. Kurz gesagt, die Banditen waren ergriffen, sie gaben das Geld zurück,

baten Albert, sie zu segnen, was er sehr würdevoll tat – und mich baten sie, Gebete für sie zu sprechen.
Und wir setzten unseren Weg wieder fort, ich ganz langsam und schwankend, wie von dieser Aufregung erschöpft, und sobald sie außer Sichtweite waren, liefen wir so schnell wir konnten. »O ehrwürdige Mutter«, sagte der Junge, »wie seid Ihr nur darauf verfallen, sie werden heute nacht sicher nicht zurückkehren und nach uns suchen. Sie sind überzeugt, daß wir nichts außer diesen beiden kostbaren Rupien besitzen.«
Das war im Land der Popas, die sehr berüchtigt sind, und in das sich selbst die Tibeter kaum hineintrauen. Wir marschierten einen Teil der Nacht immer weiter. Gegen Mitternacht legten wir uns im Nieselregen auf das feuchte Moos. Kein Feuer, kein Tee ... Wieder einmal vierundzwanzig Stunden Fasten. Oh! Diese schöne, einzigartige Reise, ich frage mich manchmal, ob ich sie nicht geträumt habe. (...)

Kalkutta, 13. Oktober 1924
Alles kommt einmal an ... Sogar die Briefe aus Lanzhou. Ich habe Deine beiden in einem dicken Paket zusammen mit anderer Post erhalten. Außerdem habe ich heute morgen Deinen Brief vom 15. September bekommen. Du bist wirklich sehr gut zu mir, mein großer Freund. Die Unterstützung, die Du mir gibst, ist mir in diesem Augenblick, in dem ich säen muß, um ernten zu können, außerordentlich nützlich. (...)
Endlich weiß ich, wo Du wohnst, seitdem Du Deine Villa Louise verlassen hast. Deine neue Bleibe scheint mir sehr gut gelegen zu sein.
Kannst Du mir ein Foto von Deinem Haus schicken und, was noch wichtiger ist, den *Plan*? Du sagst, fünf Zimmer und eine Küche. Ist das wirklich alles? Hat es keine Dependancen oder zusätzliche kleinere Räumlichkeiten: Ankleideraum, Abstell-

kammer, Dienstbotenzimmer? ... Wie sollen wir das bewerkstelligen, wenn nur fünf Zimmer da sind? ... Dein Zimmer, das Ankleidezimmer und das Zimmer des Hausmädchens sind schon drei, und dazu natürlich das Eßzimmer – dann bleibt nur noch ein einziger Raum übrig. (...)

Schau, mein großer Lieber, es täte mir sehr leid, Dich damit zu verstimmen. Du warst unglaublich gut zu mir, und es wäre undankbar von mir, Dir Verdruß zu bereiten, wenn wir uns wieder zusammenfinden. Doch der Junge muß mitkommen. Ich habe ihm gegenüber eine moralische Verpflichtung. Ich kann Dir das jetzt nicht gut im Detail erklären, aber er kann nicht hierbleiben. Zweiter Punkt: beim augenblicklichen Kurs des Franc wären wir nicht in der Lage, ihm zu zahlen, was ihm zusteht. Drittens: Ich brauche ihn dringend für meine Arbeit, und der ganze Gewinn, den ich mir davon erhoffe, wäre in Frage gestellt, wenn ich ihn nicht bei mir hätte.

Du wirst diesen kleinen Mann sehen, und Du wirst ihn mögen, dessen bin ich mir sicher. Ich glaube, daß ich ihn mit den Einkünften von dem, was ich in Belgien habe, bei uns unterhalten kann. Er ist sehr vernünftig und sehr bescheiden. Mit ihm wären wir niemals von einer Hausgehilfin abhängig, denn er könnte uns zeitweise immer kochen, was wir brauchen. Ich bitte Dich, komme nicht mehr auf diese Frage zurück, die auf keine andere Weise gelöst werden kann, ohne daß alle meine Pläne über den Haufen geworfen würden, ich meines Mitarbeiters für meine tibetischen Vorhaben beraubt und gezwungen wäre, meine Rückkehr zu verschieben, um die Mittel zu finden, den Kleinen in China oder sonstwo unterzubringen, was außerordentlich kostspielig wäre. Seit zwölf Jahren durchwandern wir gemeinsam die Einöden, wir haben alle beide mehrfach dem Tod ins Auge gesehen, und abgesehen von allem anderen käme es mich sehr hart an, wenn ich mich von diesem Jungen trennen müßte, der wie ein Sohn für mich ist. Ich bin noch immer eine ziemliche Egoistin: Ich brauche jemanden an der Seite, um radzufahren, Ausflüge zu machen, zu klettern ... Glaube nicht, daß die Gicht, von der ich Dir erzählt habe, eine Mumie aus mir gemacht hat. Ich bin immer noch sehr unternehmungslustig. Du hast für diese Art von Sport nicht sehr viel übrig, und Du wirst die Arme zum Himmel erheben, wenn Du erfährst, daß ich mit dem Kleinen schon von einer großen Fußwanderung durch Algerien gesprochen habe. Er findet das ganz normal.

Du bist noch nicht in Pension gegangen, wir haben noch Zeit, eine Lösung zu finden. Falls meine geschäftlichen Angelegenheiten bis dahin noch nicht so gut in Gang gekommen sind, daß ich die Frage des Kleinen mit ihrer Hilfe regeln kann, werden wir sehen, was zu tun ist. Im Augenblick braucht er mich, und ich brauche ihn noch viel dringender. (...)

Kalkutta, 21. Oktober 1924

Gestern abend habe ich Deinen Brief vom 26. September erhalten. Du siehst die Sache sehr klar, wenn Du schreibst: »Dieser Brief wird Dir nur Pein bereiten.« Du hast Dich nicht getäuscht. Diese Pein ist um so ärgerlicher, weil sie überflüssig ist, durchaus nicht unvermeidbar, und tiefere Gründe haben muß, die Du mir keineswegs mitteilst. Wie dem auch sei, ich bin schrecklich enttäuscht. Ich habe in keiner Weise erwartet, daß so der Endpunkt meiner Reisen aussehen würde.

Ich habe die neue Situation, vor die der Krieg uns – wie im übrigen viele andere auch – gestellt hat, sehr beherzt akzeptiert. Ich habe auf die Ruhepausen verzichtet, die mir kostbar sind, ich habe mich wieder an die Arbeit gemacht, um uns zusätzliche Einnahmequellen zu verschaffen, und die Umstände schienen mir günstig zu sein. Ich war kaum wieder aus Tibet aufgetaucht, als mir die Regierung bereits einen beträchtlichen finanziellen Zuschuß gewährt hat, Verleger wollen meine Manuskripte lesen ... Was brauche ich noch mehr? ... Ganz einfach die notwendige geistige Ruhe und die für meine Arbeit unerläßliche Umgebung ... Und nun das! Dein Haus ist zu klein, Du siehst nicht, wie ich meine Bücher und mein Gepäck darin unterbringen könnte, ich könnte meinen tibetischen Gehilfen nicht bei mir behalten, ohne den es mir unmöglich ist, Ordnung in die vierhundert Bücher und Manuskripte zu bringen, die ich durcharbeiten muß. Und es kommt noch mehr dazu, Du hältst meine Rückkehr nicht für wünschenswert – das hattest Du mir schon 1922 in einem Satz gesagt, der Zweifel ausdrückte: »... Und wird diese Rückkehr wünschenswert sein?« Ein wenig im gleichen Stil wie ein Brief, den ich vor sehr langer Zeit in Benares erhalten habe und in dem Du mir sagtest: »Wenn Du zurückkehrst, wirst Du Dich in die Herde eingliedern müssen ...« Heute schreibst Du: »Wir waren sehr lange getrennt, läßt sich da Vertrautheit wiederherstellen?« Und: »Es wäre schwierig für Dich, wieder den Platz einer Kleinbürgerin einzunehmen, die sich um ihr Heim kümmert und um die tausend kleinen Mißhelligkeiten, die das mit sich bringt« etc. »Falls Du die Mittel dafür hast, wäre es das Beste, Deine Reise nach Amerika gleich im Anschluß zu unternehmen ...«

Ich bin nicht auf den Kopf gefallen, mein guter Freund, und ich habe begriffen. Ich habe begriffen, daß meine Anwesenheit in Bône unerwünscht ist. (...)

Glaube nicht, daß Dein Brief auch nur das geringste an meiner tiefen Dankbarkeit für die Hilfe ändert, die Du mir während meiner Reisen gewährt hast. Nimm mir meinen Freimut nicht übel, aber ich finde Dich ein bißchen sehr blind und schlecht beraten, daß Du von Dir weist, was Fröhlichkeit und Sonne in

Dein Dasein gebracht hätte, das Du mir als ziemlich eintönig und trostlos beschreibst. Ich glaubte, daß meine große Vitalität und dieses ganze nach Abenteuer duftende Gepäck, das ich mitgebracht hätte, die Bücher, die ich veröffentlichen werde, das rege Treiben, das um mich sein wird, ein Jungbrunnen für Dich sein würde. Ich glaubte, daß der »Kleine«, wie ich ihn immer noch nenne, seit dem Tag, an dem er frisch aus der Schule zu mir kam, in einem Gewand aus weißem Kaliko und einem in den Nacken geschobenen Strohhut, der sein erstauntes, aber entschlossenes Gesicht wie eine Aureole umgab – ich glaubte, daß er Dich mit seinen Geschichten amüsieren würde, daß Du ihn zum Begleiter Deiner Spaziergänge machen würdest und daß Du den für Leute unseres Alters unschätzbaren Vorteil erkennen würdest, einen Adoptivsohn bei sich zu haben, der ihnen, nachdem er über so lange Zeit den Beweis dafür geliefert hat, mit großer Sicherheit ergeben sein und es ihnen auf ihre alten Tage ersparen wird, auf Gedeih und Verderb Dienstboten ausgeliefert zu sein, so wie es meiner armen Mutter widerfahren ist.

Jeder, mein sehr lieber Freund, sieht natürlich die Dinge aus einem anderen Blickwinkel, und es wäre unklug, beurteilen zu wollen, wer recht und wer unrecht hat, denn das Glück hängt fast ausschließlich von den Empfindungen des einzelnen ab. Was dem einen gefällt, ist seinem Nachbarn ein Graus.

Ich werde nicht versuchen, »Deinem Willen«, wie Du es ausdrückst, entgegenzuhandeln. Gewiß nicht. Ich hege eine viel zu große Zuneigung für Dich, um auch nur daran zu denken. Aber ich bin auch sehr eigensinnig, und ich verzichte nicht auf den Plan, den ich gefaßt habe: Dir an dem Tag, an dem Du wenigstens den Versuch machen möchtest, ein angenehmes Heim zu bieten. Ich schulde es Dir wegen der Güte, die Du mir bewiesen hast, doch es ist nicht das Pflichtgefühl, das mich leitet.

Ich meinerseits wäre sehr glücklich, wieder mit Dir zusammenzusein. Mich ganz einfach, ohne Vorbehalte, wieder mit Dir zusammenzufinden, ohne Dir zu sagen: »Du hast dies zu tun und das nicht zu tun.«
Unglücklicherweise fehlen mir die erforderlichen Mittel, um Dir dieses »home« schon morgen bieten zu können. Wir hätten es uns zweifellos unverzüglich schaffen können, wenn das in Deine Pläne gepaßt hätte, doch sprechen wir nicht mehr darüber. Für den Augenblick bist Du mit Deinen Angelegenheiten beschäftigt, und ich bitte Dich lediglich, mir weiterhin die finanzielle Unterstützung zu gewähren, die Du mir in einem Deiner letzten Briefe versprochen hast und die mir die Zeit gibt, zu schreiben und lieferbare Ware für die zu produzieren, die mich darum bitten. Und so hege ich die beste Hoffnung, daß ich Dir zu dem Zeitpunkt, an dem der Mietvertrag für die allzu kleine Villa ausläuft und Du vielleicht in Rente gehst, eine Wohnung bieten kann, die Dir entsprechen wird und in der Du ohne Mißfallen leben kannst. Ohne daß Du auf diesem Thema weiter beharren mußt, habe ich begriffen, daß ich eine zu große Last für Dich wäre, sobald Du in Rente gehst. Offenbar ist es ein wenig schwierig, in meinem Alter zu beginnen, sein Geld zu verdienen, aber ich bin nicht »jedermann«, und ich glaube sehr fest daran, daß wir in ein paar Jahren unsere Einkünfte zusammentun können und daß ich Dir dann nicht mehr auf der Tasche liegen werde.
Indessen steht noch eine sehr wichtige Frage im Raum, nämlich die meines umfangreichen und kostbaren Gepäcks. Ich kann es nicht mit mir nehmen, ob ich nun nach Amerika oder sonstwo hingehe. Und wo soll ich es zwischenlagern? ... Es wird höchste Zeit, daß ich es aus China hole. Ich habe kein Zuhause. Ich hätte dringend eins gebraucht, um inmitten all meiner Dokumente arbeiten zu können. (...) Es ist dies ein

sehr ernstes Problem, von dem ich nicht weiß, wie ich es lösen soll.
Ich hatte auch die Absicht, von Albert – wieder er – einige schöne tibetische Manuskripte abschreiben zu lassen. Mir würden die Abschriften genügen, und ich könnte die Originalmanuskripte verkaufen. Einige amerikanische Museen oder Universitäten bezahlen für solche Bücher viel Geld. Wie soll ich das anstellen? ... Vielleicht müßte ich mir irgendwo eine vorübergehende Bleibe suchen. (...)
Mir ist die Idee gekommen, mich in Südfrankreich in der Nähe von Nizza niederzulassen, aber wer hält dann ein Auge auf meine Sammlungen, wenn ich im Anschluß nach Amerika reisen muß? ...
Ich habe bereits veranlaßt, daß man mir das Gepäck, das sich in Shanghai befindet, nach Colombo schickt. Es wird mich viel Geld kosten, es erneut nach Norden transportieren zu lassen. Welch ein Dilemma, wie komme ich da nur heraus? ...
Von den Dingen, die Du hast, interessieren mich im Augenblick nur die Fotografien. Die könnte man schicken, nur müßtest Du von allen Negativen Abzüge machen lassen, bevor Du sie auf die Post gibst, und die Fotografien bei Dir behalten, so daß man sie immer noch abfotografieren könnte, falls die Negative verlorengehen sollten. (...)
Nun sind also alle meine Pläne über den Haufen geworfen. Ich sehe mich einer Situation gegenüber, die sehr simpel, aber ohne größere Ausgaben schwer in den Griff zu bekommen ist. Ich werde versuchen, sie zu bewältigen – ich habe schon andere Schwierigkeiten überstanden. (...) Mein sehr Lieber, sei mir nicht böse. Aber die neuntausend Franc, von denen Du sprichst – wobei Du mir zu verstehen gibst, daß ich mich meiner Verpflichtung dem Jungen gegenüber ledig fühlen könnte, wenn ich sie ihm gäbe –, machen im Augenblick knapp tausend-

dreihundert Rupien aus. Teilt man diese Summe auf elf Jahre Dienst bei mir auf, ergibt sich daraus ein Gehalt von etwa zehn Rupien pro Monat. Für eine solche Ziffer setzt man nicht sein Leben aufs Spiel und verzichtet nicht auf seinen Anteil am Erbe. Man beraubt sich nicht der Möglichkeit, in sein Land zurückzukehren, für eine Summe, die niedriger ist als die, die der Latrinenmann verdient, wenn er zweimal täglich das Nachtgeschirr leert. Du bist ein Ehrenmann, und was Du zur Zeit auch darüber sagen und denken magst, Du würdest mich früher oder später dafür verachten, wenn ich mein ausdrückliches Versprechen nicht einhalten und einen treuen Mitarbeiter dem Elend überlassen würde, der es mir ermöglicht hat, meine Reisen erfolgreich durchzuführen, und der, ehrlich gesagt, auch ein Recht darauf hat, in einem entsprechenden Maß an dem Gewinn teilzuhaben, den sie mir womöglich einbringen.
Ich versuche damit kein Plädoyer für den Jungen zu halten. Die Frage ist definitiv abgeklärt. Ich werde Dich nicht damit belasten. Ich werde auf anständige Art und Weise diese Schuld bezahlen, die ich eingegangen bin, so schwer es mir vielleicht auch fallen wird. Ich weiß, daß Du mich dafür respektieren wirst.
Mit allen meinen liebevollen Gedanken, mein großer Lieber, heute und morgen genauso wie gestern. Dunkle Wolken ziehen auch wieder vorbei. Wodurch sie ausgelöst worden sind, ahne ich nicht, aber das Meer wird auch wieder ruhig im hellen Sonnenschein daliegen. Wir werden uns wiedertreffen und uns umarmen wie zwei treue alte Freunde.
Laß es Dir gutgehen.
30. Oktober 1924
Mein sehr Lieber, die Bank hat mir mitgeteilt, daß Deine letzte Überweisung eingetroffen ist. Tausend Dank dafür.
Die Zeitungen sind voll von mir. Da sie auf englisch oder in ei-

ner der indischen Sprachen herausgebracht werden, schicke ich Dir nur einen Artikel.
Ich hoffe sehr, daß die Meinungsverschiedenheiten, die zwischen uns entstanden sind, Deine Briefe nicht noch seltener werden lassen. Nun, da ich wieder in den Lebenskampf eintreten muß, an den ich nicht mehr gewöhnt bin, werden Deine Briefe mir ein wenig Trost spenden und die Freude bringen, die man aus der Gewißheit bezieht, daß man irgendwo einen treuen Freund hat.

Kalkutta, 18. November 1924
Nun habe ich schon lange keine Nachricht mehr von Dir erhalten, abgesehen von einem sehr kurzen Brief, in dem Du mir im wesentlichen nur mitgeteilt hast, daß Du kein Bild von Dir besitzt, das Du mir schicken könntest. Das ist ganz einfach bösartig von Dir! Wenn Du keins hast, dann laß doch eines dieser kleinen Paßbilder machen und sende es mir. Mein guter Freund, sieh zu, daß Du mir ein kleines oder großes Bild von Dir schickst. Da Du offenbar im Augenblick nichts von mir wissen willst, werde ich mich in Erwartung besserer Zeiten damit trösten, Dein Konterfei zu betrachten.
Du findest diesem Brief eine Fotografie von mir beigefügt, und ich wiege mich in der Illusion, daß sie Dir Freude macht und Du sie in einen kleinen Rahmen stecken wirst.
Meine Geschäfte scheinen sich gut anzulassen. (…)

18. November 1924 (abends)
Ich habe in diesem Augenblick einen Brief vom Minister für auswärtige Angelegenheiten erhalten. Darin heißt es: »Wir haben Briefe verfaßt, die Sie unserer Botschaft in Washington empfehlen, der Regierung von Indochina und der Gesandtschaft in Beijing.« (Er ist für den neuen Botschafter. Monsieur

de Fleurian, der mich kennt, ist nach London versetzt worden.) Es ist darin auch die Rede davon, daß man meinetwegen an einen Mister Chinard in Baltimore geschrieben hat, aber dazu werde ich wohl noch nähere Erläuterungen erhalten. Man hat mir andererseits auch vorgeschlagen, Vorlesungen an der Universität von Poona zu halten, die eine der bedeutendsten Indiens ist. Ich werde sehen, was sich daraus ergeben kann.

Kalkutta, 27. November 1924

Dieser Brief, der Dich in etwa zu Neujahr erreichen wird, bringt Dir meine liebevollsten Wünsche zusammen mit dem Bedauern, daß ich sie Dir nicht persönlich zum Ausdruck bringen kann, wie ich es mir so sehr gewünscht hätte. Willst Du mir die Hoffnung lassen, daß das nächste Neujahr fröhlicher für mich sein wird und daß wir es gemeinsam verbringen werden?

Ich habe ein Angebot erhalten, das Dich zweifellos ein wenig erstaunen wird. Um mir eine Unterstützung zu gewähren, damit ich meine Studien und Recherchen fortsetzen kann, wäre der Gouverneur von Indochina bereit, mir kostenlos an einem Platz meiner Wahl in Indochina ein mehrere Hektar großes Grundstück zu überlassen, auf dem ich mir ein Haus bauen könnte, so daß ich in Zukunft eine Bleibe im Orient hätte.

Es gibt Leute, die ein Schiff oder einen Elefanten in der Lotterie gewinnen! ... Ich habe die besten Aussichten, einen Besitz im Fernen Osten zu gewinnen. Doch Scherz beiseite, es empfiehlt sich, die Sache ernsthaft in Betracht zu ziehen. (...)

Ich kann die Angelegenheit mit dem Terrain noch bis zum Herbst hinauszögern und bis dahin sehen, wie meine Geschäfte laufen. Das erscheint vernünftig, aber bis dahin kann Monsieur Merlin, der augenblickliche Gouverneur, der sich für meine Belange interessiert und dem ich von dem Botschafter in

London und ganz kürzlich auch vom Ministerpräsidenten empfohlen worden bin, an einen anderen Posten berufen werden, und dann ... geht mir diese Chance verloren. (...) Genug zu diesem Thema. Beiliegend findest Du, mein sehr Lieber, als kleines Neujahrsgeschenk eine Fotografie, die mich vor dem Palast des Dalai Lama in Lhasa sitzend zeigt. Nach Art der tibetischen Frauen, die sich auf Reisen befinden, habe ich das Gesicht mit Lack bestrichen, deshalb ist es so schwarz. (...)

Kalkutta, 18. Dezember 1924

Ich war in dieser ganzen letzten Zeit sehr beschäftigt und habe Dir nicht sehr viel Neues zu erzählen. Ich arbeite daran, eine ganze Reihe von Artikeln zusammenzustellen, die bei der ersten Gelegenheit zum Verkauf bereit sein sollen. Endlich kommt auch Geld herein. Bisher habe ich bekommen: die erste Zahlung aus Amerika, nicht sehr viel, es handelt sich lediglich um einen Vorschuß, um mir zu zeigen, daß man gerne Artikel von mir haben möchte. Ich habe ihnen zwei geliefert, und man hat mir eine Summe gezahlt, die nach augenblicklichem Wechselkurs etwa einen Gegenwert von vierhundertzwanzig Franc darstellt, und die Restzahlung bekomme ich nach Veröffentlichung dieser Artikel. Ein anderer, sehr kurzer Artikel wird Ende dieses Monats in einer Zeitung in Kalkutta erscheinen und wird mir in einem Wert von etwa hundert Franc bezahlt. Ich erwarte weitere Nachrichten aus Amerika. (...)

Benares, 8. Januar 1925

(...) In Emei habe ich die Bekanntschaft von Madame de Lartigue gemacht, die dort gleichzeitig mit mir bei Madame Baudez, der Frau des französischen Konsuls, in der Sommerfrische war. Sie hat mir vor etwa zwei Monaten geschrieben, daß ihr

Mann meinetwegen mit dem Verleger Crés sprechen wird, mit dem er sehr befreundet ist.
Meine Reisen und Aufenthalte in Tibet werden, wie ich glaube, drei Bände ausmachen, die völlig unabhängig voneinander sein werden. Meine letzte Reise wird das Thema eines der Bände sein, in einem anderen werde ich die vorangegangene Reise erzählen, als ich mich von Kumbum aus als khandoma (eine Art wiedergeborene Gottheit) in meinen glänzenden Gewändern aus gelbem Satin auf den Weg gemacht habe, und wird das Gegenstück zu meiner letzten Reise bilden, die ich als Bettlerin gemacht habe. Ich habe jeweils sehr unterschiedliche Regionen durchwandert, und es wird keine Wiederholungen geben. Ein drittes Buch wird vom tibetischen Himalaja handeln, meinem Leben in meiner Höhle etc.
Danach wird mir noch Stoff für eine ganze Reihe von Büchern bleiben, wenn ich die Zeit finde, sie zu schreiben, denn abgesehen von meinen Abenteuern habe ich noch tausend andere Dinge zu erzählen. (...)
Ich habe Dir berichtet, daß der Gouverneur von Indochina bereit ist, mir ein Stück Land zu schenken. Soll ich sein Angebot annehmen? ... Das würde mich verpflichten, mich nach Indochina zu begeben, um mir dort einen Platz auszuersehen.
Wäre ich allein, würde ich nicht zögern, doch trotz meiner Liebe zu Asien würde ich es vorziehen, mich wieder in Deiner Nähe zu befinden, auch wenn Du Deinerseits keinen sehr großen Wert darauf zu legen scheinst. Ich für meinen Teil habe den Eindruck, daß alle Einwände, die Du erhoben hast, an dem Tag hinfällig sein werden, an dem ich so viel verdiene, daß ich Dich um nichts mehr bitten muß. Daß Du Dich wieder daran gewöhnt hast, allein zu leben und Dein eigener Herr in Deinem Haus zu sein, verstehe ich sehr gut. Das erscheint mir nur natürlich. Ich glaube jedoch, daß die Vorstellung, die ich mir

gemacht hatte – von zwei Häuschen in dem gleichen Garten einem –, jeden von uns völlige Freiheit in unseren Gewohnheiten gelassen hätte, in bezug auf Aufstehen und Schlafengehen, Studium oder Musik, und es uns zugleich erlaubt hätte, zusammenzusein, wann immer wir Lust dazu verspürt hätten. Irgendwo an der Côte d'Azur wäre das möglich gewesen. (...)

Benares, 26. Januar 1925
Zuallererst, mein großer lieber Freund, nimm meine sehr herzlichen Wünsche entgegen, ich hoffe, daß sie Dich rechtzeitig zu Deinem Geburtstag Ende Februar erreichen.
Ich danke Dir sehr, daß Du mir diese Liste der Fotografien zugesandt hast. Mich wieder an die Themen der Bilder zu erinnern, die ich womöglich verwenden kann, hilft mir über die Maßen. Aber Du mußt unbedingt die Negative wiederfinden, die Du bei Dir hast. Sie befanden sich in dem Gepäck, das ich Dir aus Japan geschickt habe. Ich werde Dir Einzelheiten dazu schreiben, die Dein Gedächtnis auffrischen werden. (...)
(...) Wie soll ich die Zukunft in Angriff nehmen? Mein Gepäck kann nicht mehr lange in China bleiben, es würde am Ende verlorengehen oder Schaden nehmen. Es ist sehr kostspielig, solche Pakete befördern zu lassen, und ich weiß nicht, an welchen endgültigen Bestimmungsort ich sie schicken soll. Du weißt, daß ich mein Herz im Osten verloren habe; ich liebe Asien, das ist eine angeborene Leidenschaft. Bei der Betrachtung der drei verblichenen Fotografien, die Deinem heutigen Brief beilagen, überkam mich die Sehnsucht. Angesichts meiner beiden am Fuß eines kahlen Berges aufgestellten Zelte fühlte ich mich plötzlich vom frischen Wind jener Einöden dort oben, beim Blauen See, umweht ... Doch da ich, mein sehr Lieber – das ist Dir wahrscheinlich nicht hinlänglich klar –, einen sehr großen Wunsch verspüre, Dich wiederzuse-

hen, wollte ich wieder in Deiner Nähe sein. Mein praktischer Verstand sagte mir, daß wir zweifellos zu einer für uns beide befriedigenden Übereinkunft gelangen könnten. (...)
Gerade habe ich mir aufmerksam die Fotoliste durchgelesen. Sobald Du die Zeit dafür findest, mein lieber Freund, mußt Du erneute Nachforschungen anstellen. Falls sie sich nicht in China befindet, was mehr als zweifelhaft ist, müßtest Du eine Sammlung von Fotos (keine Negative) haben von der gleichen Größe wie die von M. Hsü (Postkarte), auf denen Shigatse in Tibet und eine Anzahl anderer tibetischer Ansichten zu sehen sind. Es ist wichtig, auch die Filme wiederzufinden. Es sind solche darunter, die sich auf meine erste Reise nach Tibet beziehen und die sehr interessant sind: So die Ansichten von Tashilumpo, ich zusammen mit der Mutter des Tashi Lama in einer Gruppe etc.
Und wo sind denn die Negative und die Fotografien von »Dechen Ashram«, meiner Einsiedelei im Himalaja? (...) Hast Du meine anderen Bilder erhalten, eins in Stadtaufmachung und zwei andere in tibetischer Kleidung mit Rucksack und Pilgerstab in der Hand? ...
Je häufiger ich mir Deine Liste durchlese, desto deutlicher sehe ich, daß sie unvollständig ist. Du hast die Fotos meiner Winterreise durch Tibet bekommen, vom Aufbruch aus Jakyendo an, die Zelte im Schnee etc. Du erwähnst sie nicht. Die Negative müssen in Beijing sein. Du siehst wie dringend es für mich ist, mein Gepäck wieder zu sammeln und Klarheit in meine Angelegenheiten zu bringen. (...)

Bombay, 12. Februar 1925

Ich mache mir zunutze, daß der Direktor des Musée Guimet hier auf der Durchreise ist – er kommt aus Afghanistan und schifft sich nach Frankreich ein. Ich gebe ihm diesen Brief mit, den er von Marseille aus an Dich abschicken wird. Das als Vorsichtsmaßnahme, denn einige der Briefe, die ich nach meiner Ankunft aus Tibet geschrieben habe, sind nie bei den Empfängern angekommen.

Ich möchte Dir von Albert sprechen ... Der Junge darf nicht in sein Land zurückkehren. Es könnte ihm Schlimmes zustoßen, sobald meine Bücher veröffentlicht werden und man erfährt, in welcher Weise er mir geholfen hat und welche Rolle er dabei gespielt hat. (...)

Solange Albert sich in meiner Nähe aufhält und man vermutet, daß er mich nur als Diener begleitet hat, ist der Junge einigermaßen in Sicherheit. Man hat nicht gewagt, ihn zu bestrafen, weil man wußte, daß er mich und meinen Rückhalt hat.

(...) Demnächst werden die Bücher und die Artikel erscheinen. Es wird von Albert die Rede sein, von all den amüsanten Tricks, die er eingesetzt hat. Man wird erfahren, daß er als Lama Zeremonien abgehalten hat, daß er tibetische Häuptlinge an der Nase herumgeführt hat, daß er tausend Lügen erzählt hat und daß er, kurz gesagt, für den Erfolg meiner Reise gesorgt hat. Und es werden dann auch Artikel erscheinen, die die politische Situation an der chinesisch-tibetischen Grenze beschreiben, die Machenschaften der Engländer in Tibet, wie sie den Ausländern den Zugang zu Gebieten untersagen, die ihnen vor fünfzehn Jahren noch offenstanden, und eine ganze Reihe noch schwerwiegenderer Dinge. Wenn ich all das aus meinen Erzählungen streichen sollte, müßte ich die interessantesten Punkte auslassen, und die Leser würden das »Warum« meiner seltsamen Reiserouten nicht begreifen, und es würden ihnen die originellsten Aspekte meiner Abenteuer entgehen.

Du kannst Dir also mühelos vorstellen, daß gewisse Leute von meinen Enthüllungen nicht gerade begeistert sein werden und

daß ihnen derjenige ein großer Dorn im Auge sein wird, der mir geholfen hat, mich an Ort und Stelle zu informieren. (…) In diesem Fall muß sich nur noch der Fanatismus der Dummköpfe entladen … Das Ergebnis ist klar vorhersehbar. Der Unglückselige wird zum Paria, falls man ihn am Leben läßt …
(…) Wechseln wir das Thema. Ich muß mich irgendwo niederlassen, ich habe es Dir bereits gesagt. Meinst Du, ich könnte in Frankreich preiswerter leben als in Indochina? Ich denke nicht an Paris, sondern entweder an einen Platz in den Alpen, in der Nähe des Genfer Sees, oder zwischen Nizza und der italienischen Grenze. Einen Platz, der auf einer gewissen Höhe gelegen ist, dort würde ich mich sehr viel besser fühlen. Ob ich wohl ein Haus zur Miete finden könnte, bis ich einen endgültigen Entschluß gefaßt habe? … Wenn ich die Mittel dazu hätte, würde ich nicht zögern, nach Indochina zu gehen. Das ist nicht sehr weit von hier, und solange ich noch Asien bin, sind in den Augen der Verleger und des Publikums meine Reisen noch nicht beendet, und ich bleibe im Blickpunkt des Interesses. Da ich jedoch eine beträchtliche Last für Dich bin, will ich nichts entscheiden, ohne zuvor Deine Meinung zu hören. Ich erwarte Deinen Rat.

Bombay, ? Februar 1925
(…) Du wirst erstaunt und zweifellos glücklich sein, wenn Du erfährst, daß die *Revue de Paris,* die Du natürlich kennst, mir *gekabelt* hat, um mir mitzuteilen, daß sie meine »tibetischen Erinnerungen« veröffentlichen möchte. Da diese Leute es für notwendig befunden haben, hundert Franc für ein Telegramm auszugeben, nur um mich schneller zu erreichen, muß ihnen mein Manuskript eine Menge wert sein.
Zweite Neuigkeit: ich habe gerade einen Brief von dem amerikanischen Verlag D. Appleton and Company vorgefunden,

von dem ich Dir hier die Übersetzung gebe: »Die in den Zeitungen erschienenen Berichte über Ihren ungewöhnlichen Besuch in Lhasa haben unser Interesse erregt. Haben Sie ein Manuskript darüber? Wir sind begierig darauf, Ihre Geschichte zu lesen, wenn Sie sie uns zuschicken können, um sie sodann als Buch zu veröffentlichen.
Wir haben vergeblich versucht zu erfahren, ob Sie sich in Europa befinden. Kürzlich haben wir gehört, daß Sie in Indien sind, und wir wenden uns an den französischen Konsul, um Ihren Aufenthaltsort herauszufinden.
Wir sind überzeugt, daß ein Buch, in dem Sie Ihre Reisen beschreiben, ein beträchtlicher Verkaufserfolg sein wird.«
Insgesamt liegen mir jetzt vier Angebote vor, fünf sogar. (...)
Ich habe es Dir gesagt, mein sehr Lieber, meine Geschäfte werden sehr gut gehen, wenn ich nur ein Jahr der Ruhe habe und meine materielle Sicherheit garantiert ist, an einem Ort, an dem ich arbeiten kann, ohne mich um irgend etwas anderes kümmern zu müssen, und wo ich ohne geräuschvolle Nachbarschaft an der frischen Luft sein kann. (...)
Ich bin erst seit einigen Stunden hier, und schon hat eine Lokalzeitung bei mir angefragt, ob ich in einer Stunde ihren Korrespondenten empfangen kann. Berühmtheit, auf die ich gut verzichten könnte. Aber nun ... Da ich darauf angewiesen bin, Geld zu verdienen, muß ich jedes Mittel dazu ergreifen. (...)

Bombay, 19. Februar 1925
Notiere Dir gleich vorab, daß ich von nun an über das französische Konsulat in Colombo (Ceylon) zu erreichen bin. Ich werde Bombay am nächsten Sonntag, dem 22., verlassen. Ich wollte schon Samstag abreisen, doch gestern ist der Dichter Rabindranath Tagore aus Südamerika zurückgekehrt. Der

Parsi-Millionär, bei dem er wohnt, gibt eine Art Ehrenempfang für ihn, und man hat mich eingeladen.
Morgen vormittag werde ich mich übrigens alleine mit R. Tagore treffen. Ich kenne ihn nicht persönlich, aber ich habe früher einmal Umgang mit Verwandten von ihm gepflegt, mit seinen Brüdern, einer seiner Schwestern und einer seiner Nichten. Vielleicht ergibt dieses Gespräch einige Informationen, die interessant für mich sein könnten.
Wir hatten einen großen Lunch – unter groß verstehe ich in diesem Fall eine große Anzahl von ausgezeichneten Speisen. Es waren dort: Monsieur Chausset, der Geschäftsträger in Afghanistan, und seine Frau, Monsieur Hakin, der Direktor des Musée Guimet, der Handelsattaché beim italienischen Konsulat, der französische Konsul (er hatte eingeladen), Albert und ich.
Monsieur Hakin hat sich am nächsten Tag nach Frankreich eingeschifft, und die Chaussets sind nach Kabul zurückgekehrt. Ich muß *L'Illustration* einen Artikel liefern. Monsieur Hakin möchte im Musée Guimet den Gebetsraum eines tibetischen Lama zeigen, den ich ihm einrichten werde. Sylvain Lévi hat an seinen Sohn geschrieben, der mir den Brief gezeigt hat: »… sagt ihr, sie soll entschuldigen, wenn ich ihr im Augenblick nicht schreibe, aber ich arbeite für sie, was sicher sehr viel besser für sie ist … Sie muß einen triumphalen Empfang bekommen …« Was die *Geschäfte* angeht, so sagen mir alle: »Sie müssen nach Paris gehen, wenn nicht im nächsten Winter, dann spätestens im Frühjahr. Jeglicher Erfolg wird von Paris ausgehen. Wenn man Sie dort gefeiert hat, werden die Amerikaner Sie mit Begeisterung empfangen. Ohne zuvor die glanzvolle Bestätigung in Paris bekommen zu haben, wird die Reise sehr viel weniger lukrativ für Sie sein …« Das erscheint mir ziemlich einleuchtend. Könnte man

die Dinge auf diese Art und Weise regeln? ... Das wäre noch abzuklären. (...)
Ich lege einen Zeitungsausschnitt mit einem Bild von mir bei. Ich schreibe nun nicht mehr weiter, mein sehr Lieber, ich habe Dir mit der letzten Post einen ausführlichen Brief geschickt. Ich fühle mich ein wenig fiebrig. Ich könnte unmöglich über längere Zeit in einer Stadt leben, ich würde sehr schnell krank werden. Ich muß einen Winkel finden, wo man sich noch frei bewegen kann, ohne Wegen folgen zu müssen, die durch Hekken oder Felder eingegrenzt sind, und vor allem brauche ich ein stilles Eckchen.

Anuradhapura, 27. Februar 1925
Ich befinde mich jetzt in Ceylon und werde morgen in Colombo eintreffen. Ich bin ziemlich erschöpft. Die Entfernungen in Indien sind unglaublich groß. Ich habe vier Tage und drei Nächte in der Eisenbahn verbracht, es beginnt jetzt sehr heiß zu werden ... Das ist nicht gerade erholsam. (...)
Ich habe ausführlich mit den Franzosen gesprochen, die ich in Bombay getroffen habe: mit dem Konsul, dem Direktor des Musée Guimet etc. Sie beharren sehr darauf, daß ich nach Frankreich zurückkehren soll. Zweifellos sprechen viele Gründe für eine Rückkehr. (...)
Der Konsul glaubt, daß die Engländer vermutet haben, ich sei eine Spionin unserer Regierung. (...) Solange ich mich auf englischem Territorium befinde, kann ich von den interessantesten Einzelheiten meiner Reisen überdies nicht freimütig berichten. Kurz gesagt, nachdem ich alle Möglichkeiten erwogen habe, erscheint es mir im Hinblick auf meine »Geschäfte« empfehlenswert, so bald wie möglich nach Frankreich zurückzukehren. (...)
Ich glaube, ich habe Dir erzählt, daß Rabindranath Tagore,

der so berühmt geworden ist, seit er den Nobelpreis erhalten hat, Leuten in Argentinien geschrieben hat, die sich um seine Veröffentlichungen kümmern, daß sie auch zusehen sollen, meine Artikel zu plazieren. In dem Gespräch, das wir miteinander hatten, habe ich den Eindruck gewonnen, daß der »Dichter« ein tüchtiger »Geschäftsmann« ist. (...)
Herriot ist mir sehr gewogen, er hat sogar Artikel, die in indischen Zeitungen über mich veröffentlicht worden sind, an verschiedene Botschaften schicken lassen, so an die in New York. Ich glaube, daß ich mir diese Umstände zunutze machen muß. In offiziellen Kreisen geht man zudem immer noch davon aus, daß ich mich nach Amerika begeben werde, deshalb muß ich mir die tausendfünfhundert chinesischen Dollar, die mir zu diesem Zweck bewilligt worden sind, in Reserve halten.

2. März 1925

Mein sehr Lieber, ich bin bei der Mutter von Dharmapala in Colombo. Es ist sehr heiß und sehr feucht. Ich kann unmöglich hierbleiben. Meine Lungen sind an eine andere Luft gewöhnt. Ich ersticke in dieser feuchten Hitze. Wenn es mir gelingt, mir das nötige Geld zu leihen, reise ich auf der Stelle ab. Ich werde diesen Brief dem Beamten für den Eilgutverkehr übergeben, damit Du ihn über den französischen Postweg erhältst.

Colombo, 21. März 1925

Die Nachricht, daß Du krank warst, hat mich sehr betrübt, ich entnehme Deinem Brief jedoch, daß Du auf dem Weg der Besserung bist. Inzwischen müßtest Du völlig wiederhergestellt sein. Grippen dieser Art sind sehr bösartige Krankheiten. Die Grippe, die ich in Lhasa hatte, hat mich für mehrere Monate niedergeworfen. (...)
Mein guter Freund, daß Du mir den Rat gibst, in Asien zu bleiben, zeigt mir, daß Du in keiner Weise den Wunsch verspürst,

mich wiederzusehen. Glaube nicht, daß ich Dir das übelnehme. Du hast Angst, ich spüre es, daß ich mit meiner Aktivität das ruhige Leben aus dem Lot bringen könnte, das Du Dir seit meiner Abreise eingerichtet hast. Das ist verständlich. Mein guter Mouchy, ich versichere Dir, ich werde bestens durchkommen, Pläne machen und mir viel zu tun geben. Das ist nicht gerade nach meinem Geschmack, aber ich sehe keinen Weg, es zu vermeiden. (...)

Ich kann unmöglich hierbleiben, wie Du es mir empfiehlst. Ich habe mich informiert, das Leben ist hier überall viel zu teuer. Der Osten hätte sich für mich auf Indochina oder China beschränkt. An der Küste ist das Leben sehr kostspielig. Ich hätte mich weit ins Landesinnere zurückziehen können, aber von dort aus wäre es mir unmöglich gewesen, mit Verlagen zu korrespondieren und mir Einnahmequellen zu verschaffen. Du könntest mir nicht bis in alle Ewigkeit eine Rente zahlen, die aufgrund der anhaltenden Entwertung des Franc ständig steigen würde. Mir bliebe nur die Möglichkeit, das wenige, das ich besitze, flüssigzumachen und mir ganz weitab in einer Gegend Chinas, die von Tibetern bewohnt wird, ein Stück Land zu kaufen und mich dort als »Lama« niederzulassen, Albert die Funktion des Verwalters zu übertragen und zu leben, wie die Lamas leben: vom Anbau, von der Herde und davon, daß man sich ein wenig Geld zu überhöhten Zinsen leiht und Schwarzhandel betreibt; zudem läßt sich noch mit diversen religiösen Künsten Geld verdienen. Nichts würde mich daran hindern, das zu tun, und ich muß gestehen, daß ich mich für diese Lösung entschieden hätte, wenn ich allein wäre, denn dieses Leben gefällt mir hundertmal besser als das im Okzident. Aber ich möchte nicht darauf verzichten, Dich wiederzusehen und Dir nützlich zu sein, wenn ich es kann. (...)

Dies ist nun mein Plan, und ob Du damit einverstanden bist oder nicht, so hoffe ich doch, daß Du mir helfen wirst, ihn zu realisieren, denn so wenig angemessen er für jemanden wie Dich sein mag, steht er doch völlig im Einklang mit einer Person meines Charakters. Ich bin eine Wilde, mein sehr Lieber, merk Dir das ein für allemal. Die ganze westliche Zivilisation widert mich an. Ich liebe nichts als mein Zelt, meine Pferde und die Einöde.
Ich möchte ein Stück Land in den Bergen erwerben, in der Nähe eines Ortes, in dem ich ohne Schwierigkeiten Lebensmittel einkaufen kann. Dort oben möchte ich eine Hütte aus Stein oder aus Holz bauen, je nach Gegend, zehn mal zehn Meter. Ich brauche nichts als die Mauern und ein gutes Dach.
Hilf mir, diesen Plan so schnell wie möglich in die Tat umzusetzen. Du hast Beziehungen, die hilfreich sein könnten, um Informationen über die Grundstückspreise zu bekommen. (...) Als Gegend wäre die an der »Route des Alpes« oberhalb vor Nizza von der Lage her sehr günstig, da sie von den P.L.M.-Autobussen bedient wird. Oder auch ein anderer, ein wenig höher gelegener Ort im Esterel, wo es Wälder gibt und vielleicht auch einen Blick aufs Meer. Mein Terrain sollte nicht nur taschentuchgroß sein – es ist mir wichtiger als das Haus. Es sollte Bäume haben – ein Wäldchen. Je größer das Grundstück, desto besser wäre es natürlich, aber meine Mittel sind sehr begrenzt. Ich habe etwa zehntausend Franc für mein »home« angesammelt (ich kann das Geld nicht für andere Zwecke verwenden, ich bin verpflichtet, die Fotos von dem vorzulegen, was gebaut worden ist). Wie weit kann ich mit dieser Summe kommen? (...)
Ich habe jetzt festgestellt, daß der Preis für einen Artikel keineswegs mehr der gleiche ist wie vor dem Krieg und daß meine »Freunde« vom *Mercure* mich ziemlich hinterhältig ausgebeu-

tet haben. Was haben sie mir für den »Sündenbock der Tibeter« bezahlt? ... Die Lehre, die ich daraus ziehen muß, ist die, daß ich mich an Ort und Stelle über diese neue Welt informieren muß, die ich nicht kenne. Stell Dir vor, ich wäre entzückt gewesen, wenn man mir dreihundert Franc für einen Artikel geboten hätte, und jetzt scheint es mir, daß ich betrogen werde, wenn man mir zweitausend Franc für drei Artikel zahlt. (...)

An Bord der »Min« auf der Höhe von Biserta, 29. April 1925
Meine Reise ist gut verlaufen, was das Schiff anbetrifft, ein großer deutscher Frachter, der als Kriegsentschädigung an unsere Handelsmarine abgetreten worden ist. Es gibt keine anderen Passagiere. Der Kommandant ist ein braver »Marius« aus Saint-Tropez, Weinbauer und zugleich Hochseekapitän. Ich habe eine große Kabine auf dem Oberdeck. Es gibt natürlich keinerlei Luxus an Bord, weder Arzt noch Stubenmädchen. Doch kann ich mich zum Beispiel bewegen, wohin ich will, ob auf die Kommandobrücke oder sonstwohin, und ich kann dem Koch mehr oder weniger diktieren, was ich gerne essen möchte. Unglücklicherweise bin ich wieder krank geworden; einige Tage lang hatte ich Fieber und eine sehr schmerzhafte Gesichtsneuralgie. Ich begreife mehr denn je, daß ich Erholung brauche in frischer Luft und trockenem Klima. Trotz dieser Unpäßlichkeiten habe ich seit meiner Abreise aus Colombo arbeiten können. Ich habe rund hundert Seiten geschrieben, wobei fünfundneunzig Seiten etwa die Hälfte dessen sind, was ich der *Revue de Paris* liefern muß. Für den Augenblick mangelt es mir nicht an Abnehmern, es fehlt mir lediglich das Manuskript. Ich muß mich irgendwo niederlassen und zu schreiben beginnen.
(...) Dieser Frachter bringt mich nach Valencia, wo ich – wenn

nichts dazwischenkommt – am Samstag, dem 1. Mai, ankommen werde. (...)

Valencia, Spanien, 4. Mai 1925
Mein guter Freund, auch in Valencia habe ich keinen Brief von Dir vorgefunden, und ich frage mich, ob ich in Le Havre einen vorfinden werde. Ich bin sehr beunruhigt. Bist Du krank? ... Der spanische Zoll macht mir derartige Schwierigkeiten, hier mein Gepäck auszuladen, daß ich nun bis Le Havre an Bord des gleichen Schiffes bleibe. Europa widert mich über die Maßen an, noch bevor ich auch nur einen Fuß an Land gesetzt habe. Im übrigen hatte ich mir in dieser Hinsicht keinerlei Illusionen gemacht. Ich wollte Dich wiedersehen und meine Angelegenheiten soweit regeln, daß ich mir die in der aktuellen Wirtschaftslage unerläßlichen Einnahmequellen verschaffen kann. Der erste dieser Wünsche scheint leider nicht Deine Zustimmung zu finden. Ich kann mich täuschen, und ich hoffe es; man versteht sich schlecht auf die Entfernung. Am 10. oder 11. Mai werde ich in Le Havre sein. Du könntest mir sehr gut ein Telegramm dorthin schicken, an die *Messageries Maritimes,* mit einer Nachricht, wie es Dir geht. (...)

Marseille, 7. Februar 1926
Ich habe meine zweite Vortragsreihe beendet, die drei Wochen gedauert hat. Überall ein großer Erfolg. In Nizza war der Saal des städtischen Kasinos – ein sehr großer Theatersaal – völlig überfüllt. Sehr viele Leute auch in Marseille im *Théâtre du Gymnase.* Unglücklicherweise sind die Hotelkosten extrem hoch und verschlingen einen großen Teil des Honorars. Nach Abzug aller Kosten sind mir nach diesen drei Wochen sechstausend Franc Verdienst geblieben. Sehr gute Nachrichten sind aus Amerika eingetroffen. Eine Zeitschrift wird für drei

Artikel, vielleicht auch vier (aber drei sind schon fest verkauft), Auszüge aus dem Manuskript machen, das ich meinem Verleger gegeben habe. Ich muß nichts mehr daran tun, nicht eine einzige Zeile schreiben, und man wird mir dreihundertfünfundsiebzig Dollar überweisen oder auch fünfhundert Dollar, wenn man einen vierten Artikel übernimmt. Beim augenblicklichen Kurs des Dollar noch einmal eine hübsche kleine Summe. Weitere Geschäfte zeichnen sich ab.
Albert hat bei den Vorträgen einen sehr großen Erfolg gehabt. Ich war selbst verblüfft darüber. Er hatte zu mir gesagt: »Ich werde ihnen Verse rezitieren, die ich auf tibetisch improvisiere. Wenn Tagore das kann, warum sollen wir es nicht auch versuchen?« Und er hat von Bergen rot wie Korallen und Bergen blau wie Türkisen und Palästen weiß wie Muscheln und anderen orientalischen Dingen gesprochen, und man hat ihm Ovationen dargebracht. Stell Dir vor. Mein guter Freund, verzeih, wenn ich Dir das sage: Du hast Dich sehr falsch verhalten, als Du meinem ergebenen kleinen Gefährten gefährlicher Abenteuer so abweisend begegnet bist. Er erwartete sich Deinen Dank dafür, daß er Deiner Frau so treu gedient und es ihr ermöglicht hat, die Reisen durchzuführen, für die sie heute die Früchte erntet. (...)

Hôtel Terminus P. L. M., Marseille, 9. März 1926
(...) Morgen früh um sechs Uhr reise ich mit dem Schnellzug ab und werde um sieben Uhr abends in Paris sein, zu einer sehr angenehmen Zeit. Wahrscheinlich werde ich den ganzen Monat Mai in Paris verbringen. Und da das Buch für Plon dann beendet sein wird, kann ich mich im Anschluß vielleicht darum kümmern, mir ein Domizil zu suchen. Wenn ich in Frankreich bleibe, dann gefällt mir nur der Süden, ich glaube jedoch, daß ich mich an eine gewisse Höhe halten sollte. (...)

Die Jagd nach Wohnraum ist überall gleichermaßen verzweifelt und gleichermaßen aussichtslos. An der Côte d'Azur wie auch in der Umgebung von Paris sieht man allenthalben Aushänge: »Parzellierung.« Das ist abscheulich! Man teilt ein Gelände wie auf dem Friedhof in kleine Vierecke auf, und darauf erbauen sich die Leute ein kleines Grab, umgeben von einem Gärtchen und einem Gitter, und das macht den Begräbniseffekt vollkommen. Die Mentalität, die sich in solchen Hüttchen entwickeln wird, darf uns auf eine hübsche neue Rasse hoffen lassen. (…)

Paris, 30. März 1926

(…) Es geht mir nicht allzu gut, ich leide wieder unter den alten neurasthenischen Beschwerden. Professor d'Arsonval*, den ich gestern nachmittag aufgesucht habe, sagt mir, daß die Ursache zum einen der Enterokolitis und zum anderen meinen Problemen zuzuschreiben ist, dem Heimweh nach den Ländern und dem Leben, die ich hinter mir gelassen habe. Er besteht darauf, daß einer seiner Freunde, eine medizinische Koryphäe, mich vor meiner Abreise untersucht. Er ist überzeugt, daß weder Paris noch eine andere größere Stadt empfehlenswert für mich wäre. Ich plane in diesem Sommer eine große Fußwanderung durch die Voralpen hinter Nizza, um mich ein wenig zu erholen. Ich brauche Ruhe, Stille, Einsamkeit und viel frische Luft.

Die amerikanische Zeitschrift *Asia* veröffentlicht Artikel, die meinem englischen Manuskript entnommen sind. Ich habe am Sonntag, dem 28. letzten Monats, einen Vortrag im Musée Guimet gehalten. Die Leute drängten sich im Saal. Man hatte

* Doktor d'Arsonval, Mitglied der Akademie der Wissenschaften und der Ärztlichen Akademie, Professor am *Collège de France,* Präsident des Allgemeinen Instituts für Psychologie.

die Türen offengelassen, und im angrenzenden Saal versuchte eine weitere große Menge von Menschen im Stehen etwas zu hören und zu sehen. Viele bekannte Persönlichkeiten: der ehemalige Gouverneur von Indochina und der ehemalige französische Gesandte in Brasilien, der auf einen anderen Posten versetzt wird, der Direktor der *École française d'Extrême Orient* etc. Im Anschluß an den Vortrag gab es einen Tee-Empfang. (...)

Toulon, 28. Mai 1926

(...) Ich habe leider zur Kenntnis nehmen müssen, daß Du im Mai nicht nach Frankreich gekommen bist, wie ich gehofft hatte, und da Du nicht gekommen bist, wird Dich vor Deiner gewohnten Ferienzeit höchstwahrscheinlich nichts hierherziehen. Falls Dir diese Idee nicht mißfällt, könnten wir es so einrichten, daß wir dann einige Zeit miteinander verbringen. Hättest Du Lust, mich in die Meeralpen in der Nähe der italienischen Grenze zu begleiten? Dort ist es natürlich nicht sehr spaßig, nein, überhaupt nicht spaßig; es gibt dort weder Kasinos noch Kinos, es gibt überhaupt nichts. Ich habe mir im übrigen gerade deshalb überlegt, dorthin zu gehen. Ich möchte von dort aus lange Fußwanderungen mit dem Rucksack unternehmen, wie die Mitglieder des Alpenvereins. Abgesehen von dem Vergnügen, das ich mir von diesen Ausflügen verspreche, werden sie meiner Gesundheit zuträglich sein, der ich seit meiner Rückkehr nach Europa wahrlich allzuviel abgefordert habe. (...)

Falls Du sehr beschäftigt bist, mein guter Freund, so geht es mir in dieser Hinsicht nicht anders. Es gelingt mir einfach nicht, alles zu erledigen, zu meinem Ärger bleibe ich immer mit viel Arbeit im Rückstand. Die Zeitschrift *Asia* in New York, die mir drei Artikel fest abgekauft und sich vorbehalten hatte, einen vierten zu nehmen, hat mich um einen fünften gebeten und möchte eine neue Folge über den Lamaismus. Ich habe Anfragen für Artikel über die Frauen in Tibet und über die Okkultisten in diesem Land. Ich müßte auch die von Albert übersetzten Erzählungen überarbeiten und sie ein wenig dem Publikumsgeschmack anpassen, denn auch sie sollen in die Vereinigten Staaten geschickt werden. Ich glaube, ich habe Dir bereits geschrieben, daß das Musée Guimet meine Übersetzung des *Prâjnâparamita* publizieren möchte, aber ich muß sie noch einmal durchsehen, und das wird sehr viel Arbeit machen. Ein Verleger möchte die englische Übersetzung des Buches über den Buddhismus sehen, das ich vor langer Zeit bei Alcan veröffentlicht habe. Aber da ich dieses Buch vor dem Krieg geschrieben habe, muß es stark überarbeitet und sozusagen auf den neuesten Stand gebracht werden. Und dann möchte noch ein anderer Verleger, daß ich meine Ansichten über die Lehren der modernistischen fundamentalistischen Christen äußere, die offenbar einen großen Erfolg in Amerika haben – ich gestehe, daß ich nicht einmal den Namen dieser Sekte kannte. Man erhofft sich von mir die Aussage, daß in Asien ähnliche Tendenzen existieren, wenn auch nicht christlichen Ursprungs. Daraus ergibt sich erneut eine Reihe von Artikeln, und da diese in den Bereich der vergleichenden Religionswissenschaften fallen, fühle ich mich dafür absolut zuständig. (…)

Les Mazots, Chemin de la Calade (bei Serinette), Toulon (Var), 25. Dezember 1926

Alle meine guten Wünsche für ein glückliches neues Jahr: beste Gesundheit und alle nur mögliche Befriedigung in den Angelegenheiten, mit denen Du befaßt bist. (…)

Ich schufte in der letzten Zeit wie ein Tier. Dieses Manuskript für Plon wurde und wurde nicht fertig, meine Maschinen-

schreiberin hat nicht ihr Wort gehalten ... Kurz, viel Ärger. Ich wollte dieses Buch zu Beginn des Jahres 1927 nicht noch immer auf dem Hals haben. Endlich ist es beendet. Ich werde acht Tage Atem schöpfen, Papiere und Notizen ordnen und mich dann an andere Arbeiten begeben. Ich habe eine neue Anfrage von einem Verlag in Kalifornien, der ein Manuskript von mir haben möchte. Ich habe meinen Agenten, der sich noch immer in New York befindet, damit beauftragt zuzusehen, was sich in dieser Richtung machen läßt. Die beiden Bücher werden im Frühjahr gleichzeitig in New York, London und Paris erscheinen. (...)
Ich habe mit Erstaunen vom Tod von Jean Richepin erfahren, denn ich dachte, er sei längst tot. Und der Autor der »Blasphemien« ist in der Kirche beigesetzt worden! Das hat mich an einen französischen Bischof in China denken lassen, einen sehr klugen Mann mit großer Beobachtungsgabe, der mir im Hinblick auf die Konvertiten sagte: »Die Leute, die ihre Stimme sehr laut erheben, die Gott beleidigen, kehren sehr häufig, wenn nicht sogar immer zu uns zurück. Ich werde für Sie beten, aber ich gestehe, daß ich in Ihrem Fall wenig Hoffnung habe. Sie behandeln die religiösen Dinge mit zu großem Respekt, und die Intellektuellen, die sich so respektvoll verhalten, sind Menschen, über die die Religion keinen Einfluß gewinnen kann, sie sind völlig davon distanziert.«
Ich habe die »Blasphemien« vor langer Zeit gelesen – sie enthalten sehr schöne Verse. Schon damals machte dieses furiose Buch den Eindruck auf mich, daß es jemand geschrieben haben mußte, der sich seines Unglaubens im Grunde nicht sicher war. Man beleidigt nicht etwas, an dessen Existenz man nicht glaubt.
Der Präsident der Republik hat beim *Matin* anfragen lassen, ob das Buch in Ergänzung zu meinen Artikeln noch nicht er-

schienen sei oder nicht demnächst erscheint, weil er es gerne lesen möchte.
Damit habe ich Dir nun eine Menge Neuigkeiten berichtet. Teile auch Du mir die Deinen mit, ich hoffe, daß sie positiv sein werden. Herzlichst.

Toulon, 11. Februar 1927
(...) Mein guter Freund, was Du in den Zeitungen über die Medaille gelesen hast, die man mir verliehen hat, ist richtig. Nur ich wußte nichts davon, so fernab von der Welt lebe ich mit »Körper« und Gedanken. Ich war deshalb sehr erstaunt, als ich einen Brief vom Sekretär der Sportakademie erhielt, die ihren Sitz beim Französischen Automobilklub an der Place de la Concorde hat, in dem er mir mitteilte, daß mir die Medaille für den großen Preis in der weiblichen Athletik im Verlauf einer Sitzung am 9. Februar verliehen werden würde, und er bat mich, sie persönlich in Empfang zu nehmen. Du kannst Dir vorstellen, daß ich diese Reise nach Paris nicht machen konnte. Ich habe ihm geantwortet, daß ich meine Arbeit zur Zeit nicht im Stich lassen kann, und habe eine kurze, aber, wie ich meine, gut formulierte Rede geschickt, die der Sekretär in meinem Namen verlesen sollte. Man wird mir die Medaille per Post schicken. Ich gestehe, daß ich fast ein wenig schokkiert war, als ich las, daß man meine Reisen als *Sport* ansieht. Aber beim Nachdenken darüber kam mir in den Sinn: wenn Pelletier Doisy ein Preisträger dieser »Akademie« war, dann kann ich es ebenso gut sein, und da dieser Preis in dem Augenblick eintrifft, in dem mein Buch in Amerika erscheint, wird er dort, wo man den Sport vergöttert, eine gute Reklame für mich sein.
Plon müßte das Buch zu Ostern veröffentlichen, aber ich habe noch keine Fahnen bekommen und auf indirektem Weg erfah-

ren, daß man dort ich weiß nicht welche Kollegin beauftragt hat, irgendwelche Bearbeitungen vorzunehmen.
Welcher Art? Ich habe keine Ahnung. Will Plon den Text kürzen, um die Druckkosten zu vermindern? Ich weiß es nicht und bin beunruhigt. (...)

Toulon, 7. März 1927
(...) Mein sehr lieber Freund, es gibt nichts Unangenehmeres, als über Geld zu sprechen, vor allem zu einem Zeitpunkt, wo jeder es so dringend nötig hat. Ich bitte Dich jedoch, mir sehr ruhig zuzuhören, ohne ärgerlich zu werden. Ich versichere Dir, daß hinter dem, was ich Dir schreibe, keinerlei Gefühl von Groll steht. Ich möchte Dich nur auf eine Tatsache aufmerksam machen, die Dir entgangen zu sein scheint.
Du hast mehrfach einen unglückseligen Satz geäußert, den ich in keiner Weise von Dir erwartet hätte. Du hast zu mir gesagt: »Ohne meine Erlaubnis kannst Du nichts tun«, und in einer Frage, auf die ich nicht zurückkommen möchte, hast Du mir bewiesen, daß Du auf Deinem Recht beharrst. Das Recht ist auf Deiner Seite, ich weiß, ich hätte jedoch nie geglaubt, daß Du auf den Gedanken kommen könntest, Dich darauf zu berufen. (...) Bei diesem Stand der Dinge mußte ich darüber nachdenken und die Situation gut abwägen. Tatsächlich kann ich völlig frei über mein Geld und meine bewegliche Habe verfügen. Was den Immobilienbesitz angeht, bestehen Einschränkungen. Ich kann ohne Dich einen Besitz kaufen, aber ich könnte ihn ohne Deine Einwilligung nicht wiederverkaufen. Wir kommen nun zum wesentlichen Punkt. Der Dollar hatte in einem Moment, in dem man mich in dieser Währung bezahlte, einen sehr hohen Stand erreicht. Statt in Paris und hier teure Mieten zu bezahlen, hätte ich mir zu diesem Zeitpunkt ein Häuschen auf dem Land kaufen, das heißt, ein festes Quar-

tier sichern können, mit der Möglichkeit, dort einen Teil meiner Nahrungsmittel selbst anzubauen.
Der Dollar ist bis auf fünfzig Franc gestiegen. Man erhält nicht immer den besten Kurs, aber auf achtundvierzig Franc hätte ich leicht kommen können. Der Dollar ist heute höchstens fünfundzwanzig Franc wert, Du siehst den enormen Unterschied. Ich habe mir das erträumte Haus nicht gekauft, weil ich fürchtete, auf ein Hindernis stoßen zu können, falls ich es später einmal aus irgendeinem Grund wiederverkaufen wollte oder müßte.
Als ich mich bei den Missionaren in Pedong befand, hast Du mir geschrieben: »Ich rate Dir, Dich an einem Ort im Orient niederzulassen, wo Du preiswert leben kannst.« Beim jetzigen Kurs des Franc kann von preiswert keine Rede mehr sein. Die Rupie kostet jetzt dreizehn bis vierzehn Franc anstelle von 1,70 Franc. Mich im Ausland leben zu lassen, wie Du es Dir vorgestellt hattest, wäre Dich teuer zu stehen gekommen.
Und die Schlußfolgerung daraus? ... Ich überlasse Dir die Sorgepflicht. Ein wohlbekanntes Axiom besagt: »Keine Rechte ohne Pflichten ...« Und da Du mich an die Deinen erinnert hast ...
Ich bitte Dich nochmals, mein sehr lieber Freund, meine Worte in dem gleichen Geist zu lesen, in dem ich sie Dir schreibe, nämlich in aller Freundschaft. Glaube nicht, daß ich müßig bin. Ich rühre mich von meinem Arbeitstisch nicht fort und sitze dort häufig noch um zwei Uhr nachts. Was ich zur Zeit schreibe, muß reiflich durchdacht, erarbeitet und dokumentiert werden, wenn es mir so gelingen soll, wie ich es mir wünsche. Ich brauche dafür Zeit und einen freien Kopf. Ich habe einen guten Start gehabt, und ich zweifle nicht daran, daß meine Situation in zwei oder drei Jahren gut abgesichert sein wird,

aber ich muß meinen Kopf für die Arbeit freihalten, darf mein Hirn nicht mit Sorgen belasten, wie ich es Dir bereits gesagt habe. (...)

15. März

Mein lieber Freund, dieser Brief ist in meiner Schreibtischschublade geblieben. Ich habe ganz plötzlich eine Augenentzündung bekommen – ganz offenbar die Folge meiner ausgedehnten nächtlichen Sitzungen am Arbeitstisch. Ich schreibe und lese durchschnittlich sechzehn Stunden pro Tag. Meine Augen haben das nicht durchgehalten. Ich war einige Tage völlig blind. Auf diese Weise habe ich die Erfahrung der Blindheit gemacht, und ich kann Dir versichern, daß das in keiner Weise vergnüglich war. Seit gestern sehe ich wieder auf einem Auge, und ich schreibe Dir als »Einäugige«. Die Entzündung geht zurück, es besteht jedoch kein Zweifel, daß ich mich ausruhen muß, daß ich für einige Zeit darauf verzichten muß, so unablässig zu schreiben, und daß ich vor allem diese Sitzungen bei künstlichem Licht aus meinem Programm streichen muß. Das kommt mir für meine Arbeit überhaupt nicht zupaß! Ich bin verzweifelt. (...)

Ich hatte meinen Brief beendet und nicht die Absicht, Dir noch mehr dazu zu schreiben, aber dieser unerwartete Unfall und die von Plon angekündigte Verzögerung haben mich bewogen, ganz offen zu Dir zu sprechen. Sei gerecht und bedenke meine Ausführungen zu dem Verlust, den ich erlitten habe, da ich kein Häuschen gekauft habe, als ich es zu so günstigen Bedingungen bekommen konnte. Meiner Ansicht nach, und es wird sehr wahrscheinlich auch die Deine sein, wäre es sehr freundlich und gerecht von Dir, wenn Du mir in diesem Jahr meine Miete bezahlen würdest. Sie ist am 23. jeden Monats fällig, und ich verhehle Dir nicht, daß sie mich enorm belastet. (...)

(Antwort von Philippe Néel)
Bone, 23. März 1927
Ich habe Deinen Brief vom 7. bis 15. März bei meiner Rückkehr von einer langen, hunderttägigen Rundreise nach Algier, Constantine, Tébessa, Bou-Khedra und zur Ouenza vorgefunden.
Ich beantworte ihn unverzüglich. Mir sind vor allem zwei Punkte in diesem Brief aufgefallen, und da Du sie meiner Ansicht nach nicht sehr exakt dargelegt hast, halte ich es für angebracht, darauf zurückzukommen.
Vorab hatte ich Dir zufolge mehrmals einen unglückseligen Satz wiederholt: »Ohne meine Erlaubnis kannst Du nichts tun«, und Du fügst hinzu: »In einer Frage hast Du mir bewiesen, daß Du auf Deinem Recht beharrst.«
Es ist mir nie in den Sinn gekommen, mich auf die Paragraphen eines Gesetzbuches zu berufen, das ich kaum kenne – zumindest, was Dich angeht. Wenn Du ehrlich bist, mußt Du zugeben, daß ich Dir die absolute Freiheit zugestanden habe, mich zu verlassen, um die Welt zu bereisen, und daß ich Dir, statt Dich mit irgendwelchen Mißbilligungen zu strafen, geholfen habe und es Dir ermöglicht habe, den übermächtigen Drang zu befriedigen, der Dich nach Asien zieht. Wenn ich Dir diesen Satz gesagt habe, den Du mir zum Vorwurf machst, dann fühlte ich mich vielleicht veranlaßt, Dir eine Tatsache ins Gedächtnis zurückzurufen, so wie Du Dich jetzt Deinerseits gezwungen siehst, es zu tun.
Daß ich Dir zu Anfang Widerstand entgegengesetzt habe, als Du Dir meine Unterschrift erbeten hast, um Deinen Reisegefährten, den jungen Yongden, offiziell adoptieren zu können, entspricht der Wahrheit. Ich hielt diese Sache unter gar keinem Gesichtspunkt für richtig, aber erinnere Dich bitte daran, daß ich Dir in Marseille in einem Zimmer des *Terminus* im Verlauf

unseres wenig freundschaftlichen Gespräches gesagt habe: »Mach, was Du willst, ich werde Dir die dafür unerläßlichen Ermächtigungen geben.« Ich bestätige Dir das hiermit erneut, falls Du es vergessen hast. Um nicht noch weitere überflüssige Worte über diese Frage zu verlieren, möchte ich Dir hiermit zusammenfassend sagen, daß ich es wirklich bedaure, daß unsere rechtliche Situation Dir nicht die völlige Freiheit über alle Deine Handlungen läßt, und daß ich nicht das geringste Bedürfnis verspüre, sie zu kontrollieren oder in welcher Hinsicht auch immer zu durchkreuzen. Leben wir denn nicht getrennt und unabhängig voneinander? ...

Der zweite Punkt ist der, daß Du mich dafür verantwortlich zu machen scheinst, daß Du Dir bei Deiner Rückkehr nach Frankreich kein Häuschen gekauft hast. In welcher Weise habe ich Dich denn daran gehindert? ...

Lassen wir es jetzt dabei bewenden, wenn es Dir recht ist. Eine nutzlose und unfruchtbare Diskussion.

Im wesentlichen sagst Du mir, daß Du Dich behindert fühlst und mich für dieses Jahr bittest, Dir den Betrag für Deine Miete vorzustrecken, das heißt sechstausend Franc. Ich lasse Dir diese Summe über die *Cie Algérienne* zukommen, die in Toulon von der Bank »Le Comptoir National d'Escompte« vertreten wird. Du brauchst nur achtundvierzig Stunden nach Erhalt meines Briefes dort hinzugehen und Dich hinreichend auszuweisen. Es freut mich, Dir einen Gefallen tun zu können, solange ich noch in der Lage bin zu arbeiten ...

Ich hoffe, daß Deine Geschäfte sich so gut entwickeln, wie Du es Dir wünschst, und daß die beträchtliche Arbeit, die Du leistest, Dir so gut bezahlt werden wird, wie sie es verdient.

Ich bin nicht gerade bei blühender Gesundheit, und ich spüre immer stärker die Beschwerden des Alters, das mit großen

Schritten näher kommt. Trotz allem halte ich mich gut und werde erst Schluß machen, wenn mir der Atem ausgeht.
In Freundschaft, Dein Philippe.

Toulon, 26. März 1927
Ich habe gerade Deinen Brief erhalten. Ich bin Dir über die Maßen dankbar. Dein liebenswürdiges Entgegenkommen wird einen hervorragenden Einfluß auf die Arbeit haben, mit der ich beschäftigt bin, und lindert meine Sorgen in diesem Augenblick, da ich den Kopf frei haben muß, um ein Werk zu schreiben, das sehr viel schwieriger zu verfassen sein wird als die simplen Reiseerinnerungen. Du trägst damit zu dem Erfolg bei, den ich mir erhoffe, und ich danke Dir dafür von ganzem Herzen. (...)

Toulon, 10. April 1927
Mein lieber Freund, ich war sehr freudig überrascht, als ich gehört habe, daß Du Dich in Paris befindest, denn das gibt mir die Möglichkeit, Dich zu sehen. *Du darfst auf gar keinen Fall wieder abfahren, bevor wir nicht wenigstens ein paar Tage miteinander verbracht haben.*
Ich habe Dir in meinem letzten Brief geschrieben, daß ich nach Paris fahre, um dort drei Vorträge zu halten. Ich werde dort am 20. oder 21. ankommen.
Meine Vorträge werden folgendermaßen stattfinden:
Am 24. bei der Theosophischen Gesellschaft, mit zahlreichen Projektionen.
Am 25. im *Collège de France.*
Am 27. im *Musée Guimet* mit weiteren Projektionen.
Du mußt das sehen. Das wäre ja noch schöner, daß Du, wenn Du schon in Paris bist, nicht noch ein paar Tage bleibst und mir zuhörst und Dir die Ansichten von Tibet betrachtest.

Und außerdem verstehst Du sicher, daß ich Dich gerne sehen und mit Dir sprechen möchte.

Paris, 4. Mai 1927
Ich habe Deinen Brief erhalten und Dir nicht früher darauf geantwortet, weil ich völlig mit Arbeit überlastet war. Tatsächlich bin ich zerschlagen, völlig übermüdet, ich kann nicht mehr. Diese großen Städte sind schrecklich. Ich träume nur noch davon, die Flucht zu ergreifen, wieder in die Berge zurückzukehren, frische Luft und Stille zu haben.
Beiliegend zwei Zeitungsausschnitte, die von mir sprechen.
Die *Revue de Paris* hat mein Manuskript erhalten. Der Abdruck wird im Oktober beginnen. Das ist noch nicht gerade morgen. Aber diese großen Zeitschriften stellen immer schon vier oder fünf Nummern im voraus fertig. In Amerika ist es ebenso. Bei Plon hat mich Ärger erwartet. Wie es aussieht, müssen sie etwa ein Viertel das Manuskripts einkürzen, damit sie das Buch für fünfzehn Franc verkaufen können. Das ist die Entscheidung der Druckerei.
(...) Man muß nur Episoden herausnehmen, aber das ist schade, denn da ich das Buch jetzt nicht neu schreiben kann, wird es an manchen Stellen vielleicht so wirken, als würde der »Zusammenhang« fehlen.
Der deutsche Verleger hat mir geschrieben, daß er mir in einigen Tagen ein festes Angebot machen wird. Er würde gern das Manuskript des nächsten Buches sehen, aber ich kann ihm erst nach meiner Rückkehr nach Toulon einen Teil davon zuschikken.
Ich habe Briand bei Bunau-Varilla (vom *Matin*) getroffen, der ihn zusammen mit d'Arsonval und einigen anderen Personen zum Mittagessen eingeladen hatte. Heute nachmittag habe ich mir den Flugplatz von Le Bourget angesehen. Ein Oberst der

Luftwaffe hat mich in einem Auto des Kriegsministeriums herumgefahren und mir alles gezeigt: den militärischen und den zivilen Bereich, wo ich Passagiere habe ankommen und abfliegen sehen. Ich wollte gerade einen kleinen Rundflug machen, als das Wetter sich verschlechterte. Der Direktor des Flugdienstes hat mich eingeladen, am Samstag zurückzukehren, dem Tag, an dem Übungsflüge veranstaltet werden, und in einem der Flugzeuge Platz zu nehmen, aber dann werde ich wahrscheinlich nicht mehr in Paris sein.

6. Mai

Nun gut! Ja, ich werde morgen, Samstag, noch in Paris sein, aber ich glaube nicht, daß ich einen Flug machen werde, weil ich noch eine ganze Menge Dinge zu tun habe, Leute sehen muß, und ich bin sehr erschöpft. Ich halte mich nicht mehr auf den Füßen, die rot und geschwollen sind. Die Absätze peinigen mich entsetzlich. Es ist sehr heiß in Paris, ich ersticke, und meinem Herzen geht es gar nicht gut. Ich schicke Dir drei Zeitungen. In zweien davon Zusammenfassungen von meinen Vorträgen; der im Musée Guimet war ein großer Erfolg. Was den im *Collège de France* angeht, so werden d'Arsonval und ich per Brief von Leuten bedrängt, die wissen wollen, ob er gedruckt werden wird, und die gerne die Broschüre kaufen möchten. Du wirst im *Matin* auch einen Leitartikel von mir zur China-Frage finden. Man hat das, was ich geschrieben habe, aus Platzgründen leicht gekürzt und gestrafft, aber es ist sehr gut, »auf der ersten Seite zu stehen«. So bin ich nun wieder zum *Matin* zurückgekehrt, wie Du es mir geraten hattest. Bunau hat mich um mehr gebeten und ... daß ich ihm weiterhin Artikel zuschicken soll. Das ist schön und gut, aber unglücklicherweise bin ich nicht fähig, »auf Befehl« zu schreiben. (...)

Ich habe auch lange und sehr schmeichelhafte Besprechungen

meines Buches erhalten, die in amerikanischen Zeitungen erschienen sind. (...)

Toulon, 8. Juni 1927

(...) Wie ich sehe, hast Du Deinen Brief geschrieben, bevor Dich der Brief erreicht hatte, den ich Dir nach meiner Rückkehr nach Les Mazots geschickt habe. Inzwischen hast Du erfahren, wie der Verkauf meines Buches an einen großen Verlag in Leipzig ausgegangen ist: Brockhaus, der eine deutsche Ausgabe machen und mir zehntausend Franc dafür zahlen wird. Das ist wenig, aber es ist Geld, das hereinkommt, ohne daß ich arbeiten muß. Ich muß meinerseits lediglich zwei Exemplare des Buches auf englisch liefern und jeweils einen Abzug von den sechzig Fotografien, die es enthält.

Als man mir die Sportmedaille verliehen hat, habe ich mir den Spaß gemacht, einen kurzen Artikel darüber hinzukritzeln: Der Sport, wie ich ihn begreife. Das hat mich knapp zwei Stunden gekostet, und ich habe den Artikel fast zum Scherz nach Amerika geschickt. Und nun! Eine große Sportzeitung hat den Artikel angenommen, und der Scheck ist gestern hier eingetroffen, beim augenblicklichen Wechselkurs sind das fünfhundert Franc. Das ist ein erneuter Beweis dafür, daß es sehr viel gewinnbringender ist, für Übersee zu arbeiten. (...) Man schreibt dort, daß meine außergewöhnliche Reise ganz einzigartig war, daß man sie nur mit den Polarexpeditionen vergleichen kann: »Indeed the fortitude displayed by Madame David-Néel and her Lama son makes a story of heroism comparable only to the great epic of the polar explorers.«

Inzwischen tut es mir ein wenig leid, daß ich nicht gleich nach meiner Ankunft aus Tibet in Amerika war. Ich begreife jetzt, daß man mich dort sehr begeistert empfangen hätte. Die Amerikaner wissen Heldentaten der Art, wie ich sie vollbracht habe, sehr wohl zu schätzen. Ich muß jetzt so schnell wie möglich ein neues Buch schreiben, denn einige Zeitungen berichten, daß es mit Ungeduld erwartet wird: »Her promised work should be one of extraordinary value.« (...)

Toulon, 1. Oktober 1927
(...) Es wird Dich erstaunen, aber auch nicht mehr als mich, wenn Du erfährst, daß ich in Deutschland mit einer Abhandlung über die psychischen Phänomene und Praktiken in Tibet debütiere, die in einer großen *theologischen* Zeitschrift erscheinen wird! Das muß eine protestantische Zeitschrift sein: *Christliche Welt.* Mein Verlag in Leipzig hat diese Sache in die Wege geleitet. (...)
Mein Manuskript für die *Revue de Paris* ist in Druck, und ich habe die ersten Fahnen von Plon korrigiert. Ich erwarte den zweiten Teil. Das Buch wird Ende November erscheinen.
Das ist alles für heute. Albert eilt jetzt zur Post nach Toulon und bringt das Paket mit den ersten Korrekturabzügen fort.
Gestern habe ich eine Mitteilung von meinem Verleger in London erhalten, der begeistert ist, wie gut die Presse das Buch aufgenommen hat. Jetzt ist noch zu sehen, ob es sich ebenso gut verkauft. (...)

Samten Dzong, Digne (Basses-Alpes), 5. August 1928
Ich begreife die Gründe, die Dich daran hindern, gleich nach Deiner Ankunft hierherzukommen. Im übrigen weiß ich jetzt selbst noch nicht genau, ob ich nicht Ende dieses Monats nach Paris fahren werde. Ich habe die Hälfte des Buches an Plon abgeschickt, wo man mich zur Eile drängt. (...)
Gerade habe ich einen Brief von d'Arsonval erhalten, der sich auf seinem Besitz im Limousin aufhält. Er hat mir angekündigt, daß er mir ein kleines Vorwort für mein nächstes Buch

schicken wird. Das wird ihm zweifellos ein hübsches Honorar einbringen.
Paul Reclus, der Neffe des verstorbenen Elisée Reclus, hat mir geschrieben und mich um eine kleinere Mitarbeit an einer neuen Ausgabe von *L'Homme et la Terre* gebeten. Es handelt sich darum, Anmerkungen über Tibet und andere Teile von Zentralasien hinzuzufügen, die ich kenne.
Du siehst, daß ich nicht die Hände in den Schoß lege. Ich tue es eher viel zu wenig, weil ich wirklich sehr müde bin und Ruhe nötig habe.
Du täuschst Dich, was Digne angeht. Der Ort ist *sehr hübsch,* und mein Besitz ist wunderbar gelegen. Die von Bäumen gesäumte Straße nach Nizza bietet eine sehr schöne, gewundene Promenade oberhalb des Flusses mit den Bergen im Hintergrund. Die Luft hier bekommt mir zudem sehr viel besser als am Meer. Kurzum, ich bin noch immer sehr zufrieden mit meinem Kauf. Das Wesentliche ist die Lage, weil man daran nichts ändern kann. Was das Haus angeht, so kann man es immer noch vergrößern und verschönern, und wieviel oder wie wenig man dafür ausgibt, kann man seinen Mitteln entsprechend entscheiden.
Das Beste an dem Haus hier ist die Terrasse mit Pergola: drei Meter sechzig auf vier Meter dreißig, auf die mein Zimmer hinausführt. Es liegt zur einen Seite im ersten und zur anderen im zweiten Stock, da sich das Grundstück am Hang hochzieht. Ich mache eine Luftkur darauf und verbringe dort häufig die Nacht auf einem Teppich schlafend. (…)

Samten Dzong, Ende August 1928
(…) Ich habe in Digne die Kühle nicht gefunden, die ich mir in sechshundert Meter Höhe erhofft hatte. Offenbar ist dieses Jahr außergewöhnlich heiß. Wir haben fast täglich sechsund-

dreißig Grad im Schatten und in der Sonne noch zehn Grad mehr. Doch sobald die Sonne untergeht, ist es angenehm, und bis zehn Uhr früh sind die Vormittage auf meiner Terrasse einfach wunderbar. Ich habe erneut ein Feld Luzerne verkauft. Demnächst werde ich auch Birnen verkaufen können. Tatsächlich ist mir die Kombination gelungen, die mir am Herzen lag: nämlich, mich mehr oder weniger von meinem Grund und Boden zu ernähren. Ich habe bereits alles, was ich an Gemüsen brauche, und im nächsten Jahr werde ich noch mehr anpflanzen. Mit dem, was ich in diesem Jahr verkauft habe, kann ich bereits den Brotverbrauch für ein ganzes Jahr bezahlen. Wenn ich eines der Häuser vermiete, kann ich damit den Lohn für eine Hausangestellte finanzieren. Ob wenig oder viel, ich werde immer einiges Geld verdienen, aber mir war es wichtig, nicht völlig von diesen Einkünften abzuhängen, um leben und meine Miete bezahlen zu können. (...) Der Ort, an dem ich mein Zelt aufgestellt habe, gefällt mir immer noch, die Bauern in der Umgebung erscheinen mir nicht unsympathisch, und im übrigen muß ich sie nicht unbedingt sehen.
Ja, die Berge sind auf meiner Seite ein wenig nackt. Aber so weit das Auge reicht, stehen immer noch genügend Bäume auf den Grundstücken, so daß die Landschaft keinen völlig kahlen Eindruck macht. Auf der anderen Seite der Stadt, an der Straße Barles–Barcelonnette, die sehr pittoresk ist, gibt es Wälder. Ich befinde mich in dem weiten Tal zwischen Saint-Auban und Digne. (...) Was mir hier an malerischer Umgebung fehlt, wird durch die sonnige Lage wieder wettgemacht.
Gut, das war wieder einmal sehr lang. Nochmals, versuche vor dem Winter hierherzukommen.

Samten Dzong, 18. Dezember 1928
Ich habe in diesem Augenblick Deine beiden Briefe vom 13.

und 14. letzten Monats gleichzeitig erhalten. Ich bin Dir sehr dankbar für die Mühe, die Du Dir mit der komplizierten Verpackung meiner asiatischen Gegenstände gemacht hast. Ich habe Dir in meinem letzten Brief ausführlich die Gründe dargelegt, die mich gezwungen haben, Dich darum zu bitten. Ich hoffe, daß Du sie verstanden hast und daß es Dir nicht allzu unangenehm ist, diese Dinge wieder herzugeben. Du bist in meinem Haus in Digne ebenso zu Hause wie in Bône, und es wäre mein größter Wunsch, daß Du soviel Zeit wie eben möglich auf diesem kleinen Landsitz verbringst, den ich nach und nach verschönern werde und der sich mit seiner angenehmen Lage und seinem schönen Ausblick – zumindest während des Sommers – zu einem Wohnsitz entwickeln wird, der auch anspruchsvollsten Gemütern gefallen wird.
(...) Du sprichst nicht davon, ob Du mir mein Fahrrad geschickt hast? ... Nachdem es Dir in keiner Weise dienlich ist, könntest Du es der Sendung eigentlich beifügen, vielleicht finde ich die Möglichkeit, es hier in Digne reparieren zu lassen. Die Straßen hier sind gut, und ich würde gern wieder ein wenig radfahren.

Samten Dzong, 7. Januar 1929
Ich habe Nachricht über die Aktivitäten erhalten, die der Präsident für mich entwickelt*. Er hat es sich tatsächlich in den Kopf gesetzt, mich nach Asien zurückzuschicken. Er hat mir über seinen stellvertretenden Kabinettschef, Monsieur Rossy, schreiben lassen. Dieser teilt mir mit, daß der Präsident ihn beauftragt habe, gegenüber den drei betreffenden Ministerien (Erziehung, Auswärtige Angelegenheiten, Kolonien) *in seinem Namen* den Antrag für einen Zuschuß zu unterstützen, und er

* Es handelt sich um Gaston Doumergue, den Präsidenten der Republik. Die Briefe, die er A. David-Néel geschickt hat, werden im Archiv in Digne aufbewahrt.

möchte, daß ich einen ungefähren Kostenvoranschlag für die Reise aufstelle, die ich geplant habe. Wahrscheinlich wird sich daraus etwas ergeben. Von den »Auswärtigen Angelegenheiten« habe ich hier in Digne ein paar Tage vor Neujahr ein Geschenk von siebentausend Franc erhalten, und der Präsident weiß davon, aber er hat mir geschrieben, daß diese Summe nicht als Subvention zu betrachten ist.

D'Arsonval hat mit Sylvain Lévi über mich gesprochen und ihm erklärt, wie interessiert er an meiner Arbeit ist, und nun ist dieser seinerseits pikiert, weil ein anderer als er selbst mir seine Unterstützung angedeihen läßt. Er hat mir einen langen Brief geschrieben. In seinem Brief, der im übrigen sehr schmeichelhaft ist, da er für mein Wissen als Orientalistin große Wertschätzung bekundet, macht er mir zum Vorwurf, daß ich mich nicht voll und ganz der philosophischen Arbeit widme. S. Lévi bezieht sechzigtausend Franc Jahresgehalt, dazu kommen die »Nebenverdienste«. Er kann es sich deshalb leisten, auch Werke nur zu seinem Vergnügen zu schreiben. Mein Fall ist ein anderer.

Die kleine Sache mit der polnischen Übersetzung ist abgeschlossen und einkassiert. Ich habe noch eine weitere Anfrage, ebenfalls aus Polen, erhalten.

Samten Dzong, 22. Januar 1929

Ich habe mit meinem Brief an Dich gewartet, weil ich zuerst die Kisten vollständig auspacken wollte, damit ich mich insgesamt dazu äußern kann. (...)

Ich habe meinen Silberbecher erhalten, aber das dazugehörige Kinderbesteck war nicht dabei, und es fehlt auch ein mit 133 gezeichnetes Besteck, mein Besteck aus der Internatszeit. Vergewissere Dich, daß diese diversen Gegenstände bei Dir sind. Es geht selbstverständlich nicht darum, daß Du sie mir schik-

ken sollst. Wenn ich sie brauche, kannst Du sie mir früher oder später nach Frankreich mitbringen.
Was die Bücher anbetrifft: Alle die von Flaubert, Anatole France, Jules Verne, Tolstoi und auch noch andere habe ich nicht erhalten.
Das ist nicht weiter schlimm; es macht Dir vielleicht Spaß, sie ab und zu einmal wieder in die Hand zu nehmen. Das ist sehr gut so, ich möchte nur wissen, daß sie bei Dir sind und daß Du sie sorgsam behandelst ...
Was sehr viel wichtiger ist: Du hast den Schlüssel für die Vitrine nicht mitgeschickt, und da der obere Teil abgeschlossen ist, konnte ich ihn nicht öffnen und den vielarmigen Buddha hineinstellen. (...)
Mein Buch scheint in Deutschland Erfolg zu haben. Der Verleger hat mir geschrieben, daß der Verkauf zufriedenstellend ist, und die Zeitungen haben begeisterte Artikel veröffentlicht. Der Mann meiner Freundin Marguerite schickt mir den Artikel zusammen mit der Übersetzung.
Dr. Filchner zeigt in diesem Augenblick in Berlin seinen Film über Tibet. Er begleitet die Vorführung mit einem Vortrag – den ich ihm ausgearbeitet habe. Hinze hat ihn sich zusammen mit Marguerite angehört und mir geschrieben, daß er sehr interessant sei und daß Dr. Filchner ausdrücklich erkläre, daß Madame David-Néel und Lama Yongden an der Entstehung des Films und dem Kommentar dazu mitgewirkt haben. Das ist sehr schön, nur würde ich gerne selber irgendwo einen Film drehen.
Ich frage mich, was sich über den Präsidenten ergeben wird. Ich habe ihm den Kostenvoranschlag geschickt, um den er mich gebeten hatte. Der Präsident hat meine Neujahrswünsche persönlich beantwortet und mir wiederholt, er sei damit befaßt, mir meine »neue Reise zu erleichtern«. Unglücklicher-

weise läßt der Wechselkurs Beträge, die in ausländischem Geld nur gering sind, zu enormen Summen ansteigen. Die Überfahrt von Marseille nach Shanghai kostet jetzt zwölftausendfünfhundert Franc. Als ich das erste Mal in den Orient gereist bin, kostete sie tausendachthundert Franc. Und in den gleichen Proportionen bewegt sich alles übrige.
Plon ist mit meinem Buch in der neunten Auflage. Das ist kein phantastischer, jedoch ein ansehnlicher Erfolg. Zumal man keine erneute Werbung dafür gemacht hat. (...)

Samten Dzong,
3. März 1929
Wie es scheint, wollen die Götter mich unbedingt wieder in Asien sehen. Ich habe die Mitteilung bekommen, daß mir verschiedene Zuschüsse bewilligt worden seien und daß wahrscheinlich noch andere folgen werden. Vor dem Krieg waren gut fünfzigtausend Franc eine gewaltige Summe, aber heutzutage stellt sie nicht mehr allzuviel dar. Indochina ist unter den Spendern, und dort würde man mir an Ort und Stelle womöglich noch einige andere Vorteile zugute kommen lassen: Gewährung eines Grundstücks oder anderes.
(...) Die Geographische Gesellschaft wird mir in diesem Jahr erneut einen Preis verleihen. Diesmal handelt es sich um keinen Orden, sondern um sechstausend Franc.
Der Präsident hat sich tatsächlich so intensiv gekümmert, wie er es mir versprochen hatte.
Von einer sofortigen Abreise kann jedoch keine Rede sein. Vorab sind alle möglichen Vorbereitungen zu treffen. Ich werde Frankreich erst nach diesem Sommer und vielleicht sogar erst im nächsten Jahr verlassen; mein Aufenthalt in Asien soll nicht sehr lange dauern. Ich werde keineswegs eine Vergnügungsreise unternehmen. Ich habe diesmal eine absolut offi-

zielle Mission. Es wird sich darum handeln, zu arbeiten, Berichte zu schreiben. (...)

Hôtel Vauban, 100 Boulevard de la Tour-Maubourg, Paris 7ième arrondissement, 13. Juni 1929

Ich bin immer noch in Paris und kann das Ende meines Aufenthaltes hier noch nicht absehen, was mich ärgert, denn ich liebe den Lärm und die ungesunde Luft der großen Städte überhaupt nicht.

Aber die Geschäfte brauchen ihre Zeit, man muß immer auf irgend etwas oder irgend jemanden warten. Wenn man vor dem Krieg eine Reise machen wollte, reichte es aus, das für seine Ausgaben notwendige Geld bei sich zu haben. Inzwischen bedarf es zum Überschreiten der Grenzen einer ganzen Menge von Formalitäten. Wir sind in die Barbarei zurückgefallen.

Ich habe den russischen und den chinesischen Botschafter getroffen. Ich habe auch viele andere Leute gesehen, es gibt jedoch immer wieder noch weitere, zu denen man mich schicken will. Der Kultusminister hat beschlossen, seinen Obolus ebenso beizusteuern wie seine Kollegen von den Auswärtigen Angelegenheiten und den Kolonien. Ich erwarte auch etwas von der Akademie der Wissenschaften.

Es gibt sogar etwas noch Ausgefalleneres. Citroën, der in Afrika die »Croisière noire« gemacht hat, will in Asien eine weitere Rallye, die »Croisière jaune«, veranstalten und Albert und mich auf die Expedition mitnehmen. Ich für meinen Teil sehe dazu keine Möglichkeit, ich habe anderes zu tun. Präsident Doumergue, den ich wiedergesehen habe, möchte, daß ich sie wenigstens auf einem Teil der Strecke begleite, doch das sagt mir überhaupt nichts. Ich bin demnächst bei Citroën zum Essen und werde die Sache dann entscheiden.

Alle Leute in Paris sind hektisch und leisten deswegen auch

keine bessere Arbeit. Jeder braucht Geld und drängt voran, um es zu verdienen. (…)
Monsieur St. Romas habe ich nicht besucht, denn ich will ihn nicht unnötig stören, solange meine Reiseroute noch nicht endgültig festliegt. Sobald ich erneut mit Citroën gesprochen habe und auch mit dem Leiter der Expedition, der bei meiner ersten Unterredung mit Citroën nicht in Paris war, werde ich sehen, ob eine Möglichkeit besteht, einen Teil unserer Reisepläne zu koordinieren.
In China sieht die Lage nicht gut aus, die Regionen, die ich bereisen muß, befinden sich in Aufruhr. Reisende, die aus dem chinesischen Teil Turkestans zurückgekehrt sind, haben dort größte Unannehmlichkeiten gehabt.
Monsieur Doumergue hat zu mir gesagt: »Citroën und Houardt wissen nicht, auf was für ein Unternehmen sie sich da einlassen. Sie werden Ärger bekommen, machen Sie ihnen das klar, und unterstützen Sie sie mit Ratschlägen.« Kurz gesagt, für die Reise durch China kündigen sich für sie wie für mich Abenteuer an, aber mit ihren zahlreichen Autos, einem Flugzeug und dreißig Personen sind sie viel exponierter als die beiden armen Teufel, in die Albert und ich uns in schwierigen Situationen verwandeln. (…)

Paris, 9. Juli 1929

Ich bin immer noch in Paris und nicht gerade froh darüber. Ich habe das Buchmanuskript für Plon beendet, das ich hier noch einmal vollständig abschreiben lassen mußte. Jetzt ist es endlich beim Verleger und wird zum neuen Jahr erscheinen. (…)
Am 15. reise ich ab und werde in der Nähe von La Baule im Landhaus amerikanischer Freunde zwei Wochen am Meer verbringen.
Im Anschluß fahre ich für acht bis zehn Tage nach London, wo

ich einen Vortrag halte, und dann kehre ich wieder nach Paris zurück.
Die Russen zeigen sich mir gegenüber sehr entgegenkommend, aber wie Du in Deinem Brief sehr richtig bemerkt hast, geht in der Verwaltung alles sehr langsam, und da ich nicht als Touristin zu den Sowjets zu reisen gedenke, sondern um dort orientalistische Studien zu betreiben, müssen zahlreiche Dinge abgeklärt werden. Der ständige Sekretär der Akademie der Wissenschaften in Leningrad, der sich auf Durchreise in Paris befindet, hat mir einen Besuch abgestattet. Er ist ein bedeutender Orientalist und Wissenschaftler. Er rät mir, in diesem Winter nicht nach Sibirien zu fahren, sondern nach Leningrad und dort Kontakt mit den Kollegen aufzunehmen, die Professoren an der Universität sind, und zugleich Informationen über die Regionen zu sammeln, die ich sehen möchte. Im Frühjahr könnte ich mich dann womöglich der einen oder anderen wissenschaftlichen Expedition der Russen anschließen, die sich in eine der Gegenden begibt, die ich besuchen möchte. Wie es aussieht, würde man mir eine sehr preiswerte Unterkunft in einem der staatlichen Häuser geben, die für russische Gelehrte und Universitätsangehörige reserviert sind.
Zum anderen ist Citroën oder vielmehr sein Partner Houart, der der eigentliche Expeditionsleiter ist, sehr beunruhigt wegen der Fahrt durch den chinesischen Teil Turkestans. Zwei anderen Expeditionen ist es dort kürzlich sehr schlecht ergangen.
Was mich veranlassen wird, das, was ich bisher unternommen habe, entsprechend herauszustreichen. Es würde mir in keiner Weise gefallen, mich mit einem Gefolge von zweihundert Lastkamelen durch die einsamen Grenzregionen zu bewegen. Und außerdem haben diese Leute keine Vorstellung von Asien.
Die Europäer sind in China nicht gern gesehen und haben dort

ihr ganzes Ansehen eingebüßt. Ich brüste mich nicht damit, Ausländerin zu sein, wenn ich das Landesinnere bereise, und ich werde es weniger tun denn je.
Albert wird schöne chinesische Pässe für uns bekommen, und damit werden wir uns fortbewegen. (...)

Genf, 15. Dezember 1929
Meine Vorträge waren ein sehr großer Erfolg, die Säle waren überfüllt. Man mußte Stühle bis dicht an das Podium setzen, auf dem ich sprach. Sehr enthusiastische Artikel in den Zeitungen.
Mein Buch ist am 4. in Paris erschienen. Ich hatte Plon gesagt, man solle es Dir nach Bône schicken, und dann kam Dein Brief, in dem Du ankündigst, daß Du nach Paris fährst. (...)
Wie lange bleibst Du dort? ... Du mußt mir im voraus mitteilen, wann Du nach Digne kommst.
Ich werde meine beiden Bücher an Monsieur Saint-Romas schicken. Gib mir die Adresse von seinem Büro, ich erinnere mich nicht mehr daran.
Was die Genehmigungen angeht, so sage ihm, wenn Du ihn siehst, daß aus meinem geplanten Aufenthalt am Baikalsee nichts wird, weil die Russen sich dagegen verwehren und die Chinesen es nicht zulassen, daß man von Sibirien aus in den russischen Teil Turkestans einreist. Diese Beschlüsse sind der Grund für die Feindseligkeiten zwischen den beiden Ländern.
Was die Genehmigungen angeht, so möchte ich sie später benutzen, vielleicht auch nur, um im Frühjahr die Orientalisten der Universität Leningrad zu besuchen, falls die Reise zum Baikalsee und die Einreise nach China über Sibirien weiterhin nicht möglich sind. Ob man mir die Gültigkeitsdaten wohl auf den gewünschten Zeitpunkt hin verändern könnte? ...

Samten Dzong, Digne, 27. Dezember 1929
Ich wünsche Dir ein sehr glückliches neues Jahr, allerbeste Gesundheit und nicht zu viel Ärger und Anstrengung bei Deinen Geschäften.
Es stimmt, was Du sagst, ich bin mit Vergnügen nach Digne zurückgekehrt, denn die schöne südfranzösische Sonne hat mir in Genf gefehlt. Auch über den Erfolg meiner Vorträge hinaus war mein Aufenthalt in der Schweiz jedoch überaus angenehm. Ich habe bei einem Arzt in der Nähe von Lausanne direkt am See gewohnt, wo ich vom Balkon meines Zimmers einen herrlichen Blick über den See genossen habe, und nur die letzten beiden Tage habe ich in einem Hotel in Genf verbracht. Die Frau dieses Arztes ist eine sehr charmante Russin. Während der ganzen Zeit, die nicht durch Vorträge in Anspruch genommen war, haben wir Ausflüge gemacht. (...)
Ich habe mich wieder an die Arbeit gesetzt. Bis Mitte Februar muß ich ein neues Manuskript abliefern. Albert hilft mir, indem er in unseren tibetischen Büchern nach Passagen über die Themen sucht, die ich zu behandeln habe, und sie mir übersetzt. (...) Mein Artikel in der *Revue de Paris* (1. Dezember) hat Aufmerksamkeit erregt. *Le Temps* und andere Zeitungen werden lange Auszüge daraus veröffentlichen.

Samten Dzong, 16. Februar 1930
(...) Ich habe einige freundliche Zeilen von Präsident Doumergue erhalten. Er sagt, seine Verpflichtungen hätten es ihm nicht erlaubt, die Lektüre meines Buches schneller zu beenden, und er wollte es erst fertiglesen, bevor er mir schrieb. Er ist offenbar begeistert davon und bringt das auf jede nur mögliche Weise zum Ausdruck.
Mein Buch scheint auch einer Persönlichkeit gefallen zu haben, die völlig andere Anschauungen vertritt: Monseigneur

Guébriant, ein Bischof, den Du nicht kennst. Er ist Leiter der Gesellschaft der Äußeren Missionen in Paris. Er hat lange in China gelebt und ist ein wenig auch Geograph. Ich sehe ihn manchmal in Paris. *La Croix* und andere katholische Blätter haben mir sehr anerkennende Artikel gewidmet. (...)
Da ich unbedingt ein orientalistisches Werk auf dem Altar von Sylvain Lévi darbringen muß und diese Art der Arbeit viel Zeit erfordert und wenig oder gar keinen Gewinn einbringt, ist Albert auf den Gedanken verfallen, für mich die Biographie des Reformators Tsongkhapa zu entwirren, der berühmtesten religiösen Persönlichkeit Tibets. Er versichert mir, daß er die Arbeit so gut vorbereitet habe, daß ich das Buch in einem Monat schreiben könnte. Das dürfte übertrieben sein. Ich habe mir den Text noch nicht ansehen können, weil ich allzu beschäftigt damit bin, mein Buch zu beenden, aber es wäre zu schön, wenn der Kleine recht hätte. (...)

Digne, 4. April 1930

(...) Zu meiner großen Verblüffung traf hier vor einigen Tagen plötzlich Jean Bunau-Varilla, der älteste Sohn vom Besitzer des *Matin,* mit seiner Tochter ein. Sie wollten mich »überraschen«. Ich hätte gut darauf verzichten können. Dieser Mann von Mussolini, dem ich auszureden versucht hatte, hierherzukommen, hat trotzdem die Reise von Turin bis hierher gemacht, um mit mir zu sprechen. Gestern kam er im Auto hier an. Und noch andere haben sich angekündigt! Das ist mir lästig. Ich werde mich weiterhin um den Bau kümmern*. Ich werde ihn zum Abschluß bringen, nur wann, in wie vielen Monaten? Jetzt kommt die Hitze, und mitten im Sommer kann man hier nicht bauen.
Mein Buch wird, wie ich glaube, in etwa zwei Wochen erschei-

* A. David-Néel läßt »Samten Dzong« vergrößern.

nen, und ... ich beginne mit einem neuen für Plon. Du begreifst, wie wenig Zeit ich anderen Dingen widmen kann. Ich werde Dich über das, was gesagt und getan wird, auf dem laufenden halten. (...)

Pully, Lausanne, Schweiz, 18. November 1930

Ich befinde mich in Lausanne, wie ich es Dir angekündigt hatte. Ich werde zwei Vorträge mehr halten als ursprünglich geplant – insgesamt also zehn. Der letzte soll am 8. Dezember stattfinden. Am 9. bleibe ich noch in Lausanne und packe meine Sachen zusammen, am 10. übernachte ich in Grenoble, und am 11. Dezember abends könnte ich wieder in Digne sein. Allerdings nur, wenn nichts dazwischenkommt. Ich werde auch nach Le Locle fahren, worauf ich nicht gefaßt war, doch da ich schon einmal in der Schweiz bin, kann ich dieses Angebot auch annehmen. Am 8. Dezember muß ich in Vevey sprechen. (...)

Samten Dzong, 14. Dezember 1930

Nun bin ich also wieder in Digne und keineswegs verdrossen, nach einem Monat Abwesenheit endlich wieder zu Hause zu sein. Die Vorträge sind gut gelaufen. (...)

Im übrigen hat sich eine »neue Sachlage« ergeben.

Wie Du weißt, hat mich die Regierung mit einer Mission beauftragt und mir sechzigtausend Franc überwiesen. Aufgrund des Vetos der Sowjets habe ich die Reise nicht antreten können. Dennoch kann ich diesen Zuschuß nicht einfach einstreichen und zu Hause bleiben, ohne zumindest den Versuch zu unternehmen, diese Reise durchzuführen, für die ich bei verschiedenen Ministerien finanzielle Unterstützung beantragt hatte. Als ich mich jetzt bei Romain Rolland befand, kamen wir auf meine Reise nach Asien zu sprechen, und Romain Rolland sagte zu mir: »Aber Lunatscharskij ist doch im Augen-

blick bei der Konferenz des Völkerbundes in Genf. Sprechen Sie mit ihm, und legen Sie ihm Ihre Angelegenheit dar.«
Du kannst Dir leicht vorstellen, daß man sich mit einem Mitglied des sowjetischen »Präsidiums« nicht so ohne weiteres treffen kann wie mit einem Herrn Soundso, vor allem, wenn diese Persönlichkeit beim Völkerbund zu tun hat. Aber R. Rolland kennt einen gewissen Doktor, der den großen Mann kennt. Es wurde hin und her telefoniert. Kurzum, zum guten Schluß habe ich mit Monsieur Lunatscharskij in Genf gesprochen, und dies ist die neue Sachlage.
Lunatscharskij ist der russische Kultusminister, abgesehen von seinen Funktionen als Mitglied des Obersten Sowjets. Er ist Mitglied der Akademie der Wissenschaften. Ich weiß von ihm nur, daß er Wissenschaftler ist, habe jedoch keine Ahnung, mit welchem Bereich genau er sich beschäftigt. Er hat einen sehr guten Eindruck auf mich gemacht. Er spricht wenig, kommt direkt auf den Punkt, hat sehr natürliche Umgangsformen, und zu einer Stunde, als im »Hôtel Bellevue« alle Delegierten beim Völkerbund Frack trugen, war er im Jackett.
Doch es geht hier nicht um Frack oder Jackett. Lunatscharskij hat mir gesagt, daß ihm meine Anfrage nicht zur Kenntnis gebracht worden sei, und er war erstaunt darüber, denn normalerweise werden ihm alle Anträge für Reise- und Aufenthaltsbewilligungen von Ausländern, die einen wissenschaftlichen Zweck verfolgen, vorgelegt. Er fand meine Recherchen interessant und sah keinen Grund, Einwände dagegen zu erheben. Zum Abschluß sagte er mir, daß er in acht Tagen nach Moskau zurückkehren werde und daß ich direkt an ihn an eine Adresse schreiben solle, die er mir auf seiner Visitenkarte notiert hat. Er hat mir versichert, daß in weniger als einem Monat alles geregelt sein könnte.
Ich muß ihm nun also schriftlich kurz meine Reiseroute ange-

ben, Einzelheiten über die Nachforschungen, die ich gerne anstellen möchte, meine früheren Reisen etc. Er hat Albert gesehen, den ich ihm vorgestellt habe. Er hat nichts dagegen einzuwenden, daß er an der Reise teilnimmt.
Was den Zeitpunkt der Reise angeht, so hat er mir den April empfohlen, so daß ich einige Zeit in Rußland verbringen und mit den Professoren für Orientalistik in Leningrad sprechen kann, bevor ich mich auf die Reise nach Sibirien mache.
Wie es aussieht, komme ich jetzt doch noch dazu, die Reise durchzuführen, die ich geplant hatte. Soweit die »neue Sachlage«. (...)

Digne, 4. Februar 1931
Du hast also tatsächlich beschlossen, Paris zu verlassen! Ich freue mich darüber, da Deine Rückreise Dich hierher führen muß. Aber ich sage Dir sogleich: Du mußt es unbedingt so einrichten, daß Du *mindestens* acht Tage bei mir bleiben kannst. Den Leuten von Deiner Gesellschaft kannst Du sehr gut sagen, daß Du hier baust und daß Du eine Woche an Ort und Stelle bleiben mußt, um die Arbeiten zu überwachen. Dein Präsident wird das sehr gut verstehen. (...)
Ich arbeite in diesem Augenblick an einem Artikel, um den mich eine internationale Agentur gebeten hat und der »in der ganzen Welt« veröffentlicht werden soll, wie sie sagen. Thema: Die tibetischen Frauen.
Ich habe ein paar Zeilen über die »L'Attrait du Mystère« (»Faszination der Mysterien«) veröffentlicht, ein Thema, das man sich für das Mitteilungsblatt des *Institut Pehmann* erbeten hatte, und einen anderen Artikel über die »l'Inquiétude moderne« (»Moderne Unruhe«), den die *Cahiers de l'Etoile* von mir wollten.
All das ist kaum von Interesse. (...)

Digne, 14. Februar 1931

Ich habe ein Telegramm erhalten, in dem mir lakonisch mitgeteilt wurde, ich solle Digne am 24. verlassen. Es ist vereinbart, daß ich in Marseille übernachten und am nächsten Morgen den Schnellzug nach Bordeaux nehmen werde. In Bordeaux wird man mich am Bahnhof erwarten. Bisher weiß ich noch nicht viel mehr, als daß man am 15. eine Postanweisung an mich abschicken wird, mittels derer ich eine für neun Tage gültige Rückfahrkarte Digne–Bordeaux bezahlen kann. Obwohl ich die genauen Daten für die Vorträge noch nicht kenne, weiß ich somit immerhin, daß sie innerhalb dieser neun Tage arrangiert worden sind. Das bedeutet, daß ich am 4. März wieder nach Digne zurückgekehrt sein müßte. (...)

Verschiebe Deine Ankunft deshalb auf den 5. oder besser noch auf den 6. März. (...)

Noch etwas: Falls Du in Paris nichts mehr zu tun hast und Dich hier ausruhen möchtest, brauchst Du meine Rückkehr nicht abzuwarten, um herzukommen. Albert begleitet mich nicht, deshalb wirst Du das Haus geöffnet finden. Aber das sollte Dich nicht veranlassen, die Anzahl der Tage zu verringern, die Du mit mir verbringst, und ich wiederhole es Dir, ich verlasse mich darauf, daß Du eine ganze Woche bei mir bleibst.

Antworte mir umgehend, damit ich weiß, ob Du mit dieser neuen Regelung einverstanden bist.

Samten Dzong, 7. Mai 1931

Ich bin aus Rom im Auto hierher zurückgekehrt. (...)

Ich habe einige Tage in einem fürstlichen Schloß in der Romagna verbracht, habe sodann Ravenna, Ferrara, Padua und Venedig besucht, wo ich früher schon einmal war. Von Venedig bin ich nach Turin zurückgekehrt, aber da die Autobusse ihren Dienst über den Mont Genèvre noch nicht wieder aufgenommen hatten, zögerte man, diese Route einzuschlagen, und ich bin über eine überaus kurvige Straße nach Nizza zurückgekehrt. (...)

Samten Dzong, 26. März 1933
(...) In Gap habe ich einen riesigen Erfolg gehabt. Der Saal war überfüllt, und der Erlös (zugunsten der Tuberkulosebekämpfung) überstieg bei weitem alles, woran man in Gap gewöhnt ist. Obwohl ich versprochen hatte, diesen Vortrag unentgeltlich zu halten, bestanden die Mitglieder des Komitees darauf, mir ein Geschenk zu machen, so begeistert waren sie über die Einnahme.
Ich habe den Präfekten der *Hautes Alpes* kennengelernt und bei ihm zu Mittag gegessen. Am nächsten Tag ist er auf dem Weg nach Nizza vorbeigekommen, hat hier gemeinsam mit seiner Frau zwei Stunden verbracht und einen leichten Imbiß eingenommen. Das sind sehr angenehme Leute, sie lieben die Berge und das »Camping«. Man hat eine Menge meiner Bücher im Vortragsaal verkauft, das hat zum Gewinn beigetragen und Werbung gemacht. Mein Artikel über die »Frauen in Tibet« ist weltweit verkauft worden. Ich erhalte Pressestimmen aus aller Welt: Amerika, China etc. (...)

Samten Dzong, 22. März 1934
(...) Ich glaube, ich habe Dir schon geschrieben, daß mir mein deutscher Verleger *Initiations lamaiques* (dt. *Meister und Schüler,* Leipzig 1939, später Neuausgabe *Der Weg der Erleuchtung,* Stuttgart 1960) abgekauft hat. Er läßt eine Übersetzung davon anfertigen, die im nächsten Herbst erscheinen wird. Wahrscheinlich wird er auch *Guésar* kaufen. Er will jedoch nur ein Buch pro Jahr veröffentlichen, denn er schreibt, es sei in Deutschland für einen Verleger nicht empfehlenswert,

Bücher des gleichen Autors in zu kurzen Abständen zu veröffentlichen. Auf der anderen Seite verlangt man in Amerika und England dringend nach *Mönche und Strauchritter,* aber Violet Sydney hat die Übersetzung noch nicht beendet, sie wird erst im Mai fertig sein. Darüber verzögert sich auch meine Abreise. Ich meinerseits werde vorher auch Alberts Buch nicht beendet haben, das ich Plon – der es sehr gerne nehmen möchte – vor meiner Abreise liefern muß. Der Grund dafür ist leicht verständlich. Diese beiden Werke (die Übersetzung von *Au pays des brigands gentils-hommes* (dt. *Mönche und Strauchritter,* Leipzig 1933) und die von Alberts Buch) müssen im Herbst veröffentlicht werden, weil ich das Geld brauche.
Die Editions »Adyar«, die *Initiations lamaiques* und *Guésar de Ling* herausgebracht haben, bitten mich um ein neues Buch. Ich würde ihnen diesen Wunsch gerne erfüllen, aber ich muß das Buch erst schreiben und kann es ihnen deshalb erst später geben. Insgesamt habe ich zwar keinen überwältigenden, aber einen sehr befriedigenden Erfolg zu verzeichnen, und ich sehe nun, daß es sich nicht nur um ein Strohfeuer handelt; er hält an und scheint sich noch zu verstärken. Die Zeitungsausschnitte, die ich aus vielen Ländern erhalte, zeigen mir, daß die Presse mich einhellig lobt und meine profunde Tibetkenntnis rühmt. Das ist sehr schön, aber Du wirst verstehen, daß es auch hinderlich ist.
Die Zeitungen schreiben unablässig, daß es zur Zeit auf der ganzen Welt keinen besseren Kenner der tibetischen Sprache und Literatur gebe als mich. Das ist natürlich eine sehr schmeichelhafte Reputation, aber nicht wenige Universitätsprofessoren geben sich jetzt daran, Tibetisch zu studieren. Um den Platz zu behalten, den mir die öffentliche Meinung zugewiesen hat, ist es wichtig, daß ich mich nicht überflügeln lasse. Das bedeutet, daß ich arbeiten und binnen kurzem ein oder zwei

orientalistische Werke schreiben muß. Damit ließen sich auch die Zuschüsse rechtfertigen, die mir von verschiedenen Ministerien bewilligt worden sind. Es erfordert viel Zeit, Werke dieser Art zu verfassen, die nichts oder fast gar nichts einbringen, aber den Ruf eines Autors konsolidieren. (...)
Mein New Yorker Verleger Kendall (der gerade *Guésar* veröffentlicht hat) drängt mich, nach Amerika zu kommen. Er möchte dort eine große Vortragsreise für mich organisieren. Er meint, sie würde mir einen beachtlichen Profit einbringen, und erhofft sich natürlich, daß sie auch seinen Interessen dienlich sein und den Buchverkauf wesentlich steigern wird. Dieser Reise, die wahrscheinlich im Winter 1935/36 stattfinden wird, müßte die Veröffentlichung einiger neuer Bücher in Amerika vorausgehen. Kendall denkt daran, *Initiations* (das in London bereits erschienen ist) und *Brigands* zu publizieren, außerdem das Buch von Albert. Ich sollte noch ein anderes über die Methoden der Pychoanalyse in Tibet für ihn schreiben. Das ist ein sehr aktuelles Thema. (...)
Ich werde so schnell wie möglich nach Beijing reisen. Dort wird Albert im Lama-Tempel einen Gelehrten zu finden versuchen, mit dessen Hilfe er und ich uns in der tibetischen Literatursprache vervollkommnen und die Übersetzung des großen Werkes von Tsongkhapa zu Ende führen können, das Albert bereits rohübersetzt hat. Ich muß mich damit beeilen, denn Professor Tucci, ein italienischer Orientalist, arbeitet an demselben Buch. Ich muß mich bemühen, vor ihm in den Buchhandlungen zu sein. Wenn ich in Beijing nicht den Gelehrten finde, den ich brauche, werde ich ihn mir anderswo suchen. (...)

Digne, 14. August 1934
Es ist seltsam, daß mit dem Alter immer der Wunsch auf-

kommt, die Orte wiederzusehen, an denen man in seiner Jugend gelebt hat. Es war dieser Wunsch, der mich letztes Jahr zu der »Pilgerreise« nach Belgien veranlaßt hat. Ich war in Brüssel in dem Pensionat, in dem ich eine ganze Anzahl von Jahren verbracht habe. (...) Auf dem Weg von Ostende nach Brüssel sind wir durch ein Dorf gekommen, in dem meine Eltern den Sommer zu verbringen pflegten. (...)
Da ich inzwischen so sehr an schöne, sonnige Länder mit malerischer Landschaft gewöhnt bin, finde ich Belgien sehr häßlich, aber mein Herz hängt daran, ich fühle mich dort »zu Hause«. Ja, die Kindheitseindrücke sind wirklich unauslöschlich und tauchen wieder hoch, wenn sie logischerweise eigentlich von der Zeit völlig verwischt sein müßten.
Wie sehen Deine Pläne aus? Hast Du in Paris zu tun, wirst Du im September oder im Oktober nach Algerien zurückkehren? Teile mir Deine Vorhaben mit, wenn Du kannst. (...)

Digne, 19. September 1934
Gestern ist Dein Brief hier eingetroffen. (...)
Zum anderen habe ich von einer meiner Freundinnen, die mit dem Direktor der *Banque du Nord* verheiratet ist – der sowjetischen Bank in der Avenue de l'Opéra Nr. 26 –, Neuigkeiten aus Rußland erhalten. Sie ist aus dem Quercy, aus dem gleichen Ort wie Madame Géniaux. Ihr Mann ist ebenfalls kein Russe, er ist Holländer. Sie ist von einer Reise nach Rußland und in den Nahen Osten zurückgekehrt. Sie hat Verwandte und Freunde in Moskau. Sie hat meinetwegen mit einer ganzen Reihe von Leuten gesprochen, und ihrem Brief nach zu urteilen, versprechen mir all diese Leute einen enthusiastischen Empfang. Sie kennen meinen Namen und wußten nichts davon, daß ich je den Wunsch geäußert habe, Rußland zu besuchen etc. Kurzum, in den Büros dort scheint eine ziemliche Un-

ordnung zu herrschen. Der verstorbene Lunatscharskij hatte mir ja bereits gesagt, daß ihm mein erster Antrag niemals zur Kenntnis gebracht worden ist. Wer mag mir wohl vor vier Jahren die Einreise verweigert haben? Das wird zweifellos ein Geheimnis bleiben. (...)

Digne, 7. Oktober 1934
Ich habe Dir nicht vorher geschrieben, weil ich zuerst die Nachricht von Plon mit der Reaktion auf mein neues Buch abwarten wollte, von dem Du während Deines Aufenthaltes hier einen Teil gelesen hast. Diese Nachricht ist gestern eingetroffen.
Plon schreibt:
»... Wir freuen uns, Ihnen mitteilen zu können, daß alle, die *Le Lama aux cinq sagesses* gelesen haben, eine einhellige Meinung äußern. Alle Gutachten gelangen zu dem Schluß, daß es sich um einen sehr ungewöhnlichen Roman handelt, der sehr farbig und reizvoll erzählt ist. Wir können in einer so schwierigen Zeit, wie wir sie im Augenblick durchmachen, den Verkaufserfolg nicht voraussehen, aber der Achtungserfolg ist sicher.« Und es folgen noch weitere Elogen.
Kurz, Plon wird das Werk veröffentlichen, doch da die Zeiten hart sind, wollen sie (die Verleger) die Satzkosten vermindern und bitten mich, den Text in seinen nicht unerläßlichen Passagen ein wenig zu kürzen. Sie haben mir das Manuskript zurückgeschickt, damit ich diese Arbeit vornehmen kann. Und damit habe ich jetzt alle Hände voll zu tun, denn es ist eine schwierige Sache, Kürzungen vorzunehmen und den Text dann wieder so anzupassen, daß keine »Löcher« entstehen. Häufig müssen ganze Passagen verdichtet und somit neu geschrieben werden. Dann kommen die Fahnen, die korrigiert werden müssen ... All das wird mich bis in den Dezember hin-

ein beschäftigen. Wird das der richtige Zeitpunkt sein, um nach Sibirien zu reisen? (...)
Sag mir nun, wie lange Du noch in Paris bleibst. Ich möchte Dich gerne sehen, bevor Du Frankreich wieder verläßt. Ich verfüge über das Haus noch bis Ende des Monats. Du wirst hier Dein gewohntes, gutgeheiztes Zimmer vorfinden. Falls Du noch länger in Paris bleiben mußt, könnten wir uns in Nizza sehen. Wir werden dort zwar nur eine kleine Wohnung haben, doch wird immer ein Zimmer für Dich dasein, über das Du so lange verfügen kannst, wie es Dir gefällt. Falls Deine Anwesenheit in Bône nicht unbedingt erforderlich sein sollte, könntest Du doch auch den Winter oder einen Teil des Winters mit uns verbringen? Denk mal darüber nach. Ich wäre glücklich, Dich über längere Zeit bei mir zu haben.
Mit sehr herzlichen Grüßen

Lutherian Mission Home,
Hanzhou (? Wuhu), 29. Dezember 1937
Dein letzter Brief ist vom Datum her der, den Du per Luftpost geschickt hast. Ich habe keine Antwort auf den zweiten der Briefe erhalten, die ich Dir per Luftpost geschickt habe. Ein dicker, langer Brief, der ein Bild von mir und einen Zeitungsausschnitt enthält. Ich erzähle Dir nicht von den Ereignissen in China, Du kennst sie aus den Zeitungen. Wovon sie nicht sprechen, sind die Schrecken dieses Krieges, die uns in die Barbarei zurückführen. Die Japaner töten die jungen chinesischen Zivilisten auf den Straßen, um die Anzahl derer zu vermindern, die Soldaten werden könnten. Sie töten die Verwundeten in den Krankenhäusern oder wenn sie herauskommen. Was die »Gefangenen« angeht, so gibt es keine, weder auf der einen noch auf der anderen Seite. Sie werden getötet. Was die chinesischen Offiziere angeht – zumindest viele von ihnen –, so haben sie

nichts anderes im Kopf, als sich unbeschadet aus dem Kampfgetümmel herauszuflüchten. Man erzählt sich unglaubliche Dinge über ihren Aufbruch aus Nanjing. Ausländer haben solche von ihnen beobachtet, die ihre Soldaten im Stich ließen, sich samt Gepäck zum Fluß und auf Boote flüchteten und es den Soldaten mit dem Revolver in der Hand verwehrten, in ihre Boote zu steigen. Sie haben in Nanjing eine große Menge von Kriegsmaterial zurückgelassen, das sie hätten retten können. Es gibt noch zwei intakte Armeeverbände, der eine untersteht Chiang Kai-Shek, dem derzeitigen Diktator, und der andere einem General. Wie es heißt, schonen sie sie, um dann nach dem Krieg gegeneinander zu kämpfen. Und es kann kein Zweifel daran bestehen, daß ein Bürgerkrieg ausbrechen wird, sobald dieser Krieg offiziell beendet ist. Die Ausländer haben ihr Ansehen völlig verloren. »Sie haben Angst vor den Japanern«, sagen die Chinesen.

Morgen, am 30. Dezember, werde ich Hanzhou verlassen und per Schiff nach Chongqing fahren, das weiter jangtseaufwärts gelegen ist. Dort wird es für mich darum gehen, das Terrain zu sondieren. Ich weiß nicht, ob ich mich weiter nach Osten bewegen und nach Tatsienlu im tibetischen Grenzgebiet reisen kann. Angesichts der chaotischen Situation, die in China herrscht, sind auf allen Straßen Banditen unterwegs, und man befürchtet auch immer stärker Aufstände gegen die Ausländer, die in Massaker ausarten könnten. Die Ausländer, die im Landesinneren Chinas leben, strömen an die Orte, an denen es Verkehrsmittel gibt, mit denen man das Land verlassen kann. Morgen fährt wieder ein internationaler Zug nach Hongkong ab. Seitdem ich hier bin, haben die Konsuln schon einige davon organisiert. Kein Chinese darf diese Züge benutzen, abgesehen von den Kindermädchen, die ihre Herrinnen begleiten. Auf den Dächern der Waggons werden je nach Nationalität der Reisenden Fahnen ausgebreitet. Diese Züge fahren nicht nach Kanton, man leitet sie direkt nach Kowloon, das sich auf englischem Territorium befindet, und von dort aus fahren die Schiffe nach Hongkong ab.

Ich hätte einen dieser Züge nehmen können. Albert, der britischer Staatsbürger ist, hätte mit Hilfe seines Konsuls, der sich ihm gegenüber sehr freundlich verhalten hat, einen Platz darin gefunden, aber ... Ich habe es Dir bereits geschrieben, was mache ich in Hongkong, wohin wende ich mich von dort aus? ... Ich habe nicht genügend Geld bei mir, um mir solche Ausgaben leisten zu können. Ich dachte mir deshalb, es sei das vernünftigste, wenn ich versuche, irgendeinen abgelegenen Ort im äußersten Osten Chinas zu erreichen, wo ich *vielleicht* relativ billig leben könnte, bis die Lage klar überblickbar ist. Doch die Auskünfte, die ich erhalte, machen mir von Tag zu Tag deutlicher, daß mein Plan auf ernsthafte Schwierigkeiten stoßen wird. Mir bleibt die Möglichkeit, per Flugzeug nach Yunnan zu gelangen – ich glaube nicht, daß ich unter den augenblicklichen Umständen die Reise über Land wagen kann, wie ich es früher getan habe. Und falls ich das Flugzeug nehmen muß, kostet mich das erneut vierhundert Dollar ... Sobald ich in Chongqing bin, werde ich weitersehen und Dir dann schreiben. Als Adresse habe ich Dir das französische Konsulat in Yunnanfu (Kunming) angegeben.

Albert schickt Dir seine Empfehlungen. Von mir freundschaftliche Grüße an Simone*. Wie immer in Liebe

Canadian Mission Agency, Chongqing (Sichuan),
22. Januar 1938

Ich hatte Dir mitgeteilt, daß ich Hanzhou verlassen würde,

* Es handelt sich um Mademoiselle Simone Néel, eine der Nichten von Philippe Néel, die inzwischen bei ihm lebt.

was ich vor nunmehr zehn Tagen getan habe. Mein Aufbruch vollzog sich sozusagen unter Getöse. Man hatte mir gesagt, ich solle mich im Laufe des Vormittags einschiffen, da der *steamer* kurz nach Mittag die Anker lichten würde. An Bord erfuhr ich, daß man nicht vor vier Uhr nachmittags ablegen würde. Freunde, die mich begleitet hatten, beharrten darauf, daß ich noch mit ihnen Mittag essen sollte. Es war Zeit genug. Aber als wir gerade unser Essen beenden, dröhnen plötzlich die Sirenen, und wenig später sehen wir vom Balkon aus die japanischen Flugzeuge, sie überfliegen das Haus, in dem wir uns befinden, und bombardieren sodann den nicht weit entfernten Flugplatz. Ich bin über die Maßen beunruhigt ... Mein Schiff? Albert ist mit dem Gepäck an Bord geblieben. Ich weiß, daß die *steamers* auf der Stelle ablegen, ohne lange zu warten, sobald bombardiert wird. Ist meiner wohl schon abgefahren? Doktor Martinie, bei dem ich mich befinde, hat einen Passierschein, der es ihm erlaubt, auch während der Bombardierungen mit dem Auto unterwegs zu sein. Wir fahren also los, er, seine Frau und ich, und gelangen an die Anlegestelle, an der mein Schiff festgemacht hatte. Nur das Schiff ist nicht mehr da! Große Bestürzung! Kurz darauf erblicken wir es inmitten des Flusses – der Yangtse ist an dieser Stelle zwei Kilometer breit. Als wir uns erkundigen, erfahren wir, daß es zur Anlegestelle zurückkehren wird, sobald die Japaner sich entfernt haben. Die lassen sich Zeit. Endlich sind sie fort, und ich schiffe mich ein ...

Das Schiff ist mehr als überfüllt. Fünf Tage später bin ich in Ychang. Der für die »Salzsteuer« zuständige Beamte, ein Franzose, kommt und sucht mich an Bord und nimmt mich mit zu sich nach Hause. Er ist auf das prächtigste eingerichtet. Seine Frau ist Russin. Ich verbringe vier Tage bei ihnen und warte auf das kleinste Schiff, das wieder die Stromschnellen hinauffährt. Das ist ein *steamer* von ungefähr siebenunddreißig Meter Länge. Noch mehr Passagiere als auf dem anderen Schiff. In Ychang befinden sich mehrere tausend Passagiere auf der Durchreise, die darauf warten, daß sie an die Reihe kommen. Viele von ihnen haben kein Quartier gefunden und leben unter freiem Himmel. Es sind schon einige von ihnen erfroren, denn nachts herrscht Frost. Diese Unglückseligen haben auf dem Schiff manchmal nicht einmal genügend Platz, um sich auf die Planken zu setzen, und sie stehen aufrecht wie die Lämmer, einer an den anderen gedrängt. Das Wetter ist immer noch düster, der Wind scharf. Die Schluchten sind wunderschön, es folgen mehrere aufeinander. Eine von ihnen ist fünfundzwanzig Meilen lang. Wir haben Niedrigwasser. Das flachgehende Schiff fährt an manchen Stellen durch nur sechs Fuß tiefes Wasser. An diesen gleichen Stellen ist das Wasser, wenn es hoch steht, über zweihundert Fuß (sechzig Meter) tief. Man hat die unterschiedlichen Wasserstände mit Farbe an den Felsen markiert. Ich denke darüber nach, was passieren würde, wenn wir mit den Hunderten von Menschen, die sich an Bord befinden, untergehen würden: Es gibt nur ein einziges Rettungsboot auf dem Schiff. Die Fahrt durch die Stromschnellen ist so ähnlich, als würde man Wasserfälle emporfahren. Der Bug des Schiffes ist von Wasser überflutet, die Schiffsmotoren dröhnen laut auf, alles knarrt, an beiden Seiten ragen die Felsen empor, man muß sich inmitten der Gischt zwischen ihnen hindurchlavieren. Das ist wunderschön, es würde Dir gefallen, das zu sehen. Von Ychang nach Chongqing haben wir fünf Tage gebraucht. Das sind insgesamt (von Hanzhou nach Chongqing) zehn Tage Schiffsfahrt, mehr als die doppelte Zeit, die man von Le Havre nach New York braucht.

Um ein Haar wäre es zu Unruhen an Bord gekommen. Die Mentalität der Chinesen hat sich während der letzten fünfzehn

Jahre sehr verändert. (...) In den Straßen hört man wieder die Kinder schreien, wenn Weiße vorübergehen: »Fremde Teufel!« Ich habe es bei meiner Ankunft hier gehört, als Mr. Jones und ein anderer Engländer mich vom Schiff zur Mission begleitet haben. Ich glaube, daß die Kinder ihre Wut an ihnen, beides sehr hochgewachsene Männer, ausgelassen haben. Wenn ich mit Albert unterwegs bin, scheint man mich gar nicht zu beachten. Ich habe jedoch von zahlreichen Schikanen und sogar Brutalitäten gehört, die Ausländern von chinesischen Polizisten zugefügt worden sind. Früher oder später wird hier in China Schlimmes passieren.
Chongqing ist der schmutzigste Ort, den ich in China kennengelernt habe. Die Stadt ist reizvoll und malerisch gelegen, aber die vom Fluß bis zum Plateau in Stufen ansteigenden Gäßchen (dreihundert bis vierhundert Stufen) sind eine Aufeinanderfolge von stinkenden Kloaken. Ich möchte mich hier nicht allzu lange aufhalten, aber es ist noch sehr kalt. Meinen Informationen zufolge könnte ich in Tatsienlu in einem Lama-Kloster Unterkunft finden (Tatsienlu gehört zwar zu China, aber die Bevölkerung ist tibetisch). Ich habe die Absicht, mich dorthin zu begeben, sobald das Klima etwas milder sein wird, und mich dort für längere Zeit niederzulassen, um zu arbeiten, Bücher zu schreiben und weiterhin Unterlagen zu sammeln. Ich hoffe, daß das Leben dort weniger teuer als in China sein wird. Aber ich muß dennoch eine ganze Menge Dinge einkaufen, um mir einen Haushalt einzurichten. (...)
Derjenige, der mir aus Tatsienlu geschrieben hat, berichtet mir, daß es sehr angenehm gelegen ist. Ich bin früher einmal dicht daran vorbeigekommen, aber die Stadt selbst kenne ich nicht. Falls es zu Ausschreitungen gegen Ausländer kommen sollte, bin ich dort zweifellos besser aufgehoben als anderswo. Die Sprache der Leute zu sprechen, inmitten derer man lebt, ga-

rantiert einem eine gewisse Sicherheit. Man kann mit ihnen verhandeln ... Und Albert ist ein Lama. Es kommt noch dazu, daß man dort nicht von Menschenmengen umgeben sein wird wie in den überbevölkerten Gegenden Chinas. Tatsienlu ist ein Grenzort – zwar keine politische, aber eine ethnographische und geographische Grenze. In etwa vierzig Kilometer Entfernung, auf der anderen Seite eines Passes, beginnt eine Gegend mit tibetischen Weidegründen, die von Wäldern durchsetzt ist. Ich habe diese Region bereist, ich würde mich dort ziemlich gut zurechtfinden und durchaus in der Lage fühlen, von dort aus notfalls nach Burma zu gelangen. Solange ich Tatsienlu nicht verlasse, wird es kein Kommunikationsproblem geben. (...)

Auf jeden Fall sehe ich im Augenblick keinen besseren Ort, um meine Ruhe und gute Luft (zweitausendvierhundert Meter Höhe) zu haben und zudem »verwertbares« Material zu finden: Geschichte, Legenden, Ethnologie, Ethnographie etc. In dieser Hinsicht wäre ich in Yunnanfu weniger gut untergebracht, und außerdem habe ich erfahren, daß die Stadt überfüllt ist mit reichen Flüchtlingen und daß man keine oder nur sehr teure Unterkünfte findet. Angesichts der Ereignisse, die mich in Regionen verschlagen könnten, in denen ich womöglich für längere Zeit von allen Kommunikationsmitteln abgeschnitten bin, muß ich Dir meine Bitte wiederholen, mir Geld an die Bank von Indochina in Yunnanfu zu schicken. (...)

Ich werde vielleicht noch drei Wochen hierbleiben, dann werde ich mich nach Chengdu begeben – zweifellos werde ich »fliegen« müssen. Aufgrund des niedrigen Wasserstandes fahren die Schiffe nicht mehr bis in die Nähe von Chengdu. Die Schaluppen fahren nur bis Siufu, von wo aus man einen Zufluß des Yangtse hinauffahren müßte, den ich früher einmal in der Dschunke hinabgefahren bin. Man findet keine Leute, die

bereit wären, eine Sänfte von hier nach Chengdu zu tragen – eine einwöchige Reise über die Berge. Alles ist durcheinandergeraten, jeder ist unruhig und voller Angst. Man sieht Räuber und Spione an allen Ecken, selbst wo es keine gibt. In diesem Augenblick empfiehlt es sich nicht, durch China zu wandern. Man hat mehrere Generäle erschossen – angeblich Verräter. In Shanghai sind bekannte Persönlichkeiten, die mit den Japanern sympathisierten, ermordet worden. Auf dem Weg von Chongqing nach Yunnanfu sind im Abstand von wenigen Tagen drei Autobusse mit Reisenden von der vereisten Straße gerutscht und in die Schluchten gestürzt. Es hat sechzehn Tote und Verletzte gegeben. Die Machthaber in Chongqing wollen eine »Übung« für die Bevölkerung veranstalten, wie man sich im Fall einer Bombardierung zu verhalten hat. Man erwartet einen Besuch der Japaner, die seit meiner Abreise aus Hanzhou schon viermal Tod und Verwüstung gebracht haben. Das Haus, in dem ich wohne, ist in der Unterstadt, nahe am Fluß, gelegen und befindet sich in dieser Hinsicht in einer wenig sicheren Position. Übermorgen werde ich beim französischen Konsul zu Mittag essen, zusammen mit dem Kommandanten des französischen Kanonenbootes, das in Chongqing ankert. Das sind soweit alle Neuigkeiten.
Albert läßt Dich grüßen, und ich umarme Dich herzlich.

c/o Dr. Bechamp,
Französisches Konsulat, Chengdu (Sichuan),
China, 9. März 1938
Du mußt meine Briefe bekommen haben oder zumindest einige von ihnen, da Du sie mir mit einer großzügigen Überweisung von zehntausend Franc beantwortet hast. Wann hast Du das veranlaßt? Ich weiß es nicht. Die Bank von Indochina in Yunnanfu hat mich gestern benachrichtigt. Das ist eine Hilfe,

die wirklich in keinem geeigneteren Augenblick hätte kommen können, und ich bin Dir sehr dankbar dafür. Hier sieht es gar nicht gut aus, Chongqing ist bombardiert worden, und man befürchtet sehr, daß auch Chengdu demnächst bombardiert wird. Die Obrigkeit hat die Einwohner aufgefordert, den Tag auf dem Feld zu verbringen und erst abends in die Stadt zurückzukehren. Da die Basen der Japaner weit von hier entfernt sind, können sie ihre Besuche nur tagsüber abstatten. In Chengdu verfügt niemand über einen Luftschutzraum. Man kann hier nicht graben, schon nach einem Meter stößt man auf Wasser. Ich befinde mich hier als Flüchtling. Der Konsul hat mir ein kleines, unabhängiges Häuschen zum Gebrauch angeboten, das sich innerhalb der Umfriedung des ehemaligen französischen Krankenhauses befindet. Ich habe mich hier schon vor etwa fünfzehn Jahren einmal aufgehalten, aber in einem anderen Gebäude gewohnt. Es ist ein echter Glücksfall für mich, daß ich hier einziehen konnte, denn dadurch haben sich meine Unkosten vermindert. Das ist wunderbar und macht ein wenig die Ausgaben für Kleidung und andere Dinge wieder wett, die mir der Verlust meines Gepäcks verursacht hat. (...)

In absehbarer Zeit – im April oder im Mai – werde ich mich in Tatsienlu oder in seiner Umgebung in den Bergen niederlassen. Ich gedenke, mich von dort nicht so schnell wieder fortzubewegen. Das ist eine Region, die China unterworfen ist, aber die Bevölkerung ist tibetisch. (...) Ich hätte mich bereits auf den Weg gemacht, doch meinen Informationen zufolge liegt noch viel Schnee in Tatsienlu, und auf den Pässen, die man überqueren muß, um dorthin zu gelangen, muß er sehr hoch sein. Ich kenne die Höhe dieser Pässe nicht so genau, aber es müssen so etwa viertausendfünfhundert Meter sein. Der, den ich früher einmal nordöstlich von Tatsienlu überquert habe, war über

fünftausend Meter hoch. Ich habe dort im Juli noch Schnee vorgefunden. Der Ort Tatsienlu liegt auf zweitausendsiebenhundert Metern, auf einer ganz ähnlichen Höhe wie Kumbum, wo ich damals fast drei Jahre verbracht habe. Wenn ich wie die Menschen hier lebe, hoffe ich, daß die Ausgaben an diesem Ort nicht allzu hoch sein werden ... Abgesehen von den unerläßlichen Heizkosten natürlich. (...)
Ich habe Dir gesagt, daß ich Plon das Manuskript für einen neuen Roman geschickt habe. Ich hoffe, daß er ihn nehmen wird, das Thema ist außergewöhnlich und auch beunruhigend. Vorläufiger Titel: *Magie d'Amour et Magie Noire* (dt. *Liebeszauber und Schwarze Magie,* München 1952). Ich sitze an *Sous des Nuées d'Orage,* der Beschreibung meiner derzeitigen Reise, um die Plon mich gebeten hat. Ich habe unserem Botschafter versprochen, eine tibetische Grammatik für Franzosen und ein französisch-tibetisches Wörterbuch zu schreiben. Es gibt beim Ministerium für auswärtige Angelegenheiten zur Zeit eine Ausschreibung für Tibetisch. Ich hoffe, das in Tatsienlu in Zusammenarbeit mit Albert schaffen zu können. So ist wieder viel Arbeit auf dem Tisch. (...)
Würdest Du bitte nach Erhalt dieses Briefes ein paar Worte an Thiébaud, den Direktor der *Revue de Paris,* 114 avenue des Champs-Elysées (VIIIième), richten und ihm schreiben: »Mme. A. David-Néel läßt anfragen, ob Sie das Manuskript ihres Romans *Magie d'Amour et Magie Noire* und den Artikel *L'Effondrement du pouvoir des Blancs en Chine* (Das Ende der Macht der Weißen in China) erhalten haben.« (...)

Französisches Konsulat, Chengdu, China, 14. April 1938
Ich habe Dir am 26. März per Luftpost geschrieben, Du müßtest den Brief in diesen Tagen erhalten haben. Ich erwarte mit Ungeduld Deine Antwort, der ich gewiß entnehmen werde,

daß Du völlig wiederhergestellt bist. Welches sind Deine Pläne für den Sommer? Hier befindet man sich noch immer in dem gleichen enervierenden Zustand ängstlicher und beunruhigender Erwartung von Ereignissen, die eintreten »könnten«. Vorgestern hat man wegen eines ziemlich bedeutsamen Sieges der chinesischen Truppen die Gebäude beflaggt, heute malt man auf die Dächer der französischen medizinischen Versorgungsstation, innerhalb derer ich wohne, unsere Nationalfarben, da mit Luftangriffen gerechnet wird. Die Zeit, in der ausländische Flaggen einen Schutz darstellten, ist vorbei. Daran zweifelt niemand mehr, aber die Anweisung, sie auf die Dächer zu malen, geht vom Botschafter aus ... Wenn die besagten Dächer dann eingestürzt sind, gibt das der Regierung die Möglichkeit, zu »protestieren«. Wahrscheinlich wird der Botschafter auf Inspektionsreise hier vorbeikommen. Das freut mich sehr. Wir kennen uns seit zwanzig Jahren, und so sporadisch unsere Begegnungen auch gewesen sein mögen, waren sie immer sehr freundschaftlicher Natur. (...)

Chengdu, China, 2. Mai 1938
(...) Seit Du mir am 2. April geschrieben hast, wirst Du mehrere Briefe von mir bekommen haben. (...)
Die Chinesen haben Anfang April einen echten Sieg errungen. Die Japsen haben acht- bis zehntausend Tote auf dem Schlachtfeld gelassen und auch viele Verletzte. Es sind auch Gefangene gemacht worden, doch deren Schicksal ist besiegelt, bei den Japsen wie bei den Chinesen. Sie werden alle umgebracht. Die Japaner haben eine bedeutsame Menge Kriegsmaterial, vierzig Panzer etc., zurückgelassen. Seitdem haben sie partielle Erfolge gehabt, aber ihrem schnellen Vormarsch ist Einhalt geboten worden. Die Chinesen, oder genauer gesagt, irreguläre Truppen aus Rußland, arbeiten im Untergrund

und schneiden den Japanern die Kommunikationswege ab, was diese sehr zu behindern scheint. In der großen Schlacht, die sie gewonnen haben, sind die Chinesen von den Deutschen angeleitet worden. Hätten sie früher auf diese gehört, hätten sie Shanghai und Nanjing nicht verloren, aber die chinesischen Generäle wollten unbedingt nach ihrem eigenen Ermessen handeln.
Thiébaud und Plon haben mir geschrieben. Am 31. März hatten sie noch nichts bekommen. Ich habe ein drittes Manuskript desselben Buches an Violet Sydney geschickt, die es übersetzen wird. Notfalls wird sie es an Plon geben, bevor sie selbst mit der Arbeit beginnt. Ich habe auch einen meiner Freunde im Außenministerium benachrichtigt, damit er Nachforschungen anstellt. Der Verlust ist keineswegs unersetzbar, denn ich habe noch zwei weitere Abschriften hier, aber es ist ärgerlich, daß sich dadurch die Veröffentlichung des Buches verzögert. Ich werde nicht nach Yunnan gehen. Ende dieses Monats reise ich nach Sikang (eine tibetische Region, die unter der Kontrolle der Chinesen steht). Der Gouverneur der Provinz, den ich hier kennengelernt habe, hat mir den allerbesten Empfang versprochen. Ich werde dort den Sommer verbringen und dann, je nachdem wie die Umstände sich entwickeln, noch dort bleiben oder nach Chengdu zurückkehren. Aber man kann keine Pläne machen, da der Ausgang des Krieges und die Konsequenzen, die er nach sich ziehen wird, in keiner Weise übersehbar sind. Alle meine früheren Reisen haben mich quer durch Kämpfe zwischen Soldaten unter verschiedenen Generälen oder zwischen »Strauchdieben« hindurchgeführt, die auch nichts anderes als Soldaten sind, die sich zeitweise außerhalb einer regulären Armee befinden. Doch diese »tapferen Männer« der unterschiedlichsten Kategorien sind viel besser bewaffnet als früher. Sie haben Maschinengewehre und sogar

Flugzeuge. Was die Sachlage völlig ändert. Auch die Ausländerfeindlichkeit verstärkt sich immer mehr. Thiébaud wird zu diesem Thema einen Artikel von mir veröffentlichen. Ich habe ihm gesagt, daß er ihn Dir schicken soll. Du verstehst also, man schwebt hier im ungewissen. Die Nachrichten, die ich im Radio aus der westlichen Welt höre, klingen chaotisch und wenig beruhigend. (...)
Weißt Du, was ich habe sagen hören: daß ein Großteil der Arbeiterunruhen und Fabrikbesetzungen – unterderhand – von den Unternehmern provoziert worden ist, um Blum und die sozialistische Regierung zu stürzen. An diesem Gedanken könnte durchaus etwas Wahres sein. (...)

Chengdu, Sichuan, China, 18. Juni 1938
Ich gedenke, Chengdu übermorgen zu verlassen. Meine Abreise hat sich mehrfach verzögert, weil ich verschiedene kleine Sachen erwartete, die man an mich abgeschickt hat, und vor allem das tibetische Wörterbuch, von dem man ein Exemplar zu günstigem Preis gefunden hat und das mir meins ersetzen soll, das mit meinem Gepäck verlorengegangen ist. Dieser wichtige Gegenstand sollte mir per Diplomatenpost aus Beijing übermittelt werden, bei den derzeitigen Verhältnissen schlägt dieses »Diplomatengepäck« jedoch die unterschiedlichsten Wege ein, um Hindernisse zu vermeiden, und ist oft monatelang unterwegs. Man hat mir mitgeteilt, daß ein Kanonenboot, das in Chongqing eingetroffen ist, »ein großes Paket« für mich mitgebracht hat. Ob es wohl das Wörterbuch ist? Das besagte Paket soll von Chongqing nach Chengdu geschickt werden ... In welchem Tempo es sich wohl vorwärts bewegen wird? ... Ich kann nicht länger als bis Montag darauf warten. Dann eben nicht. Man wird es mir nachschicken, falls das möglich ist.

Ich gebe diesen Brief einem amerikanischen Reporter, der per Sonderflugzeug reist, nach Yunnanfu mit. Er wird ihn dem Konsul, Monsieur Crépin, übergeben, der ihn an Dich weiterleiten wird.
Die Lage steht nicht gut für die Chinesen. Die Japaner sind im Begriff, Hanzhou einzunehmen, wo ich einen Teil des Winters verbracht habe. Es wäre zweifellos spannend, das mitzuerleben. Mir ist es allerdings lieber, mich anderswo zu befinden, obwohl man nirgends sicher ist. Die Fremdenfeindlichkeit im Volk nimmt ständig zu. Vor drei Tagen hat ein mit einer Lanze bewaffneter Fanatiker versucht, in das bischöfliche Palais einzudringen, um den französischen Bischof, Monseigneur Ronchouse, zu töten. Der Portier hat ihn aufgehalten und schwere Gesichtsverletzungen erlitten. (...)
Sobald ich mich eingerichtet habe, werde ich mich wieder an mein Buch setzen. Das erste Kapitel, das schon »getippt« ist, macht mir einen ziemlich guten Eindruck. Plon hat sich noch nicht zu dem Roman geäußert, den ich ihm geschickt habe. Thiébaud von der *Revue de Paris* fand ihn »zu beängstigend« für seine Kundschaft. Er wird ihn nicht veröffentlichen. Jetzt hege ich die Befürchtung, daß Plon womöglich ebenfalls Bedenken hat, ihn zu publizieren. Das wäre eine Katastrophe für mich, da ich mir viel Arbeit mit diesem Buch gemacht und stark darauf gesetzt habe. (...)
(...) Nach den Regenfällen plane ich, eine Reise von einem Monat oder sechs Wochen zu machen und das Kloster von Derge und seine riesigen Bibliotheken zu besichtigen, die in ganz Tibet berühmt sind. Aber zuvor werde ich Dir noch schreiben. (...)

Tatsienlu (Sikang), China, 7. Juli 1938
Nach einer zehntägigen Reise durch die Berge bin ich am 4. Juli

hier eingetroffen. Das schlechte Wetter hat den ersten Teil dieser Reise sehr erschwert. (...) Die englischen Missionare gewähren mir Unterkunft, bis ich ein Quartier gefunden habe. Das ist im Augenblick sehr schwierig. Die Stadt quillt über von Menschen und vor allem von Militär. Die Soldaten haben alle Klöster besetzt. Ein sehr renommierter chinesischer Geistlicher, der Vorträge im Musée Guimet gehalten hat, hat mir Briefe mitgegeben, die es mir wahrscheinlich ermöglichen werden, ein Haus zu mieten, das zu einem chinesischen Kloster gehört. Es liegt an einem Bergkamm über Tatsienlu. Albert hat sich gestern die Örtlichkeiten angesehen. Wie er sagt, ist der Blick sehr schön, und man kann Spaziergänge über die umliegenden Weiden machen. Doch der Abt des Klosters, der der Vermietung zustimmen muß, macht eine Kur an den heißen Quellen und wird erst morgen oder übermorgen zurückkehren. Erst nach seiner Rückkehr werde ich wissen, ob ich in eines der leerstehenden Häuser in der Nähe des Klosters einziehen kann. (...) Mir schwirrt allmählich der Kopf, wie soll ich meine Zukunftspläne gestalten? ... Das Leben in China ist schwierig und kostspielig geworden, und so hoch wie die Preise jetzt in Frankreich sind, wüßte ich nicht, wovon ich dort leben sollte. Sehr unerquicklich, solche Sorgen, wenn man nicht mehr jung ist.
Wie geht es Dir, und wo bist Du? ... Ich habe Dir vor vierzehn Tagen geschrieben, wie immer per Luftpost, bevor ich mich auf den Weg gemacht habe. Bist Du nach Vichy gefahren?

Tatsienlu, 19. Juli 1938
(...) Wie ich Dir schon vor wenigen Tagen geschrieben habe, bin ich in Tatsienlu, einer chinesischen Grenzstadt, angekommen. Ich wohne vorübergehend bei englischen Missionaren und werde mich morgen oder übermorgen in einer Eremitage einrichten, die auf einem Gipfel etwa dreihundert Meter über

der Stadt gelegen ist, was einer Höhenlage von etwa dreitausend Metern entspricht. Die Luft auf diesem Berg ist gut. Werde ich dort den Winter verbringen? ... Ich weiß es nicht, und ich kann es nicht wissen, die Ereignisse werden für mich entscheiden: Einerseits der Verlauf des Krieges, andererseits, was mich weit mehr berührt, die Geschehnisse in der Regionalpolitik, die Beziehungen zwischen den Tibetern, die Lhasa unterworfen sind, und den Tibetern, die von den Chinesen regiert werden. Inzwischen habe ich wieder einmal meine Unterkunft organisieren müssen, was den Kauf einer ganzen Anzahl von Dingen mit sich bringt. Ich arbeite an meinem Reisebericht und warte auf Nachricht von Plon. (...)

(...) Im Norden Chinas sieht es gar nicht gut aus: Allein in Shaanxi und der Umgebung von Beijing sind neunundzwanzig Ausländer getötet worden (damit wir uns richtig verstehen – sie sind nicht etwa bei Bombardierungen umgekommen, sonder einzeln ganz bewußt erschossen worden, die meisten von ihnen von Japanern, einige auch von chinesischen Freischärlern), und drei sind verschwunden. Wenn es mir nicht wichtig wäre, gewisse Studien fortzuführen, würde ich meinen Aufenthalt in China gewiß nicht weiter in die Länge ziehen. Nur wo soll ich hin? Asien zu verlassen, und dann erneut die beträchtlichen Reisekosten auf mich zu nehmen, um wieder dorthin zurückzukehren, kommt überhaupt nicht in Frage. Und in Asien kann ich am besten die Art von Büchern schreiben, die sich verkaufen lassen ... Die Situation ist schwierig. Aber wie ich Dir schon mehrfach gesagt habe, bin ich trotz allem lieber in einem tibetischen Grenzort als in Zentralchina. Für den Augenblick befinde ich mich hier in größerer Sicherheit. Es ist durchaus möglich, daß es auch hier zu Unruhen kommt: Der Bürgerkrieg steht am Horizont, aber rundum gibt es weites, unbesiedeltes Land, in das man entweichen kann. Albert hat keine Zeit verloren, er hat schon eine ganze Menge Freunde unter seinen Landsleuten aus dem südlichen Tibet gefunden, die hier leben. Sie haben mich ebenfalls sehr freundlich aufgenommen, und im Notfall könnte ich mich darauf verlassen, daß sie mir helfen würden, einen Fluchtort zu erreichen. Zumindest kann man darauf hoffen. (...)

Tatsienlu (Sikang), China, 3. September 1938
(...) In China sieht es schlecht, sehr schlecht aus. Was Du in den Zeitungen liest, bezieht sich auf den Krieg, aber was wir sehen, wir, die Ausländer, die in China leben, weist auf eine tiefgreifende Revolution hin, die uns in große Gefahr zu bringen droht. Das sehe nicht nur ich allein so. Unsere jeweiligen Konsuln sehen das Unwetter ebenso kommen wie wir und wüßten uns lieber alle miteinander außerhalb Chinas. Der britische Konsul in Chongqing hat Nachforschungen nach Albert angestellt, hat ihm geschrieben, er solle ihn über seine Reisen auf dem laufenden halten, damit er ihm notfalls dringende Mitteilungen telegrafieren könne. Ich selbst befinde mich in ständigem Kontakt mit dem Konsulat in Chengdu und dem Botschafter, den ich seit langem kenne und der mir sehr viel Fürsorge bekundet. Das ist tröstlich, aber alle miteinander stehen wir der immer offenkundiger zutage tretenden fremdenfeindlichen Haltung der Chinesen sehr ohnmächtig gegenüber. (...)
Und jetzt kommt der Winter, dann werden die Pässe vom Schnee versperrt sein. Ich werde einen pelzgefütterten Mantel für mich kaufen und auch einen für Albert und, je nachdem wie die Umstände sich entwickeln, vielleicht auch Pferde für uns beide. Falls wir die Flucht ergreifen müssen, werden wir versuchen, die beste Entscheidung zu treffen, um uns in Sicherheit zu bringen. Im übrigen kommen die Dinge ja vielleicht gar nicht bis an diesen Punkt. (...)

Weißt Du, daß ich begonnen habe, eine tibetische Grammatik für Franzosen zu schreiben, ja, ich glaube, ich habe es Dir gesagt. Man weiß nicht mehr, was man denken soll, Bildung kann man sich auch »nebenbei« aneignen, über einen subventionierten Kurs oder ähnliches an einer Universität. Oh! Ich kann Dir versichern, daß ich in meinem Alter (siebzig Jahre) sehr gut auf diese Geldarbeiten verzichten könnte, die nur der Jugend angemessen sind.

Tatsienlu (Sikang), 12. September 1938
Vor wenigen Tagen habe ich Dir einen langen Brief geschrieben. Nun habe ich heute alarmierende Nachrichten im Radio gehört und überdies einen Brief vom Konsul erhalten.
Was wird geschehen? Werden die Deutschen sich wieder zurückziehen ...? Wenn man die Bevölkerung einmal zu stark begeistert und erregt hat, ist es manchmal schwierig, die Ruhe wiederherzustellen. Wie man mir erzählt hat, wurde im Radio durchgegeben, daß sowohl die englische als auch die französische Marine in Kriegsbereitschaft versetzt worden sind. Das könnte bedeuten, daß England die Absicht hat, sich einzumischen ... Ich sehe nicht, wie, falls es nicht Italien im Blick hat! Rußland? ... Seit sie dort alle Pioniere der Revolution massakrieren – tatsächlich haben alle Gefährten von Lenin daran glauben müssen –, weiß man weder, wie es um die Moral der Armee steht, noch, ob die Befehlshaber fähige Strategen wären und die Disziplin aufrechterhalten könnten. Gegen die Japaner haben die Russen kürzlich keine glanzvolle Vorstellung abgegeben.
Was Dich angeht, so bringe Dich auf der Stelle in Sicherheit. Warte nicht, bis die Züge mit Flüchtlingen überfüllt sind oder beschlagnahmt werden. Wie Du sagst, scheint das bedeutungslose Saint-Laurent einigermaßen sicher zu sein, und da

Du dort eine Wohnung hast, begib Dich unverzüglich dorthin. Von dort aus kannst Du leicht wieder nach Paris zurückkehren, falls das Unwetter vorüberzieht, ohne zum Ausbruch zu kommen. (...)

(...) Der drohende Bürgerkrieg und die fremdenfeindlichen Umtriebe lassen den Horizont hier beängstigend finster aussehen. Und als Gipfel von alledem beginnen die Ausländer sich jetzt gegenseitig anzugreifen.

Andererseits gewinnt der Kommunismus stark an Boden, und es ist vorauszusehen, daß Chiang Kai-Shek sich nach dem Sieg der Japaner nicht halten kann und daß alles, was von China übriggeblieben sein wird, kommunistisch wird, so wie die Provinzen im Süden es bereits sind. Wie Du siehst, steht uns ein schöner Schlamassel in Aussicht. Eine der japanischen Kolonnen ist schon bis auf dreißig Kilometer herangekommen. Im Augenblick wird sie durch die vom Yangtze verursachte Überschwemmung aufgehalten. Man hat mir geschrieben, die Russen hätten geraten, die Stadt in Brand zu stecken, damit die Japaner nur noch die Asche vorfinden. Was wird wohl nach der Hanzhou-Krise passieren? ... Ich frage es mich, während ich hier in meiner Einsiedelei fast erfriere. Das Wetter ist schrecklich: Gewitter, Regen. Wenn der Lama die Wohnung freimachen läßt, die man mir versprochen hat, werde ich hinunterziehen und einen Ofen hineinstellen lassen. Dann warte ich die Ereignisse ab und kehre, wenn man es mir erlaubt, nach Chengdu zurück, obwohl das angesichts der verschneiten Pässe keine Vergnügungsreise sein wird. (...)

Tatsienlu (Sikang), China, 9. Oktober 1938

In diesem Augenblick habe ich Deinen Brief erhalten, den Du mir nach Deiner Rückkehr aus Saint-Laurent von Paris aus geschrieben hast. Du hast ihn auf den 28. Oktober datiert, aber

der Poststempel weist den 21. Oktober aus. Sollte da ein Wunder geschehen sein!
Zuallererst tausend Dank für die Überweisung von fünftausend Franc, die Du mir angekündigt hast. (...) Auf jeden Fall werden mir die etwa siebenhundert chinesischen Dollar, die sich aus dieser Summe ergeben werden, überaus willkommen sein. Meine Situation hat sich wesentlich verändert. Wie ich Dir erzählt hatte, war ich in Chengdu zum Teil offiziell damit befaßt, die »französisch-chinesischen Beziehungen« zu pflegen und die Leute zusammenzubringen, die früher einmal in Frankreich studiert haben. Der Botschafter interessierte sich für diese Arbeit. Jetzt haben jedoch die Bombardierungen begonnen, die man vorausgesehen hatte. Daraus folgt, daß alle finanziellen Vorteile, die ich aus meinem Aufenthalt in Chengdu bezogen habe, nunmehr hinfällig sind. Wie ich Dir schon berichtet habe, konnte ich in Tatsienlu keine Mietwohnung finden; ich wohne hier mit Albert in der englischen Mission. Der Pensionspreis ist sehr viel niedriger als in Hanzhou und Chongqing, aber der Komfort ist auch ungleich geringer. Mein Diener, den ich mir aus Sicherheitsgründen halten muß, kocht mir von Zeit zu Zeit etwas im Schuppen, wo wir unser Heizmaterial lagern. Diesen Heizstoff, der horrend teuer ist, kaufen wir selbst.
In China stehen die Dinge schlecht, sehr schlecht. Ich habe Dir soeben erzählt, daß Chengdu bombardiert worden ist. Der Konsul hat mir aus Chengdu geschrieben, daß die Ausländer die Stadt möglicherweise »auf dem schnellsten Weg und ohne Gepäck« verlassen müssen. Er hat hinzugefügt: »Vielleicht bin ich zu pessimistisch, ich hoffe, daß meine Besorgnis unbegründet ist.« Doch der französische katholische Bischof, mit dem ich mich gestern unterhalten habe, war noch weit pessimistischer als der Konsul, was die Ereignisse angeht, die möglicher-

weise eintreten könnten: Die Verzweiflung der Menschen hier angesichts der neuen von den Japanern bewirkten Verwüstungen und die mangelnde Hilfe von seiten der anderen Nationen ... Es bleibt mir noch die Möglichkeit, die ich schon seit langem ins Auge gefaßt habe: die Flucht in eine rein tibetische Region, die zu dieser Jahreszeit schwer durchführbar ist und der auch noch andere Schwierigkeiten entgegenstehen. Eine Frage des Geldes. Ich habe Dir schon erklärt, daß Tatsienlu der erste Ort ist, wo das chinesische Papiergeld gültig ist. Jenseits davon muß man sich der lokalen Rupien bedienen (Geldstücke). Und diese Rupien sind fast unauffindbar geworden. Du siehst meine Lage: Mir sind die Vorteile abhanden gekommen, die ich in Chengdu hatte und die es mir erlaubten, Dir zu sagen, daß Du Dich für den Augenblick nicht um mich sorgen müßtest. Das Papiergeld, das ich besitze, sinkt im Wert, es ist fast unmöglich, sich Geld zu beschaffen, das außerhalb von Tatsienlu angenommen wird, falls die Umstände mich zwingen sollten, mich in Sicherheit zu bringen. Dazu kommt der Winter, der in dieser Bergregion, in der die Pässe zwischen viertausendfünfhundert und fünftausend Meter hoch sind, die Pässe wegen des Schnees in allen Richtungen unpassierbar macht. Aber diese letztere Schwierigkeit ist noch die geringste, denn in dieser Hinsicht habe ich viel Erfahrung. Die anderen Hindernisse sind sehr viel ernster, es würde jedoch nichts helfen, sie tragisch zu nehmen. Ich denke, Kaltblütigkeit und ein wenig Intelligenz werden ausreichen.

Du hast recht mit dem, was Du Dir in bezug auf Albert überlegt hast. Er ist mir wirklich nützlich. Er stammt aus diesem Land oder fast, so wie jemand, der in Lille geboren ist, sich als Landsmann eines Marseillers fühlen kann, weiß er die Leute zu nehmen, sie sich gefällig zu machen, und im Orient, wo es die Etikette verlangt, daß eine Frau besseren Standes ihre geschäftlichen Angelegenheiten niemals selbst verhandelt, ist er überaus wertvoll für mich. Er ist nicht vollkommen, gewiß. Doch wer ist das schon? ... Und da wir seit über einem Jahr (sechzehn Monaten) als Flüchtlinge von einem Ende Chinas zum anderen irren, hat er guten Grund, gereizt zu sein. Ich betrachte ihn immer noch als den vierzehnjährigen Jungen, den ich einst zu mir genommen habe; derweil sind die Jahre vergangen, und der »Junge« wird Weihnachten neununddreißig. Zum Glück ist er in vieler Hinsicht ein Kind geblieben, vielleicht liegt das an meiner Erziehung. Ich bin mir meines Egoismus bewußt. Ich wollte jemanden, der mir unter egal welchen Umständen nützlich ist und der sich meinen Wünschen unterordnet. Das hat der Entwicklung des Jungen geschadet. Ich hätte es ihm ermöglichen sollen, einen Beruf zu ergreifen, eine eigene Karriere zu machen, aber ich habe es vorgezogen, ihn in Abhängigkeit zu halten. Das war nicht sehr schön von mir. Nun, es ist geschehen. Im Augenblick hilft mir Albert, eine tibetische Grammatik für Franzosen zu verfassen. (...) Ein Schneider näht zur Zeit für jeden von uns einen pelzgefütterten Mantel, das ist eine gute Vorsichtsmaßnahme gegen die winterliche Kälte. Ich werde auch ein kleines Zelt anfertigen. Und dann wird man weitersehen. Was Du zweifellos sehr bald zu sehen bekommst, ist mein neues Buch, das Plon Dir schikken wird, sobald es erscheint. Höchstwahrscheinlich wird es Dich verblüffen. Es ist ein Roman voller sinnlicher Leidenschaft und Grauen, mit einem Untergrund von Mystizismus und Aberglauben. Ich frage mich, wie das Publikum ihn aufnehmen wird. Zu Anfang war ich nicht zufrieden damit, aber als ich ihn wieder gelesen habe, schien er mir interessant. Zweifellos völlig außerhalb der Themen, die normalerweise von Romanautoren behandelt werden. Was meinen Reisebericht angeht – wie wird es mir wohl gelingen, ihn auf der Maschine abschreiben zu lassen? ... Oder auch nur das Manuskript nach Paris zu befördern? (...)

Tatsienlu (Sikang), China, 12. Oktober 1938
Ihr seid in Europa mit knapper Not am Krieg vorbeigekommen, aber falls keine unvorhergesehenen Umstände eintreten, wie ein völliges Verschwinden Hitlers oder eine Revolution in Deutschland, wird nicht mehr viel Zeit vergehen, bis der gestern vermiedene Krieg ausbricht. Die Ausländer, die sich im Inneren Chinas befinden, werden dort bald eingeschlossen sein. Die Japaner haben Yunnanfu mehrmals bombardiert und unter anderem ein Massaker in der Knabenschule angerichtet. Hanzhou ist den Japanern noch nicht in die Hände gefallen, aber sie haben bereits begonnen, Chongqing in der Nähe von Chengdu zu bombardieren.
Ich habe einen Brief vom Konsul erhalten. Er teilt mir mit, ich solle nicht mehr in die medizinische Versorgungsstation zurückkehren, denn er läßt dort Schutzgräben für das Personal und die Nonnen anlegen, deren Kloster sich gegenüber, auf der anderen Straßenseite befindet. Die Postverbindung, die schon seit langem in Unordnung geraten ist, existiert kaum mehr. Das ist verständlich, wir sind im Krieg. Gegenüber den Japanern geben wir alle traurige Figuren ab. Der Konsul schreibt, daß nur die Chinesen trotz allem standhalten und sich von Mann zu Mann verteidigen. Sie verdienen Sympathie und sogar Bewunderung für ihre Ausdauer. Sei deshalb nicht erstaunt, wenn Du keine oder nur noch sehr unregelmäßige Nachrichten mehr von mir erhältst. Das bedeutet, daß die Post nicht funktioniert oder daß ich einen Ortswechsel vornehmen mußte. (...)
Es ist eine der ärgerlichsten Folgen dieses Mangels an schneller und regelmäßiger Kommunikation, daß meine literarischen

Geschäfte darunter leiden. Zum neuen Jahr gedenke ich *Sous des nuées d'orage* beendet zu haben, den Bericht über meine augenblickliche Reise bis zu meiner Ankunft in Chengdu, aber ich bezweifle, daß es mir zu diesem Zeitpunkt gelingen wird, das Manuskript nach Paris zu schicken. Das von *Magie d'Amour et Magie Noire,* das jetzt bei Plon erscheint, hat acht Monate gebraucht, bis es den Verleger erreichte. (...)

Tatsienlu, 30. Oktober 1938

(...) Wenn Du diesen Brief erhältst, wirst Du schon sehr viel mehr über die Geschehnisse in China erfahren haben, als ich bis heute weiß. Kanton ist eingenommen worden, Hanzhou ebenfalls. Ich warte den Verlauf der Ereignisse ab. Ob ich wohl in die stark vergrößerte und verbesserte Wohnung zurückkehren kann, die mich in Chengdu erwartet? ... Nur, wenn zuvor Frieden geschlossen worden ist. Andernfalls unterliege ich dem offiziellen Befehl, in meinem Unterschlupf zu bleiben. Dieser Unterschlupf ist jedoch ebenfalls unsicher. In dieser Art von Schlucht, in der Tatsienlu gelegen ist, würden drei Brandbomben ausreichen, um die gesamte Ansiedlung – alles Holzhäuser – in zehn Minuten in Flammen aufgehen zu lassen.

Das Haus der englischen Missionare, in dem ich wohne, hat einen Ausgang zum Berg. Er ist wegen der Diebe vermauert worden, aber man wird ihn wieder öffnen, damit man ihn im Notfall benutzen und das Weite suchen kann ... Wie mühsam doch alles geworden ist! – Besorgnis auch in finanzieller Hinsicht. Man befürchtet, daß das Papiergeld entwertet wird, wenn Chiang Kai-Shek fällt. Sie sind ein Familienkonzern, Chiang-Kung und die Brüder Soong (Brüder von Madame Chiang). Nur sie allein wissen, wo im Ausland sie die chinesische Staatskasse auf ihre Namen in Sicherheit gebracht haben. Falls man Chiang zwingt, seinen Posten als Diktator aufzuge-

ben, verschwindet die ganze Familie ins Ausland und läßt leere Kassen zurück. So steht es in den englischen Zeitungen. (…)
Letzte Nachrichten: Chengdu ist in einer Woche dreimal bombardiert worden, es hat Tote gegeben. Das Elektrizitätswerk ist zerstört worden, die Stadt liegt im Dunkeln.
Binnen kurzem werden wir das gleiche in Europa erleben. Alle Schändlichkeiten der Lumpen Chamberlain und Konsorten und alles Ducken unter Hitlers Stiefel werden uns nicht davor bewahren.
12. November, abends:
Seit fünfzig Stunden schneit es unablässig. Das ist jetzt eindeutig der Winter, und es ist abzusehen, daß er hart wird. Die Post ist nicht gekommen, sicher haben die Boten auf den Pässen allzu hohen Schnee vorgefunden und müssen warten, bis der Weg geräumt worden ist.

Tatsienlu, 26. November 1938
Man hat mir einen bösen Schlag versetzt. Ich hatte Dir erzählt, daß ich bei den englischen Missionaren gewohnt habe, da ich in Tatsienlu keine Mietwohnung finden konnte. Sie haben mir mitgeteilt, ich könne nicht länger bei ihnen bleiben.
Schöne Situation, in der ich mich da plötzlich befinde! Wo soll ich hin? … Man darf sich das Land, in dem ich bin, nicht wie Europa vorstellen, wo es überall Hotels und Appartements gibt. Ich saß buchstäblich auf der Straße. Daraufhin bin ich zum französischen Bischof gegangen und habe ihm von meinen Schwierigkeiten erzählt. Was ich gar nicht gern getan habe, denn wir teilen nicht die gleichen Auffassungen. Bevor ich zu ihm gegangen bin, war ich auch bei der Äbtissin der Nonnen. Schließlich haben die Nonnen und der Bischof sich darauf verständigt, mir ein Häuschen zu vermieten, das ihnen als Getreidelager diente. Es ist nicht schön, doch wir haben ein

Dach über dem Kopf. Die Baracke steht allein, hat einen Ausgang, der direkt auf die Straße führt, und einen eigenen Hof. Sie umfaßt zwei große Räume, eine Küche und Nebengebäude, in denen man das Brennmaterial lagern und wo der Diener schlafen kann. Was die Sicherheit angeht, so bin ich hier besser als bei den Engländern untergebracht. Im übrigen hatte ich keine andere Wahl und muß mich beglückwünschen, daß dieses Abenteuer nicht schlimmer ausgegangen ist.
Die Lage in China verschlechtert sich ständig. Die Japaner verhalten sich den Ausländern gegenüber immer arroganter; die Chinesen haben keinen Zugang mehr zum Meer. Der neue japanische Botschafter in Berlin hat in seiner Antrittsrede erklärt, daß die Engländer Asien nunmehr vergessen können. Unter dem Druck der japanischen Drohungen haben wir jetzt untersagt, daß mit der indochinesischen Eisenbahn Munition nach China transportiert wird. Die geschlagenen und untereinander zerstrittenen Chinesen werden sich am Ende den Japanern beugen, und man wird die Weißen des Landes vertreiben. Sie werden sich glücklich schätzen können, wenn sie nicht allzu sehr verunglimpft werden, bevor sie über die Grenze gelangt sind. Ich hoffe, den Winter hier ohne allzu viele Widrigkeiten verbringen zu können. Danach werde ich mich je nach Lage der Dinge neu orientieren, aber es ist völlig unmöglich, irgend etwas vorauszusehen. Die Konsuln haben ihre jeweiligen Staatsangehörigen aufgefordert, »die Augen offen« und sich für einen schnellen Umzug bereitzuhalten. (...)

Catholic Hospital, Kangding (Sikang), China,*
2. September 1939
Endlich ist es mir gelungen, mein Manuskript an Plon aufzu-

* Kangding oder auch Dardsedo sind andere Namen für Tatsienlu.

geben, der schon seit langem darauf wartet. Es wird per Flugzeug von Chengdu nach Paris gelangen. Ich kann nicht sagen, ob ich von dem, was ich geschrieben habe, wirklich begeistert bin. Ich habe es unter sehr unruhigen Umständen verfaßt und ohne kontinuierlich daran arbeiten zu können. Dennoch glaube ich, daß es kein schlechtes Reisebuch ist. Du wirst es erhalten, sobald es erschienen ist, und Du wirst sehen, daß mein derzeitiger Aufenthalt in China nicht gerade der vergnüglichste ist. Trotzdem bedaure ich nicht die »abenteuerlichen« Augenblicke, die er mir beschert hat. Wir sind immer noch auf Bombardierungen gefaßt, weil nicht sehr weit entfernte Orte stark bombardiert worden sind. Der Bischof hat mir geraten, die Dinge, die mir am wichtigsten sind, zu einem kleinen Gehöft einige Kilometer außerhalb von Tatsienlu zu schicken. Denn zwei Bomben würden ausreichen, um diese Ortschaft in Schutt und Asche zu legen. Dieses Warten auf eine mögliche Katastrophe in einem nicht vorhersehbaren Augenblick ist ziemlich nervenaufreibend. (...)

Es sieht nicht so aus, als könnte der Krieg bald zu Ende gehen, es sei denn, es tritt ein völlig unerwartetes Ereignis ein, was immer möglich ist. Unter den derzeitigen Umständen ist für mich eine Reise völlig ausgeschlossen. Die Ausländer sind verdächtig und laufen Gefahr, schikaniert zu werden. Ich lebe hier seit über einem Jahr, und man hat sich, wie ich glaube, an meine Gegenwart gewöhnt. Ich lebe unter meinen Landsleuten, was weder Erstaunen noch Bemerkungen auslöst. Mir scheint es deshalb das vernünftigste, mich hier bis auf weiteres verborgen zu halten.

Nachdem *Sous des Nuées d'Orage* jetzt beendet ist, werde ich versuchen, so schnell wie möglich die tibetische Grammatik fertigzustellen, und mich sodann an ein neues Buch für Plon setzen: *L'Ouest Barbare de la Grande Chine* (dt. *Land der Is,*

Wien 1952). Eine Untersuchung über die Grenzgegenden und die Stämme, die dort leben, sowie eine Übersicht über die politischen Bewegungen, die dort im Gange, sind etc. Ein Werk von einer gewissen Aktualität, da China, das von der Küste her angenagt worden ist, diese Bevölkerungsgruppen zu assimilieren versucht. (…)

Kangding, 8. September 1939
(…) Heute habe ich erfahren, daß der Krieg ausgebrochen ist und daß gekämpft wird. Der Bischof ist hergekommen, um es mir mitzuteilen; er hat hier bei mir schon drei seiner Priester vorgefunden, die bereits vor ihm eingetroffen waren, um mir die Neuigkeit zu berichten, und so befanden wir uns hier unter lauter Franzosen und … Es war keine sehr fröhliche Versammlung, das kann ich Dir versichern. Der Bischof hat acht einsatzfähige Missionare, und er erwartet eine Depesche des Konsuls, daß sie einberufen werden.
Du bist jetzt natürlich in Saint-Laurent, und Du könntest kaum an einem besseren Ort sein. (…) Die Leute scheinen die Massaker von vor zwanzig Jahren schon vergessen zu haben. Jetzt beginnen sie von vorn, und aufgrund der »Fortschritte« in der Luftfahrt wird der Krieg diesmal tausendmal mörderischer sein. Was ich in diesem Zusammenhang in China gesehen habe, war grauenvoll. Wirklich seltsam, daß ich mich auch in diesem Krieg, genau wie im vorigen, in Asien befinde. Wird er ebensolange dauern? … Man kann es sich kaum vorstellen, da die Zerstörungsmaschinerie so perfektioniert worden ist. Die Italiener haben sich für neutral erklärt. Für wie lange wohl? … Ich habe kein großes Vertrauen in die Engländer. Ihre militärische Fähigkeiten erscheinen mir sehr zweifelhaft. Wieviel ist ihre Aufrüstung wert? … Sie haben keine gutgeschulten Truppen, ihre Einberufungsmethoden stammen

von vorgestern. Ich bezweifle, daß die Spanier sich rühren, sie müssen erschöpft sein, und Franco hat zahlreiche Gegner im eigenen Land. Doch glaube ich, daß die Deutschen auch ganz allein furchtbar sein werden. Wie werden wir da mit unserem Vermögen herauskommen, das sowieso schon nicht mehr dasselbe ist wie 1914. (...)

Kangding, 27. Oktober 1939
(...) Nun herrscht also der Krieg, der schon so lange gedroht hat ... Wie lange wird er dauern ... Ich vermag mir in dieser Hinsicht nicht die geringste Vorstellung zu machen. Hier in Tatsienlu kommen nur sehr konfuse Nachrichten an. Die Radiosendungen sind zensiert und entstellt. (...) Sicher scheint zu sein, daß Hitler glaubte, Polen einnehmen zu können, ohne auf Widerstand zu treffen. Er ahnte nicht, daß er damit einen weiteren Krieg auslösen würde. Stalin scheint ihn »hereingelegt« zu haben: Rußland, das man für völlig pazifistisch hielt, legt sehr viel Format an den Tag. So wie es aussieht, wird es binnen kurzem die Weltkarte stark verändern. (...)

Kangding (Sikang), China, 4. April 1940
(...) Es hat mich gefreut zu erfahren, daß die Bronchitis, unter der Du gelitten hast, völlig ausgeheilt ist. Was die Schwäche angeht ... solange Dein Appetit gut ist, wirst Du sie überwinden. Doch die »Kur im Zimmer«, in das Du Dich einschließt, ist nicht angetan, Dich wieder zu Kräften kommen zu lassen. Du brauchst viel frische Luft. Ich würde Dich gerne davon überzeugen. Im Süden müßte jetzt wieder schönes Wetter sein. Du solltest Dir ein Häuschen am Grau-du-Roi mieten. Zögere es nicht hinaus. Bevor die Menge dort einfällt, sichere Dir eine kleine Unterkunft – *mit Blick auf das Meer* – für die Saison. (...)

(...) Der Krieg wird lange dauern. Unsere Gegner sind stark, und ich bezweifle, daß wir uns mit ihren Friedensbedingungen abfinden werden. Das würde im übrigen bedeuten, daß binnen kurzem ein neuer Krieg ausbrechen würde. Wir müssen unser Verhalten gegenüber der Tschechoslowakei und dem republikanischen Spanien büßen. Wir büßen die Schwäche, die wir bei der Abrüstung an den Tag gelegt haben. Wenn man bedenkt, daß man Daladier und Chamberlain, die so schmählich aus München zurückgekehrt sind, in Paris und London begeistert applaudiert hat! Solche Dinge rächen sich. Churchill war ein guter Prophet, als er in diesem Augenblick sagte: »Wir hatten die Wahl zwischen der Schmach und dem Krieg. Wir haben die Schmach gewählt und werden den Krieg bekommen.« Nun ist er da. (...)

Kangding, 8. Mai 1940
Ich habe Dir am 4. Mai einen ziemlich langen Brief geschrieben, aber in diesen letzten Tagen scheinen sich die Kriegsereignisse in Europa zu verschlimmern, und Italien erhebt seine Stimme sehr laut. Wer weiß, ob es nicht gedrängt von Deutschland in den Kampf eintreten wird. Ich möchte Dich deshalb daran erinnern, daß sich in dem Haus in Digne noch Kisten voller Bücher befinden und auf dem Treppenabsatz der ersten Etage ein großer Überseekoffer, der meine großen Zelte enthält, Teppiche und einen weiteren Koffer mit Wäsche, Decken etc. Kurz, neben dem Mobiliar, das nur noch das Notwendigste ist, gibt es in Digne noch eine ganze Menge Dinge, deren Verlust mich empfindlich treffen würde, falls das Haus zerstört oder in Brand gesteckt würde. Es könnte passieren, daß die feindlichen Truppen bis nach Digne vordringen, sich in dieser leeren Villa einquartieren und sich alles, was sie dort vorfinden, aneignen. Ich hoffe sehr, daß nichts dergleichen ge-

schehen wird, aber es wäre zum anderen auch denkbar, daß französische Truppen im Fall eines Angriffs oder zu nachdrücklicher Drohungen seitens der Italiener in diese Richtung gedrängt und im Haus einquartiert werden ... Nun ... Man weiß, in welcher geistigen und nervlichen Verfassung erschöpfte Männer sein können, denen die Gefahr vor Augen steht ... Wer könnte es wagen, sie zu tadeln, wenn sie sich nicht wie Gentlemen benehmen, die sich zu friedlichem Gespräch in einem Salon zusammengefunden haben? (...) Aber was denen, die es tun, keinen Nutzen einbringt, könnte einen bedauerlichen Verlust für mich darstellen, die ich nicht reich bin und die ich schon im Verlauf des chinesisch-japanischen Krieges so viele Verluste erlitten habe. Könntest Du deshalb nicht, Du oder Simone, dafür sorgen, daß die transportablen Gegenstände, die sich noch im Haus befinden, ausgeräumt und per Umzugswagen nach Saint-Laurent gebracht werden? Was mich am meisten interessiert, ist das, was noch an Büchern geblieben ist, und dann die guterhaltenen Zelte. (...)

Catholic Hospital, Kangding, 16. Mai 1940
Alle Welt hatte für dieses Frühjahr eine große Offensive vorausgesehen. Aber vielleicht hatte man nicht vorausgesehen, daß sie solche Ausmaße annehmen würde. Ich glaube, daß man die Fähigkeiten des englischen *Intelligence Service* wie auch eine Anzahl weiterer Dinge überschätzt hat. (...) Hitlers Plan besteht darin, sehr schnell zu handeln. Er hat sich von langer Hand vorbereitet, während die anderen sich darauf beschränkten, herumzuhökern oder zu blöken: »Frieden! Frieden!« Nur kann leider nicht einer allein den Frieden regieren lassen, der Nachbar muß derselben Meinung sein, und unser Nachbar war es nicht.
(...) Wir sind hier noch immer von Bombardierungen bedroht.

Wieder hat dieses »Kommen sie? Kommen sie nicht?« vom letzten Jahr begonnen, und man verflucht fast die Tage mit schönem Wetter und klaren Nächten, in denen der Mond scheint, weil sie die Luftangriffe begünstigen. Die Flugzeuge sind uns hier schon sehr nahe gekommen. Unsere miteinander verschachtelten Berge mit ihren sechstausend bis siebentausend Meter hohen Gipfeln schützen uns ein wenig, aber nicht genügend, um uns völlige Sicherheit zu garantieren. Violet Sydney ist immer noch hier und schrecklich verstimmt, weil sie keinen praktikablen Weg sieht, durch ein völlig im Aufruhr befindliches Land irgendwo anders hin zu gelangen. Mir geht es gut, sogar sehr gut, und wäre da nicht die Besorgnis, wie ich mir hier in diesem Land, in dem die Lebenshaltungskosten sehr viel höher als in Frankreich geworden sind, meinen Unterhalt sichern soll, stünde alles zum besten. Meine tibetische Grammatik ist fertig, und aufgrund der Art und Weise, in der ich das Thema behandelt habe, scheint sie mir ein gut gelungenes und auf seine Weise einzigartiges Werk zu sein. Ich möchte mir gerne einen Monat Erholung gönnen, den mein Kopf dringend braucht, und dann werde ich eine neue Arbeit in Angriff nehmen, zweifellos ein Buch über *L'Ouest Barbare de la Grande Chine*. Inzwischen wird Plon Dir *Sous des Nuées d'Orage* schicken, das am 15. Juni erscheint. (...)

Kangding (Sikang), Westchina, 31. Dezember 1940
Ich habe Dir am 24. Oktober und am 30. November geschrieben. Hast Du diese Briefe erhalten? Ich meinerseits habe Deinen Brief bekommen, den Du am 14. Juli aufgegeben hast, aber seitdem keinen Brief mehr, und ich warte dringend auf Nachricht von Dir. Wie verbringst Du den Winter? ... Ist es in Saint-Laurent in diesem Jahr nicht so kalt wie im letzten Winter? ... Geht es Dir gesundheitlich gut und Simone auch? ... So

langsam, wie die Post im Augenblick geht, fürchte ich, daß mein Brief Dich erst Ende Februar erreicht. Dann wird es in Südfrankreich schon fast Frühling sein. (...)
Es sieht nicht so aus, als würde ich demnächst nach Frankreich zurückkehren. Ich könnte mir dort meinen Lebensunterhalt nicht verdienen, und im übrigen fehlt mir das nötige Geld, um die Reise zu bezahlen. (...)
(...) Ich bin nicht müßig. Ich sammle literarisches Material, und sobald das Unwetter vorüber sein wird – aber das kann noch lange dauern –, hoffe ich, diese Ware ebenso vermarkten zu können, wie ich es in der Vergangenheit getan habe. (...)
Ich spreche Dir nur von Geschäften, und das ist zweifellos das beste, aber ich möchte Dich auch meiner sehr treuen Zuneigung versichern und sende meine allerbesten Wünsche für Dich und Simone. Hoffentlich könnt Ihr beide weiterhin in Gesundheit und Ruhe leben. Übermittle diese Wünsche auch Fanny, wenn Du die Gelegenheit dazu hast.
Albert sendet Dir ergebene Grüße und schließt sich meinen guten Wünschen für Dich und Deine beiden Nichten an.

Was die Zeit zwischen diesen letzten beiden Briefen – vom 16. Mai und 31. Dezember 1940 – anbetrifft, so haben wir keine weiteren Hinweise auf die Briefe gefunden, die Alexandra David-Néel an Philippe Néel gerichtet hat, der sich auf den Familiensitz in Saint-Laurent-d'Aigouze im Gard zurückgezogen hatte, wo er, von seiner Nichte, Mademoiselle Simone Néel, mit großer Hingabe umsorgt, im Januar 1941 starb.
Alexandra, die ihrerseits beunruhigt ist, daß sie keine Nachricht mehr von ihrem Mann erhält, schreibt an ihre in der Schweiz lebende Nichte Lucy Gut-Néel den folgenden Brief:

Catholic Hospital, Kangding (Sikang), China,
22. September 1940

(...) Hast Du Nachricht von Deinem Onkel Philippe? In China bekommt niemand mehr Post aus Frankreich, und das gibt Anlaß zu der Befürchtung, daß auch Briefe, die man dorthin schickt, ihren Bestimmungsort nicht erreichen. Dein Onkel hat mir für gewöhnlich häufig geschrieben, nun habe ich bereits seit fünf Monaten nichts mehr von ihm gehört. Ich hoffe, daß er sich in Saint-Laurent-d'Aigouze in Sicherheit befindet, aber wenn es irgend möglich wäre, wüßte ich gerne, daß es wirklich so ist.

Jetzt kommt der Winter, die ausländischen Zeitungen und das Radio sprechen von Hungersnot! Wie mag es Eurem alten Onkel mit seiner anfälligen Gesundheit bei alledem ergehen? Da die Schweiz an Frankreich angrenzt, könnte die Postverbindung vielleicht noch funktionieren. Ich bitte Dich, tue Dein möglichstes, um zu erfahren, wie es Deinem Onkel geht, und mir eine Mitteilung zukommen zu lassen. (...)

Madame Lucy Gut-Néel gelingt es, ihren Onkel zu erreichen und einen Brief von ihm an ihre Tante weiterzuleiten, die ihr am 1. Januar 1941 folgendermaßen darauf antwortet:

(...) Ich bin Dir ja so dankbar, daß Du mir den Brief Deines Onkels übermittelt hast. Er hat mich relativ schnell erreicht, da er am 21. November auf der Post in Vevey abgestempelt worden ist; ich habe ihn am 31. Dezember erhalten. Dazu ist anzumerken, daß der Flugdienst nur bis Chengdu (Sichuan) geht und daß die Post sodann von Boten über die Berge weitergetragen wird, was zehn Tage in Anspruch nimmt. Ich hoffe, Du bist einverstanden, wenn ich auch weiterhin Deine Vermittlung in Anspruch nehme, um mit Deinem Onkel korrespondieren zu können. Es war mir wirklich schrecklich, über so lange Zeit nicht zu wissen, wie es ihm in diesen unglückseligen Zeiten ergeht. (...)

Und hier ein letzter Auszug aus einem Brief, den Alexandra am 14. Februar 1941 an ihre Nichte geschrieben hat:

(...) Ich habe Dir am 6. einen Brief geschickt, aber inzwischen habe ich einen von Deinem Onkel bekommen, auf den ich antworte. Es ist der, den Du mir freundlicherweise übermittelt hast. Der französische Konsul in Chengdu wird die Aufenthaltsbescheinigung, die Dein Onkel braucht, um die Erlaubnis zu bekommen, mir Geld zu überweisen, direkt an Dich schikken. (...) Dein Onkel wird diese Genehmigung wahrscheinlich erhalten, da der Ehemann gesetzlich verpflichtet ist, für den Unterhalt seiner Frau aufzukommen. Er wird es auf jeden Fall versuchen.

Noch einmal Dank für Deine freundliche Bereitschaft, mir weiterhin die Verbindung mit Saint-Laurent zu ermöglichen.

Ich bin Dir über die Maßen dankbar dafür.

Herzliche Grüße an Dich und die Deinen.

Nach Auskunft von Madame Lucy Gut-Néel hat sich der obige Brief mit dem Telegramm überkreuzt, in dem Alexandra von Philippes Tod unterrichtet wurde.

Am 14. Februar 1941 kabelt sie an ihre Nichte:

»Ich habe die traurige Nachricht erhalten. Ich bin untröstlich. Sehr herzlich. Alexandra David-Néel.«

Alexandra hat mir oft von diesem Telegramm erzählt. Sie hat es offenbar lange in Händen gehalten, es immer wieder gelesen, ihre Tranen zurückgedrängt – von früher Kindheit an hatte man ihr beigebracht, nicht zu weinen – und dann nur diesen

Satz gesagt: »Ich habe den besten aller Ehemänner und meinen einzigen Freund verloren.«
Alexandra wiederholte diesen einfachen Satz jedesmal, wenn sie von »Monsieur Néel« sprach, und sie sprach immer häufiger von ihm. Und ihre Äußerungen waren immer von echter Bewunderung und vor allem Gefühlen tiefer Dankbarkeit und aufrichtiger Zuneigung durchdrungen.
Die Mißverständnisse von einst waren vergessen, und sie brachte auch allen Mitgliedern der Familie Néel eine große Wertschätzung entgegen. Mit dem jüngsten von Philippes Brüdern, dem Pastor Elie Néel, unterhielt sie sogar einen regelmäßigen, sehr vertrauensvollen Briefwechsel.
Zwei Monate vor ihrem Tod, als sie sich wieder einmal an alle die erinnerte, die sie gekannt und gehen gesehen hatte, ließ sie mich Fotos von Philippe heraussuchen, diesem »sehr lieben Freund«, um Vergrößerungen davon machen zu lassen.
Ganz abgesehen von ihren zutiefst gegensätzlichen Charakteren war es der Reisedämon, der diese beiden Menschen voneinander getrennt hat, die jedoch durch eine aufrichtige und unwandelbare Freundschaft miteinander verbunden blieben, die sich im Laufe von vierzig Jahren niemals verloren hat ...
Sind alle diese Seiten, auf denen Alexandra uns eine großartige Lektion in bezug auf Mut, Willenskraft und Energie erteilt, nicht auch ein profunder Beweis von Treue und vielleicht sogar von Liebe? ...

Marie-Madeleine Peyronnet
Samten Dzong, 24. Oktober 1974

»Die Abenteuerlust in Person.«
Süddeutsche Zeitung

Alexandra David-Néel bei Knaur:

Mein Indien
Die abenteuerlichen Reisen
einer ungewöhnlichen und mutigen Frau

Alexandra David-Néel ist dreiundzwanzig Jahre alt, als sie 1891 zu einer großen Reise aufbricht – im Gepäck eine Predigt Buddhas und eine gute Portion Neugier und Abenteuerlust. Der seinerzeit in Europa nahezu unbekannte Subkontinent Indien hat es der Sorbonne-Studentin angetan. Noch ahnt sie nicht, dass sie mehr als die Hälfte ihres Lebens in dem exotischen Land verbringen wird.

Weiterhin sind erschienen:

Mein Leben auf dem Dach der Welt
Reisetagebuch 1918-1940

Ralopa
Der Meister geheimer Riten und andere
unbekannte tibetanische Texte

Unsterblichkeit und Wiedergeburt

Mein Weg zum heiligsten Berg Chinas

Im Banne der Mysterien

Ulli Olvedi

Wie in einem Traum

Wie findet man das Glück?

In einem Kloster im Tal von Katmandu beginnt die junge Maili nach Antworten auf die großen Fragen des Lebens zu suchen, taucht ein in die Lehre über das Karma und die Überwindung allen Leids. Immer wieder gerät sie dabei mit ihrem kritischen Verstand in Konflikte zwischen Gehorsam und Rebellion. Zwei Menschen begleiten sie auf ihrem Weg: ihre weise Lehrerin und ein junger Mönch, der eine unbekannte Sehnsucht in ihr weckt.

»Fotografisch exakt. Wer als Europäer Zugang zur Geisteswelt des Buddhismus sucht, ist gut beraten, theoretische Sachbücher beiseite zu legen und sich von Olvedi an der Hand nehmen zu lassen.«
Tibet Forum

Knaur Taschenbuch Verlag

Hans J. Massaquoi

»Neger, Neger, Schornsteinfeger!«

Meine Kindheit in Deutschland

1926 in Hamburg: Massaquoi wächst als Sohn einer weißen Mutter und eines schwarzen Vaters – dem Sohn des liberianischen Generalkonsuls – auf. Die Bediensteten sind weiß und das Leben ist in Ordnung – doch dann verlässt die liberianische Familie das Land, Massaquoi und seine Mutter ziehen in ein Arbeiterviertel. Und dann kommen die Nazis an die Macht.

»Ich habe keine großen Träume, dass mein Buch die Menschen ändert, aber wenn der eine oder andere nachdenklich würde, das wäre doch schon was!«

»Liest sich spannend wie ein Abenteuerroman – und irgendwie ist es ja auch einer.«
Süddeutsche Zeitung

»Hier hat jemand, der etwas Besonderes erlebt hat, das Beste, was er tun konnte, getan: Er hat es aufgeschrieben.«
taz

Knaur Taschenbuch Verlag